文物精品與文化中國

彭林 著

中華書局

· 曾侯乙編鐘局部圖

· 伏鳥雙尾銅虎

· 秦始皇陵 2 號車全圖

· 紫禁城太和殿的飛檐神獸

目錄

第三版前言

本書初名《文物精品與文化中國》，是作者在清華大學開設的同名課程的教材，全書共10個專題，2002年由清華大學出版社出版。2007年，本書被北京大學出版社的「名家通識講座書系」選入，因高校每學期的長度為15周，故該書系的書名均綴以「十五講」一詞；為與之配合，本書增寫5個專題，易名為《文物精品與文化中國十五講》。今年，2018年，本書在修訂後推出第三版，版權移交商務印書館，書名復歸《文物精品與文化中國》。回眸本書從第二版到第三版的十年間，若有值得一提的事，當是本課程開始從教室走向網絡平台。

一門大學的新課，從構思設計、蒐集資料、反覆修改，到趨於成熟，至少要投入三至五年的時間。一門課一學期有300人選修，就算規模了得。以此為率，十年之積，受眾不過區區3000人。投入與產出，極之不成比例。課程的傳播，受到校門、山河等因素阻隔，故其行也不遠。而文化只有通過傳播，才能實現其價值；輻射越廣，影響面越大，價值的實現也就越充分。突破教室、國界的藩籬，讓課程走向世界，變成人類共享的資源，曾經是每位教師期盼的夢想。令人欣喜是，不僅夢想居然成真，而且我有幸成為國內最早的參與者。

2012年4月，美國哈佛大學與麻省理工學院聯手創建了面向大眾、免費提供大學教育水平的在線課堂平台：edx。他們利用現代高科技手段，將高等學府裏的教學資源網絡化，做成社會人士都可以隨時上網收看的課程，課程的內容被分割成許多段落，每段5—10分鐘，自成首尾，以便收看者充分利用點滴時間學習；實現大規模、開放式教學的夢想由此成為現實。為進一步打造世界頂尖高校相聯合的共享教育平台，2013 年，edx 運營方決定新增 15 所著名大學的在線課程，其中包括清華大學、北京大學、香港大學、京都大學等六所亞洲名校。

清華大學聞風而動，確定了首批加盟 edx 的四門課程，我講授的「文物精品與文化中國」忝列其中。隨後，校領導與入選的四門課程的主講教師商討網絡課件的製作細節。不久，又專門討論我這門課程的拍攝方案，提出兩點要求：其一，鑒於課程以講解「文物」為特色，故應該走出教室，到博物館、考古工地去講，每個專題至少採訪兩個博物館或考古工地；其二，課程涉及領域廣泛，專業性強，為保證視頻英文字幕的水準，應聘請外籍人士翻譯。我們隨即議定了擬往拍攝的文博單位的名單，並決定聘請英國學者龔丹（Don Jonathan Cohn）擔任字幕的英譯工作，他在香港生活過三十多年，諳熟中國文化與漢語。

清華那年 9 月 18 日開學，而我秋季學期有兩門課，屆時再難有大塊的時間外出拍攝。為此，決定在開學前先去南方地區、學期結束後再去西北地區拍攝的原則。9 月 7 日，我們飛抵合肥，次日前往含山縣凌家灘遺址拍攝。9 日，驅車前往南京，拍攝明代寶船廠遺址，次日上午繼續，原本下午轉往南京博物院，不料該院正在大修，遂前往杭州。11 日上午，在浙江省博物館採錄良渚玉器資料；下午前往良渚博物館，承館方熱情接待，派人帶我們先去良渚古城牆遺址拍攝，次日再回良渚博物館。13 日，前往餘姚河姆渡遺址博物館拍攝。14 日回杭州，第三次到良渚博物院拍攝。當晚，乘坐 21 點多的航班從杭州飛往泉州，計劃拍攝陳列在開元寺內的南宋古船。15 日上午方知，古船陳列館正在維修，一概不接待來訪。我們多方委託，依然無法通融，只得先在泉州海外交通史博物館採錄。16 日上午，經我們陳述後，海交館丁館長特許我們進開元寺古船陳列館，真是大喜過望。因清華已開學，故此日必須趕回學校，原定21點20分起飛的航班，居然延誤至23點30分，到家已是凌晨3點。南方地區的拍攝，至此完成。

為加快進度，我們在學期中間見縫插針地完成了某些器物的拍攝。10月14日，筆者到中國音樂學院參加國樂節的活動，發現河南平頂山學院樂隊用複製的賈湖骨笛演奏，遂邀請演奏者到清華工字廳錄製吹奏方式。此外，清華蒙民偉樓大廳有一套曾侯乙編鐘的複製件，因白天人來人往，無法錄製，到晚上10點，蒙民偉樓清館後，我們進入錄製，至深夜12點告成。

12月14日到太廟拍攝。20日乘高鐵去安陽，21—23日在殷墟及中國文字博物館、中國社科院考古研究所殷墟工作站庫房、殷墟博物苑、婦好墓採錄甲骨、銅器、象牙器資料。24日，前往河北武安縣磁山遺址博物館採錄，館長贈送全套照片資料，並主動帶我們去文物庫房採錄，收穫甚豐。晚9點回到安陽。25日，霧霾嚴重，拍甲骨文專題，上午到殷墟博物苑127坑、碑林等地採錄，下午離安陽回京。

2014年，元月3日下午飛往武漢，4、5兩日在湖北省博物館拍攝曾侯乙墓相關文物，適逢該館正展出盤龍城專題，內有不少我們所需要的題材，故一併拍攝。6日是周一，湖北省博物館館休日，館領導特許我們開櫃拍攝越王勾踐劍、均鐘、二十八宿漆箱蓋。下午5點開車前往與武漢臨近的某市博物館，儘管事先已與之通話聯繫，並按對方要求携帶了清華大學的正式介紹信，但我們到達後，館長與保管部有關人員虛與委蛇，互相推諉，僅僅出示電腦中二三十張內容不重要的圖片，令人憤慨，遂折返武漢機場，乘晚班飛機回京。

4月21日晨，飛往西安，下午在秦陵兵馬俑博物院採錄，為避開川流不息的觀眾，院方特許我們在閉館後拍攝銅車馬等文物。次日，前往半坡博物館拍攝。23日上午飛抵西寧後，隨即驅車至樂都縣柳灣彩陶博物館，時值周末，庫房保管員已回西寧家裏，不少彩陶無法拍攝。午後前往青海省博物館，館長安排在 5 點閉館後，從庫房取出若干件我們點名的彩陶供拍攝。24 日再往柳灣，保管員專門從西寧趕回，拍攝非常順利，中午，館長在附近農家院宴請。下午拍攝結束後，開車前往蘭州，9 點多到達。25 日上午與蘭州文物局聯繫到省博物館拍攝事宜，對方回答説，有上級部門領導正在館內視察，故無法接待。下午，蘭州大學博物館張克非教授邀請我們到該館參觀，發現不少展品與我們的生態專題有關，隨之拍攝，收穫良多。26 日中午飛回北京。

上述行程逾兩萬里，出發時是酷暑，在泉州拍攝時，衣服被汗水浸透，稍乾後即是成片的白色鹽漬。為了保持講解時的狀態，12 月 14 日在太廟拍攝時，脱了帽子和羽絨衣，在凜冽的寒風中講述約 40 分鐘，之後連日偏頭痛，19 日針灸治療。20 日以後的幾天在安陽偏頭痛依然嚴重，加之天氣極其寒冷，以致腳趾凍麻，精神很差。最後一站到蘭州時，半夜下雪，酒店窗戶關不嚴，無法入睡。伴隨這段經歷的，既有奔波、勞累、鬱悶，也有欣喜、感激、期待。尤其值得提及的是，在拍攝前方，研究生李旭、羅婷婷始終鞍前馬後，執鞭隨鐙，跟隨我轉戰南北；在後方，羅婷婷、陳士銀夜以繼日地上傳網絡畫面、英文字幕，回答海外學員的各種提問，馬延輝同學則負責與各地文博部門的聯絡；他們辛勞有加，與我同甘共苦，筆者書此，正是希冀留下這段深銘五內的珍貴記憶。

2014 年本課程在 edx 上正式播出，燦爛的中國文物所承載的東方文化，受到西方朋友的廣泛歡迎與讚歎，馬庫斯・魯格（Marcus Luger）便是其中的一位，他是德國一家媒體的記者，選修本課程後，對中國文化非常痴迷，主動承擔歐洲地區的助教。2014 年 6 月，他得悉我將到德國哥廷根大學訪問，驅車兩百公里，專程過來與我見面。

2016 年 11 月 15 日，edx 授予「文物精品與文化中國」課程以「突出貢獻獎」榮譽證書。本課程的中文版進入清華大學「學堂在線」後，選修的人數自然更多，今年春季「自主模式」與「隨堂模式」的選修人數均接近 9 萬人。讓自己的課程走向全國、全世界，已成為現實，令人深感欣慰。

本書的第三版，增加了若干內容，在文字上做了全面校訂，更換了大量插圖。商務印書館的編輯盡心盡力，付出了辛勤的勞動，在此三申敬謝之意。

彭　林

於 2018 年「五一」勞動節

「清華版」原序

本書是我在清華大學為本科生開的選修課的教材。這門課之所以要以「文物精品與文化中國」為名，經歷了很長時間的醞釀。

中國考古學，是 20 世紀初誕生的一門新興學科，但在過去的一百多年中，考古學無疑是發展最快、成就最為輝煌的學科之一。無數沉睡千年乃至萬年的古代遺址、遺物，如同被法術從地下呼喚出來，我們對於中華文明的認識，由此而不斷被刷新。

文物是文化的載體，是一種物化了的文化。一件有價值的文物，必然凝聚着古人的審美情趣、工藝技術、行為方式、思維特點等內涵。然而文物是無聲的，需要學者去發掘和解讀。因此，從某種意義上來說，某項考古發掘的結束，只是完成了一半的任務，當然，這是最基本的任務；另一半工作是要解讀文物所包含的信息。如果沒有後一半的工作，文物的價值就不能充分展現。例如，著名的曾侯乙編鐘，如果沒有古文字學家對銘文的成功釋讀，沒有音樂史家對銘文所記樂律的深入研究，曾侯乙編鐘的價值就難以真正為世人所認識。

不無遺憾的是，這些研究成果，通常是用相當專業的語言撰寫的，一般讀者難以卒讀，而且都是在相當專門的刊物上發表的，專業之外的讀者連刊物都難以見到。例如，曾侯乙墓出土的一件五弦器，經過中央音樂學院音樂研究所前所長黃翔鵬教授的縝密研究，確認為《國語．周語》記載的均鐘，也就是編鐘的音準器。這一發現，對於認識曾侯乙編鐘的樂律體系，有着重大的貢獻，可謂鑿破鴻蒙，他的精深的功力和卓越的識見令人驚歎！可惜的是，黃先生的研究，鮮為音樂史界之外的人所知。

我之所以開設「文物精品與文化中國」的課程，正是出於以上的感慨。我希望通過本課的講授達到以下兩個目的：

一是充當考古學家、文物研究專家與大學生和普通讀者之間的橋梁。我試圖將考古學家和文物研究專家的高頭講章，轉換成普通讀者能夠聽懂的語言，把專家們的重要研究成果變成大眾的共識。希望聽過本課的同學，或者讀過本書的讀者朋友，能對文物研究的一些重要成果有更加深刻的了解，由此而對燦爛的中國古代文明形成比較直觀的印象，對「文化中國」的含義有更為透徹的認識。

二是希望通過本課，在學生中提倡學科交叉的思想。學術原本是一個整體，但是迄今所見的學科劃分的態勢，卻是越來越細，其結果是人們的視野越來越窄。實際上，學術的發展越來越依賴於學科的聯合。即使是一件文物的研究，也會涉及廣泛的學科知識。文物研究的重要突破，每每得力於學科交叉的力量。這一現象，昭示了未來世紀的學科發展方向。希望學生能從本課得到啟發，多多關注其他學科的研究狀況。

本教材選擇的 10 件（組）文物，大多是足以改變我們對古代中國的固有認識的精品，將它們作為引子來介紹古代中國的文化，是鑒於它們的學術價值。本書內容涉及古代農業、天文、音樂、紡織、玉器、建築等領域，遠遠超出了我的專業範圍，在撰寫的過程中，深感力不從心。因而，儘管黽勉為之，但錯誤和粗疏之處仍是不可避免的，懇請專家和廣大讀者賜教。

彭　林

2002 年 4 月 4 日於清華園

「北大增訂版」前言

20世紀80年代以來，社會上至少出現過兩次大的文化熱，在大學裏，文化類選修課非常受歡迎。但是，稍加觀察就可以看出，這類課程的大結構比較單調，幾乎都集中在思想文化領域：《周易》《老子》、道家、佛教等等。眾所周知，人類創造的文化可以大別為三種形態：物質文化、思想文化以及介於兩者之間的制度文化。這三種形態是共生的、相互依存的，思想文化的課程當然很重要，但卻不能偏執於此，猶如彈鋼琴，手指不能總是按在一個鍵上。要反映人類文明的整體，就應該百花齊放，鼓勵開設更多的、不同類型的選修課。為此，我決定嘗試開兩門目前還比較少見的課程：一門是「中國古代禮儀文明」，旨在介紹古代中國的禮儀制度，迄今為止，全國高校還未見有第二家開設同樣課程的，當然講得是否成功是另一回事；還有一門是「文物精品與文化中國」，希冀以出土文物為線索來介紹古代中國的物質文化。本書就是後者的教材。

「文物精品與文化中國」開講之後，受到清華同學的熱烈歡迎，報名選修的學生有時多至上千名，教務處不得不用電腦抽籤的方法來確定選課者的名單，並且將清華最大教室之一的「主樓後廳」作為課堂。有的同學連續兩年沒有選上，便旁聽了兩輪。也有的同學發動寢室的所有同學為自己選這門課。本課程的內容，還給美國富布萊特基金會教師訪華團、中國香港高級公務員清華課程班、新加坡高級公務員高級課程班，以及港、澳、台地區來大陸參訪的大學生團隊講授過，同樣受到普遍的歡迎。這並不是説我有多高的教學水平，而是證明中國文化有着無窮的魅力，在它面前，誰都會由衷地折服。換了誰來講這門課，都會出彩。

借本書出版的機會，我要向清華的學生表達內心的敬意。從某種意義上來説，是他們成就了這門課程。選修的學生來自全校各院系，而以理工科同學居多，然而所有的學生都表現出了對於文化中國的無比熱情，課堂氣氛總是熱烈得讓我感動。每次走上講台，都是我生活中最愉悦的時刻，我會不由自主地陶醉其中。每學期，我都要組織聽課的同學自費乘火車到河南安陽殷墟考察，有一年居然去了整整兩節車廂的同學，連安陽市政府的領導和中國社會科學院考古所殷墟工作站的專家都很吃驚。正是他們的熱情，點燃了我的心靈之火，使我如同「誇父逐日」一般，矢志不渝地為他們奔跑。孟子把「得天下英才而教之」作為帝王都享受不到的人生快樂，誠非虛言也。

清華大學教務處和校文化素質教育基地對本課程的建設給予了很大支持。教務處主動投資協助我製作了與課程教學配套的教學軟件，為課堂教學增色不少。教育部文化素質指導委員會副主任張豈之先生，校文化素質教育基地的胡顯章、徐葆耕等領導多年關心本課程的建設，給予了許多指導性的意見。正是由於各方面的關懷和支持，本課程 2003 年被教育部授予「首批國家精品課程」稱號，2004 年獲北京市優秀教學成果一等獎，2005 年獲國家級優秀教學成果二等獎。平心而論，面對這些不期而至的榮譽，內心總是惴惴不安，因為我比誰都清楚，這門課程確實還存在許多不足之處，而且原教材只有十個專題，內容也略顯單薄。為了將這門課建設成真正的精品課，我一直在醞釀增寫新的專題。

本課程原有的教材於 2002 年由清華大學出版社出版，不久重版過一次。2005 年，北京大學出版社推出一套「十五講」書系，出版社希望我將這門課的教材列入其中，這從客觀上給了我儘快推出增訂本的壓力。為了與「十五講」系列的體例匹配，我決定在修訂原教材的基礎上再增寫5個專題。

這次增訂，改正了原教材中的一些文字錯誤，對原教材中「河姆渡骨耜與中國古代農業文明」專題中有關湖南澧縣城頭山遺址的部分，以及「良渚『琮王』與中國史前時代的玉文化」專題中有關安徽含山凌家灘遺址的部分作了修訂。增寫的五個專題是：「上孫家寨舞蹈紋盆與甘青地區的彩陶文化」、「婦好墓象牙杯與先秦時期的生態環境」、「秦陵銅車馬與先秦時代的造車技術」、「泉州宋船與中國古代的造船技術」、「正統針灸銅人與古代中國的經絡學說」。

之所以增寫上述五個專題，似乎都有機緣在。近幾年我先是到蘭州的西北師大參加博士論文答辯，後又到青海大學支教，承兩校領導的熱情安排，我得以前往考察著名的甘肅臨洮的馬家窯文化遺址和青海樂都柳灣的彩陶博物館，兩地彩陶之豐富和精美，令人驚歎。近年我在清華歷史系講授先秦史，彩陶是非講不可的內容，於是便把相關資料作為一個專題做了整理。寫古代生態環境的專題的念頭，是我在做研究生的時候就有的。當時讀著名史學家徐中舒先生的《殷人服象與象的南遷》、竺可楨先生的《五千年氣象變遷》兩篇宏文，深深為他們的博學與卓識折服，而知古今氣候變遷之大，猶如滄海桑田，由此開始積累古代氣象與生態方面的資料。1974年，福建泉州出土一艘南宋古船，在海內外學術界引起轟動。但我直到2003年去泉州參加學術會議，才得以目睹它的雄姿。會議期間，巧遇清華畢業的老學長、華僑大學遠洋系教授劉延杭先生。與這位古代海船專家的交談，使我獲益匪淺，由此知我國海船建造技術在明代以前一直處於世界領先地位，因而一直想把它寫出來。

關於古代造車技術的研究，緣起於2002年我到德國參加中國科技文獻學術會議，此後到台灣大學參加清代學術研討會，我向這兩個會議提交的論文，前者與出土馬車有關，後者與《考工記》中的車輛製作部分有關。而秦始皇陵出土的銅車馬對兩者的研究都極有幫助，將這些成果和心得串聯起來就形成了本專題。

醫古文是最為難讀的文獻，歷來有「天書」之稱，非我等淺學所敢染指。但是自從馬王堆帛書《足臂十一經脈灸經》和張家山漢簡《脈書》出土後，我就無法再回避了，因為它們是先秦科技的重要組成部分。為此，我專程到中國中醫科學院針灸研究所拜見所長朱兵研究員、著名針灸學術史專家黃龍祥研究員，承他們熱情指教，惠賜著作，並陪同參觀針灸博物館，使我樹立了撰寫針灸專題的信心。

原先醞釀的專題中，還有介紹香港、新疆文物的專題，以及介紹古代數學、地理成就的專題，資料也收集了不少，由於本書的篇幅有限，只能忍痛割愛了。

向讀者交代以上的背景，是為了説明這些題目都不是一時的即興之作，儘管水平不高，但都浸透了筆者的汗水。我希望，當我帶着新版的教材走上清華的講台時，內心的不安能夠有所減少，並希望它能得到廣大同學和讀者的喜愛。

彭　林

丁亥年正月初一於清華園寓所

第一講

河姆渡骨耜與中國古代農業文明

骨耜，1977 年第二次發掘河姆渡遺址時在第四文化層出土，是用牛肩胛骨製作的翻土工具，耜長 18 厘米，刃寬 9.8 厘米，上部厚 4.2 厘米，寬 5 厘米。出土時上部殘留着一截用藤條捆縛的木柄。

農業是人類文明之母，是人類一切文明中最古老的文明。世界幾大獨立起源的文明，都是建立在農業文明的基礎之上的。由於栽培作物的發明，人類不再仰賴大自然的恩賜，走上了改造和征服自然的道路。農業文明最初是在甚麼時間、甚麼地方、由於甚麼因素起源的？這是涉及人類早期文明形成途徑的重要課題，最近一百多年來，國際學術界對此進行了艱苦的探索。

一、農業文明起源的幾種學說

最早研究人類農業文明起源的主要是植物學家。1882 年，瑞士植物學家康多爾（de Candolle）從生物進化的角度，結合作物的地理分佈，比較系統地研究了野生植物與栽培作物的關係，提出了世界上有三個最早的植物馴化中心——西南亞埃及、熱帶美洲和中國的理論。1883 年，康多爾《栽培作物的起源》出版，受到學術界的重視。

1923—1931 年，蘇聯科學家瓦維洛夫（Nikolai Vavilov）帶領考察隊前往亞洲、非洲和美洲各地，廣泛收集植物標本。1935 年，瓦維洛夫以大量實物和統計數據為基礎，提出了新的作物起源中心的概念。瓦維洛夫認為，作物起源有八個中心：東亞、印度、中亞、近東、地中海、阿比西尼亞、中美洲和南美洲。其中的「東亞」，主要是指中國，是作物的第一起源中心之一，這裏栽培作物的種類最為豐富，約佔全世界栽培作物總數的 20%。瓦維洛夫的理論影響很大。1971 年，西方學者哈蘭（J. R. Harlan）提出了栽培作物的中心和非中心的理論，中心是指作物的起源地，非中心是作物早期傳入的地方。他認為中東、中國北部和中美洲是最早的三個農業中心。另有三個非中心，即非洲、東南亞和東印度群島、南美洲。三個中心和三個非中心恰好呈對稱狀態分佈：中心在北，非中心在南。

人類最初將野生植物變為栽培作物的動機是甚麼？這是一個令人很感興趣的問題。20 世紀 30 年代，英國學者柴爾德（Vere Gordon Childe）開始提出栽培作物起源的「乾燥學說」。柴爾德認為，大約在一萬年之前，在最近的一次冰川時代消逝之後，中東地區的氣候發生了劇烈變化，生態環境的轉換，使得動物數量鋭減，因此原本以漁獵為生的當地居民，面臨食物來源匱乏的困境。迫於生計，他們開始馴化野生的禾本科種子植物，培育出了最早的小麥和大麥，形成了原始農業。到 50 年代，柴爾德將他的理論進一步完善，並公開發表，引起學術界的普遍關注。

隨着田野考古的發展，越來越多的原始農業遺存在世界各地被發現，栽培作物的標本和農具不斷出土。農業起源的討論進入了全新的境地，人們不再僅僅依據現存農作物的分佈狀況來推斷栽培作物的原生地，而是必須依據考古實物資料下斷語。任何關於作物起源的説法，都必須經過考古學的檢驗，考古學家成為了論壇的主角。

· 甲骨文中「受黍年」的記載，出自《甲骨文全集》04 · 9956

中國自古以農業立國，農業的歷史源遠流長，早期農業的文獻記載也極為豐富。黃帝是我國的人文初祖，《史記．周本紀》說他「時播百穀草木」，能順應四時之宜播種百穀草木，說明農業文明已經出現。《尚書．堯典》記載，堯命羲和四子分居四方，觀察日月星辰的運行，授民以農時。大禹治水，開九州，通九道，使在高地躲避洪水的人民回到自己的土地上，從事農作。《史記．夏本紀》說，禹命令伯益「予眾庶稻，可種卑濕」，禹將稻種分發給居住在低濕之地的庶民，可知夏朝已經知道水稻的特性，並且推廣種植。周人的始祖稷，好耕農，是堯的農師。黃帝、堯是傳說時代的人物，文獻中有關的記載是否可靠？農業是否發明於 5000 年前的黃帝、堯舜時代？中國的早期農業對人類文明發展和中華文明崛起有過怎樣的貢獻？這一切，都需要用考古學的資料來回答。

二、磁山—裴李崗遺址：粟起源於黃河流域

從文獻記載看，我國黃河流域種植粟的歷史非常悠久。《史記．周本紀》說，武王克商後，為了賑濟貧弱，曾經「發鉅橋之粟」，可見當時已有規模相當的粟倉。粟的野生種俗稱「狗尾草」，先秦文獻稱為「莠」。曾有學者提出黃河流域是粟的馴化中心的說法，可惜沒有出土實物作為佐證。20 世紀 50 年代，考古工作者在西安半坡仰韶文化的窖穴和陶罐中發現了粟的朽殼，人們才確信中國史前時期確實已經有了栽培粟。

1976—1978 年，考古工作者在河北武安縣的磁山發現了一處新石器時代的遺址。據碳十四測年，遺址的年代為公元前 6050—前 5490 年，距今約 8000 年。磁山一、二兩期遺址中，共發現灰坑 476 個，其中 88 個是窖穴，形狀為長方形，內有大量已經腐朽的糧食，

經中國社會科學院考古研究所用灰像法鑒定，以及對殘存外殼的觀察，確認是粟的遺跡。[1] 這是中國粟出土年代最早的實物。據統計，窖穴中粟的厚度為 0.5—0.6 米的有 40 多個，約佔 60%；厚度在 1 米以上的有 20 個，佔 25%；2 米以上的有 10 餘個，約佔 15%。糧食在窖穴內埋藏了 8000 多年之後，體積已經大大緊縮，有學者推測，當初糧食的體積當有 109 立方米，約重 69 100 千克。粟的大量儲存，表明磁山人的農業已有了相當大的規模。

在磁山遺址中，發現了石斧、石鏟、石刀、石鐮等農具，其中的石磨盤、石磨棒，不僅數量眾多，而且形制規整，十分引人注目，成為磁山文化的代表性器物。1977 年，磁山遺址出土一件石磨盤與磨棒，用砂岩製作，盤面呈長橢圓形，前端較尖，後端平緩，下底有四個扁棱形矮足，磨盤高 8.8 厘米，長 57.2 厘米，寬 20.9 厘米，磨棒長 14 厘米，徑 5 厘米。密集的糧食窖穴，可能是氏族組織的公共窖穴區。成系列的農具伴隨出土，表明此時已經不是農業起源的初始階段，栽培粟發生的年代應當更為遙遠。作為農業經濟的補充，狩獵和採集經濟也佔有一定比重，家畜飼養業也比較興盛，豬、狗等家畜的骨骸都有出土。與磁山文化年代和性質相當的是裴李崗文化。裴李崗遺址位於河南新鄭縣城西北約 8 公里的裴李崗村西，面積約 2 萬平方米。從 1977 年到 1979 年，先後進行了 4 次發掘，揭露面積達 2700 多平方米。發掘墓葬 114 座、陶窯 l 座、灰坑 10 多個，以及幾處穴居房基。出土器物 400 多件，其中石器有石鏟、石斧、石鐮、石磨盤、石磨棒等；陶器有壺、鉢、罐、碗、勺、鼎等；骨器有骨針、骨錐；還有陶紡輪、陶塑豬頭、羊頭等，以及彈丸、酸棗核、核桃等。裴李崗遺址的年代，經中國社會科學院考古研究所碳十四實驗室測定，距

1　安志敏：《磁山遺址的原始農業——試論中原新石器文化的淵源及發展》，《考古》1979 年第 4 期。

· 裴李崗遺址出土的石磨棒和石磨盤

今約 8000 年，比仰韶文化要早 1000 多年。

裴李崗遺址尚未發現像磁山遺址那樣埋藏糧食的窖穴，只在部分房基的周圍發現了一些碳化腐朽了的粟粒。但是，由於裴李崗遺址出土了大批農具，我們可以推測它有着與磁山文化相近的農業文明。裴李崗文化的典型農具也是石磨盤、石磨棒，形制與磁山文化出土的基本相似。1978 年，裴李崗遺址出土一套石磨盤、石磨棒，盤長 68 厘米，前寬 37.5 厘米，高 6 厘米，棒長 58 厘米，用整塊砂岩琢製而成。磨盤呈鞋底形，正面坦平，底部鑿有四個矮柱足。磨棒原本為圓柱體，因長期碾磨中部已經磨損內凹。1991 年，河南扶溝縣西店村北的黃土崗上發現一件石磨盤，長 100 厘米，寬 32.5—44 厘米，厚 3.5 厘米，通高 8.5 厘米，平面呈長橢圓形，也是用整塊黃砂岩琢磨而成，但沒有使用痕跡。在目前已發表的 139 件裴李崗文化石磨盤中，這是最大的一件。[1] 該遺址的器物有獨特的文化面貌，石器以磨光為主，其中舌狀刃石鏟、鋸齒刃石鐮和石磨盤、磨棒都有顯著特點。陶器多為紅褐色，火候低，手製，器表多為素面，紋飾有蓖點紋、劃紋、指甲紋等，器形以三足鉢、小口雙耳壺、三足壺、大口深腹罐等

1　郝萬章、張桂雲：《扶溝出土最大裴李崗石磨盤》，《中國文物報》1991 年 9 月 22 日。

最有代表性。考古學界命名為「裴李崗文化」。目前在河南省範圍內共發現裴李崗文化遺址五十餘處，主要集中在淮河上游各支流之間。石磨盤與磨棒在磁山—裴李崗文化遺址普遍發現，往往是在墓葬中成套出土，二者配合使用，是脫去穀粒皮殼的工具。雲南的獨龍族和怒族的婦女至今還用石磨盤加工糧食。石磨盤的底部為甚麼要琢出柱狀的足呢？根據民族學的資料，石磨盤使用時都不是放在地上，而是放在竹器內，有了柱足，石磨盤就不易滑動，而且使磨盤與竹器之間有一定空隙，不易被碾磨好的糧食埋沒。

20 世紀的 80、90 年代，在西起甘肅，東至遼寧的整個華北地區，普遍發現了公元前 7000—前 5000 年的粟的遺存，有些遺址雖然沒有發現穀物遺存，但出土了相應的農具。中國是粟的栽培中心，已經為國際學術界公認。考古發現表明，中國不僅是最早栽培粟的國家之一，而且是世界上唯一的、最早從粟開始發展起來的農業國家。

史前時代黃河流域的農業文明如此輝煌，它是否向世界其他地區傳播過呢？從考古資料來看，它與美洲的某些古文明有若干相似之處。公元前 2000 年到公元前 250 年，是美洲的「前古典時期」，這一時期的早期，有兩個代表性的拉丁美洲古文明，一是位於墨西哥灣沿海低地的奧爾美克（Olmeca）文明，二是在南美安第斯高原上的查文（Chavin）文明。祕魯歷史和考古學家利奧·特略（Julio C. Tellor）通過對查文文化的長期研究，發現了額頭帶有「王」字的人頭雕像。查文文化時期的石雕、石刻及陶器中有大量的蝙蝠圖案，而蝙蝠是中國傳統的吉祥物。查文文化遺址中還有雕刻精細的石筆筒、鴛鴦筆筒，以及石龜、數以百計的石雕人像，雕刻風格與中國同類作品類似。最令人驚奇的是，查文文化時期發現的一套石磨盤和石磨棒，形狀與磁山—裴李崗出土的完全一致。著名考古學家張光直先生認為，這是 1 萬—2 萬年前中國文明向美洲傳播時帶去的。

三、石破天驚河姆渡

水稻是人類的主要糧食作物之一。水稻的種屬，可以分為非洲稻系和亞洲稻系兩大類。非洲稻系起源於尼日利亞，學術界沒有太大的分歧。而亞洲稻系最早發源於何地，學術界的分歧非常大。

1883 年，瑞士植物學家康多爾在他的《栽培作物的起源》中，提出中國是栽培稻的起源中心的看法。20 世紀 30 年代，蘇聯植物學家瓦維洛夫最早提出，印度是稻米的起源地，中國和亞洲其他地區是次級栽培區，並說中國稻作是從印度傳入的。[1] 瓦維洛夫的理論影響很大，成為當時學術界的主流說法。

20 世紀 50 年代以來，中國、印度、越南、泰國、印度尼西亞等地普遍發現了史前時代的栽培稻遺存，有關稻作起源地的爭論日趨熱烈，意見紛紜，有印度阿薩姆邦起源說、阿薩姆—雲南起源說、喜馬拉雅山麓「帶狀」起源說、泰國或東南亞起源說、錫金—大吉嶺起源說等，不一而足。

有些學者通過對稻穀遺存、考古學、地理學以及古氣候學等的綜合研究，提出了稻作多中心起源說的理論。菲律賓國際水稻研究中心的張德慈教授認為稻作起源可以有多個中心。[2] 著名學者何炳棣教授也主張多中心論，他說：「稻穀大概是在中國南方、東南亞和印度次大陸獨立馴化的。[3]

1973 年，在一個名不見經傳的江南小鎮——河姆渡附近發現一處新石器時代的遺址，出土大量古稻，使瓦維洛夫的理論受到了極大的挑戰。河姆渡遺址位於浙江餘姚縣河姆渡鎮的浪墅橋村，發掘的面積達 2800 平方米，依遺址年代的早晚，可以分為兩期。早期文化遺

1　嚴文明：《中國稻作的農業起源》，《農業考古》1982 年第 1 期。

2　張德慈：《水稻對人類文明和人口增長的影響》，《農業考古》1988 年第 1 期。

3　嚴文明：《中國稻作的農業起源》，《農業考古》1982 年第 2 期。

· 河姆渡遺址第四文化層發現的稻穀堆積
出自嚴文明著《農業發生與文明起源》

存距今約 6900 多年，文化內涵獨特、豐富，被命名為「河姆渡文化」。

在先後進行的兩次大規模的發掘中，第四文化層都發現了大量的栽培稻穀遺存，上層的堆積尤其豐富。在第一次發掘的 400 多平方米範圍內，普遍發現一層或多層由稻穀、稻殼、蘆葦莖葉等等混雜而成的堆積層，層層疊壓，厚度不等，或 10—20 厘米，或 30—40 厘米，最厚處竟達 80 厘米。由於河姆渡遺址地勢很低，而地下水位卻比較高，使該文化層完全浸沒在水中，與空氣隔絕，稻穀保存狀況相當完好，舉世罕見。出土時，稻杆、稻葉、稻穀與秕穀殼色澤如新，外形完好，有的連稻穀穎殼上的隆脈、稃毛、芒尖仍清晰可辨，個別地方還出土有稻穀與莖葉連在一起的稻穗。[1] 有學者推測，堆積層的厚度原先當在 1 米以上；假定當時的平均厚度為 1 米，而其中的四分之一為稻穀和穀殼，則換算成稻穀的重量當在 120 噸以上。儘管這可能不是一年的產量，而是多年的堆積，但可以肯定，當時稻米的產量不僅可以滿足河姆渡人的食用，而且有較多的剩餘。有趣的是，在一件陶器上刻着一大束向兩側彎垂的稻穗，給人以稻實累累的豐收印象。

1　林華東：《河姆渡文化的經濟特點》，《河姆渡文化初探》第六章，杭州：浙江人民出版社，1992 年。

此外，在一件陶釜內還發現了殘留的鍋巴，陶釜相當於後世的鍋，表明河姆渡人已經將稻米作為主食。

稻穀遺存出土後遇到空氣很快碳化，但外形非常完整，顆粒的大小接近於現代栽培稻，每千粒約重 22 克，比野生稻重得多。經浙江大學著名農史學家游修齡教授鑒定，確認為栽培稻的籼亞種中晚稻型的水稻，其學名應為：Oryza Sativa L.subsp.hsien Ting。由於河姆渡出土稻穀的年代距今近 7000 年，是當時亞洲所見最古老的稻作遺存，因而引起國內外學術界的高度重視。在河姆渡遺址的出土物中，另一個引人注目的現象是發現了 270 多件大型偶蹄類哺乳動物的肩胛骨，其中大多是水牛的肩胛骨，也有少數為髖骨。肩胛骨的臼部經過銼削平整，正面的左右各鑿有一個長方形扁孔。有的在骨面中部鑿一道縱向淺凹槽，槽下端兩側各鑿一孔。肩胛骨的骨面殘缺嚴重，有的僅剩其半。這些肩胛骨為甚麼要銼磨穿孔？它們的用途究竟如何？引起人們的種種揣測。後來，在第四文化層出土一件肩胛骨，上部有十多圈藤條穿過方孔捆縛住一截斷殘的木柄。人們這才恍然大悟，它們原來

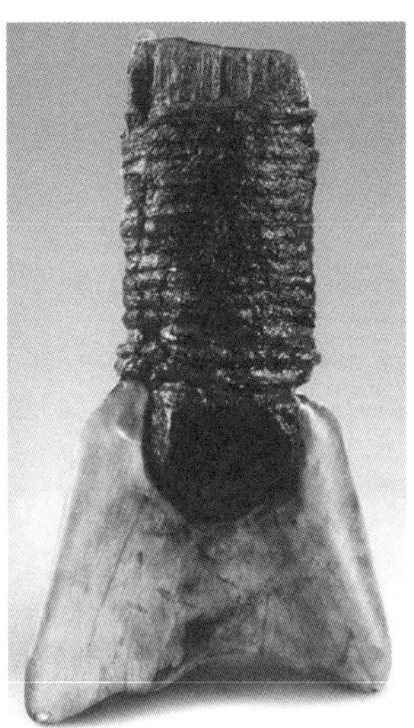

· 河姆渡骨耜

是骨鏟，上面的穿孔和縱槽是為了固定和捆縛長柄而開鑿的！這是一種與河姆渡遺址沼澤型地貌相適應的複合農具，是文化地理的產物。

骨鏟大多出土於稻米堆積豐富的第四文化層，這絕不是巧合。目前，學術界一般認為，骨鏟是河姆渡人在水稻田中除草、翻土、平地、挖溝、引水、排水時使用的農具。先秦文獻中將端面寬而薄的翻土工具稱為「耜」，所以，考古學家將河姆渡骨鏟命名為「骨耜」。骨耜的出土，使我們看到了7000年前長江下游地區的農具，證明我國早在新石器時代早期，就已進入「熟荒耕作制」農業階段。游修齡先生認為，我國農業有自己的發展形態，最早的耕地農具就是耒耜。河姆渡遺址出土的精製骨耜不同於後來的鋤，我國農業的早期形態應該叫作「耜耕農業」。

蘇聯庫頁島的洛維頁次科耶遺址和涅韋爾斯克城公民街遺址曾出土一種骨鏟，形狀、大小和穿孔捆綁方法與河姆渡骨耜都很接近，蘇聯考古學界把它歸屬於「發達的新石器時代」，年代為公元前2000年末至公元前1000年。在蘇聯的楚科奇半島和阿留申群島、日本北海道東北岸和千島群島的「鄂霍次克文化」遺址中都發現過類似的工具，但日本的遺址屬鐵器時代，與河姆渡遺址的年代相去甚遠[1]。

與骨耜同時出土的還有用動物肋骨製作的骨鐮、中耕農具鶴嘴鋤和穀物加工用的木杵等，可見河姆渡人早已脱離了「刀耕火種」的落後狀態，進入到使用成套農具、普遍種植水稻的階段。專家認為，河姆渡水稻的進化程度表明，它距離馴化野生稻的初期階段至少已有一二千年的歷史。河姆渡遺址的發現，對於亞洲稻起源中心的爭論帶來了極大的衝擊，使得以印度為亞洲稻的原產地、中國稻種來自印度的結論難以立足。在河姆渡文化之後，太湖流域地區的稻作業不斷發

1　林華東：《河姆渡文化的經濟特點》，《河姆渡文化初探》第六章，杭州：浙江人民出版社，1992年。

展，目前已在 20 多個良渚文化的遺址中發現稻穀遺存，居民使用的農具更為先進，已多次發現三角形的石鏵犁，表明已經在水稻田中使用犁耕。此外，還發現破土器、耘田器、鐮刀等農具。水稻田的基本要求是要呈水平狀態，否則高處的禾苗就會無水，而低處的禾苗會淹沒在水中。為此，需要平整土地，還要有調節水量的溝洫系統。在江蘇吳縣草鞋山遺址還發現了 4000 多年前的稻田，許多塊稻田連成一片，並有水溝和儲水坑等，説明已經有了排灌設施，稻作業已經比較成熟。著名考古學家嚴文明教授認為，「一個以稻作農業為主的農業體系到這時應已基本建立」[1]。

國外有些否認中國是亞洲稻原生地的研究者認為，中國沒有野生稻，所以不存在培育栽培稻的基礎。但是，古文獻中關於野生稻記載很多，《説文解字》:「秜，稻。今年落，來年自生謂之秜。」何炳棣教授説：「幾乎可以肯定秜就是 Oryza perennis，越來越多的稻穀專家認為它可能是稻的祖先。」[2]《説文解字》中的「穭」也是野生稻的別稱。古文獻中還屢屢可見災荒時人們採食野生稻的記載，如《後漢書．獻帝本紀》説，建安元年（196）發生災荒，「群僚饑乏，尚書郎以下自出採穭」，就是例證之一。1978 年，中國農科院和各農業院校組成全國野生資源考察協助組，對 9 個省區的 306 個縣進行普查。據該考察組發表的《我國野生稻資源的普查與考察》報告，野生稻廣泛生長於彼此並不相連的海南區、兩廣大陸區、雲南區和湘贛區。長江下游之所以難以發現野生稻，是由於明清以來，該地區經濟發達，土地利用率高，荒地稀少所致，上古時代則必定有野生稻的存在。

1 嚴文明：《稻作起源研究的新進展》，《農業發生與文明起源》，21 頁，北京：科學出版社，2000 年。

2 何炳棣：《中國農業的本土起源》，《農業考古》1985 年第 1 期。

四、澧縣彭頭山文化稻穀：刷新河姆渡紀錄

河姆渡遺址發現的 7000 年前的稻作文化，使得不少學者認為這是中國最古老的稻作文化。人們不敢想像還會出現比河姆渡年代更早的稻作文化。可是，河姆渡的紀錄很快就被在湖南西北部澧陽平原的一系列發現刷新了。

澧陽平原是長江中游及南部支流、澧水、涔水等河流沖積形成的平原。1988 年，考古工作者在湖南澧縣大坪鄉彭頭山發現了一處新石器時代早期的遺址，面積約 1 萬平方米。發掘時，發現了夾雜在紅燒土塊中的稻穀殼和稻草痕跡，在陶片中也發現了夾雜的稻殼碎屑，其中有 4 粒稻殼的形狀比較完整。經日本學者測量，分別長 5.43、5.88、5.89、6.24 毫米，與短粒型的粳稻比較接近。經常規碳十四和加速器質譜碳十四測定，彭頭山稻作遺存的年代為距今 9000 年—7500 年，是迄今為止世界上最早的稻作遺存。其後，在彭頭山遺址附近的李家崗、曹家灣、下劉家灣、黃麻崗等地也發現了性質類似的稻穀遺存。

1992 年冬，考古工作者在距離彭頭山遺址 25 公里的夢溪鎮五福村八十壋，發現一處彭頭山文化晚期的遺址，年代距今約 8000 年。此後，考古工作者進行了 6 次發掘，揭露面積達 1200 平方米，發現

· 八十壋全景

· 城頭山遺址

墓葬百餘座，出土了木耒、木鏟、木錐、木杵、木鑽等工具，以及蘆席、蘆筒、麻繩、藤索等編織物。遺址的中心區域，整體為長方形，近南北向，四周有圍牆和圍壕並行環繞。北部邊緣已被晚期河道破壞，現存部分南北長約 110 米，東西寬 70—80 米，環繞面積將近 8000 平方米。遺址比周圍高出 1—2 米，圍牆以內文化堆積厚達 1 米，有若干成排佈置的房基。八十壋的壕溝與圍牆是黃河以南整個南中國最早的環壕遺址，開啟了中國土城建築之先河[1]。這次發掘最重要的收穫是，在一條古河道的黑色淤土中收集到的稻穀、稻米有將近 1.5 萬粒，數量驚人，超過國內同時期各地出土古稻數量的總和，保存情況非常完好，有的出土時還可見 1 厘米長的芒。經水稻專家研究和鑒定，定名為「八十壋古稻」[2]。

1978 年，考古學家曹傳松在澧縣城西北約 12 公里處的車溪鄉南嶽村城頭山發現一座新石器時代的古城址。從 1991 年冬開始至 2001 年，湖南省文物考古研究所先後在這裏進行了 11 次考古發掘，發現了近於圓形的城牆和環壕，以及一批房基址、500 多座墓葬、製陶作坊區、居住區等，還有一條寬 2 米多、用紅燒土鋪成、兩旁有排水溝

1 裴安平：《澧縣發現我國最早聚落圍壕與圍墻》，《中國文物報》1994 年 12 月 4 日。

2 《澧縣八十壋遺址出土大量珍貴文物》，《中國文物報》1998 年 2 月 8 日。

· 城頭山出土的稻米

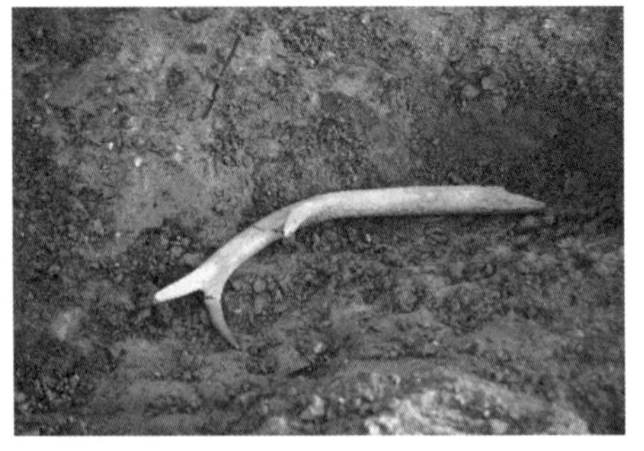

· 城頭山第二期環壕內出土的骨耒

的寬闊道路。經解剖，該遺址的城牆分為四期，最早一期城牆築造於大溪文化一期，距今 6000 多年。第二期城牆是對第一期城牆的加高，年代為大溪文化中晚期，距今 5600—5300 年。第三期城牆不早於大溪文化末期。第四期城牆年代屬屈家嶺文化早期和中期，距今 5200—4800 年。事實證明，這是我國目前所見最早的一座古城。

1996 年冬，在解剖城頭山東城牆時，在第一期城牆和最早的文化層之下、生土之上，發現了一片面積約 140 平方米的青灰色的純淨的靜水沉積，黏性很強，上面有因一乾二濕而形成的龜裂紋，這是水稻田特有的現象。田土呈灰綠色，厚約 40 厘米，內夾雜大量碳化稻穀、稻葉、稻莖、稻的根鬚等。稻梗和根鬚的形態，與今天農田中所見沒有區別。從局部的剖面觀察，可以看到向下伸展的根鬚所留下的痕跡，由此可以知道，當時採用的是撒播方式。從稻田底部原生土表層、稻田土、壓着稻田的夾大量草木灰的土層、一般文化層以及屈家嶺文化時期城牆築土分別選取土樣進行檢測，發現了數量眾多的水稻矽質體和稻葉矽質體，95% 以上稻葉矽質體為粳型。在水稻田的一（西）側，有三個人工挖成的水坑，以及三條通過水坑的小水溝，專家判定，這是目前所見最早的原始灌溉設施。這片水稻田距今約 6500 年，是已知世界上最早的水稻田。城頭山水稻田的面世，轟動了海內外學術界，被評為 1997 年全國十大考古新發現之一。

五、不能遺忘的原始稻作區：黃淮流域

正當長江流域的遠古稻作遺址接二連三地被發現之時，黃淮地區開始打破沉默，不斷爆出新的重要發現，似乎要為自己爭得一席之地。

1994 年，南京博物院等單位發掘了江蘇高郵龍虬莊遺址。龍虬莊遺址是江淮東部地區的一支原始文化，風格獨特，文化特徵穩定，文化序列完整，可劃分為連續發展的兩個階段：第一階段距今 7000 至 6300 年，第二階段距今 6300 至 5500 年。考古工作者在 4 個新石器時代的文化層中浮選出大量的碳化稻米，並發現了距今 5500 年前人工優化選育稻種的實證。第一次發掘時，在探方 T3729 第 6 層發現碳化稻米。接着在 T3729 的對角探方 T3830 進行發掘，對第 4 至第 8 層的 5 個新石器時代文化層逐層進行淘洗浮選，除第 5 層為居住面未發現稻米之外，第 8 層浮選出碳化稻米數十粒，第 7、第 6 和第 4 層各浮選出碳化稻米 1000 餘粒，顆粒大多完整。尤其寶貴的是，它們是在同一遺址同一探方的不同層位發現的，從時間上貫穿了龍虬莊遺址新石器時代的始終。

為了獲取這些碳化稻米的變異形態所包含的遺傳進化信息，鑒定其所屬亞種類型，江蘇農業科學院對第 8、第 7、第 6、第 4 層中隨機取樣的碳化稻米，以及探方 T3830、T3929 第 8 至第 4 層的 5 個土壤樣品作水稻植物蛋白石分析，結果是：T3929 的第 8 層未見水稻植物蛋白石，第 7、第 6、第 5、第 4 層均見大量的水稻植物蛋白石。每層測量了 50 個水稻植物蛋白石的參數並求出平均值，然後計算出粘粳類型判別值。根據臨界判別值判別，每一層的水稻植物蛋白石均屬 β 型，均為粳型稻。T3830 第 8、第 7、第 6、第 4 層的稻米形態是，稻殼保存完好的穎尖無芒，有的連有枝梗，穎尖無芒和落粒性降低均為人工栽培稻的特徵。對粒長、粒寬、粒厚也做了測量，其分佈範圍和

標準差以第 4 層為最大，第 6、第 7 層居中，第 8 層最小，第 4 層的碳化稻米在 1% 水平上極顯著地大於其他三層。第 8、第 7、第 6、第 4 層的變異係數，明顯地由第 8 向第 4 層逐層增大。最後計算了碳化稻米的粒型指數、粒大指數和粒重指數，並用現代江蘇農家粳型稻 5 個品種作為對照，第 4 層籽粒的大小及重量已與現代農家品種相似，其他三層處於栽培稻的初級階段，並開始向大粒化演變。

龍虬莊遺址發現的史前栽培稻具有重要價值，它將距今 7000 年前後我國稻作文化區的北緣劃在北緯 33° 的淮河流域，證明江淮東部地區的栽培稻至少已有 5500 年的歷史。更為重要的是，它反映了距今 7000 至 5500 年之間江淮東部的野生稻馴化為栽培稻的過程，即第 8 至第 6 層，栽培稻處於初級階段；在第 6 至第 4 層之間，開始人工選育良種，第 4 層的碳化稻中，小粒野生稻演化為大粒栽培稻，無芒、非落粒性等栽培化性狀已經明顯出現，並達到與現代農家品種相似的水平，這對於研究水稻的原始種質向栽培種質的演變和進化、研究我國稻作農業的起源和發展都有重要意義。[1]

黃河下游的山東地區也多次發現原始稻作遺跡。1981 年，考古工作者在山東棲霞楊家圈龍山文化遺址的紅燒土中發現十幾個稻殼的印痕，稻粒已經碳化。經中國科學院遺傳研究所和日本佐賀大學農學部鑒定，判定為普通栽培稻種，形態特徵與現今的粳型稻相似。其後，山東日照縣的堯王城遺址中也浮選出 10 餘粒粳米。1995 年，山東省文物考古研究所發掘了滕州的莊里西遺址，面積 200 餘平方米，發現龍山文化時期的房址、灰坑和窖穴等，出土一批陶器、石器、骨器和蚌器，並在灰坑內發現了碳化稻米粒。考古工作者對 13 個含腐殖質較多的典型灰坑中的灰土進行水洗和浮選，在 41 號、52 號、62 號、77 號和 100 號灰坑內共發現碳化稻米 280 餘粒，其中僅 77 號灰坑中

1　張敏、湯陵華：《五千年前選育優化的稻種》，《中國文物報》1995 年 7 月 30 日。

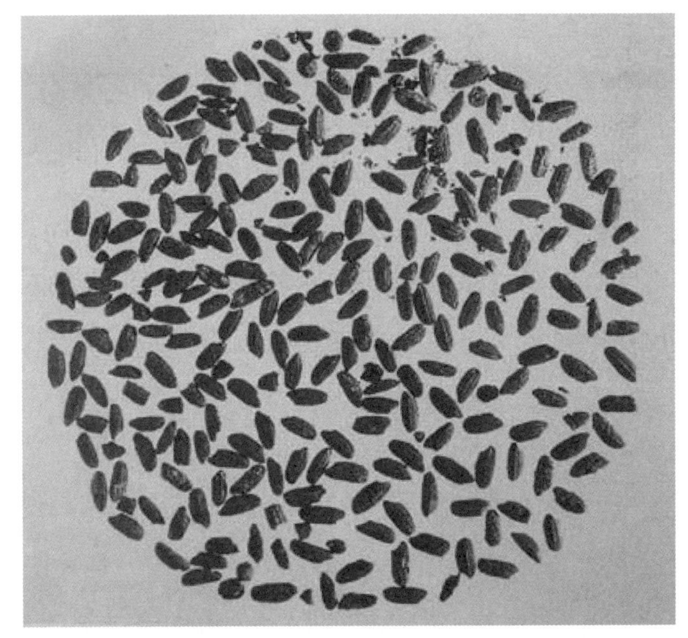

・舞陽賈湖出土的碳化稻米

就有 162 粒，是迄今為止山東龍山文化遺存中發現碳化稻米數量最多的一例，灰坑的年代距今約 4000 年，屬龍山文化的中晚期階段。碳化稻米呈扁橢圓形，質脆，呈黑色，標本大多完整無損，部分顆粒飽滿，側面出現 2 條縱棱，其旁有 2—3 道淺溝，在下部呈現凹入的胚區，穎果基端為橢圓形疤痕，米粒長寬之比在 2 左右。經中國科學院植物研究所鑒定，確認是人工栽培的粳稻的米粒。這證實了在龍山文化時期山東地區是人工栽培水稻的重要地區之一。[1]

河南舞陽的賈湖遺址，是新石器時代中期的裴李崗文化遺址，其文化遺存分為 3 期，每期都有大量的稻穀遺存出土。據碳十四測年，遺址的年代為公元前 6800—前 5700 年，與彭頭山文化的年代相當。

1　何德亮：《滕州莊里西遺址發現龍山文化碳化稻米》，《中國文物報》1997 年 1 月 5 日。

考古工作者在一些窖穴的底部發現有深黑色的灰燼與泥土相混雜，其中有許多碳化的稻米，以及少量稻穀。在房屋殘壁的塗層中也發現有許多稻穀殼。有的陶片的斷面上也可見稻殼碎屑。稻米的長寬之比，多為 2:1。經掃描電鏡觀察，稻穀的表面形態和結構，與現代粳稻大體相同，少數與籼稻相近。此外，賈湖遺址還出土有粟，以及石磨盤、石磨棒等裴李崗文化的各種農具。種種跡象表明，賈湖稻作業已經不是初始階段的水平。

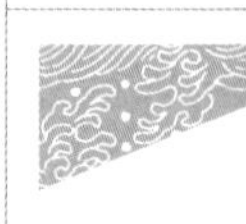

六、玉蟾岩稻穀：一萬年以前的古栽培稻

20 世紀 80 年代初，考古工作者在湖南道縣白石寨村玉蟾岩發現一處舊石器文化向新石器文化過渡的全新世早期遺址。洞穴高於現代地面約 5 米，洞廳寬約 12—15 米，進深 6—8 米。遺址堆積物主要在洞廳內，厚 1.2—1.8 米，自然堆積層次近 40 層。洞內沒有明顯的灶坑，只有地面燒火的灰堆。灰堆直徑一般為 40—50 厘米，厚不足 10 厘米，有的灰堆厚度超過 15 厘米。生產工具主要是石製品和骨、角、牙、蚌製品。石器都是打製石器，製作粗陋。最有特徵的掘土工具是鋤形石器，在扁長形礫石的一端及兩側單面打擊成器，使用部位是端刃。遺址還出土了十分原始的陶片，呈黑褐色，火候很低，質地疏鬆，胎厚近 2 厘米，夾炭、夾粗砂。陶片貼塑，可見交錯層理。陶片內外均飾紋樣，似繩紋，但為編織印痕，有清晰的經編與緯編。從陶片的形態判斷，比彭頭山文化陶片的年代（距今 9000—8000 年）要早，據測定，其年代距今約一萬三四千年，這是我國迄今所見保存最好的早期陶片。

1993 年，考古工作者在該遺址的 3 個層位發現水稻穀殼，均有稻屬的矽質體。1995 年又在文化膠結堆積的層面中發現 2 枚水稻穀

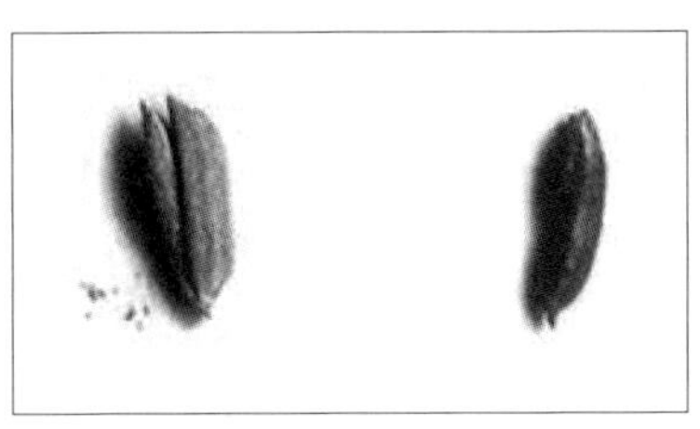

·道縣玉蟾岩出土的稻穀

殼，其中 1 枚形態完整，出土時呈灰黃色。農學專家對兩次發掘出土的稻殼進行初步電鏡分析，鑒定 1993 年出土稻穀為普通野生稻，但有人類初期干預的痕跡；1995 年出土稻穀，粒長與野生稻相同，但粒幅略寬，稃毛、稃肩的特徵與秈稻相近，而雙峰乳突與粳稻相近，兼有野、秈、粳的特徵，是由野生稻向栽培稻進化的古栽培稻類型，從而將我國栽培水稻的歷史提前到一萬年以前，為研究水稻起源的時間與地點提供了新材料。現代實驗表明，馴化野生稻的過程大約只需要一二百年，對於漫長的石器時代而言，這幾乎只是一瞬間，因此，尋找這一過程中的實物標本極為不易。玉蟾岩古稻是世界上迄今所見年代最早的水稻實物標本，對於研究水稻的演化歷史，稻作業起源的時間、地點都有特殊意義，為探討舊石器文化向新石器文化的轉化提供了重要資料。[1] 玉蟾岩發現的 1 萬年前的栽培稻植矽石和稻穀以及大量野生稻遺存，使栽培稻的起源地的爭論更加明朗化，證明中國是亞洲稻系的起源中心。

1　袁家榮：《玉蟾岩獲水稻起源重要新物證——出土已知時代最早水稻實物標本，人類栽培水稻歷史提前到一萬多年前》，《中國文物報》1996 年 3 月 3 日。

七、原始稻作的「邊緣起源說」

20 世紀 70 年代以來，關於原始稻作的起源，最有影響的是「從印度阿薩姆到中國雲南的山地起源說」，這一說法已經被上述一系列考古發現所否定，亞洲稻系起源於中國已成定局。但中國幅員遼闊，其起源的具體地區究竟在何地，學術界紛爭不已，有長江中下游說、華南說、雲貴高原說、雲南說、魯西南或黃河下游說、成都平原說、江西說、安徽說、江蘇說等多種意見。雖然以上地區都發現過栽培稻遺存，但在數量上彼此相差懸殊。據嚴文明教授統計，從 1954 年到 1993 年年底，中國史前栽培稻遺存的出土地點已經達到 146 處，其中長江中游有 105 處，約佔 71.9%；黃淮流域 21 處，約佔 14.4%；華南、雲南各 9 處，四川、遼寧各 1 處。但是因為史前時期的栽培稻中，中國的長江流域發現得最多，年代也最早，應該就是稻作農業發源地。

普通野生稻是栽培稻的祖本，主要分佈於熱帶地區。中國的華南等地氣候溫暖、濕潤，特別適宜於野生稻的生長，是野生稻分佈範圍的中心地區。野生稻分佈區的北端，可以到達亞熱帶的邊緣，大致在北緯 24° 一線。由於普通野生稻的抗寒能力較差，再往北就難以越冬。就地理環境而言，華南地區有充分的理由成為亞洲稻系的發源地。但是，考古學提供的資料恰恰相反：野生稻首先是在它的分佈範圍的邊緣地區，也就是長江、黃淮地區被人工栽培。如何解釋這一似乎有悖於情理的現象呢？嚴文明教授作了如下的精闢分析[1]：

第一，長江流域四季分明，冬季漫長，食物匱乏，而稻是一種適宜於儲藏的食物。長江流域自然狀態下生長的野生稻並不多，唯其如

1 嚴文明：《中國史前的稻作農業》，《農業發生與文明起源》，3—4 頁，北京：科學出版社，2000 年。

此，才需要人工栽培。只有經過人工栽培，稻種才能安全過冬而得以繼續繁殖。於是從採集到選種，再到培育，出現了真正的栽培稻。

第二，華南地區炎熱多雨，冬季較短，甚至沒有冬天，植物茂盛，禽獸和魚類也比較多，食物來源比較充足，通過採集和漁獵就可以基本解決對食物的需求，故不屑於去採集野生稻這樣難以加工的植物，這正是那裏長期沒有產生農業的原因。

第三，華南地區多丘陵山脈，缺乏較大的平原，人口較少，在很長時期內都沒有形成人口壓力，所以缺乏發展農業的內需。而長江中下游有比較廣闊的沖積平原，史前文化比較容易得到發展，人口增長較快，天然食物與越冬需求的矛盾比較突出。

第四，黃淮流域的冬季比長江流域更加漫長，儘管當地早已種植粟、黍等旱地作物，但由於需求量大，為了擴大糧食儲備的範圍，所以也積極引進水稻種植。但黃淮地區氣候相對乾旱，所以僅在水源比較充足的地區種植，在當地農業中的比重也比較小。

第五，栽培作物的產生是一種文化現象，與史前文化的水平密切相關，「必須在人類文化發展到一定高度，產生了培植穀類作物的社會需要，才會變成社會的行動」[1]。

隨着社會的發展，文明因素對於產生新的栽培作物的作用日益突出。在文明比較發達的地區，為了修建宮殿、城池以及統治者的大型陵墓，需要徵調大量的人力；此外，隨着手工業的發展，手工業者的隊伍不斷擴大，脫離農業生產的人越來越多，需要社會提供的糧食的數量也不斷增長，發展農業的動因也就更為強烈。

近百年來的研究表明，世界農業起源有三個中心：一是西亞的兩河流域，是小麥和大麥的起源地；二是中國的黃河流域和長江流域，

1　嚴文明：《稻作起源研究的新進展》，《農業發生與文明起源》，22 頁，北京：科學出版社，2000 年。

是小米（粟）和大米的起源地；三是中美洲，是玉米的起源地。嚴文明教授認為，中國的情況與其他兩個起源中心有所不同：「中國實際上包含有兩個相互聯繫的起源中心。一個是黃河流域的粟作農業起源中心，一個是長江流域的稻作農業起源中心。兩個中心逐步發展為兩個緊密相連的農業體系，它們互相補充，互有影響，形成為一個更大的複合的經濟體系，進而為中國古代文明的孕育和發展奠定了堅實的基礎。」[1] 長江流域和黃河流域這兩個緊密相連的農業體系至遲在 5000 年前就已經形成，它們既有聯繫又有區別。兩者之間經歷了數千年的融會和發展，為新的文明的形成提供了廣闊而深厚的基礎。公元前 2000 年前後，中國開始邁入青銅時代，並進而造就了燦爛輝煌的商、周青銅文明，正是兩大農業中心交融發展的必然結果。如果要說中華文明的悠久和博大，要說它對於人類文明的貢獻，就首先要從遠古的農業文明講起，不這樣認識問題，就不能深刻理解文化中國。

順便要提到的是，除了大米、小米之外，中國還是許多其他農作物的原生地。例如大豆，古代稱為「菽」，至遲在夏、商時期就已馴化成功。中國是世界上三大果樹原產地之一，北方的李、杏、棗、柿、栗，南方的柑橘、橙、柚、龍眼、荔枝、枇杷等，都是我國的先民首先培育成功的。世界上最常用的 100 多種蔬菜中，有一半原產於中國。這是中國對於人類文明所作的重要貢獻之一。

1　嚴文明：《農業發生與文明起源・前言》，北京：科學出版社，2000 年。

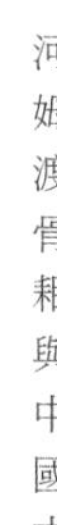

參考論著：

嚴文明：《農業發生與文明起源》，北京：科學出版社，2000 年。

林華東：《河姆渡文化初探》，杭州：浙江人民出版社，1992 年。

《中華文明史》第一冊，石家莊：河北教育出版社，1989 年。

第二講

賈湖骨笛與中國古代七聲音階的起源

骨笛，1987 年 5 月於河南舞陽賈湖遺址 282 號墓出土，係用鷲禽的脛骨製作。長 22.7 厘米，一端內徑為 0.93×1.32 厘米，另一端內徑為 0.85×1.11 厘米，壁厚約 0.15 厘米。管身開有 7 孔，在第七孔的內側開有一個直徑約 0.15 厘米的調音小孔。經測試，已經具備七聲音階，距今 8000 多年，是我國現存最早的樂器之一。

說起先秦時期的音樂，很容易使人想起宮、商、角、徵、羽五聲音階（相當於現代簡譜的 1、2、3、5、6）。那麼，當時是否有七聲音階呢？如果有，那又是從何時出現的？這在 20 世紀 60 年代以前，是頗有爭議的問題。有些學者，尤其是力主中國文化「西來說」的學者，認為中國的七聲音階是很晚的時候從國外傳入的，在此之前，中國古代只有五聲音階。

一、先秦文獻所見的七聲音階

中國自古就是重視音樂的國度，文獻中有關音樂的記載，觸目皆是。《尚書》的《堯典》篇說到，堯時的樂官叫夔，負責「典樂」。到了夏代，各地就出現了富有地方特色的樂舞。據《呂氏春秋》記載，夏王孔甲所作的《破斧之歌》，是為最早的東音。大禹到南方巡察時，其妾在塗山之陽等待而作歌，是為最早的南音。有娀氏派燕子去看望二位美麗的女子，二女作歌，是為最早的北音。商王河亶甲遷都於西河，思念故居，作歌詠之，這就是最早的西音。

文獻所見的上古時代的樂器，種類也非常豐富，自古有八音之說：土曰塤，匏曰笙，皮曰鼓，竹曰管，絲曰弦，石曰磬，金曰鐘，木曰柷。《尚書．皋陶謨》提到夔的樂器有鳴球、琴瑟、鞀鼓、柷敔、笙鏞，演奏的技法有戛擊、搏拊等，演奏《簫韶》，旋律紆曲反覆，共有九章（「九成」）。用如此眾多的樂器演奏如此繁複的樂曲，沒有音階是不能想像的。

《漢書．律曆志》說：「聲者，宮、商、角、徵、羽也。所以作樂者，諧八音，蕩滌人之邪意，全其正性，移風易俗也。」宮、商、角、徵、羽是音階中的五個音級，合稱「五聲」。五聲只有相對音高，沒有絕對音高。古人一般將宮音作為音階的第一級，第一級音調的音高一經確定，則其他各級的音高也隨之確定。表示樂曲的調性，即音程的大小。一旦移動宮音，則其他音高也隨之移動，這就是所謂的旋宮轉調。在先秦的文獻記載中，除了宮、商、角、徵、羽，是否就沒有出現過其他音階呢？答案是否定的。據《史記・刺客列傳》記載，公元前 227 年，燕太子丹派荊軻去刺殺秦王，送行到易水河邊，即將離別時，「高漸離擊築，荊軻和而歌，為變徵之聲，士皆垂泪涕泣。又前而為歌曰：『風蕭蕭兮易水寒，壯士一去兮不復還！』復為羽聲忼慨，士皆瞋目，髮盡上指冠。」所謂「變徵」，是中國古代的一個音階名稱，位置在徵音之前，而比徵音低半音，相當於今天的升高半音的 $\dot{4}$（fa）。變徵之音，已經不在五聲音階的範圍之內。這使一些音樂史學家感到迷惑不解。有學者認為，荊軻所用變徵之聲可能是從兩河流域，即西南亞的美索不達米亞平原一帶傳入中國的。

《國語・周語下》記載有周景王與樂官伶州鳩的長篇對話。周景王將要鑄造林鐘，因而向伶州鳩詢問了許多樂理方面的問題。其中有「七律者何」的問題。根據韋昭的解釋，文中的「七律」，就是指宮、商、角、徵、羽、變宮、變徵「七音之律」，即七聲音階。韋昭還特意説明「周有七音」。聯繫上下文，可知韋昭的解釋是正確的。到此，問題似乎已經很清楚，周景王之前，周人已經有七聲音階，否則，周景王不會提出「七律」的問題。但是，伶州鳩在回答周景王的問題時，試圖對為甚麼音階只有七個的現象作出解釋。他説，武王伐紂之日，歲星在鶉火之次的張宿，月在大火之次的房宿。歲星與月亮之間正好有張、翼、軫、角、亢、氐、房七宿，所以周人取「七」為音階之數。其實，音階何以只有七個的問題，是音樂的自然屬性，在伶州鳩的時代是沒有能力回答的，迫於無奈，只能用「歲在鶉火、月在天駟」等天象來加以附會。但是，武王伐紂時，是否出現過「歲在鶉火、月在天駟」等天象，學術界有很大分歧，而伶州鳩關於音階何以為七的談論又充滿神祕色彩，所以，大多數學者對伶州鳩的論述持懷疑態度。

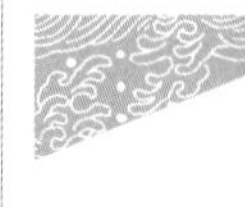

二、音樂史家對七聲音階起源時間的探索

由於文獻記載存在爭議，一時無法得出結論，所以，音樂史家轉而從測試出土樂器出發，來解決中國七聲音階起源的時間問題。從 20 世紀五六十年代開始，音樂史家作了不懈的探索。有關的研究從對史前陶塤的測音開始，因為塤是古代中國最原始的樂器。

半坡出土的一音孔陶塤，距今約 6700 年，是已知年代最早的小度音程樂器。到新石器時代晚期，出現了兩音孔陶塤，包含的大多是小三度的音程關係。時至今日，我國民間的勞動號子，依然是小三度居多。

山西萬泉縣荊村出土的三件陶塤，音高各不相同，塤的主人似乎沒有按絕對音高或者標準音來製作。其中一音孔塤所發二音約為小三度，如 3—5 或 6—1̇；二音孔塤所發的音構成純五度上加小三度，如 5—2—4 或 6—3—5。二音孔塤能吹出兩三個高度不同的樂音，可以確認為旋律樂器，製造者可能已略具音階或調式的意識。

甘肅玉門火燒溝出土多件三音孔陶塤，三個音孔呈倒品字形，吹奏時的指法可以有全閉的一種、開一孔音的三種、開二音孔的三種、全開的一種八種指法。經初步測試，略去同音的結果，尚有六種指法能得出不同音高。專家測試了其中 9 個完好的塤。由於塤體大小不等，各塤全閉孔的音最多相差達一個八度。又因為各塤孔位大致相同，所以每塤都能發 4 個音，但所構成的 3 個相鄰音程又只有 4 個塤大致相同，另外 5 個則彼此大多不相同。由此可知，五聲音階的應用已相當成熟，專家認為，此時有可能已經應用六聲、七聲音階。

如果用西周以來沿用的階名表示三音孔陶塤的音階序列，可以發現大多數是以宮、角、徵、羽作為骨架，而缺少「商」音。

安陽殷墟出土一件武丁時代的五音孔陶塤，經測試，音列已經相當完備，表明至遲在晚商，完整的七聲音階已經出現。令人驚異的是，安陽塤已在十一音之間有了半音關係，距離完整的「十二律」已經只有一步之遙。有理由認為，晚商音樂中已經有若干變化音可供使用，並有可能產生某些具有變化音特點的調式。安陽塤除了以C大調為宮的七聲音階各音以外，還有清商、清角、清徵和閏四個變化音。耐人尋味的是，有幾件甘肅陶塤沒有出現五聲音階中的主要音階「商」，卻率先出現了「清角」。聯繫到安陽塤的四個變化音，可知「二變」的出現不一定比五聲晚。

安陽塤的出現，表明七聲音階至遲在商代就已經形成，從而劃定了我國七聲音階出現的下限。那麼它的上限又在哪裏？人們期待着新的考古材料的出現。

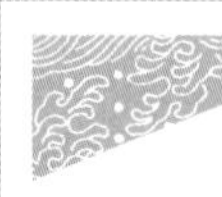

三、周代有七聲音階：曾侯乙編鐘作證

1977年，考古工作者在湖北隨縣發現了一位名叫「乙」的曾國諸侯的墓葬，這就是著名的曾侯乙墓。

「曾」似乎是名不見經傳的國家。《春秋》《左傳》等文獻對江漢地區諸侯國的記載非常詳密，甚至連江、黃、鄧、唐、厲等鮮為人知的小國都曾提及，但就是沒有提到過曾國。而至遲從北宋開始，湖北的安陸、京山、襄陽、隨縣，以及河南的新野等地都出土過曾國的銅器，曾國的地望究竟何在，學術界一直不清楚。難道「曾」是史籍失載的國度？

《春秋》桓公六年曾提到「隨國」，清代學者認為，隨國的地望就在「湖廣德安府隨州」（即今湖北隨縣），並說「終春秋世猶存」[1]。《左

1　顧棟高：《春秋大事表》，575頁，《春秋列國爵姓及存滅表卷五》，北京：中華書局，1993年。

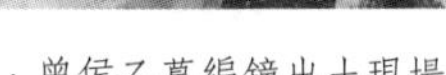

· 曾侯乙墓編鐘出土現場

· 曾侯乙編鐘

傳》説「漢東之國隨為大」，並記載了楚國與隨國之間的幾次戰爭。可見，隨國曾經是漢水以東的一個國力較強的國家。著名歷史學家李學勤先生認為，所謂曾國，實際上就是文獻所見的隨國[1]。

曾侯乙墓出土的器物中，最為轟動的是一套青銅編鐘。編鐘出土時，沿中室的南壁和西壁呈曲尺形立架陳放，鐘架由長短不同的兩堵立面垂直相交。鐘架為銅木結構，7 根彩繪木樑，兩端以蟠龍紋銅套加固，由 6 名銅質的佩劍武士和 8 根銅圓柱承托。長鐘架長 748 厘米、高 265 厘米；短鐘架長 335 厘米、高 273 厘米；最大的鐘通高 152.3 厘米、重 203.6 千克；最小的鐘通高 20.4 厘米、重 2.4 千克。編鐘的總重約 2567 千克。鐘架的銅套、銅人、銅立柱、掛鐘配件等共重 1854.48 千克。兩者相加，共用青銅 4421 千克，是目前所見最大、最重的成套青銅樂器群。整套編鐘共 65 枚鐘組成，鐘的形制，可以分為鈕鐘、甬鐘、鎛鐘三類。它們依照大小和音高，有規律地編成 8 組，分別懸掛在上、中、下三層鐘架上：上層為三組鈕鐘，中層為三

1　參見李學勤：《曾國之謎》《論漢淮間的春秋青銅器》，載《新出青銅器研究》，146—159 頁，北京：文物出版社，1990 年。

組甬鐘，下層為兩組大型甬鐘，另有鎛鐘一件。

鐘的正鼓部正中及左右鼓部鑄有標記音名的銘文。測試結果表明，每枚鐘的正鼓部和右鼓（或左鼓）部，都能發出兩個呈三度音程的不同基頻的樂音，稱為正鼓音和側鼓音，證明是雙音鐘。如中層 3 組 5 號鐘，正鼓為羽，右鼓為宮。正鼓音為第一基頻，側鼓音為第二基頻。擊發點準確時，音色優美，音質純正，另一基頻一般不鳴響。正鼓音音量稍大，音色最優，餘音略長。三層編鐘，下層為低音區，鐘體厚重雄渾，聲音低沉莊嚴；中上層為高、中音區，鐘體相對輕薄，聲音清脆響亮。三層彼此配合，可以形成和弦的效果。

整套編鐘以姑洗律為基調，形成倍低、低、中、高四個音域區，音階結構與現今國際上通用的 C 大調七聲音階屬同一音列，總體音域寬廣，從大字組的 C（發自下・一・正鼓部），一直到小 4 字組的 d（發自上・一・1 側鼓部），從最低音到最高音跨越 5 個八度又 1 個大二度，僅比鋼琴的兩端各少一個八度，其中心音區 12 個半音齊備，構成了完整的半音音階，可以旋宮轉調，音列如現今通行的 C 大調，能演奏五聲、六聲或七聲的中外樂曲。演奏效果表明，編鐘的和音、複調、轉調手法的運用已經相當成熟。

整套編鐘以徵、羽、宮、商四個階名為核心，在這四聲上方和下方的大三度音分別後綴「角」「曾」字表示，構成十二個半音。鐘銘的律名或階名還用前綴或後綴的形式表示律高、音程、音域的變化。已經完全具備了旋宮轉調的能力。

曾侯乙編鐘中有一件鎛鐘，上有 31 字銘文：「隹王五十又六祀，返自西陽，楚王熊章，作曾侯乙宗彝，奠之於西陽，其永持用享。」銘文中的「楚王熊章」，就是楚惠王。「隹王五十又六祀」，就是楚惠王五十六年，即公元前 433 年。「西陽」可能就是曾國的都城。墓中出土的竹簡中提到，曾侯乙去世時，楚、宋兩國的國君前來會葬，並贈送車馬等助葬的器物。「作曾侯乙宗彝」，是說將這件鎛鐘作為曾

· 曾侯乙編鐘局部圖

· 曾侯乙編鐘局部圖

· 曾侯乙編鐘局部圖

侯乙宗廟祭祀的彝器。銘文的大意是，楚惠王五十六年，楚惠王從西陽參加會葬回來，特地製作了這件鎛鐘，作為曾侯乙的祭器，置於西陽，永遠使用。根據這段銘文的記載，專家認為，曾侯乙墓下葬的年代為戰國早期的公元前 433 年或稍晚。[1]

1 譚維四：《曾侯乙墓》，43 頁，北京：文物出版社，2001 年。

曾侯乙編鐘有如此完善的鐘律體系，其前至少經歷了數百年，甚至更長的發展階段。據此可以推斷，《國語・周語下》伶州鳩關於「七律」的論述當有事實為基礎，而不會是空穴來風，或者是出自後人的僞託。如果與安陽塤聯繫，則無疑可以為商代已有七聲音階的結論提供佐證。

四、河南舞陽賈湖遺址概況

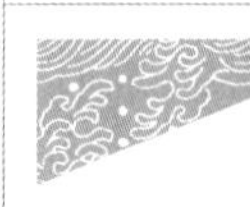

1961 年，河南舞陽縣城北 22 公里的賈湖村發現了陶片、人骨、紅燒土等古代遺物。經文博部門鑒定，確認為新石器時代裴李崗文化的遺址。1983 年，考古工作者開始在賈湖進行發掘，此後的 5 年中，一共進行了 6 次發掘，揭露面積達 2358 平方米，清理出房址 45 座、陶窯 9 座、灰坑 370 座、墓葬 349 座、甕棺葬 32 座、埋狗坑 10 座，以及壕溝、柱洞等。[1] 發掘表明，遺址是新石器時代早期的一處規模較大的聚落，總面積達 55000 平方米。

賈湖遺址位於淮河的支流沙河南岸的台地上。賈湖人生存的年代，正值全新世大暖期的前期，氣候溫暖濕潤，與現在的江南相仿，周圍有大片草原和水熱資源。文化遺存可以分為三期，每期都發現大量已經碳化的人工栽培稻的米粒，[2] 總數達 1000 多顆。經碳十四測年，其年代約為公元前 5800—前 5700 年，與湖南澧縣彭頭山遺址的年代相當，證明地處淮河流域的賈湖也是中國最早培植水稻的地區之一。遺址中還出土有粟，表明是水旱混作的農業形態。賈湖人已經使

1　本文所引賈湖遺址資料，除特別注明外，均見於河南省文物考古研究所編撰的《舞陽賈湖》一書，北京：科學出版社，1999 年。

2　張居中：《舞陽史前稻作遺存與黃淮地區史前農業》，《農業考古》1994 年第 1 期。

用成系列的、規範化的農具，他們用舌形石鏟和骨耜翻土，用帶鋸齒的石鐮收割作物，用磨盤和磨棒脱粒。狩獵和捕撈依然是經濟生活的重要內容。射獵的工具主要是骨簇，投擲的工具有石球和彈丸，此外還有石矛和骨矛，賈湖人獵捕的對象主要是梅花鹿、四不像、獐和麂等。他們用漁網和骨魚鏢打魚，捕獲最多的是青魚、鯉魚、龜鱉和揚子鰐。作為補充，他們還採集櫟果、野菱、野大豆等植物。

賈湖陶器種類繁多，包括炊器、水器、容器、盛食器、工具等，在遺址收集到的陶片有幾噸之多，可見已經廣泛使用。陶器製作精良，形態規範，並已出現滲碳技術，燒成溫度一般在700—850℃，個別陶器燒流變形，推想燒成溫度當高於1000℃，可見已掌握了一定的加溫技術。賈湖還發現1000多件石製品，大多是工具，取材於附近的河床，一般經過製坯、修琢、打磨、鑽孔、開齒等多道工序。

在賈湖聚落中，居民區、墓葬區各成格局，房屋大多為橢圓形半地穴式建築，窖穴多為圓形，墓葬多為長方形，當是經過規劃和測量。

賈湖先民已經有了一定的精神生活。他們將玉石、動物骨頭做成橋形、圭形、管形、環形等各種形狀，或有穿孔，作為裝飾品，顯示了較高的審美情趣。賈湖出土的甲、骨、石、陶器上，還發現了16種刻劃符號，其中一片龜腹甲上契刻一「目」字，字形與殷墟甲骨文所見基本相同。此外，在一些墓葬中發現有完整的龜甲，龜甲的腹腔中藏有顏色不同、數量不等的石子，有學者認為是占卜的工具。

那麼，距今約9000年的賈湖先民有沒有音樂生活呢？這幾乎是一個無法想像的問題。可是，始料未及的是，震驚中外音樂界的重大發現，恰恰就出現在這個鮮為人知的地方。

五、賈湖骨笛的鑒定

1986 年 5 月到 1987 年 6 月，考古工作者在賈湖遺址的墓葬中，一共發現了 16 件骨管，都是兩頭洞通，管表的一側開有若干個成排的孔。骨管出土時大多位於墓主人股骨的兩側，呈土黃色。據鑒定，骨管是用鶴類飛禽的肢骨，截去兩端骨節後，再鑽孔而成。16 件骨管的形制比較一致，它們究竟是甚麼性質的器物？由於骨管的樣子與笛子十分相像，令人不由自主地想到，會不會就是笛子？

考古工作者將骨管送到北京，請音樂史家鑒定，並請笛子演奏家演奏。1987 年 11 月初，中國藝術研究院音樂研究所音響實驗室與武漢音樂學院組成測音小組，用 Stroboconn 閃光頻譜測音儀，對保存最為完整的 20 號 7 孔骨笛進行了測試。骨管的構造與笛子儘管很相像，但有一個重要的不同，就是骨管兩端開口，沒有吹孔。它能否用於吹奏呢？專家指出，儘管骨管沒有吹孔，但仍然是吹奏樂器。塔吉克族的鷹骨笛、哈薩克族的斯布斯額，都是用笛子的一端作為吹口的，只是吹奏時要將笛子斜持，使吹口與嘴唇形成 45° 的傾斜角，利用聲波的振蕩，使樂管的邊棱發音。尤其重要的是，至今還在河南民間流傳的吹奏器竹籥，也是兩端開口的。

兩位演奏家各自用這支骨管作了上行、下行吹奏，發現即使簡單地平吹，也至少能吹出 8 個音（7 個按音，1 個筒音）。演奏試驗和測音結果表明，骨笛音質較好，音階結構至少是六聲音階，也有可能是七聲齊備的古老的下徵音階。該笛可以吹奏以 C 調為宮的七聲古音階（123$^{\#}$4567i），或以 G 調為宮的七聲新音階（1234567i）。此外，還存在多宮演奏的可能性，可以吹奏比較複雜的旋律。專家一致認定，這就是賈湖先民的骨笛！

20 號骨管的年代，距今 8000 多年，居然已經具備了七聲音階，這是全世界所僅見的現象，簡直令人難以置信。人們自然而然會懷疑

它的可信程度。有人提出這樣一種假設：骨管原本是賈湖先民的隨意之作，不過偶然與音階相符罷了，並非刻意製作的樂器。專家的回答是否定的，因為同一遺址出土的骨管並非僅此一件，而是多達 16 件；製作的時間也有先有後，綿延 400 餘年之久。這絕不可能是無意製作或者偶然的巧合。

也有人提出這樣的假設：骨管原本是在年代較晚的地層中，由於發掘時不小心而混入到了年代較早的地層中。其中 341 號墓出土的兩支骨笛已有輕度的石化跡象，考古學常識，凡是有石化痕跡的骨器，其年代至少有一萬年，因此，它們的年代沒有問題。專家對同時出土的其他骨笛也進行了鑒定。341 號墓屬賈湖遺址的早期墓葬，墓中出土的 2 支骨笛（編號為 1 號、2 號骨笛），開孔的數目、形制、吹奏出的音階都不一樣。1 號骨笛開有 5 孔，可以吹出 G5、#A5、C6、#D6、G6、C7 六個音，主音是 #D6，可以構成 356136 的音序，是四聲音階。就自然音序而言，用 356i 四個音為主幹音，可以構成一個完整的曲調。有趣的是，如今河南舞陽、葉縣、駐馬店地區的流行民歌中，就有很多用這四個音（或者它的變體）構成的音調，《一人一馬一杆槍》就是例證。2 號骨笛開有 6 孔，由骨笛的音序，可以吹出 #A5、C6、D6、F6、G6、#A6、D7 七個音，主音是 #A5，可構成 1235613 的音序，是完整的五聲音階加上一個大三度音程。如果去掉高音的大三度音程，就是 123561，成為標準的五聲自然音階。專家認為，2 號 6 孔骨笛，顯然是在 1 號 5 孔骨笛四聲音階的基礎上發展來的，它派生出了 1235 四個音組成的新的四聲音型，使骨笛的表現力更為豐富。同樣令人驚訝的是，河南上蔡縣至今還有像《五姊妹梳頭》那樣只使用 1235 四個音的民歌，而上蔡距舞陽只有 70 公里。

專家認為，1 號骨笛的製作年代可能早於公元前 7000 年，當時的音樂以 1356 四個音為主，吹奏的音只是構成小調調式的基礎音。2 號骨笛製作的年代應該晚於 1 號骨笛，它增加了一個按指孔和一個音，使骨笛由四聲音階發展成為完整的五聲音階，既可以吹奏自然小調的音樂，也可以吹奏自然大調的樂曲。因此，專家推測，在公元前7000年之前，當地音樂的主調是6136四個音；而當五聲音階的骨笛發明後，音樂的主調就變成了1351和5613。將1235和356 i兩種四聲素材交織運用，樂曲的表現力更為豐富。舞陽縣至今還流行的燈歌《問答》《說家鄉》等，都還保留着這種形式。

賈湖早期遺址出土的骨笛，年代在9000年之前，已經可以吹奏四聲和五聲音階構成的音調，證明五聲音階在中原地區確實源遠流長。9000年來，它的因子一直存在於這裏的民間音樂中。當地的《孫中山先生之歌》正是用1235和356 i兩種序列正向或反向進行的。屬賈湖遺址中期的282號墓，出土2支骨笛，其音序的自然排列方法，是對早期341號墓1號骨笛自然音的擴大和發展，一音之差，卻使它的表述領域大為擴展，如今豫南的民歌和小戲中的很多曲調，依然沿用這種較為原始的自然音序構成旋律，如豫南的西調皮影唱腔中還有賈湖282號墓骨笛的自然音序排列的狀態。《孔仙兵阻金雞嶺》這一唱段所使用的音列為35671235八個音，它的最低音「3」在整個唱段佔有重要位置，結束音也落在它上面。這類小戲中自然音列的應用，與8000年之前賈湖骨笛自然音序如此一致，絕非偶然的巧合，當是當地居民長期的音樂審美習慣的延續。

六、賈湖骨笛的年代與分期

賈湖出土的18支骨笛，分散在不同的墓葬，其年代先後相差很大。根據地層關係和碳十四測年，賈湖文化遺存依照年代先後可以分為三期，18支骨笛也相應地分為三種類型，與賈湖文化的分期基本一致。

· 282 號墓 20 號骨笛

· 411 號墓出土骨笛

賈湖出土的早期骨笛，年代在公元前 7000—前 6600 年左右，這一時期出土的 2 支骨笛分別開有五孔、六孔，能奏出四聲音階和完備的五聲音階。

賈湖出土的中期骨笛，在公元前 6600—前 6200 年期間，這個時期出土的骨笛都是管開七孔，它們不但能吹奏出完備的五聲音階，而且已經能夠吹奏出六聲音階和七聲音階，這個時期的骨笛與初期比較，已進入成熟期，並發展到製作骨笛精品的時代，其中最具代表性的是 82 號墓出土的 20 號、21 號 2 支骨笛，標誌着賈湖音樂文化的高峰。賈湖晚期的骨笛，大約在公元前 6200—前 5800 年的四百年間，這一時期的骨笛除了一部分保持了中期的七孔骨笛的形制之外，還出現了八孔骨笛，不僅能吹奏出七聲音階，而且還出現了變化音，反映了賈湖先民精神生活的多姿多彩。

下面將三個時期的骨笛以音階的形式排列，以便清楚地看到賈湖骨笛在三個時期的音階變化。

遺址早期（公元前 7000—前 6600 年左右）：

341 號墓的 2 支骨笛，分別開五孔、六孔，能奏出四聲音階和完備的五聲音階。

五孔骨笛：$356\dot{1}\dot{3}\dot{6}$（主音：#D6）

六孔骨笛：$12356\dot{1}\dot{3}$（主音：$^{\#}$A6）

遺址中期（公元前 6600—前 6200 年左右）：

282 號墓出土 2 支骨笛，鑽有七孔，能奏出六聲和七聲音階。

21 號七孔骨笛：$35^{b}6^{b}7\dot{1}\dot{2}\dot{3}^{b}\dot{6}$（主音：D6）

20 號七孔骨笛：$356^{b}7\dot{1}\dot{2}\dot{3}\dot{5}$（主音：D6）

411 號墓出土 1 支骨笛，鑽有七孔。出土時已經斷為三截。

78 號墓出土 2 支骨笛，都鑽有七孔。

遺址晚期（公元前 6200—前 5800 年左右）：

253 號墓出土 2 支骨笛，分別鑽有八孔、九孔，能奏出完整的七聲音階以及七聲音階以外的一些變化音。

4 號八孔骨笛：$1234567\dot{1}$（主音：$^{\#}$A5）

$123^{\#}4567\dot{1}$（主音：$^{\#}$D6）

$12^{b}3456^{b}7\dot{1}$（主音：C6）

253 號墓的 4 號骨笛管開八孔，比中期的 282 號墓出土的 2 支骨笛多開一孔，音律上產生了明顯的變化，根據測音數據，若以 #D6 為主音，可以排列出如下七聲音階：

$4^{b}6^{b}7\dot{1}\dot{2}\dot{3}\dot{5}\dot{6}$

$^{\#}2$、$^{\#}4$、5、6、7^{b}、7、$\dot{1}$、$\dot{2}$、$\dot{3}$（$^{b}\dot{3}$），也即 $123^{\#}4567\dot{1}$

七、賈湖骨笛的製作技巧

賈湖遺址發掘的 349 座墓葬中，以 282 號墓規模為最大，隨葬品多達 60 件，足見墓主人生前的身份非同一般。墓中的 2 支骨笛，一支在墓主左股骨的外側，另一支在墓主左股骨的內側，製作之精良，音質之優美，都堪稱賈湖骨笛之最。其中一支骨笛出土時已經斷為三截。經專家分析，並非入土時折斷，而是墓主生前就已經損壞。耐人尋味的是，主人並未拋棄之，而是細心地在折斷處鑽了 4 個小孔，用細線連輟，可見墓主人對它的珍愛。舞陽骨笛一般長 20 多厘米，直徑約 1.1 厘米，圓形鑽孔都分佈在同一側，一般為 7 孔，製作規範。有的骨笛上劃有等分記號，表明製作之前先經過度量、計算，然後劃線，再鑽孔。個別笛子的主音孔旁還鑽有小孔，專家認為是調音孔，可見製作者已有聲律規範的意識，開孔後先要試音，如果音律不諧，再開小孔作微調。在早、中、晚三期的 5 支骨笛中，有 3 支骨笛的表面留有製作者為了確定孔距而留下的計算刻度，它們是早期的 341 號墓的 1 號笛、中期的 282 號墓的 20 號笛、晚期的 253 號墓的 4 號笛。其中 282 號墓 20 號笛的痕跡最為複雜，下面略作介紹。

從 20 號骨笛的笛身，還可以清晰地看到開孔前計算孔位時留下的痕跡，可知在開孔前預先作計算，再用鑽頭輕輕接觸，留下鑽點，但不鑽透管壁，意在為正式鑽孔再作調整時留下餘地。原先計算的第二孔的位置向下移動了 0.1 厘米，使第一孔與第二孔的音距為 300 音

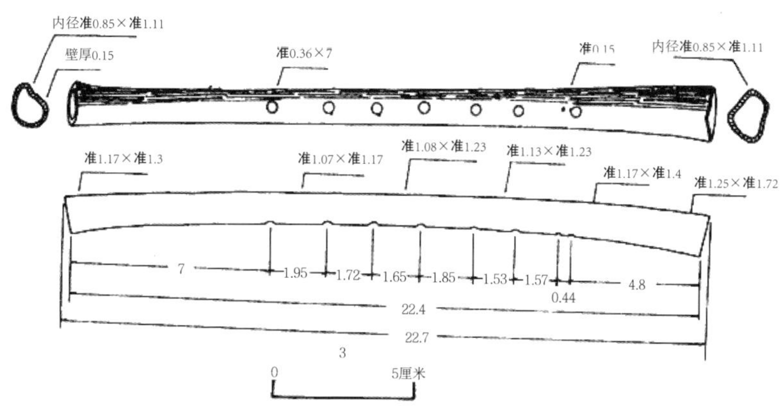

· 賈湖 282 號墓 20 號骨笛線圖
採自河南省文物考古研究所編著《舞陽賈湖》(下卷)

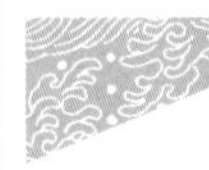

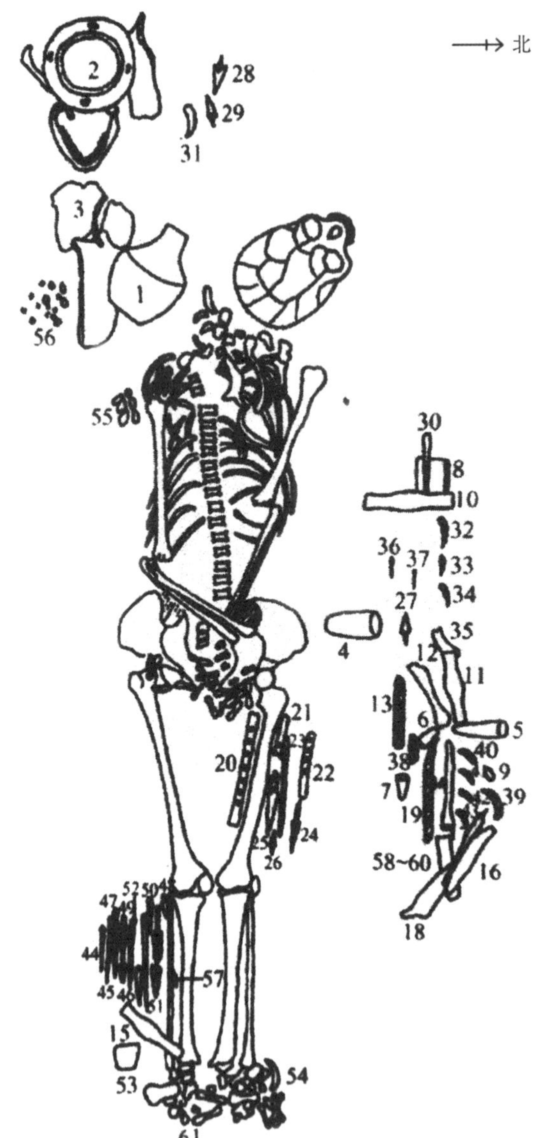

· 賈湖 282 號墓平面圖

1 陶壺 2 陶罐 3 陶鼎 4、5 石斧 6、7 石鑿 8、9、53 礪石 10 ~ 12、15 骨板 13、14、38、58 骨鑿 16 ~ 19 骨刀 20、21 骨笛 23、25、44 ~ 47、49、51、52 骨鏢 24、26 ~ 29、48、50、57 骨鏃 30 骨錐 31、54 牙削 32 ~ 34 牙錐 35 牙刀 36、37 骨針 39 ~ 43 牙飾 55 龜甲 56 石子 59、60 骨柄 61 角料

採自河南省文物考古研究所編著《舞陽賈湖》(上卷)

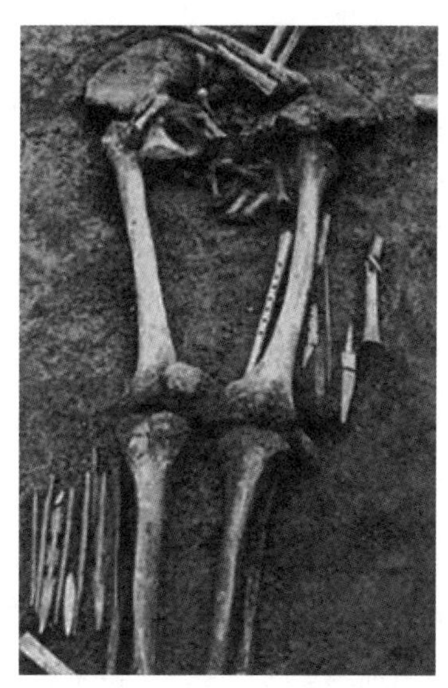

·墓葬出土的骨笛

分；原第三孔的位置也向下移動了 0.1 厘米，使第二孔與第三孔的音分值調整到 200 音分，而第三孔與第四孔之間的音距也成了 200 音分。通過調整兩個音孔位置，彼此的音距和音分數與今天的十二平均律的音距和音分數完全相同，並且形成了 1235 四個聲音組合的、以十二平均律為基礎的相互關係，簡直令人難以置信。賈湖人似乎已經有了對十二平均律某些因素的基本認識。開第七孔時，先開一個小孔，經過試聽，可能覺得該孔的音稍高於預定的音，於是在它下方 0.44 厘米處再開了一個正式的音孔。專家測音後發覺，六孔至七孔的音距為 178 音分，與小全音的音分數 182 音分只差 4 音分，這是人耳都難以辨別的。而七孔至筒音的音距為 250 音分，與純律增二度 275 音分也只差 25 音分。由於校正了第七孔的位置，使六至七孔的音距接近了小全音的標準，使第七孔與筒音之間的距離縮小到與純律增二度相近的音分值。

賈湖中期偏後的墓葬出土的骨笛，大多可見計算開孔位置時的刻度，說明了賈湖的先民製作骨笛採用的是經驗與計算相結合的方法。

341 號墓 1 號骨笛全長 20.9 厘米，兩端的骨頭節已被鋸去，但斷面尚可見刻痕，當是鋸割前所劃的記號。骨笛通體呈棕色，把握光滑，顯然是長期使用之物。經測音，1 號骨笛如果以 #D6+15 為主音，則此笛的自然音序為 356136，按音階排列為 13561，實際為四聲音階。它與同墓 2 號骨笛有着本質區別和時間上的差別。如果說四聲音階是舊石器音樂水平的最高體現，則五聲音階的出現就是新石器時期的一個飛躍。通過兩支骨笛自然音序的比較，可知 1 號骨笛相鄰兩音的距離比較遠，自然音序中只有一個大二度音程，而在 2 號骨笛的自然音序中，卻有三個大二度音程。這是一個重要的變化，可以看出賈湖人從對開放式的粗獷型走向密集的細微型表現方式的追求，這是音樂思維方式上的重大發展。在賈湖文化延續的 1200 年的歷史時期中，分別製作出了能演奏四聲和五聲音階的骨笛，六聲及不完備七聲音階的骨笛，七聲以及帶有變化音的骨笛，反映了中國民族音樂發展的漸進性。蕭興華先生說：「要揭開一萬年以來中國音樂文化文明的日子越來越近了。」

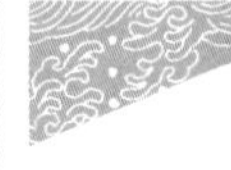

八、賈湖骨笛的未解之謎

著名音樂史家、中國藝術研究院音樂研究所蕭興華教授，以十餘年之功對賈湖骨笛進行了深入的研究，取得許多重要的發現[1]：

1. 北京山頂洞人遺址的年代距今約 10050 年，賈湖遺址早期的年代距今約 9000 年，兩者相去並不遠。山頂洞人在石片上開的孔大

1 蕭興華：《中國音樂文化文明九千年——試論河南舞陽賈湖骨笛的發掘及其意義》，《音樂研究》2000 年第 1 期，3—14 頁。

而粗糙；賈湖骨笛的音孔直徑僅為 0.1—0.3 厘米，但細緻而圓整。兩地的加工工藝差別如此懸殊，賈湖人究竟使用了怎樣的鑽孔工具？它是用怎樣的材料製作的？

2. 賈湖骨笛上刻劃的「一」形直道很多，研究者多認為是製笛時設計孔位的符號。但是，在賈湖晚期的 253 號墓出土的 4 號八孔笛上，有刻劃細緻的「三」形符號，它又代表甚麼意思？「一」形刻劃符號是否還有其他的功能和含義？

3. 9000 年前的中國人的數學知識究竟處在怎樣的水平上？在賈湖骨笛出土之前，這似乎是無從討論的問題。除了仰韶陶片上的刻劃符號之外，研究者幾乎沒有多少可據的資料。因此，數學史家表現出相當的無奈，只能審慎地說：原始公社末期，私有制和貨物交換產生以後，數與形的概念有了進一步的發展，仰韶文化時期出土的陶器，上面已刻有表示 1、2、3、4 的符號[1]。

現在，由於賈湖遺址的發現，數學史上的這一頁需要改寫了。賈湖早期文化的年代要比仰韶文化早 2000 年，據此而知，早在舊石器時代向新石器時代過渡時，先民對數的認識早已超越仰韶陶片所顯示的水平。賈湖骨笛中，音孔最多的只有八個，但我們不能從 1 到 8 之間的簡單排列去認識當時的數學水平。實際上，賈湖先民不但熟悉從 1 到 10 之間的差別，而且對於數的等分和不等分已能靈活地加以運用。要在骨壁上找到合理的音高排列，不僅需要有長期的實踐經驗和對音準的高度感覺，而且需要綜合種種不確定因素來加以考慮和計算。這中間存在着數學與音律的複雜關係。就音樂領域而言，數與律密不可分，弦樂器的弦長、管樂器的孔徑，與音高標準之間都有比例關係。確定音階關係的法則和規律，與數有一定關係。對此，賈湖人

1 《中國古代數學的萌芽》，《中國大百科全書．數學卷》，847 頁，北京：中國大百科全書出版社，1988 年。

顯然已經有了相當的知識積累。

4. 由於賈湖骨笛是截取飛禽脛骨而得，每支骨笛的長短、粗細、厚薄都不相同，骨管的形狀也不甚規則，要在這樣的異形管上計算出符合音階關係的孔距，有相當的難度。賈湖先民在製作前肯定經過某種計算，並在鑽孔過程中一再調整，直至開出滿意的音孔。20 號骨笛留下的三處計算開孔的痕跡，使我們得以了解賈湖骨笛製作的複雜過程。究竟先民是通過怎樣的方法來計算音孔位置的？這是我國數學史家和音律研究家面臨的難題。

5. 341 號墓 2 號骨笛的音，以及各音之間構成的音程，除 4 個音程與十二平均律完全相同之外，將其他能構成音程的音分值與十二平均律的音程、音分值相比，最大的音分值係數都低於 5 個音分值。以現代專業器樂演奏者的聽覺，都難以辨別出它與十二平均律之間的差別。當代最優秀的鋼琴調音師，對五度調音的音準度可以控制在 2 個音分，但不是靠儀器，而是靠感覺。一般來説，弦樂器演奏家對音高的敏感度最強，小提琴演奏家對音高的敏感度通常都在 7 個音分以上，專業音樂工作者則在 10 個音分以上。9000 多年前的賈湖人，在沒有任何調音儀器的情況下，居然能製作出任何音程都不超過 5 個音分差的骨笛，其中的奧祕究竟何在？

舞陽骨笛是我國迄今所見年代最早的樂器，是賈湖先民有意識、有目的地製作的規範化的成品，顯示了製作技術和演奏技巧的成熟。在迄今所見的史前音樂文物中，舞陽骨笛居於無可爭議的領先地位，表明早在史前時代，中華民族的音樂文化就已經具備了相當的水平。

九、上古時代為何偏愛五聲音階

從以上分析可知，中國七聲音階的形成經過了曲折複雜的歷程。

那麼，世界其他民族是否就沒有經歷過類似的過程呢？答案是否定的。黃翔鵬先生指出：「世界上無論東、西方的各種民族，只要是遠古和古代音樂史料的遺存足以判明其音樂發展情況的，幾乎無不採用過五聲音階作為其本民族的調式基礎。問題恐怕在於此五聲音階和彼五聲音階的不同；五聲的形成過程不同；同樣運用着五聲音階而有曲調型的不同；從五聲向七聲（或如某些東方民族的其他類型的、結構較為複雜的音階）的發展過程不同。」[1]

黃先生以希臘為例加以分析。古希臘的音階發展，經歷了三聲音階（相當於中國的徵、宮、商）、四聲音階（相當於中國的徵、羽、宮、商）、五聲音階（相當於中國的徵、羽、宮、商、角）的過程。可見古希臘的音階，是以徵、宮、商結構的四度、五度音程為骨幹的。古希臘人重視四、五度的諧和關係，而古代中國重視小三度諧和關係。正是這種音階骨幹音上的差別，決定了不同民族的曲調型的差異，從而造成了民族音樂的多樣性。

為甚麼不同民族的音階骨幹音會有所不同呢？黃先生認為，這與民族語言有着密切關係。不同的民族有不同的語言傳統，如節奏、重音、發音方式、審美習慣等。最初的歌曲，是在語言的基礎上變化而來的，因此必然受到語言的影響。「變宮」和「變徵」的出現，表明我國先秦時期七聲音階的存在，但這並不意味着當時以七聲音階為主。儒家文化偏愛和諧，表現在音樂中，認為宮、商、角、徵、羽五音比較和諧，「二變」出現在樂聲中容易出現不和諧，因而不太喜歡用變宮、變徵之聲。這是民族的審美習慣使然。因此，古代音樂依然以宮、商、角、徵、羽為骨幹音，而將「二變」作為五聲音階的輔助。《左傳》昭公二十五年，子大叔在回答趙簡子關於揖讓、周旋之

1 黃翔鵬：《溯流探源——中國傳統音樂研究》，22 頁，北京：人民音樂出版社，1993 年。

禮的問題時說：「為九歌、八風、七音、六律，以奉五聲。」意思是說，各種各樣的歌曲，各個地區的民歌，不論用七音，還是用六音，都是以「五聲」為主。黃先生認為，中國古代音階的確立，可能是人們從多於七聲或五聲的樂音序列中選擇的結果，其中有一個簡單到複雜，又從繁雜複歸於單純的過程，即「由簡單的、不甚穩定的『少』發展到精選的、穩定狀態的『少』」[1]。

1　黃翔鵬：《溯流探源——中國傳統音樂研究》，51 頁，北京：人民音樂出版社，1993 年。

參考論著：

河南省文物考古研究所：《舞陽賈湖》，北京：科學出版社，1999年。

蕭興華：《中國音樂文化文明九千年——試論河南舞陽賈湖骨笛的發掘及其意義》，《音樂研究》2000年第1期，3—14頁。

黃翔鵬：《溯流探源——中國傳統音樂研究》，北京：人民音樂出版社，1993年。

童忠良：《舞陽賈湖骨笛的音孔設計與宮調特點》，《中國音樂學》1992年第3期。

譚維四：《曾侯乙編鐘》，北京：文物出版社，2001年。

第三講

上孫家寨舞蹈紋盆與甘青地區的彩陶文化

舞蹈紋彩陶盆，1973 年青海大通縣上孫家寨馬家窯文化遺址出土，高 12.7 厘米，口徑 28.5 厘米。內壁繪有舞蹈圖案，用弧線和勾葉紋區隔為 3 組，每組 5 人，都有發飾和尾飾，手拉手作舞蹈狀。

大約在一萬年前，隨着農業和畜牧業的出現，人類邁進了新石器時代的門檻，它的標誌性器物是磨製石器、陶器和紡織工具。在耕、稼、漁、陶的定居生活中，陶製的炊煮器、飲水器、儲存器是人們生活中不可或缺的器物。

一、彩陶的製作

製陶業是新石器時代新興的手工業，是人類利用火這一自然力來改變物質化學性質的成功嘗試，陶器的出現促進了人類的定居生活，是劃時代的偉大發明。

我國新石器時代的製陶材料，主要是低熔點的黏土，以及少數高鋁黏土。將黏土捏成一定的形狀，放在火上烤，當溫度超過 800℃時，便會失去結晶水，發生晶形轉變和固相反應，並產生低共熔玻璃相，黏土便聚結成具有一定強度、硬度，結構比較緻密的新物質，這就是陶器。

我國中原地區的黃土含鈣量較高，可塑性較差，不適合製陶，只有紅土、黑土，以及河谷中的沉積土等黏土，含鈣量較低，而含鐵量較高，Fe_2O_3 的含量在 5%—9% 之間，最適宜做陶土。鐵氧化物有助熔作用，一般在 1000℃左右就可以燒成。陶土的成分對陶器的燒結和顏色會產生影響。如果在氧化焰中燒成，則呈紅色；如果在還原焰中燒成，則呈灰色。

陶土必須是黏土，但如果黏結性過高，不但難以成型，而且會在使用過程中因長時間受熱而發生收縮、開裂。為了克服黏土的這些弱點，需要在陶土中摻和其他材料，以減少其黏性，最常見的辦法是夾炭和夾砂，此外還有夾雲母或蚌殼的。

夾炭陶的「炭」，主要是指水稻的莖、葉和皮殼之類的東西，可以直接摻入陶土，也可以先行碳化然後摻入。夾炭陶胎壁厚，胎質疏鬆，有些出土的陶片孔隙度達 50% 以上，滲漏嚴重，不好使用。夾炭陶主要出現在江南地區。浙江餘姚河姆渡遺址第四層出土的十多萬片陶片，絕大多數是夾炭陶，只有少數夾砂陶。第三層夾砂陶明顯增多，第一、二層的夾炭陶很少，絕大多數是夾砂陶。可見，夾炭陶存在的時間不長。

在陶土中摻和砂粒的陶器叫夾砂陶。秦安大地灣、磁山—裴李崗、萬年仙人洞等新石器時代早期遺址出土的陶器，大多是夾砂陶。到仰韶文化和龍山文化時期，夾砂陶的比例依然較高。夾砂陶有粗砂陶和細砂陶之分，總體而言，粗砂陶的數量較多，細砂陶很少。細砂陶的特點是陶土細膩純淨，只摻和很少、很細的沙子，而硬度比粗砂陶高。在仰韶文化彩陶和龍山文化蛋殼陶中，還發現一種既不夾砂，也不夾炭的陶器，緻密度比較高，稱為泥質陶。

陶器的形制，是按照生活的實際需要來確定的，可以分為儲存器、蒸煮器、盛食器、汲水器等幾大類。儲存器有瓮、罐等。蒸煮器有鼎、釜、甑等。盛食器有碗、鉢、盤、盆等。汲水器有小口尖底瓶。我國新石器時代的陶器就非常美觀而實用，初步確立了中華民族日用器皿的樣式，影響非常深遠。

最初的陶器，是用手直接捏製而成的，稱為「捏塑法」。用這種方法做出來的陶器，上面總是可以看到製器人留下的指紋。捏塑法只能製作器型簡單的小陶器，遠遠不能滿足人們的需要。

於是人們發明了泥條盤築法。先將陶泥搓成條，然後盤築成形。有些體型比較大的器物，需要先分成上下兩部分分別製作，然後再合為一體。為了器身的嚴密和堅固，要在兩者的結合部位貼一圈黏土，然後再作修飾。此外，在陶坯還有一定濕度時，要將器物的耳、把手等黏上。用這種方法製作的陶器，如果我們用手去觸摸它的內壁，可以清楚地感覺到它的條狀盤築的痕跡。

器物成型之後，要稍微晾乾，再放到陶車上修整。方法是，轉動慢輪，一手用陶拍在器表輕輕拍打，另一手用砥石在器物的內壁頂住拍打的部位，使器型更圓潤，器壁更均勻、緻密。最初的陶器都是素面的，但常常可以見到早期陶器上有繩紋，這是因為先民往往在陶拍上縛以繩子。有用籤子在器表刻劃裝飾花紋的。接着是將器表磨光，用比較細膩的石頭在器表打磨，使之呈現出光澤，這樣既美觀又便於在上面彩繪。

用彩色來裝飾陶器，經歷了漫長的過程。在甘肅秦安大地灣見到的最原始的彩陶，僅僅是在口沿附近抹一圈紅色的顏料。後來，先民開始把日常所見的動植物劃在陶器上面，這些題材最初是寫實的，後來經過提煉和變化，並且融入了作者對自然和生活的感受。隨着時間的推移，構圖和色彩越來越豐富和絢麗，審美情趣日益高雅，於是，原本是日用的器皿，變成了魅力無比的藝術珍品。

彩繪的題材，我們到後面再細談。彩陶的圖案以紅、黑二色為主，都是取材於礦物。紅色顏料取自含有鐵的赭石之類的礦物；黑色顏料取自含有錳的礦物，也有將兩種礦物調和成新顏料的。礦物顏料的優點是不容易褪色，許多彩陶上的紋樣，歷經千年依舊光鮮如故。寶雞北首嶺遺址發現兩塊用赤鐵礦物製作的顏料錠。陝西臨潼姜寨遺址出土過一套繪畫工具，包括硯、磨棒、赭石塊和水杯。蘭州白道溝坪馬廠期遺址的窯場發現了研磨顏料用的石板，以及調色用的陶碟。陶碟有分格，裏面居然還有當年用剩的顏料。甘肅臨洮馬家窯文化遺址出土三個高 5 厘米、直徑 3 厘米的顏料瓶，其中一個尚未啟封，伴隨出土的還有一件調色用的陶缽，缽內殘存着紅色的顏料[1]。

彩繪的工具是甚麼呢？只要你使用過毛筆，而且親眼見過彩陶上揮灑自如的線條，你就會得出結論：它一定是用毛筆，或者是與之

1　王海東：《馬家窯彩陶鑒識》，39 頁，蘭州：甘肅人民美術出版社，2005 年。

· 顏料瓶與顏料缽
採自王海東著《馬家窯彩陶鑒識》

類似的工具畫出來的。遺憾的是，我們至今沒有見到這種彩繪筆的實物。

彩繪完成之後，要放到火上去燒製。最初的陶器，是露天燒製的，把陶坯放在燃燒的柴堆上就可以了。這種燒法火候很低，而且不容易控制。於是，先民在地上挖坑，作為火膛；上面放一層箅子，陶坯放在箅子上，然後把上面用土封起來，成為窯室，這樣爐溫可以達到 800℃。後來，先民解決了窯室密封的技術，爐溫可以達到 1000℃，燒成的陶器，質量要好得多。由於陶土中的鐵元素被氧化，所以陶胎呈紅色。陶窯的遺跡已經發現不少，西安半坡發現 6 座，華縣泉護村發現 7 座，蘭州白道溝坪馬廠期遺址的窯場規模較大，保存也比較好，共發現 5 組 12 座，以及一些陶窯殘跡。每組陶窯共用一個燒火坑，各窯的窯門都朝向燒火坑。窯室都呈方形，窯箅上有 9 個火眼，三三排列，非常整齊。窯場中有一個備料坑，內有製造陶器的熟料和餘料，其中的紅膠泥條正可以與馬家窯文化陶器多用泥條盤築而成的情況互相印證。

需要說明的是，除了彩陶之外，還有一種彩繪陶。兩者的差別有兩點。第一，彩陶是上彩之後再燒製的，而彩繪陶相反，是入窯燒製之後再畫彩的。所以，前者的彩繪附着力非常強，而後者的彩繪很容

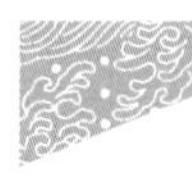

易脱落。第二，彩陶上的顏料要經受窯內 1000℃的火溫，所以它必須是礦物顏料；彩繪陶不然，它不需要經過爐火，所以礦物、植物顏料都可以用。總體而言，我國新石器時代出土的彩陶要遠遠多於彩繪陶。目前出土彩繪陶最多的是山西襄汾陶寺龍山文化墓地、內蒙古敖漢旗大甸子早期青銅器時代墓地。

此外，還有使用普通鎂質易熔黏土，以及瓷土和高鋁質黏土的，其共同特點是氧化鐵的含量比陶土低得多，由於燒成後呈白色，習稱白陶。我國是世界上最早發明白陶的國家，黃河流域在仰韶文化晚期就已經出現白陶。南方的白陶出現在 7000 年前，而且數量很大，湖南省和深圳也有出土。在大汶口文化和山東龍山文化中比較流行。在黃河流域出土的主要是高鋁質白陶，在長江流域則有高鋁質和高鎂質兩種類型的白陶。白陶的發明，對於從陶器向瓷器的轉變，具有重要意義。

二、仰韶彩陶的發現

中國人很早就懂得製陶。陶，古人多寫作「匋」，《說文解字》說：「匋，作瓦器也。」有關製陶的記載，文獻中屢見不鮮。例如《史記．五帝本紀》說：「舜耕歷山，歷山之人皆讓畔。漁雷澤，雷澤上人皆讓居。陶河濱，河濱器皆不苦窳。」意思是說，舜是聖明之君，他無論是在歷山耕作，還是在雷澤捕魚，民眾都彼此禮讓，和諧相處，製作的陶器質量都很好。又如，《詩經》說「昆吾作陶」，昆吾是夏商之間的部落，初封於今河南濮陽，「夏衰，昆吾為夏伯，遷於舊許，後為湯所滅」。昆吾以擅長製作陶器而聞名。

可是，20 世紀初，在西方考古學傳入中國之前，誰也沒有想過要去尋找史前時代的中國陶器，無數深藏於地下的史前文明無人知曉。

· 瑞典地質學家、考古學家安特生

19 世紀，西方考古學家在歐洲、近東發現了史前時代的石製工具，後來又在近東等地發現了同一時代的彩陶，而中國卻沒有見到。在這種背景之下，有些西方學者武斷地認為：中國沒有新石器文化可言，中國文化最早只能追溯到公元前 7、8 世紀，沒有史前文明可言。有趣的是，最先推翻這一結論的，也是一位西方學者，他就是瑞典人安特生。

安特生（Johan Gunnar Andersson，1874—1960），是瑞典地質學家、考古學家。1906—1914 年，他擔任瑞典地質調查所所長。1914—1924 年，他受聘為中國北洋政府的農商部礦政顧問。1926—1939 年，他回國擔任瑞典遠東古物館館長。在中國工作期間，他發現了許多中國史前時代的遺址。1921 年，他在北京房山周口店調查時，判定這裏的龍骨山是遠古時代人類活動的遺址，後來龍骨山果然發現了舉世震驚的「北京人」遺址。在此前後，安特生到河南等地調查，先後三次到過河南澠池縣的仰韶村。1921 年，安特生決定在仰韶村發

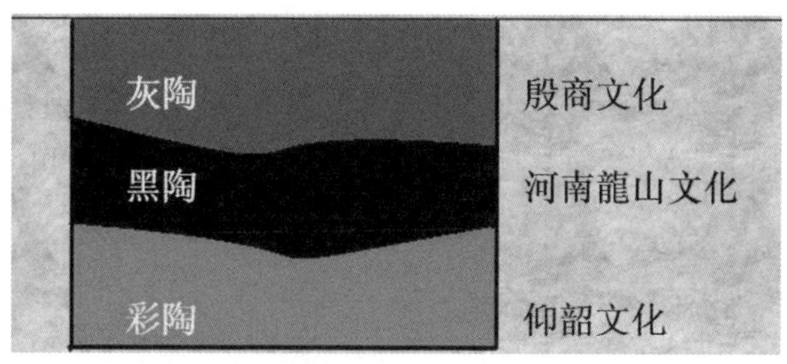

· 後岡三疊層示意圖

掘，在灰土層中發現了與磨製石器共存的陶片，上面有用黑色和紅色描繪的紋飾。隨後，安特生還在遼寧錦西的沙鍋屯洞穴遺址以及黃河流域的一些地方發現了彩陶，他將它們命名為「仰韶文化」。安氏的這些發現，使「中國沒有史前文明」的說法不攻自破，證明中國文獻的記載並非子虛烏有。

仰韶文化被發現之初，人們所能見到的史前遺址非常有限，認識也比較粗淺。當時比較流行的看法是，仰韶文化是與殷墟的商代文化相銜接的文化，年代不會太早，大約在公元前兩千年左右。

1928 年，著名考古學家吳金鼎在山東章丘龍山鎮城子崖發現一種與石器、陶器共存的薄黑而有光澤的陶片，與仰韶文化彩陶的面貌判然有別，於是命名為「龍山文化」。龍山文化是甚麼年代的文化？它與仰韶文化是甚麼關係？當時誰都說不清楚。一般認為，龍山文化與仰韶文化是分處於東西方的同時代文化，也就是說，兩者文化面貌的不同是屬地域文化的差別，而不是時代先後的差別。

1931 年，著名考古學家李濟和梁思永在殷墟後岡發現了殷代文化、龍山文化和仰韶文化三者相疊壓的地層關係：上層是殷代文化，中層是龍山文化，最下層是仰韶文化。在考古學的地層學說中，年代越早的遺物，所處的地層越下；年代越晚的遺物，所處的地層越上。後岡的這種地層疊壓關係表明，龍山文化與仰韶文化不是並行發展的

關係，而是前後承接的關係，龍山文化是介於仰韶文化和殷代文化之間的一種文化。這就是著名的後岡「三疊層」，它對於中國史前考古學的譜系的建立，作出了重大的貢獻。與後岡「三疊層」同樣的地層疊壓關係，後來在晉南和陝西也有發現，學術界由此形成了共識：仰韶文化是黃河流域新石器時代較早的一種文化。

近 90 年來，對仰韶文化的發掘和研究，始終是中國田野考古的重點之一。現在我們知道，仰韶文化的分佈區域，以黃河中游的河南、陝西、山西三省為中心，年代距今 6000—5000 年。目前，已經發現的仰韶文化遺址有上千處，有些地區的遺址分佈相當稠密，例如在三門峽庫區發現的仰韶文化遺址就有 69 處。遺址一般位於河谷的台地上，面積往往很大，從幾萬平方米到幾十萬平方米都有，半坡遺址面積達 5 萬平方米，分為居住區、窯場和公共墓地三大塊，居住區的面積達 3 萬多平方米；陝西華陰西關堡則有 90 萬平方米之大；文化堆積層也很厚，多者達四五米，無疑是先民長時期在此生活的證據。

有關仰韶文化的全貌，是隨着考古工作的全面展開而逐漸顯現出來的。20 世紀 50 年代，考古工作者在西安的半坡和河南陝縣的廟底溝兩地的仰韶文化遺址進行了大規模發掘，發現了數量眾多的彩陶。將兩個遺址的彩陶等出土物進行比較，發現兩者的文化特色同中有異，前者的器型以盆、鉢、壺、尖底瓶為主；動物紋飾有魚、蛙、鹿等，而以魚紋為主；此外，還有人面紋、三角紋、帶紋、網格紋等，幾乎都是紅陶黑彩；後者的器型以斂口曲腹盆、大口深腹缸、尖底瓶和平底瓶為主，紋飾以鳥紋和花卉紋為主，大多數是黑彩，少數兼用紅彩，有的器表有白陶衣。經碳十四測年，前者年代較早，後者年代較晚，表明它們是仰韶文化發展過程中形成的不同類型，學界稱為「半坡類型」和「廟底溝類型」，代表仰韶文化的早期和中期，是仰韶彩陶的鼎盛期。

廟底溝類型分佈範圍非常廣泛，北到遼河流域，南過長江，東到山東，西到甘青地區，對周邊的文化產生很大影響。在典型仰韶文化地區，繼廟底溝類型之後是西王村類型，主要分佈在關中渭水流域，以及陝北、晉南、豫西地區。此外，分佈在河南省的黃河以南、東起鄭州、西至洛陽、南及汝河河谷平原及丘陵地帶的稱為秦王寨類型（或稱大河村類型）；分佈在河南北部、河北南部地區的稱為後岡類型；分佈在江漢流域北部，以及唐河、白河地區的稱為下王岡類型等。這些類型都屬仰韶文化晚期，陶器構圖單調而鬆散，主題不鮮明，用筆比較潦草，顯示出仰韶彩陶衰落的特徵。

三、甘青地區的彩陶文化

安特生在發現了仰韶彩陶之後，並沒有就此止步，而是將視野投向了中國的西部地區。他認為仰韶彩陶已經相當成熟，在它前面一定還有更加原始的彩陶，他判斷中國彩陶的源頭可能是在黃河流域的上游。於是，1923—1924 年間，安特生到甘肅、青海地區調查，發掘了不少遺址，其中既有新石器時代的遺址，也有青銅時代的遺址，限於當時的水平，他未能加以區分。當時，考古學界一般認為，甘肅地區的彩陶文化是一種與仰韶文化平行的文化遺存，所以稱之為「甘肅仰韶文化」。

20 世紀 50 年代以後，考古工作者對甘青地區的史前遺址進行了比較全面的發掘，由於大批新材料的出土，考古學家發現甘青地區的彩陶與仰韶文化有明顯區別，不能混為一談。尤其是在馬家窯、渭源寺坪等地發現所謂的「甘肅仰韶文化」與中原仰韶文化有地層疊壓關係之後，人們方才知道，甘青地區馬家窯文化的早期晚於仰韶文化的廟底溝類型，是承襲廟底溝類型的某些文化因素發展而來的一種文

· 青海樂都柳灣彩陶博物館

化，而它結束的時間要比仰韶文化晚。於是，考古學家將它重新命名，稱之為「馬家窯文化」。

馬家窯文化主要分佈在甘肅、青海、寧夏的黃河上游、大夏河和湟河流域地區，年代為距今 5800—4000 年。遺址相當密集，僅青海省就有上千處。在馬家窯文化時代，甘青地區溫暖濕潤，到處是森林草原，生態環境良好。先民們篳路藍縷，辛勤開發了這塊美麗富饒的土地，創造了燦爛的史前文化，這裏成為了中華文明的發祥地之一。河隴地區（今甘肅、青海、寧夏和新疆的部分地區）相傳是伏羲和軒轅黃帝的故里，素有「羲、軒桑梓」之稱，夏朝末年，周人興起於隴東，後來向東發展到陝甘接壤的地區，最後取得天下，所以史稱這裏是「周道始興之地」。此外，甘肅的禮縣、天水一帶又是秦人的發祥地，這是大家都非常熟悉的。

馬家窯文化遺址中，最為著名的是柳灣遺址。柳灣遺址位於青海樂都縣城東的柳灣村北，湟水河的北岸，總面積約 11.2 萬平方米。墓地分為東、中、西 3 個墓區。東區以半山類型墓葬為主，有 257 座。中區以馬廠類型墓葬為主，有 872 座；而該區的北端有 5 座辛店類型墓葬。西區以齊家類型墓葬為主，有 366 座。柳灣遺址前後經歷了從

·石嶺下類型彩陶之一

·石嶺下類型彩陶之二

·馬家窯類型彩陶

新石器時代到青銅時代的1000多年，是迄今為止我國規模最大、保存較好、發掘墓葬最多的一處氏族公共墓地。1974年，在這裏發掘出土的彩陶達13000件以上，舉世罕見。其中以馬廠類型的器物為最多，也最精彩。

馬家窯文化前後綿延數千年，通常將它分為四個類型，代表從早到晚的四個時期：

1. 石嶺下類型，因最先發現於甘肅武山縣石嶺下遺址而得名，距今5600—5300年，主要分佈於甘肅天水一帶，以及渭河及其支流葫蘆河流域。石嶺下類型彩陶繼承了廟底溝彩陶的因素，多平行線紋、同心圓紋、波浪形紋、草葉紋等。

2. 馬家窯類型，因首次發現於甘肅臨洮馬家窯遺址而得名，距今5300—4700年，主要分佈於隴東山地、隴西平原、寧夏南部和青海西北部，西至甘肅武威。在該區域內發現的馬家窯類型遺址有數百處之多。

陶器多用手製，不少陶器的形制和花紋都與仰韶文化廟底溝類型的相似或接近，顯然是從廟底溝類型脫胎發展起來的。彩陶多為黑彩，常以密集的平行、弧曲、交叉、同心圓、渦旋的線條變化，表現

· 半山類型「四大圈」彩陶之一

· 半山類型「四大圈」彩陶之二

· 馬廠類型彩陶

水的動感。構圖繁縟，渾然一體。動物紋樣主要有鳥紋、魚紋、蛙紋和蝌蚪紋。幾何紋樣有S形紋、葫蘆紋、垂幛紋、旋渦紋、水波紋、圓圈紋、多層三角紋、桃葉紋和草葉紋等。著名的陶器有「鯢魚紋雙耳瓶」，鯢魚用黑彩描，頭部為人面，魚身細長，以網格紋代表魚鱗，魚尾彎曲，前肢有四趾。

3. 半山類型，因首次發現於甘肅和政的半山遺址而得名，距今4700—4300年，主要分佈於隴西河谷和盆地、河西走廊以及青海東北部，與馬家窯類型的分佈區大致重合。1924年首次發現時，發掘了一座墓葬，墓主是一位40歲左右的男性，隨葬品中有8件彩陶罐和4件夾砂陶罐。

半山彩陶的特色是好用紅黑兩色相間的鋸齒紋，構成旋渦紋、水波紋、葫蘆紋、菱形紋和平行帶紋。旋渦紋一般由四個以上的旋渦作二方連續勾連而成，通常是中心用紅彩繪旋渦的骨架，上下繪黑紅彩帶紋，黑彩較寬，帶有鋸齒紋，鋸齒嵌入紅彩。此外，器身的正面每每平均分佈四個圓圈，俗稱「四大圈」，圓內用方格紋、網紋、菱形紋裝飾。此外還有變體蛙紋和棋盤格紋。

4. 馬廠類型，因首先發現於青海民和的馬廠原遺址而得名，距今4300—4000年，分佈區域與半山類型大致重合，但向西延伸到酒泉、玉門一帶。馬廠遺址發現於1924年，當時清理了兩座墓葬，出

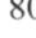

土 4 件彩陶。

馬廠彩陶一般有紅色或紫色的陶衣，上面多施黑彩，極少有鋸齒紋。早期喜歡用紅黑相間或黑邊紅帶的粗條帶構成圓圈紋、螺旋紋、變體蛙紋和波折紋等，注重色調的搭配和變化。其中最有特色的紋樣是蛙紋，寫實與簡化並見，風格各異。晚期則用單色線條，以黑色為主，有時單用紅色，構成波折紋、菱形紋、回形紋、編織紋和變體蛙紋等。這一時期最著名的陶器，是柳灣出土的人體雕塑彩陶雙耳壺。晚期彩紋用單色，以菱形紋和編織紋為母題，已經開始向齊家文化過渡。

馬家窯文化的陶器年代較晚，但後來居上，發揮和超越了仰韶文化，使中國彩陶文化達到極致的水平。它有幾個最顯著的特點：

首先，彩陶的數量大增。由於當今的博物館和教科書都把仰韶出土的彩陶放在非常突出的位置加以介紹，從而造成了很多人的誤解，以為仰韶時期的陶器都是彩陶。其實不然，仰韶文化遺址出土的陶器，大部分是不畫彩的，彩陶只佔 10% 左右。而馬家窯文化中的彩陶佔全部陶器的 20%—50%，在隨葬品中佔 80%以上，這個比例冠於全國彩陶文化之首[1]。青海樂都柳灣墓地一處就出土各種陶器 13000 件，其中大部分是彩陶，例如 564 號墓隨葬陶器 95 件，其中 87 件是彩陶，這是其他地區無法企及的。

其次，畫彩的部位增多。仰韶彩陶畫彩的部位，一般在器身的中部以上，馬家窯文化的許多細泥陶的外壁和口沿佈滿花紋，許多大口徑器物的內壁以及其他夾砂的炊器上也常常畫彩，甚至出現了「滿彩」，即通體畫彩的陶器。在盆、鉢之類的大口器物的內壁畫彩，即所謂的「內彩」也多了起來。紋飾繁縟多變而又有明顯的格律，彩畫技術相當成熟，令人有流光溢彩、滿目生輝之感。

1　崔永紅、張得祖、杜常順主編：《青海通史》，西寧：青海人民出版社，2002 年。

再次，仰韶確立的二方連續圖案構成方式正為馬家窯文化所繼承，其能夠熟練地將各種基本紋飾變化、組合，或重複出現，或循環使用，或虛實結合，或動靜呼應，或講究對稱，或追求韵律，無不得心應手，揮灑自如。器身的圖案，無論正視俯視，皆能成趣。這一時期的彩陶藝術，風格獨特，富於審美享受，達到了前無古人的境界。

四、絢麗的甘青地區彩陶

甘肅、青海地區的彩陶，絢麗多姿，是中華文明史上的瑰寶。它的成就是多方面的，包括器物造型、製作技術、構圖技巧等等，無不達到高超的水平。下面我們略舉數例，以收管中窺豹之效。

1. 人物題材的彩陶

人是社會生活的主體，用陶器和彩繪來反映人物的神態和生活場景，是甘青地區彩陶中最令人矚目的題材之一。

在大地灣時期的遺址一層發現的一座窖穴發現了粟的遺存，這是迄今為止我國最早的粟的實物遺存；此外還發現了十字花科的油菜的遺存。在仰韶文化和馬家窯文化時期，甘青地區的許多遺址中都發現有粟、黍、麻的遺存，以及各種生產工具。柳灣遺址墓葬往往隨葬容積較大的陶瓮，瓮內盛滿了粟，表明當時的農業已經有了較高的發展水平。

甘青的先民似乎已經不必為食物擔憂，他們在農作之餘，有着豐富的文化生活。1973 年秋，青海大通縣上孫家寨出土一件舞蹈紋彩陶盆，為細泥橙紅陶，高 12.7 厘米，直徑 28.5 厘米，內壁口沿處繪有 15 人，每 5 人為一組，携手起舞，髮辮、尾飾隨之擺動。每組人物之間飾以多道微微彎曲的直線，然後再用一片斜置的樹葉分隔。著名舞蹈史家王克芬先生說：「這是迄今為止出土文物中可以確定年代的最

· 上孫家寨出土舞蹈紋彩陶盆

· 舞蹈紋彩陶盆聯想圖

古老的一幅原始樂舞圖」，「舞人服飾劃一整齊，動作配合默契，頭飾擺向一致，顯然他們有着統一的節奏和韵律，這必然離不開音樂的提示。」[1] 王先生的分析很有道理。舞蹈一定有節奏，而人類最早的打節奏的樂器通常是鼓。那麼，甘青地區在這一時期是否有鼓呢？回答是肯定的。考古工作者在青海民和縣、甘肅永登樂山坪、蘭州紅固區等地都發現過彩陶鼓。其中永登樂山坪出土的一件幾何紋彩陶鼓，通高 45 厘米，鼓面直徑 32 厘米，是迄今為止新石器時代最大的一件打擊樂器。這種陶鼓，正是《禮記 · 明堂位》說的「土鼓」，它以陶、瓦為框，再蒙上獸皮做鼓面。既然《禮記》提到它，說明周秦之際的人還能見到這種原始形態的鼓。

無獨有偶，1995 年，青海同德縣宗日也出土了一件人形紋舞蹈盆，高 12.1 厘米，直徑 23.2 厘米，細泥橙陶，內壁上部繪有兩組人物，一組 12 人，一組 13 人，彼此牽手，下裳作圓裙形，體態輕盈。人物腳下有四道圓圈紋。這兩件舞蹈盆向我們展示了先民安居樂業的祥和場面。

對於人的個體形象的塑造，也有不少，年代最早的一件，是秦安大地灣半坡類型遺址出土的人頭形器口彩陶瓶，高 31.8 厘米。口部

1 《中華文明史》第一卷，333—334 頁，石家莊：河北教育出版社，1989 年。

· 樂都柳灣裸體人彩陶壺

是捏塑而成圓雕人頭像，披髮，額頭短髮，面頰圓而扁平。雙眼、鼻孔和口鏤空，形象逼真。目光平直遠望，鼻樑挺拔，嘴角微翹，神色平和，恬靜自得，十分傳神。器身與人體合一，用三列弧線三角形和斜線構成的兩方連續圖案，渾然天成，妙不可言。青海柳灣出土一件馬廠類型的陶罐，器身用堆塑和彩繪相結合的手法創作了一個裸體人像，五官俱全，雙乳袒露，其生殖器似男又似女，難以判斷。有專家推測，它可能具有宗教意義。

此外，還有用人頭像做器物的蓋的設計。甘肅禮縣高寺頭遺址出土一件紅陶人頭像，雙眼和口也經鏤空，雙耳有穿孔，頭的上部有一圈堆塑的飾物，類似於帽檐。鼻子略呈鷹鈎狀，面容豐滿，頸部粗壯，足見是一位體魄健壯的人物。甘肅東鄉也出土過兩件人頭形器蓋，有鬍鬚，頸部有多道圈形紋飾，頸部以下的彩繪有衣裳的裝飾效果。

柳灣出土一件陶器，器的上部作人頭形，鼓腹狀的器身上佈滿圈形的圖案，但並非同心圓，有一位指紋專家認為，這是中國最早的指紋圖案。

· 動物紋彩陶之一

· 動物紋彩陶之二

2. 動物題材的彩陶

以動物為題材的陶器，在仰韶文化中很多，最著名的一件是 1980 年在河南臨汝出土的「鸛魚石斧彩陶缸」，高 47 厘米，口徑 32.7 厘米，畫中的鸛直立，微微後傾，圓目長喙，口銜一魚，旁邊有一柄石斧。該畫成功地運用了勾線、填色和設骨等繪畫技法，鸛用白色，以表示羽毛的輕柔；魚和石斧用黑彩鈎邊，內填白色，以表現魚的僵直和石斧的堅硬，為史前彩陶畫的傑作。此外，半坡遺址中以魚為主題的陶器，更是為大家熟悉。

甘青地區馬家窯文化的動物題材彩陶，比較著名的是石嶺下時期的鯢魚紋彩陶。1958 年，甘肅西坪出土一件彩陶瓶，高 38 厘米，器腹繪有人面鯢魚紋，人面有須，頭上有節支狀腮，身體狹長，向一邊彎曲，身上飾有漁網紋。僅有兩前足，足有四趾。1973 年在甘肅武山、1978 年在禮縣石嘴坪也有與之類似的鯢魚紋彩陶發現。

青蛙是馬家窯文化彩陶中最常見的紋飾。1924 年在甘肅臨洮馬家窯出土一件彩陶盆，器的內壁用寫實的手法畫了一隻蛙，雙眼圓瞪，兩前肢向前彎曲，兩後肢向後彎曲，蛙身幾乎圓形，四周空白處用圓

·鳥紋

·鯢魚紋彩陶

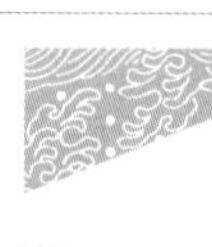

點點綴。這是馬家窯類型的蛙，到馬廠類型，蛙依然是彩陶的主題之一，但大多採用省略的畫法，突出蛙的彎曲的四肢，而將頭部省減，或者將器口代替蛙頭。

此外，鳥也是彩繪主題之一，這在青海民和核桃莊出土的陶器中尤其多見，限於篇幅，這裏不再列舉。

3. 幾何題材

甘青地區的彩陶，大量使用了圓圈紋、三角紋、菱形紋、方格紋等幾何圖案，以及旋渦紋等來構圖，既有對稱構圖，也有不對稱構圖，視具體情況而定，但都能恰到好處地表現主題。其中最令人怦然心動的，則是對於圓的各種使用，下面舉一些實例。

由於陶器絕大多數是圓形的，因此，用圓形裝飾最能與器物諧和。但是，純粹的圓圈容易給人以單調的感覺，而用分割的方法處理畫面，則不僅可以使構圖活潑，而且可以變換出更多的表現空間。在甘青地區的彩陶中可以看到大量等分圓形器身以及圓圈的案例，從 2 等分、4 等分、6 等分到 12 等分，再到 28、34 等分，甚至 80 等分，令人驚歎！此外，還有不等分的，如 3 分、5 分、7 分等。可見先民

· 馬家窯彩陶上的同心圓

已經有了一定的幾何知識。當然，它們還不是嚴格意義上的幾何學上的等分圓，但卻相當規整。在行家看來，它們所蘊含的知識信息要比我們想像的多得多。已故著名科學史家薄樹人先生指出：要將一個圓形分成若干等分，「至少應該有 2 等分一段圓弧的幾何知識，儘管我們現在還說不出來，當時究竟是如何完成這 2 等分的。」[1]

利用同心圓構圖也是馬家窯文化彩陶中習見的現象之一，它猶如層層外展的漣漪，給人以動感。1959 年，甘肅蘭州雁兒灣出土一件馬家窯文化的陶盆，內面的圖案中有 15 個同心圓，中間的 9 個同心圓是完整的，外側的 6 個同心圓被 3 組線條遮住了一部分，但從露出的弧線可以知道，這 15 個圓的同心度相當之高，圓形的線條也非常規整，如果沒有圓規之類的工具，要劃出如此水平的圖案，是無法想像的。從這件器物的構圖還可以看出構圖者的匠心，他為了破除繁密的同心圓帶來的呆板之氣，用 3 組線條從不同的方向疊壓住最外側的 6 個同心圓的大部分，使構圖更顯複雜和生動。

此外，還有用各種幾何圖形外切和內接來表現變化的手法。例

1　《中華文明史》第一卷，225 頁，石家莊：河北教育出版社，1989 年。

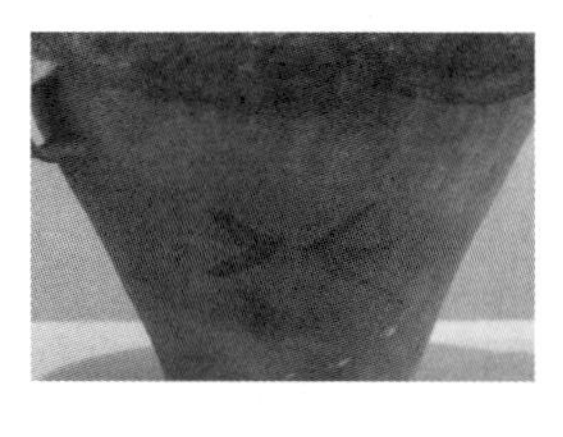

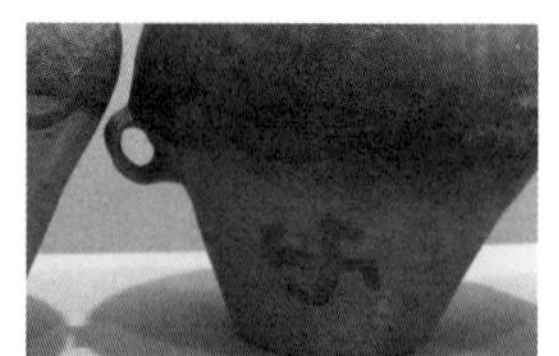

· 書寫在柳灣彩陶上的符號

如，1973 年甘肅永昌縣鴛鴦池出土的一件彩陶盆，器的壁內接一個劃成的雙線正五邊形，正五邊形又內切兩個同心圓，而同心圓又內接一個雙線的正方形。如此交疊轉換，給人以無窮的想像空間，可謂別具匠心。

4. 書寫在彩陶上的符號

在半坡陶器的口沿等部位，經常可以看到刻劃符號，關於它們的性質，學術界至今不能取得共識，有學者認為是漢字的濫觴，也有學者認為不過是製陶者給自己的陶器做的記號，與文字毫無關係。甘青地區的陶器上也有類似的刻劃符號，其中柳灣遺址出土的陶器中刻劃符號之多，令人瞠目。據統計，柳灣有 670 多件陶器上繪有符號，如果加以歸類，共有 139 個不同的符號，引起學術界重視。與半坡的陶器不同，柳灣彩陶的符號大多刻在器身正面的下部，字體大小，略似於今天小學生描紅用的大楷，而且是用類似於毛筆的工具書寫的，筆道舒展、大方。其中有些符號與後世的漢字非常相似，甚至完全一樣。但由於它們多數是單個出現的，沒有連綴成句，我們還不能判定

它已經是可以記錄語言的工具，只能期待有更多的資料出土，再作綜合研究。

五、中國彩陶文化是否西來？

彩陶是全世界在新石器時代共有的文化現象。在新石器考古文化中，彩陶無疑是最為引人注目的器物。彩陶研究最基本的問題是，它是怎樣形成的？又是怎樣傳播的？各地彩陶之間的承傳關係如何？

1903 年，希臘考古學家 C. 特孫塔斯（C. Tsountas）發掘了希臘新石器時代晚期文化遺址迪米尼，年代約為公元前 4000—前 2800 年。彩陶在希臘新石器中期即已出現。迪米尼彩陶多用白、黑兩色，襯以器壁的淡赭色。圖案有螺旋紋、回紋、粗細相間的帶紋等，富麗而奔放。典型器物是雙耳大水罐，每每在繞器壁的帶紋大花之間穿插以螺旋等圖案，是希臘史前彩陶的傑作。

1904 年，美國考古學家彭北萊（Raphael Pumpelly）在中亞土庫曼南部科佩特山北麓平原發掘了中亞銅石並用時代的安諾遺址。安諾文化的年代約為公元前 5000 年初至前 3000 年初，彩陶為手製的平底鉢、碗、罐，用深褐色的單彩或紅、黑色的雙彩繪出三角、菱形、方格、十字、平行線等幾何紋，以及山羊等動物圖紋。

1911 年，德國學者 E. 赫茨菲爾德（Ernst Hetzfeld）在西亞美索不達米亞北部底格里斯河的索萬之北的薩邁拉遺址，發現了製作精巧、裝飾精美的碗、罐、瓶等陶器。器表塗有黃色陶衣，並以赭褐、黑灰或淡色顏料繪製水紋、花卉、動物、人物等圖案。

仰韶彩陶出土後，表明彩陶並非西方的專利，中國亦有之。於是，有些西方學者又說，仰韶彩陶是從中亞、西亞等地經由新疆和河西走廊傳入中原的。由於當時中國新石器時代遺址的發掘剛剛起步，

· 清華畢業前夕的李濟
採自李光謨著《李濟與清華》

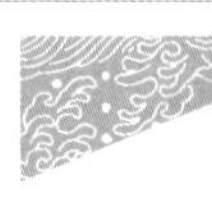

所掌握的資料太少，對於上述論點無法回答。安特生也是如此，只能隨聲附和仰韶彩陶西來之説。1923 年，安特生發表了他的《中華遠古之文化》一文，認為仰韶出土的彩陶與近東的安諾以及歐洲的彩陶相似，可能同出一源。由於巴比倫彩陶的年代比較早，所以仰韶彩陶可能是由西方傳過來的。但他同時又説，彩陶西來説只是一個尚待證實的假説，還需要更多的材料來證明。儘管如此，中國「彩陶文化西來説」依然非常盛行。

令人欣慰的是，中國田野考古學正在興起。1925 年，時任清華研究院人類學講師的李濟先生發掘山西夏縣西陰村遺址，這是中國學者第一次自行主持的考古發掘，標誌着中國田野考古學的誕生，李濟先生由此被譽為「中國考古學之父」。1928 年 11 月，李濟先生應邀在廣州中山大學作了題為「中國最近發現之新史料」的學術講演，他在講演中對安特生的仰韶彩陶西來説進行了全面的批評，他指出：

1. 安氏把他發現的商以前的仰韶文化的年代定為公元前 3000 年，並認為這與中亞的安諾、歐東的巴爾幹及印度的哈拉帕、摩亨佐達羅等地的陶器都有相似之處，即認為在公元前中華文化與西方各處有直接聯繫。

2. 安氏主張彩陶來自西方，不帶彩的陶則為當地原有。但是，中國陶器不管帶彩的還是不帶彩的，原料彼此相似，並沒有這麼大的區分。英國人法蘭克復把歐洲彩陶時期文化作了總結分析，打破了一元論，認為彩陶並非出於一源。法氏懷疑安氏的發現與安諾並無關係，從而在根本上動搖了安氏的結論。

3. 中國帶彩與不帶彩陶器關係密切，如果認為彩陶來自西方，則彩色細緻的陶器應在距來源近的地方，但事實上是「愈往西愈粗」，因此，對彩陶來源應作疑問。

4. 這一文化與後來的文化有無關係？它與甲骨文是並行的，還是同一條線上的原來的文化？中國有文字歷史之前已有文化，而且是固有的，在晉南已經發現十餘處。此外，法國人德日進神父在河套發現了一萬年前的舊石器時代遺物，這證明中國不但有新石器時代，而且有舊石器時代。在北京周口店發現兩顆猿人牙齒化石，經鑒定是在沖積期以前（約十萬年以前），與爪哇猿人同時，可證實中國這塊土地上之有人類是在史前了。[1]

李濟先生的講話已經過去了八十餘年，這正是中國田野考古取得舉世矚目的成就的八十餘年。無數的考古發現證明，李濟先生對安特生的西來説的批評是完全正確的。中國是世界上為數甚少的幾人原生的古文明之一。中國的舊石器人類及其遺跡，除了周口店的北京猿人之外，還有距今 170 萬年的元謀人、距今 70 萬年的藍田人、距今萬年的金牛山人等等：中國是世界上猿人遺跡最為豐富的國度。

新石器時代的遺跡更是遍佈南北各地。河北徐水南莊頭遺址近年出土了 1 萬年以前的陶片。在南方，江西萬年仙人洞遺址、廣西桂林

1 李光謨：《從清華園到史語所——李濟治學生涯瑣記》，117—119 頁，北京：清華大學出版社，2004 年。

甑皮岩遺址、江蘇溧水仙人洞遺址都出土過距今 8000 年以上，甚至 1 萬年以上的陶片，與國外出土的陶器相比，年代相當，甚至更早。

就彩陶而言，在陝西華縣老官台、甘肅秦安大地灣遺址發現了黃河流域迄今所見年代最早的彩陶。大地灣遺址位於甘肅天水秦安縣的邵店村東，總面積達 110 萬平方米，已發掘面積為 1.38 萬平方米，發現房址 241 座，灶址 104 處，灰坑和窖穴 321 個，墓葬 70 餘座，壕溝 9 條，出土文物近萬件。該遺址的年代為距今 7800—4800 年，包含 4 個文化期。第一期為前仰韶文化期，距今 7800—7300 年，不僅出現彩陶，而且出現了栽培粟；第二、三、四期分別與仰韶文化的早、中、晚期對應。

浙江餘姚河姆渡遺址的第四層發現三件彩陶片，有白色陶衣，上面施以紅色或褐色彩繪。紋飾為變體植物紋和幾何紋，線條流暢，已沒有原始氣味，它的前身在何處？近年，考古工作者在浙江蕭山跨湖橋發現一處新石器時代早期遺址，年代距今約 8000—7000 年，該遺址中出土了一件繪有太陽紋的彩陶。跨湖橋遺址所見的文化特色，與河姆渡有明顯不同，兩者沒有前後傳承的關係，但這裏出土的彩陶片明顯早於河姆渡，則是無可爭辯的事實，證明我國南方的彩陶文化有自己體系，出現的時間與北方大致相同。公元前 5000—前 3000 年，中國彩陶進入興盛時期，中原地區的仰韶文化彩陶是傑出的代表。與仰韶文化約略同時期的山東地區的大汶口文化、兩湖地區的大溪文化、遼寧內蒙古地區的紅山文化等，彩陶也有相當規模的發展。大約到距今 5000 年前，仰韶文化走向衰落，開始向龍山文化過渡，陶器也隨之以全新的面貌繼續發展。在山東龍山文化地區，陶器製作使用輪制，流行一種薄胎陶器，器壁厚度僅 2 毫米，薄如蛋殼，故人稱「蛋殼陶」。蛋殼陶的緻密度相當之高，略如瓷器，即使較長時間在水中浸泡，重量也幾乎不增加，堪稱龍山時代中國陶器的瑰寶。

彩陶在仰韶晚期走向衰落、向東發展成另一種陶器的同時，卻向

西方繼續發展，在甘肅、青海地區的馬家窯文化中再度發皇，並將中國彩陶推向了巔峰，一直延續到東周時期才消失。新疆彩陶出現和消失的時間都比甘肅、青海要晚。如果我們將中國各地新石器時代彩陶的年代標記在地圖上，就可以清楚地發現，年代最早的彩陶是在中原和江南地區，年代越晚的越是在西部，與中國彩陶西來說的順序正好相反。

安特生的錯誤不光是附和了中國文化西來之説，還在於他對中國境內彩陶文化之間的關係作了錯誤的判斷。1925 年，安特生在他的《甘肅考古記》中，將中上游地區的考古學文化，劃分為齊家、仰韶（半山）、馬廠、辛店、寺窪（卡約）和沙井等六期，認為它們全部屬仰韶期或仰韶文化。今天，任何一位稍具考古學常識的人都可以指出安特生分期的問題。安特生幾乎把它們的順序顛倒了。齊家文化是新石器晚期到青銅時代的文化，年代約公元前 2000 年，要比半山和馬廠晚得多，他卻把它排在第一。其次，馬廠文化早於半山文化，安特生也把它們排反了。辛店、寺窪、沙井的順序倒是不錯，可惜辛店和寺窪的年代相當於中原的商周時期，而沙井的年代已經到了東周，都比齊家要晚。安特生根據如此混亂的排序來説解仰韶彩陶，怎麼可能得出正確的結論來呢？此外，安特生認為彩陶上的蛙紋，是有先抽象畫法，然後漸次複雜，最後變成形象的畫法。事實證明，蛙紋畫法的順序正好相反，是先具象，後抽象。當然，安特生所犯的錯誤，是時代的局限使然，當時發掘的東西太少，並非安特生有意顛倒黑白。

順便要提到的是，在安特生發現中國彩陶之後，西方考古學家也在不斷地發現新的有彩陶的遺址，以下是年代較早的幾處遺址：

1953—1955 年，在希臘色薩利地區拉里薩市附近的奧察基遺址發現的新石器中期遺存，有豐富的彩陶，彩繪初為暗紅色，後發展為赭紅。圖案初為四方形、菱形、三角形等幾何紋樣，後變為火焰紋、鋸齒紋，並在器內壁繪回旋渦紋。遺址的年代為公元前 5000— 前

4000 年。1960 年，在馬其頓地區的新尼科門迪亞發現了希臘新石器時代早期遺址，出土較多的陶器，初期無彩繪，後期始見簡單的紅色彩繪。遺址年代為公元前 6000—前 5000 年。1964 年，在西亞黎凡特地區幼發拉底河東岸穆賴拜特發掘了新石器時代文化和銅石並用時代的重要遺址，共有 17 個文化層，分為 3 期。在 10—17 層中發現 5 件低溫燒製的陶器，年代約為公元前 8000 年初，是迄今所知最早的陶器。這些陶器極為粗糙，燒得不透，氣孔猶存，不能盛水。在該遺址年代較晚的地層中卻沒有發現陶器。

伊拉克東北部的基爾庫克以東的耶莫遺址是農業部落遺址，文化堆積厚 8 米，從上到下分為 16 層，下部的 11 層為無陶階段；上部為有陶階段，年代為公元前 6100—前 5800 年，主要為彩陶。早期彩陶的底色為橘黃、淺黃或微紅，繪有傾斜的紅色線條。而時代較晚的陶器多為粗製陶，且無原始陶器。該地區的阿裏庫什遺址，在公元前 6000—前 5700 年為有陶階段，出現彩陶。

此外，分佈於伊拉克、敍利亞北部，以及土耳其的東南部山區的哈拉夫文化，形成於公元前 6000 年末。在古代美索不達米亞地區，哈拉夫文化的彩陶最為優秀，器壁薄，表面塗有奶油色或淺黃色的泥釉，飾以黑、白、橘紅色的彩色圖案。圖案大多為幾何形，也有以人和動物為題材的。如果將中國年代最早的彩陶與之比較，可知兩者都出現於距今 8000 年前後，並沒有明顯的差距，而陶器彩繪的色調、構圖卻呈現出明顯的區別。事實證明，中國彩陶是在黃河、長江流域獨立形成和發展起來的。

參考論著：

王國棟：《中國新石器時代彩陶泛論》，北京：華文出版社，2003年。

張力華：《甘肅彩陶》，重慶：重慶出版社，2003年。

王海東：《馬家窯彩陶鑒識》，蘭州：甘肅人民美術出版社，2005年。

第四講

河姆渡蠶紋杖飾與先秦服飾文化

蠶紋杖飾，用象牙製作，1977 年浙江餘姚河姆渡遺址第三文化層出土，距今約 6500—6000 年。高 2.4 厘米，外口徑 4.8 厘米，圓底，內空略呈長方形，口沿處鑽有左右對稱的小孔各一。器表刻有蠕動的蠶紋和編織紋，是目前所見最早的蠶桑文物之一。

中國是舉世聞名的絲綢之國，相傳黃帝之妃嫘祖發明蠶桑，這是中華文明史上具有劃時代意義的事件。《禮記 · 禮運》説，遠古時人們以羽毛獸皮為衣，後來有聖人「治其絲麻，以為布帛」。《易 · 繫辭下》説：「黃帝、堯、舜垂衣裳而天下治。」用獸皮、樹葉為材料，難以製作適合體態、氣溫的衣裳。用絲麻製作的衣服，不僅能適合體態、氣溫，而且能展示自我個性和身份，社會文化由此更加豐富燦爛。所以，古人把「衣冠文物」作為中華文明的代稱。

一、「治其絲麻，以為布帛」

古代中國，絲和麻是先民的兩大衣料來源，從時間上來説，對麻類的利用早於絲。但就加工的方法而言，兩者卻有許多共同之處。

先民從實踐中發現，某些植物的纖維可以用於紡織衣料，例如野生麻和葛。野生麻包括苧麻、大麻，纖維素的含量豐富，纖維力強，單纖維的長度在 60—550 毫米。葛屬藤本植物，枝條可長達 8 米多。麻和葛遍佈我國各地，生長力強，一年之中可以收割多次，來源充足，是比較理想的紡織原料。

麻類植物分為表皮層和韌皮層，纖維素在韌皮層內。為了提取纖維素，先要剝去表皮層，然後再撕分韌皮層，使之成為長條形的紡材。河姆渡遺址出的繩頭，是用植物莖皮捻成的，在顯微鏡下觀察，纖維為片狀，經過粗略的撕分。

撕分後的纖維比較硬，表面也比較粗糙，原因是纖維的表面有膠。如果脱去纖維的膠質，不僅便於績織，而且織物的手感柔軟光滑。古人最常用的脱膠方法是浸泡。《詩經 · 東門之池》説「東門之池，可以漚麻」、「東門之池，可以漚紵」。將麻或紵（苧麻）漚（浸泡）在東門之池，可以分解植物韌皮和莖葉中的膠質，使纖維分散而

· 葛藤　· 苧麻、大麻

柔軟。經顯微鏡觀察，浙江錢山漾遺址出土的 4700 年前的苧麻布的纖維可能經過了脱膠的程序。

葛的纖維也有膠質，但在常溫中難以脱膠，需要有較高的水溫。《詩經 · 葛覃》説：「葛之覃兮，施於中穀，是刈是濩，為絺為綌。」濩是煮，絺是細葛布，綌是粗葛布。葛藤刈割之後，用熱水煮熬脱膠，就能製作或粗或細的葛布。

如果把單股的纖維搓合成多股，就可以增加強度。河姆渡遺址出土的繩子，有的較粗，是先用多股植物纖維搓成三股，再絞合為一。較細的繩子是用兩股絞合而成。根據順序先後，搓、絞的方向有所不同，單股的捻向是 S，整體的捻向是 Z。

在新石器時代晚期，我國各地已經普遍出現簡單的紡織工具。西安半坡遺址曾一次出土骨針 281 枚，最長的約 16 厘米，直徑最小的不足 2 毫米，針孔約 0.5 毫米。迄今所見我國最早的紡輪，出土於距今 7000 多年的河北磁山遺址，其後南北各地都有出土，1974 年在青海樂都柳灣遺址出土的紡輪竟達一百多枚，紡織業的興盛不難想見。

河姆渡遺址出土一批樣式各異的木器，專家發現與雲南、廣東等地少數民族腰機的部件非常相似，其中一件木刀，長 430 毫米，背部平直，厚 8 毫米，刃部較薄，呈圓弧形，應當是打緯刀。另有 18 根

大小不等的硬木圓棒，長的有 40 厘米，推測是定經杆、綜杆之類的部件。

從已知的遺跡、遺物來看，新石器時代已經普遍使用織物。西安半坡和姜寨遺址的陶器底部發現有鋪墊織物的印痕，都是平紋，紗線較粗，但經緯向紗線排列非常均勻。有些地方已經出現比較複雜的織物，江蘇吳縣草鞋山遺址中出土的葛織品殘片，有山形和菱形花紋，花紋處的緯紗曲折變化，羅紋部緯紗上下絞結。經紗為雙股，S 捻，經密約 10 根 / 厘米，緯密羅紋部約 26 到 28 根 / 厘米，已是原始的絞紗織物。

二、抽絲剝繭之謎

蠶絲是一種柔軟、光滑、彈性好、品質優良的紡織原料。裹在一枚蠶繭外的絲，可以長達 800—1000 米。蠶絲的斷面略呈三角形，主要成分是絲素和絲膠。絲素是略呈透明狀的纖維，是繭絲的本體，不溶於水。絲膠是包裹在絲素之外的、帶黏性的物質，只有在一定溫度的水中，絲膠溶解，蠶絲纖維才會分離。這一神奇的奧祕，是肉眼無法窺見的。智慧的先民是怎樣解開抽絲剝繭之謎的呢？《黃帝內傳》說「黃帝斬蚩尤，蠶神獻絲，稱織維之功」，將發明權歸於蠶神，只能博得我們一笑。

據專家研究，最初發現蠶繭可以抽絲，有多種可能。蠶蛹大概是先民的食品之一，剝食時先要撕去繭衣，再咬破繭殼。由於偶然的原因，有人將蠶繭放入口中，繭殼在唾液中長時間浸潤後，絲膠溶解，密纏的繭絲分離，因而無意中發現了纏在蠶繭上的繭絲。此外在撕咬繭殼的過程中，也有可能會牽出絲來。經過反覆實踐，先民悟出在合適的水溫下就可以抽絲剝繭的道理，於是將蠶繭在熱水中浸煮，脫去

· 甲骨文中的蠶和桑葉

絲膠，在絲緒浮起後，再繅取絲緒。這就是最早的繅絲技術。

繅絲之前，首先要剝繭，因為蠶開始吐絲時是一層亂絲，因裹在繭殼外面，所以稱為「繭衣」。只有剝去繭衣，絲緒才會暴露出來。剝下的繭衣稱為「絲絮」，強力很低，無法用於織作，但可以填充在夾衣中間起保暖作用。剝繭之後，為防止蛹化為蛾，咬破繭殼，要及時繅絲。

蠶繭的絲纖很細，只有 20—30 微米，難以單根使用，所以繅絲時要集緒、繞絲，就是把若干個繭的絲絞合在一起，形成一根生絲。

浙江吳興錢山漾遺址出土的絹片，表面光滑均勻，蠶絲的橫斷面呈三角形，表明絲膠已經脫落，應該是在熱水中繅取的絲。錢山漾還出土了用草莖製成的小帚，柄部用麻繩捆紮，與繅絲工具索緒帚非常相似，此物與絹片一起出土，絕非偶然。

在熱水中繅取的絲是生絲。生絲中含有各種雜質，只有通過精練，將雜質除去，才能漂白、染色，絲的光澤、手感以及絲鳴之聲才能顯現，這就成了熟絲。古人將精練稱為「練」或「湅」。練絲、練

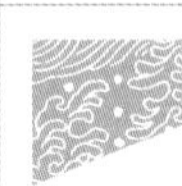

帛用的是灰、蜃等含碱的物質。家蠶是由野生蠶馴化而成的。最初的絲源，完全來自野生蠶。隨着絲綢製作的發展，需求量不斷擴大，於是開始馴養野生蠶，從而出現了家蠶。

三、蠶桑發祥在何地

自南朝劉宋元嘉起，以嫘祖為先蠶而奉祀之，歷代相沿不絕。因而，傳統的説法認為，蠶桑起源於黃河流域。

1926 年，清華大學國學研究院李濟博士在山西夏縣西陰村仰韶文化遺址組織發掘，這是中國考古學家第一次自行主持的田野發掘，其中最重大的收穫之一，是出土一枚已經轉化為化石的繭殼和一個紡輪。蠶繭被某種利器切割去約六分之一。後經美國 Smith-Sonion 學院鑒定，確認是蠶繭。這是當時所見年代最早的蠶桑實物，加上與紡輪同時出土，引起國內外學術界的強烈關注。由於西陰村地處黃河流域，嫘祖為西陵氏之女，地望相近，似乎可以作為蠶桑起源於黃河流域之説的硬證。

1958 年，浙江吳興的錢山漾遺址（公元前 2750±100 年）出土的竹筐中發現一塊平紋殘絹和一段碳化的絲帶和絲線。絹片殘長 2.4 厘米，寬 1 厘米，經緯線密度為每厘米 52×48 根。經鑒定，纖維截面積為 40 平方微米，截面呈三角形，是家蠶蛾科的蠶絲。1979 年浙江絲綢工學院、浙江省博物館對絹片作了進一步鑒定，確認為長絲產品，經緯向絲線至少是由 20 多個繭纈製而成，沒有加捻。股線平均直徑為 167 微米，絲縷平直。絹片是平紋組織，平整、光潔，每厘米經密 52.7 根，緯密 48 根，與現代的電力紡的規格接近。這是迄今所見最早的家蠶絲織品，它不僅證明我國絲綢業至少有 4700 年的歷史，而且對蠶桑起源黃河流域的傳統説法提出了挑戰。從絲的長度、

· 牙雕蠶紋杖飾及線圖
採自《中華文明史》（第一卷）

韌性等可知，錢山漾人已有了較高的絲綢製作技術，在此之前，必定有漫長的發展歷程。

1977 年，著名的河姆渡遺址出土一件牙雕器，起初定名為盅；經過反覆研究，最近易名杖飾。該器的出土，為蠶桑起源的時間和地點帶來了新的證據。杖飾的表面刻有蠕動的蠶，蠶身的環節數與家蠶相同，應是當時家蠶的寫照。意味深長的是，器表還刻有絲織物模樣的幾何形圖案，暗示杖飾上的蠶與此有關。由於河姆渡遺址的年代距今 7000 年左右，要比錢山漾遺址早得多，因此有專家認為，我國至遲在 7000 多年前就發明了蠶桑。

孢粉分析表明，太湖地區的桑樹數量有明顯的增長趨勢。在馬家浜文化的崧澤遺址的生土層中，常綠闊葉樹的青岡櫟、栲屬花粉最多。文化層的下部，桑屬禾本科的花粉大有後來居上之勢。文化層的中部，桑樹花粉大為增加，表明桑樹已經普遍種植。專家認為，太湖流域氣候溫暖濕潤，有着家蠶生長的良好生態環境，而且出土了大量有關蠶桑業的實物，最有可能是中國絲綢業的發祥地。

要確定中國蠶桑的起源問題，目前還為時過早，因為各地新石器遺址出土的蠶桑資料非常之多，尚難定於一說。在遼寧錦西沙鍋屯洞穴遺址中出土一枚數寸長的石雕蠶，內蒙古巴林右旗出土有兩枚黃玉蠶，都是紅山文化[1]時期的遺物。中國國家博物館也藏有一枚紅山文化的白玉蠶蛾，長 2.2 厘米，寬 3.6 厘米，琢法古拙，形態逼真，作展翅欲飛狀。翅膀分為四片，上大下小，層次分明。腹部橢長，與蠶蛹相似。腹部兩側各有一個供繫佩用的圓孔。[2]此外，1960 年山西芮城西王村遺址發現一件蛹形陶飾。1980 年河北正定南楊莊遺址也出土過兩件陶蠶。

安徽蚌埠吳郢新石器遺址，最近在一件出土陶器的底部發現蠶形刻劃，蠶頭呈三角形，身分五節，尾部方正，有肛線，與甲骨文的「蠶」字十分相似。構圖簡練、準確，蠶頭微昂，作吐絲狀，是蠶正在結繭時的形態。同時還發現了與甲骨文「絲」、「束」等字很相近的刻劃符號。[3]

傳統的看法認為，漢使通西域之前，絲織業不過陝西。1963 年，臨洮縣發現一件齊家文化[4]的泥質紅陶罐，腹部正面刻有六條蠶，其中心部位是兩條豎刻的蠶，兩側各有兩條斜刻的蠶。蠶身微曲，作蠕動狀，尾部呈三角形，與甲骨文的「蠶」字相似。蠶身的節肢用平行線或折線表示。這是迄今所見唯一的「群蠶圖」，也是新石器時代最西邊的蠶桑資料。由於甘肅已經出土過大量紡輪，許多陶器上有清晰的布紋，粗布的經緯密度為每平方厘米 11 根，細布的經緯密度可與

1 紅山文化是我國北方地區新石器時代的考古學文化，主要分佈於內蒙古的東南部、遼寧的西部和河北的北部，相對年代與仰韶文化大致相當，碳十四測年數據為公元前 3500 年左右。

2 石志廉：《中國早期的絲織業和紅山文化白玉蠶蛾》，《中國文物報》1987 年 3 月 20 日。

3 徐大立：《蚌埠發現新石器時代蠶形刻劃》，《中國文物報》1988 年 5 月 6 日。

4 齊家文化是我國黃河上游地區新石器時代晚期至青銅時代早期的考古學文化，主要分佈在甘肅、青海境內的黃河沿岸及其支流渭河、洮河、湟水等流域，其早期文化的年代距今約 4000 年。

現代細麻布媲美。可見，甘肅地區絲綢業的發生也比較早。[1]

河姆渡遺址出土有線軸形紡輪，南楊莊遺址出土有加捻、牽伸的陶紡輪以及既可理絲又能打緯的薄刃條形骨匕，甘肅永靖大何莊墓葬出土有加捻、牽伸的陶紡輪和為數較多的薄片條形骨匕，這表明在今浙江、遼寧、山西、河北、甘肅等不少地區的養蠶絲織業，早在新石器時代就有了一定的水平和基礎，其產生的年代應該更早。

古書中記載的我國史前時期的蠶桑絲綢業，也已經有了相當的發展。《尚書》的《禹貢》篇，相傳記載的是堯時大禹治水，奠定高山大川之後，九州地理、出產狀況，以及向中央進貢的方物的情況。文中涉及蠶桑、絲綢的相當之多：

兗州：桑土既蠶，…… 厥貢漆絲，厥篚織文。

青州：岱畎絲枲，…… 厥篚檿絲。

徐州：厥篚玄纖縞。

揚州：厥篚織貝。

荊州：厥篚玄纁。

豫州：厥篚纖纊。

由上文可知，兗州凡是種植桑樹的地方都養了蠶，青州泰山的山谷中出產絲麻。各地進貢的絲織品都盛放在一種稱為「篚」的竹筐中，兗州的貢物是漆和絲，篚中盛放的是錦綺之類的絲織物。青州的貢物是適宜做琴瑟之弦的蠶絲。揚州的貢物中有細繒。荊州的貢物是宜於染成玄纁之色的絲。徐州的貢物是質地細密、染成玄色後可以做祭服的絲綢。豫州的貢物中有纖細的絲絮。九州中竟有六個州出產絲綢，而且品種多樣，用途各殊。這些記載與考古發現是基本吻合的。

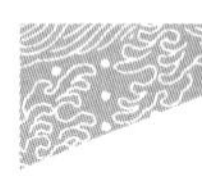

1　陳炳應：《群蠶圖》，《中國文物報》1988 年 10 月 1 日。

四、黏附在銅銹上的商代絲織品

商周時期是中國青銅時代的全盛期，文物燦然大備，絲綢業也有了長足的發展。但由於絲綢不易保存，所以至今沒有完好的實物出土。不過，有關的信息依然十分豐富。甲骨文中從糸或與糸有關的字有幾十個，如蠶、桑、絲、樂、帛等。有的甲骨上刻劃着蠶和桑葉，有的刻有祭祀「蠶示」（蠶神）的卜辭。有些甲骨文保留了商代蠶桑業的信息，如「工」字，為紝或軠的本字，是繞絲工具的象形字。1979 年，江西貴溪戰國崖墓（距今 2595±75 年）出土的紡織工具中就有「H」形、「X」形的繞紗框。金文中的「亂」字，從孚、從幺，從手，像手持「H」器繞絲之形。有關蠶桑的文物也時有所見。1953 年，殷墟大司空村的商墓中出土一枚玉蠶，長 3.15 厘米，蠶身分為 7 節，與真蠶幾乎一樣。類似的玉蠶，在山東益都蘇埠屯的商代大墓中也曾發現過。

商周時期，青銅器是十分珍貴的器物，在埋入墳墓前往往要用絲織品包裹，因此，出土時器表每每殘留着織物的痕跡，為我們了解當時絲綢業的情況提供了重要信息。其中比較重要的有江西新幹大洋洲商墓、河北稿城台西商代遺址等幾處。

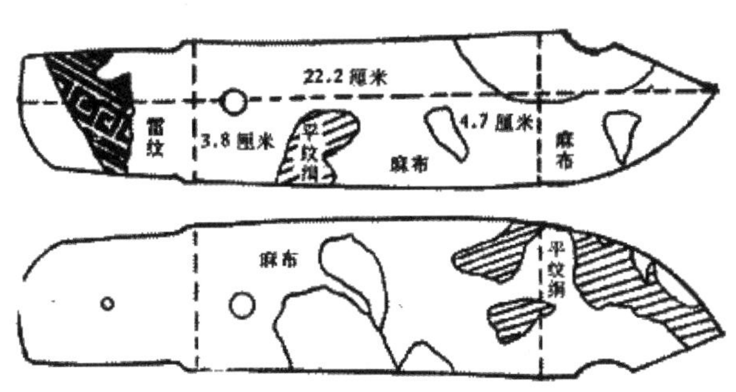

· 商朝玉刀上正面綺、絹部位圖
採自朱新予主編《中國絲調史》

新幹商代大墓出土的青銅器上，附着有織物的纖維原料，從銅鉞上採樣，並選用紅外線光譜法進行測定，表明為真絲，亦即蠶絲。大多是平紋絹。河北槁城台西 33 號墓出土的銅觚上有 5 種不同的絲織物痕跡，主要是平紋織物，包括紈和縠。有一處殘痕，外觀縐褶，有疏鬆的孔眼，乃是一種縐紗織物。織物的絲線，最細的是 0.05 毫米，最粗的為 0.7 毫米，説明已能按照織物的要求製作不同規格的絲線。此外，經絲比緯絲略細，但捻度略大，這是為了便於織造的做法。槁城發現的一枚陶滑輪，形狀和大小都與後世手搖紡車的錠盤相仿，專家認定是手搖紡車上的零件。

錢山漾出土的絹片由合股絲織成，但沒有加捻。由於絲織物品種的多樣化，要求通過並絲、加捻等方法，紡出粗細不同的經緯線。所謂並線，是在絡絲之後將若干根絲並合在一起。所謂加捻，是搓絞並合過的絲線。

漂白、染色前，絲要經過精練，以便除去纖維中的雜質。《考工記・㡆氏》記載絲帛精練的方法説：「湅絲，以涗水漚其絲七日。去地尺暴之。晝暴諸日，夜宿諸井，七日七夜，是謂水湅。」共三道工序：一是用鹼性的灰水浸漬七天，脱去絲膠；二是離地一尺，用日光暴曬，進行脱膠漂白；三是水浸脱膠與日光暴曬交替進行。《考工記》還記載了練帛工藝，先在鹼性較濃的楝灰水中浸漬，充分溶解絲膠，再用鹼性較稀的蜃灰水脱膠。這種以灰水精練絲綢的工藝，商代已經出現。

瑞典馬爾米博物館和遠東古物博物館收藏有中國商代的青銅器觶和鉞各一件。1937 年，瑞典學者西爾凡發現銅器上有與銅銹黏附在一起的兩種絲織品殘片，其中一片為平紋織物，另一片是平紋地上有菱形花紋的綺。前者為單股絲、無捻，絲纖維上尚有絲膠，説明未經精練；後者絲纖維柔軟，絲膠除盡，不僅經過水洗精練，經緯絲都是雙股並絲，並經過加捻，捻度高達每米千捻，這種強捻絲是不可能用紡

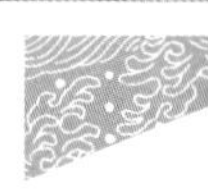

墜加工的，推測當時已出現諸如紡車的加捻機械。綺上一個菱形花紋的緯紗循環為 30 根。斜紋變化組織是一下一上、一下三上為基礎，花紋的經緯紗循環很大。

故宮博物院收藏的殷代銅器上也有絲織品的菱形圖案，但比西爾凡見到的要複雜，每個回紋由 35 根經絲和 28 根緯絲組成，外圍的線條較粗，在平紋地上加入另一種組織，形成聯合組織的紋樣，圖案對稱協調，層次分明，做工精巧。[1] 商代已經出現素白絲織品——紈，經過精練，經密大約是 60—100 根 / 厘米，緯密 30—40 根 / 厘米，相差較大。殷墟出土的銅鉞上黏附有經密 72 根 / 厘米、緯密 35 根 / 厘米的平紋織品，專家認為就是紈。

商周時期出現了青銅的紡織工具，促進了紡織業的發展，出現了專門從事紡織的氏族。武王克商後，周王室將殷民六族賜給魯國，七族賜給衛國。其中的索氏（繩工）、施氏（旗工）、繁氏（馬纓工），都是世世代代從事紡或織的氏族。

五、成為國家行為的周代蠶桑業

周代以農桑為天下之本。每年冬至，周天子要到南郊祭天祈年，王后則在中春二月到北郊舉行「親桑」和「親繅」的禮儀，為萬民樹立表率，各級貴婦都要參與其禮。周代「國之大事，在祀與戎」，祭祀與戰爭是舉國並重的大事，貴族的祭服都用絲綢製作，絲綢的地位十分特殊。

周代文獻中涉及紡織的記載很多，其中《詩經》最為典型。如《詩

1　陳維稷主編：《中國紡織科學技術史》（古代部分），94 頁，北京：科學出版社，1984 年。

· 戰國青銅器上的採桑圖

經 · 魏風 · 十畝之間》說「十畝之間兮，桑者閑閑兮」，「十畝之間兮，桑者泄泄兮」，描寫了採桑者在長長的桑田之間從容勞作、心情和樂的樣子。《詩經 · 豳風 · 七月》說「春日載陽，有鳴倉庚。女執懿筐，遵彼微行，爰求柔桑。春日遲遲，採蘩祁祁」，說春暖之時，黃鶯歡叫，採桑的女子手執深筐，沿着田間小道去採柔嫩的桑葉，或者去採蘩。蘩就是白蒿，是為蠶結繭做蠶山用的。《詩 · 小雅 · 隰桑》說「隰桑有阿，其葉有難」，「隰桑有阿，其葉有沃」，「隰桑有阿，其葉有幽」。隰是低濕之地，難是茂盛，沃是滋潤，幽是黑色，詩人讚美桑葉長勢良好。《詩 · 小雅 · 大東》說：「小東大東，杼柚其空。」「杼」是紆子，「柚」是經柚。《詩經 · 衛風 · 氓》有「氓之蚩蚩，抱布貿絲」之句，氓指農民，布是貨幣。詩中的農民憨厚地笑着，用布幣來換絲。可見絲也用於下層農民之中。西周青銅器「曶鼎」的銘文中記載，有人用一匹馬和一束絲交換五個奴隸，可見絲織品在當時的貴重。

紡織品的組織與結構是決定織品花色品種和外觀風格的重要因素，織物組織的複雜程度又是織造技術水平高低的重要標誌。平紋組織是最原始的織物組織，由兩根經紗和兩根緯紗交叉構成一個完全組織，織法簡單，結構緊密，織物平整，起源於新石器時代。商周時

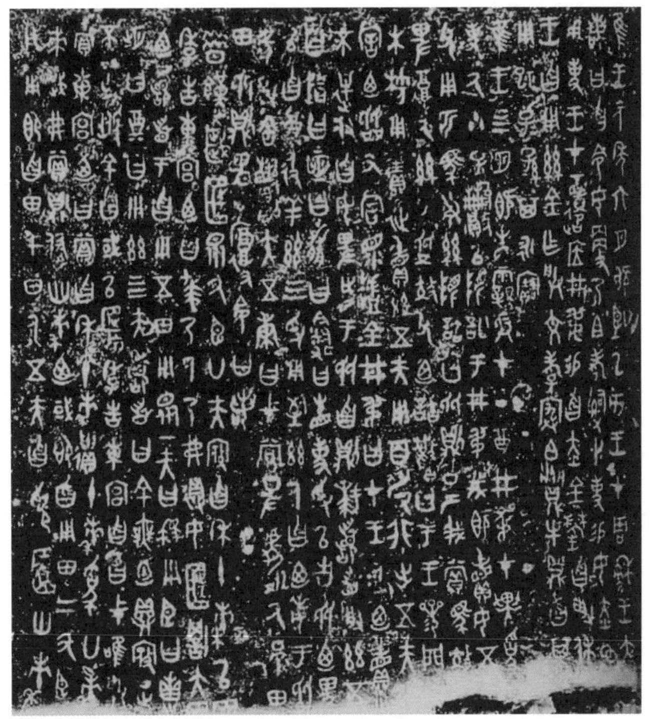

· 曶鼎銘文
採自《殷周金文集成（修訂增補本）》02.02838

期，平紋組織的紗支、密度、捻度不斷發生變化，突破了平紋和原始紗羅的組織，形成了風格與質地各異的平紋變化組織，如斜紋組織、平紋和斜紋的變化組織、聯合組織、絞紗組織、經二重和緯二重等複雜組織，出現了綃、紡、紈、縠等品種。織物由簡單組織、變化組織跨入了複雜組織的行列，為我國古代織物組織的發展奠定了基礎。織機已由原始腰機發展為完整的手工機器，出現了先進的提花機。

染色方法有草染和石染兩種。草染是用植物性染料染色，石染是用礦物性顏料塗染。從染料的選擇、培育、加工到絲麻的精練和染色，工藝齊備，並出現了型版印花術。錦是用彩色絲線織成花紋的織物，是最為精巧複雜的絲織品之一，把織物圖樣的變化和紗線色彩的變化結合，使織物異常絢麗多彩，是商、周絲綢生產技術水平的重要

·陝西寶雞茹家莊出土的辮子股刺繡印痕

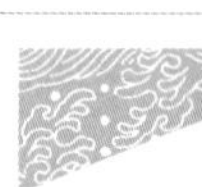

標誌。遼寧朝陽、寶雞茹家莊等地的西周早期遺址都出土過錦。朝陽出土有經二重絲織品多層，正反兩面均採用三上一下的經重平組織，表面的經緯浮點都有斜紋效果。

1979 年，在寶雞茹家莊墓葬（約當周穆王時期）中出土的青銅器和泥土上，發現絲織品與刺繡的遺痕，上有以變化斜紋為地紋的提花菱紋的綺，刺繡的印痕有鮮明的朱紅、石黃兩種顏色，估計原是繡料製成的衣衾，採用的是至今猶在流行的辮子股刺繡的針法，出現了由五枚假紗組織組成「井」字花紋，九個「井」字組成一個菱形，每個「井」都有透孔，形成均勻的菱形透孔花紋，是聯合組織中的重大發展。

六、東周時期的絲織品

至遲在西周，先民就掌握了複雜的織錦技術。東周時期已形成織錦中心，陳留的襄邑出產的美錦、文錦、純錦與齊紈、魯縞齊名。《列女傳·魯季敬姜傳》有敬姜將國家機器比作織機的議論，當

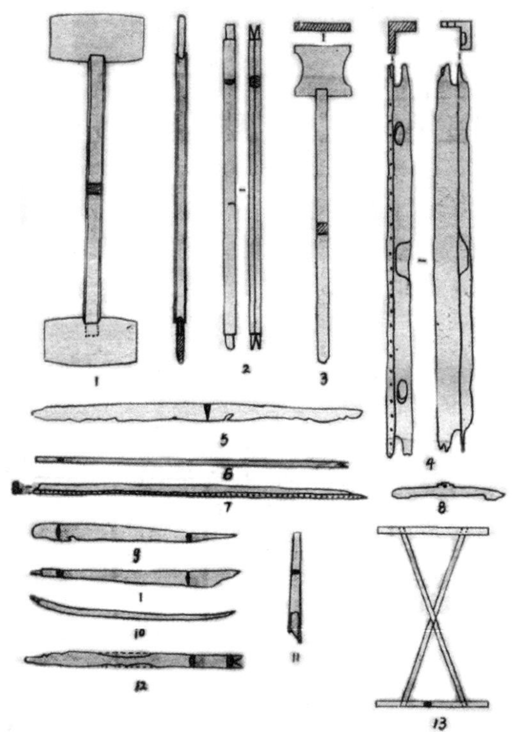

· 江西貴溪戰國崖墓出土紡織工具 13 種

有先秦實物作為依據，其中提到的織機部件有用來清理經紗疵點的工具「㧻」、引緯打緯工具「梱」、卷布棍「軸」、卷經軸「樀」等，比較複雜。《列子．湯問》載，紀昌學射於飛衛，為了鍛煉目力，「偃臥其妻之機下，以目承牽挺」。此「牽挺」就是腳踏板，它的出現，使織機從手工提綜，變成借助腳踏板牽動的升降運動來提綜，使織造過程大大加快，織機已發展到「機械的完整階段」。

1978 年在江西貴溪的春秋戰國崖墓群中，發現一批紡織工具，其中有平面呈 H 形的繞紗框，長度為 62—73 厘米，用整塊木料製作，外表光滑，顯經長期使用；還有 X 形的繞線框，中間交叉處用竹釘固定，長度為 36.7 厘米。此外，還發現有打緯刀、經軸、杼杆、吊綜杆等腰機部件。1977 年在隨縣擂鼓墩一號墓中，出土有大花紋的絲織品，緯紗循環數達 136 根，綜片數自然更多，專家認為當時已有多綜多躡提花。墓中出土的平紋絲織品中，有屬紈一類絲織品，還有屬綈的平紋染色絲織品殘片，經緯較粗，緯絲更粗一些，絲線經過並絲、練和染，織品緊密，光潔，厚實。

絲織品總稱為帛或繒，未經練的生絲織品稱素，精練的熟絲織品稱練。日本學者布目順郎對戰國時代楚國的絲織品精練程度作過專門研究，發現織物的精練程度並不相同，如帽帶、竹器上的帶子、劍柄上的編結帶等沒有脱膠，當是為了保持絲纖維的強度而不作精練，而絲頭巾、劍鞘綢等都經過精練，楚帛書也精練得不錯，精練得最好的是包裹綢，可見當時已按照織物的不同用途而作不同程度的精練。1957 年，在長沙左家塘戰國中期的 44 號楚墓中，發現包裹死者的衣衾的殘片 20 餘塊，其中的錦多為三重經組織，經緯密度為每平方厘米 80×44 至 120×56 根。花紋有三角形、多角形、菱形、龜背形等圖形，與當地的漆器、銅鏡的風格相同，當是本地的織品。此外還有非直線幾何圖案的複雜構圖，如朱條暗花對龍對鳳錦、褐地雙色方格錦、褐地幾何填花燕紋錦等，都是經二重、經三重組織，經、緯絲有朱、棕、橘、土黃、褐等色彩，搭配和諧，設計和織造水平已有明顯突破。

左家塘的一塊藕色紗手帕，平紋組織，織品長 28 厘米，寬 24 厘米，有稀疏的方孔，經、緯絲投影寬為 80 微米，估計是 10 枚繭繅成的絲鏤，經緯絲都加強捻，緯絲捻向 S，經絲有 S 捻、Z 捻兩種，相隔排列，透孔率為百分之七十，其輕薄程度與現代的真絲喬其紗相當。其原理是，將平紋織物的經緯紗作方向相反的強捻，經煮練後，由於組織應力的緣故，加捻的經緯絲發生退捻，引起收縮彎曲，織物外觀就會出現方孔和細緻均勻的鱗狀縐紋，這就是文獻所説的「縠」。

另有一塊褐色矩紋錦，是用兩塊縫綴而成，一側有 0.8 厘米寬的

· 鳳鳥紋繡線圖

· 左家塘出土的朱條文對龍對鳳紋錦

· 馬山一號墓舞人動物紋錦

黃絹邊，上有墨書「女五氏」三字，推測是伍氏女子的署名，具體身份不詳。錦面鈐有一方長條形朱璽，推測是織造機構的標記，由於璽文已殘，無法判斷機構的性質。專家認為，當是便於消費者識別的標記，這塊錦可能是當時的名產。[1] 左家塘出土的褐地紅黃矩紋錦、朱條暗花對龍對鳳錦等四種是二重經組織，是兩組經絲和一組緯絲交織而成的織物，中間有一組夾緯，以增加織物的厚度，在花紋輪廓處調換表裏層經絲，使雙層織物聯成一體，織物緊密，輪廓分明，是我國迄今最多最完整的大提花複雜組織。

到春秋戰國時代，紡織品的基本色調已經應有盡有。石染發明較早，材料有赭石（赤鐵礦）、硃砂、石黃、石綠、蜃灰等。為增加顏料附着力，還使用了有機黏合劑，如《考工記．鍾氏》說：「鍾氏染羽，以朱湛丹秫，三月而熾之，淳而漬之。」「朱」是硃砂；「丹秫」是赤粟，一種黏性粟。意思是說借助於黏合劑來塗染羽毛。1974 年，長沙發現一件戰國絲織品，是經二重組織，其中一種經絲是硃砂染成，但另一種經絲卻是淡褐色植物性染料染成，兩種色絲上下交織，但彼此很少沾染，肯定是使用了黏合劑。草染是這一時期的重要技術

1　陳維稷主編：《中國紡織科學技術史》（古代部分），北京：科學出版社，1984 年。

·馬山一號墓龍鳳虎紋繡羅禪衣局部

·江陵出土的絲織品紋樣圖（動物花卉絹繡紋示意圖）
採自湖北省文物考古研究所《江陵望山沙冢楚墓》

成就。從《禮記》《詩經》《爾雅》等文獻來看，染草主要是靛藍、茜草、紫草、藎草、皂鬥等。染色的基本方法是多次浸染，後期可能採用了媒染法。《爾雅．釋器》說：「一染謂之縓，再染謂之赬，三染謂之纁。」「縓」是黃赤色，「赬」是淺紅色，「纁」為絳色，從一染到三染，顏色漸次加深。1979 年，貴溪春秋戰國崖墓出土了幾塊印有銀白色花紋的深棕色苧麻布，是迄今所見最早的印花織物，印花用的塗料是一種含矽化合物。

戰國時期的絲織品實物，最初主要出土在長沙左家塘和瀏城橋，但都是殘片。1982 年 1 月，考古工作者在江陵發現了著名的馬山一號墓，年代為戰國中晚期之交。死者身穿 2 件綿袍，1 件夾袍，以及禪裙和綿褲各 1 件。上面覆蓋 1 塊錦巾和 1 條黃色絹裙。再上面是 8 件綿袍和禪衣。接着又用 2 條衾覆蓋，然後是 1 條「亞」字形的夾錦衾，於是用 9 道錦帶捆紮衾被包裹的屍體。最後用 1 條素絹綿袍和 1 件繡龍鳳紋的絹衾覆蓋。絹衾與棺蓋之間的空隙，全部用衣衾填滿。除此之外，還出土了棺罩、帛畫、席囊、鏡衣及木俑的衣服等絲織品。除了綺之外，其他品種幾乎應有盡有，還有許多刺繡，保存相當完好，這是我國紡織考古史上的奇跡。

馬山一號墓出土的衾、袍的裏及大部分的面都是平紋絹，多為白色，間有紅、紫、黑、黃、褐等色。經緯密度不一，最稀的為每平方厘米 50×30 根；最細密的竟達到每平方厘米 160×70 根。在以往的出土物中，很少見到羅，而馬山一號墓中有一件淺棕色的羅禪衣，上面繡有龍鳳虎紋。錦都是二重經組織，有一件棕色錦面夾袱，用四幅縫合而成，經緯密度為每平方厘米 156×52 根，花紋飾有七種八組舞人和龍鳳、走獸等動物圖形。顏色最多的一幅錦着有六色。馬山一號墓出土的絲織品，最引人注目的是大量的色彩絢麗的絲繡品，衾、衣、袍、褲上多有刺繡，有些衣的邊緣也有刺繡，絕大多數以絹為繡地。針法以辮子股繡為主，平繡為輔，絲色有朱紅、絳紅、淺黃、金黃、藍、綠、棕、褐、黑等多種，艷麗之極，紋樣多以龍、鳳、虎、三頭鳥等為主，構圖繁縟，令人歎為觀止。

雲夢睡虎地秦簡《封診式》有《穴盜》一條，説秦人士伍（無爵者）乙有一件紬面的綿衣，夜間被賊偷去，綿衣是該年二月做的，用料五十尺，用帛做裏，綿絮五斤，用繆繒五尺鑲邊，可知秦代製作綿袍的情況。在秦都咸陽第 1 號宮殿建築遺址曾出土一包衣服，內有禪衣、夾衣、綿衣，絲綢有錦、綺、絹等種。其中有以絹為地的刺繡，另有一種平紋絹，經緯密度達到每平方厘米 160×56 根。

七、先秦時代的服飾文化

由於織物難以保存，今天已經難以考察先秦服飾文化的全貌。但是，由於文獻中有若干記載，考古發現的實物也不斷增加，所以仍可以勾勒出它的概貌。

· 婦好墓玉人

· 鳳鳥花卉紋繡淺黃絹面綿袍

安陽殷墟婦好墓曾出土兩件着衣玉人，其中一名玉人衣服樣式為交領，腰帶較寬。另一名玉人的衣服為套領，袖口有緣飾。兩件玉人的身上都有複雜的紋飾，當是玉器裝飾的需要所致，而不是衣服本身的紋樣。前者有尾飾，身份不高，估計是僕御之類的人物。後者頭頂有髮辮，估計地位也不高。貴族服飾的樣式當有所不同。殷墟出土的另一件玉人，服飾與文獻記載的比較接近，包括頭衣、上衣、下裳、鞋四部分。上衣為右衽，腰有束帶，腹部正中有韠。

先秦的頭衣是指冠、弁、冕，相當於今天的帽子，但樣子很不相同。古人束髮，盤髮於頭頂挽成髻，然後用一塊稱為「纚」的緇色的帛將髮包住，再用簪子將頭髮固定住，然後戴冠。最初，先民為了護髮而戴的冠，不過是一塊白布，祭祀時再把它染成緇色，故稱緇布冠。後來，緇布冠退出了生活舞台，只在個別禮儀場合使用。代之而起的冠，由武和梁兩部分組成。武就是冠圈，梁是連接冠圈前後的寬帶，帶上有褶。冠圈的左右有纓帶，結於頷下，多餘的纓帶稱為「緌」，有裝飾作用。《詩經 · 齊風 · 著》說「充耳以素乎而」，「充耳以青乎而」，「充耳以黃乎而」，古代富貴男子的帽子的兩邊各繫一條絲繩，下端有穗。絲繩用素、青、黃三色的絲編成，在對着耳朵之處

分別打結，故稱充耳。

弁有皮弁和雀弁兩種。皮弁是用數塊白鹿皮縫製而成，樣子類似瓜皮帽，皮塊的接縫處鑲嵌的彩色玉石稱為「璂」。雀弁即雀色之弁，因弁色紅而微黑，與雀頭的顏色相似，故名。雀弁的形制不清楚，據東漢《釋名》，雀弁與皮弁形制相同，只是顏色不同。也有人認為爵弁與冕相似，只是頭頂的版，冕是前低後高，爵弁則是前後平衡。此外，冕有旒而爵弁無旒。

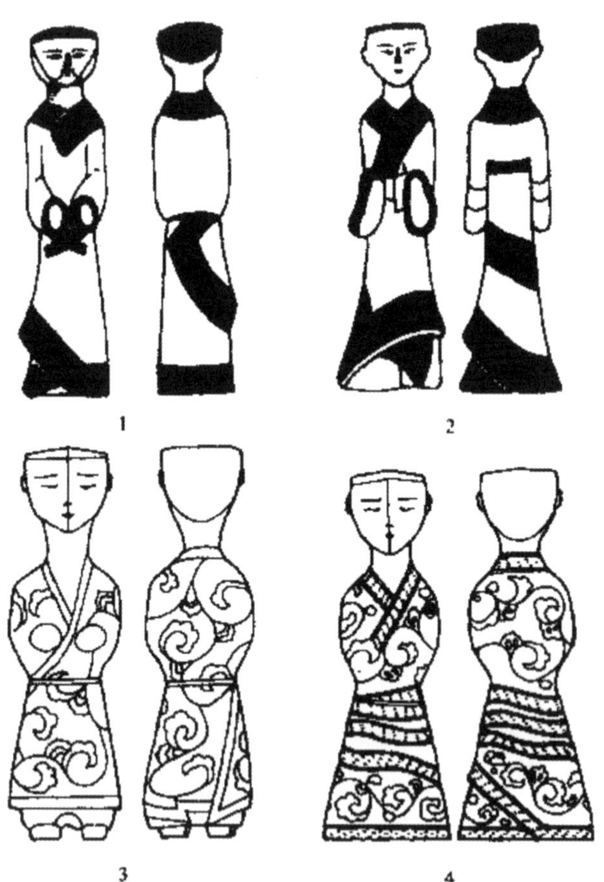

· 男、女深衣俑
採自孫機著《中國古輿服論叢》（增訂本）

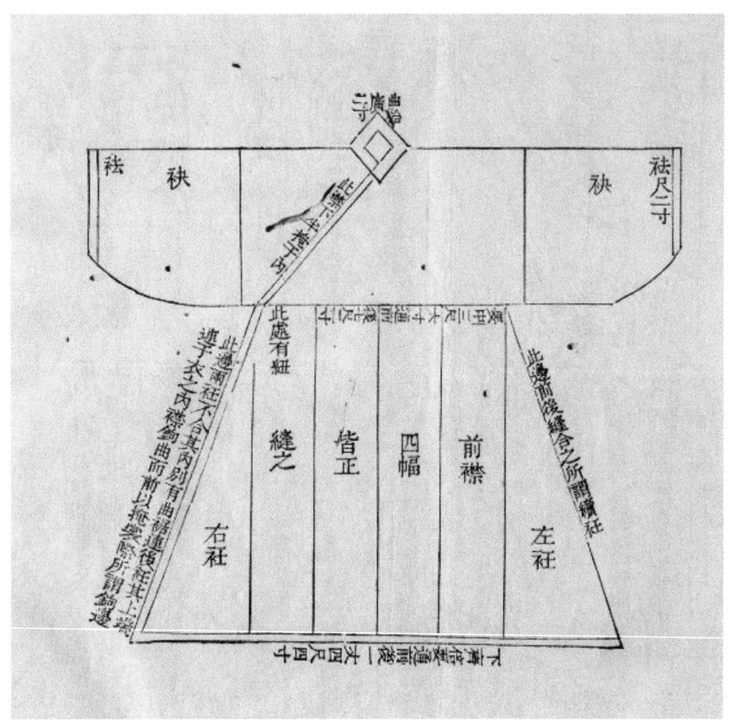

· 深衣

大夫以上的貴族戴的冠稱為「冕」，特點是頂部有稱為「延」的長方形的版，前端有成串的垂玉稱為「旒」。旒的數量與貴族的等級對應：天子九旒，諸侯七旒，大夫五旒。

古代男子的禮服有上衣、下裳之別。在非正式場合則穿衣與裳相連的衣服，這種衣服深長，故稱為「深衣」。婦人的衣服沒有上衣下裳之別，都是上下相連的。甲骨文中的「衣」字，是一個象形字。殷墟出土的玉人，保留了商代下層人民的衣服樣式，衣襟向右。《論語》說：「微管仲，吾其被髮左衽矣！」孔子把「被髮左衽」作為少數民族的形象，而把「右衽」作為華夏族的表徵。

《詩經 · 邶風 · 綠衣》說：「綠兮衣兮，綠衣黃裳。」衣是上衣，裳是下身的衣服。衣裳的邊，往往鑲有花邊，《詩經 · 鄘風 · 君子偕

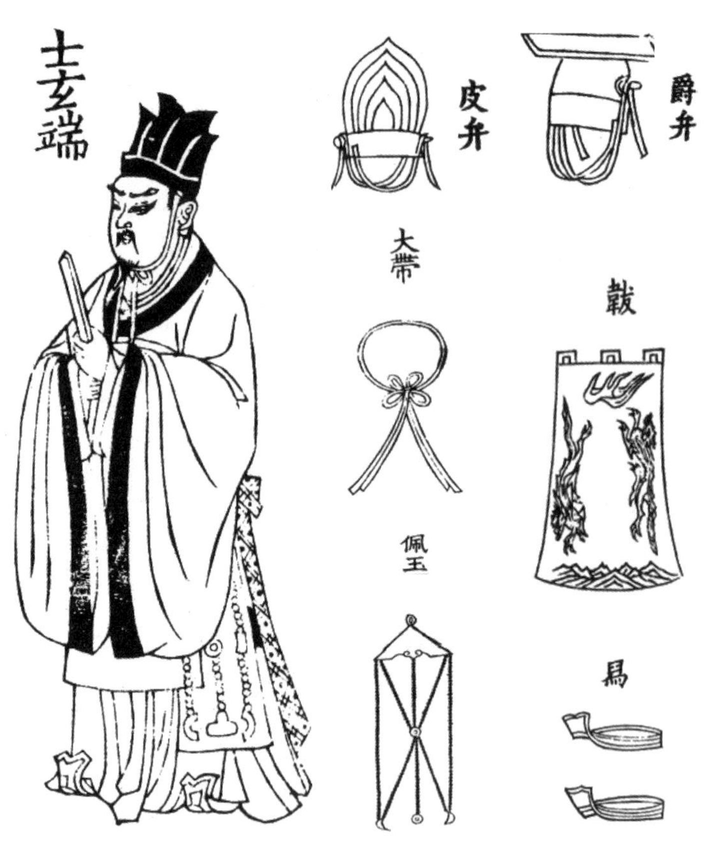

· 宋代學者構想的先秦服飾
采自聶崇義纂輯《三禮圖》

老》說「象服是宜」，像是「襐」的假借字，是鑲的意思。襐服是周邊、領子、袖口都鑲有花邊的上衣。周人的衣服，色彩豐富，《詩經．王璊風．大車》說：「大車檻檻，毳衣如菼」，「大車哼哼，毳衣如」。毳衣是細毛織的上衣，詩中菼字借指綠色，璊字借指赤色，上古通常女子穿綠衣，男子穿紅衣，此即「紅男綠女」一詞的來歷。當時女子的服飾，下體有圍裙，《詩經．鄭風．出其東門》說詩人想念的女子「縞衣綦巾」，綦巾就是淺綠色的圍裙。《詩經》中甚至有婦女採集染草的詩歌，《詩經．小雅．採綠》說「終朝採綠，不盈一

匊」，「終朝採藍，不盈一襜」。綠是菉草，可以染黃；藍是靛草，可以染青。當時有夾衣，《詩經．邶風．綠衣》說「綠兮衣兮，綠衣黃裏」，意思是衣服的面料是綠色的，但裏子是黃色的。《禮記．儒行》說：「丘少居魯，衣縫掖之衣。」這是有道君子所穿的衣服。衣袖的長、寬大體相當，是另外縫上去的，袖口的下半縫合，以便往袖內放東西。

先秦的裳，有如後世的裙。禮書記載，裳分前後兩片，前面的寬 3 幅，後面的寬 4 幅，共 7 幅。每幅寬二尺二寸。前後幅在腰際用帶子繫連。

衣服穿好後，要用帶束腰。腰帶有革帶與大帶兩種。革帶用皮革製作，用來繫挂韍以及刀、礪、觿、金燧等物件。大帶用絲製作，《詩經．曹風．鳲鳩》：「淑人君子，其帶伊絲。」鄭玄箋：「謂大帶也。大帶用素絲，有雜色飾也。」大帶繫在革帶之外，下垂的部分稱為「紳」。大帶的長度、顏色，以及是否用彩繒滾邊，有嚴格的等級制度。韍，初文作「市」，或寫作「韠」，用皮革製作。《說文解字》：「市，也。上古衣蔽前而已，市以象之。天子朱市，諸侯赤市，大夫蔥衡。從巾，象連帶之形。」上古時代，文明未開，人們僅用一塊布遮在腹前，這就是「韠」。由於其長度及於膝蓋，所以又稱為「蔽膝」。為了表示不忘古昔，所以在衣服發明之後，先民依然保留了韍的形制。

禮服的顏色通常有一定之規：衣與冠、帶的顏色相同，裳與韍的顏色相同。例如，頭戴玄端（緇布冠），則上衣為玄衣，大帶為緇帶；頭戴皮弁（鹿皮為白色），則上衣和帶均為素色。裳與韍的顏色關係依此類推。

既然上古的衣服外面要用帶子繫束，那麼上衣是否有紐扣？從文獻來看，應該是有紐扣的。《詩經．召南．羔羊》云：「羔羊之皮，素絲五紽」，「羔羊之革，紽緎素絲五緎」，「羔羊之縫，素絲五總」。

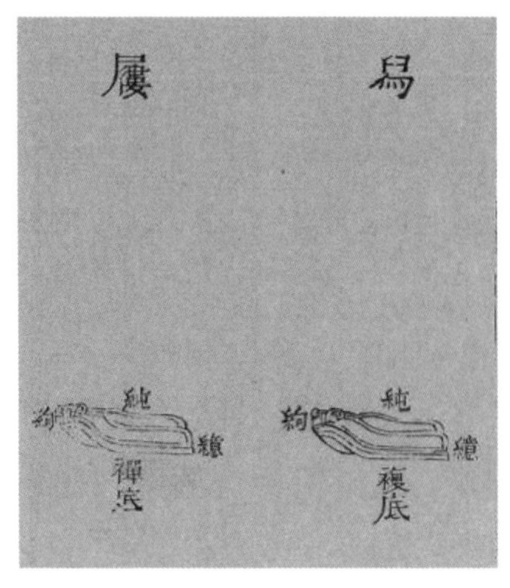

· 舄與屨

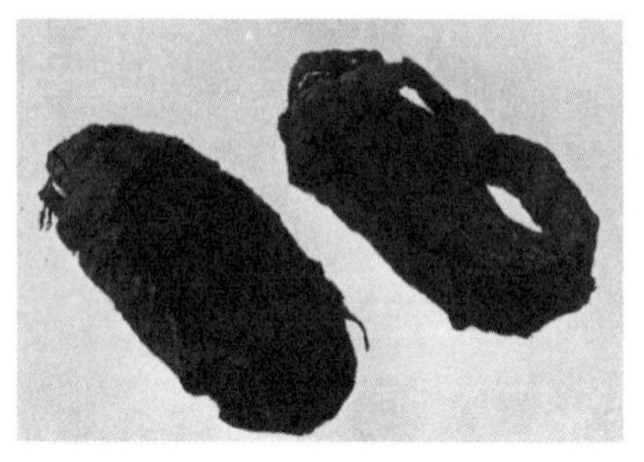

· 馬山楚墓出土的錦面漆履

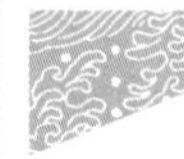

紽，是絲帶做的紐；緎，是絲繩做的扣；總，是將紐納入扣內。這首詩說衣的一邊有 5 個紐，另一邊有 5 個扣，不過說的是羊皮之裘，一般的絲綢衣服不用紐扣。

屨就是鞋，古時有單底、複底之分。複底的稱舄，單底的稱屨。鞋幫的質料，夏天用葛，冬天用皮。舄和屨上都有絲帶作裝飾，鞋頭翹起的裝飾叫絇，嵌在鞋面與鞋幫之間的絲條叫繶，鑲在鞋口的邊叫純，鞋帶叫綦。出土文物中，鞋的數量不多，江陵出土的男屍所穿的鞋，與文獻所記載的形制不同。

如前所述，先秦時期絲綢業發展極為迅速，新技術、新品種、新花色不斷涌現。設計師和工匠在世世代代的鑽研和傳承之中，追求工藝和藝術的完美。對於人文日新的社會而言，絲綢已不僅僅是保暖的材料，更多的是展示審美情趣和內心世界的手段。服飾就是這樣成為了中國傳統文化的重要特色。

參考論著：

陳維稷：《中國紡織科學技術史》，北京：科學出版社，1984 年。

彭浩：《楚人的紡織與服飾》，武漢：湖北教育出版社，1996 年。

朱新予主編：《中國絲綢史》，北京：紡織工業出版社，1992 年。

第五講

良渚「琮王」與中國史前時代的玉文化

玉琮，高 10 厘米，寬 17.6 厘米，重 6.5 千克，1986 年出土於浙江餘杭反山 12 號墓，是目前考古發掘所見最大的玉琮，故有「琮王」之稱。器身紋飾複雜，四面豎槽的上下各有一個高 3 厘米、寬 4 厘米的「神徽」，全器共 8 個。

著名考古學家夏鼐先生指出：中國、墨西哥、新西蘭是舉世聞名的三大古玉產地。[1] 墨西哥瑪雅文化以擁有「印第安玉器」聞名，包括工具和各種工藝品。新西蘭的毛利人用當地出產的碧玉雕刻人物或製作小型器具。中國人製作玉器的歷史尤其久遠，工藝精美，風格典雅，存在於社會生活的各個層面，形成了富於特色的玉文化。

一、綿延數千年的中國玉文化

古代中國流行愛玉之風，用玉範圍十分廣泛。就玉的種類而言，可以大別為佩玉、禮玉、葬玉、弄玉等幾類。先秦時代佩玉是貴族服飾的重要組成部分。《詩經・衛風・淇奧》云「有匪君子，充耳琇瑩，會弁如星」，是說冠的左右有青絲繩垂至耳邊，當耳處緊繫一塊玉石，就是「充耳」（「瑱」），他戴的用鹿皮縫製的弁，在皮的接縫處（「會」）綴飾的玉粒（「璯」），燦如星斗。可知當時的冠弁上鑲玉。此外，周代貴族的服飾，還有所謂「組佩」的制度，就是把璜、珩、環、瓏、串珠等各種玉飾配套佩戴。《詩經・鄭風・有女同車》描繪一位美女遨遊時，「將翺將翔，佩玉將將」，身上各種佩玉相撞擊，發出悅耳的聲音。

玉器又是溝通人神的重要媒介。甲骨文「禮」字寫作豊，像在器皿中放兩串玉，用以媚神。《詩經・大雅・雲漢》云「圭璧既卒，寧莫我聽」，說周宣王因連年大旱，用盡了所有的圭璧來求雨，老天依然不領情。祭神之玉稱為「禮玉」，《周禮・春官・大宗伯》說：「以蒼璧禮天，以黃琮禮地，以青圭禮東方，以赤璋禮南方，以白琥禮西方，以玄璜禮北方。」璧、琮、圭、璋、琥、璜等歷來被認為是禮玉

1　夏鼐：《漢代的玉器》，《考古學報》1983 年第 2 期。

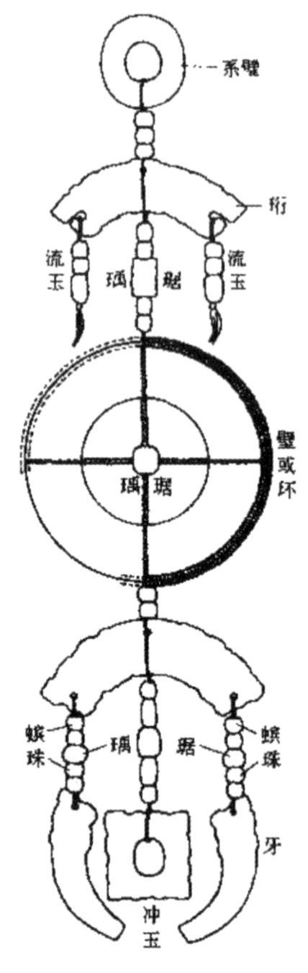

·郭寶鈞所擬「戰國組玉佩模式圖」

的主要形制。

古代玉器還用於殮葬，稱為「葬玉」。古人認為玉器可以防止屍體腐爛。葛洪《抱樸子》説「金玉在九竅，則死者為之不朽」。《史記·殷本紀》正義引《周書》説，紂王臨死之前以玉環身。《左傳》定公五年説，季平子死了，陽虎要用璵璠殮屍。《呂氏春秋·節喪》提到有些人死後「含珠鱗施」，以示厚葬，屍身玉片密如魚鱗。近年出土的中山靖王劉勝的「金縷玉衣」，就是一種更為精緻的玉殮葬的葬具。

弄玉是供人把玩的玉器，一般雕刻成牛、虎、魚、鳥、龜、蟬等動物形象。殷墟婦好墓出土的弄玉有虎、熊、象、鳳、鶴等25種，玲瓏可愛，惟妙惟肖，動物局部的特殊質感與習性特徵刻劃鮮明，顯示了很高的審美情趣。

由於製玉工藝為人熟知，所以充斥於日常語言之中。《說文解字》玉部所收的字多達117個，涉及玉質、玉色、玉聲、玉器形制、治玉方法等等，是字數最多的部首之一。玉字對語言的影響可見一斑。「理」的本義是治玉，後借用為治理國家。《詩經．衛風．淇奧》說：「有匪君子，如切如磋，如琢如磨。」《詩經．小雅．鶴鳴》：「它山之石，可以為錯」，「它山之石，可以攻玉。」琢、磨、攻、錯，都是指玉器的加工方法。《禮記．聘義》說「瑕不揜瑜，瑜不揜瑕」，瑜是美玉，瑕是疵點，兩者不可掩隱。瑜、瑾、珩、瑗、瑛、瑤等都是美玉，故人名中採用極多。玉器還往往有代表語言的功用，如玦字與「決絕」之決同音，《荀子．大略》說「絕人以玦」，就是借用此義。《左傳》閔公二年，「公與石祁子玦」，是說衛懿公給石祁子玦，暗示他要決斷。《王度記》說「大夫俟放於郊三年，得環乃還，得玦乃去」，環與還同音，故得之乃還。

玉有超凡脫俗之美，因而往往成為美的同義詞，《詩經．魏風．汾沮洳》說「彼其之子，美如玉」，《詩經．召南．野有死麕》說「白茅純束，有女如玉」。在外交或禮儀場合，玉字多用為敬語字。《戰國策．趙策四》觸龍見趙太后時說「恐太后玉體有所郤也」，稱太后身體為「玉體」，是尊敬的說法。《左傳》僖公二十六年，展喜對齊侯說「寡君聞君親舉玉趾，將辱於敝邑，使下臣犒執事」，把入侵說成玉趾將臨，是外交辭令。後來這類詞語越來越多，如稱人行步為「玉步」，稱人為保持氣節而死為「玉碎」，稱人之女為「玉女」，成人之美為「玉成」，祝人安好為「玉安」等等，不勝枚舉。

《說文解字》解釋玉的字義說：「石之美，有五德者。」將玉說成是有仁、義、知、勇、絜五種德行的美石，古人重視德行修養，故賦

予它五德的含義。作於戰國時代的《王度記》說：「玉者有象君子之德，燥不輕，濕不重，薄不澆，廉不傷，疵不掩，是以人君寶之。」先秦的士喜歡佩玉，不僅為了展示儀容，更是為了展示內心美德。玉器加工，至為不易，《禮記 · 樂記》說「玉不琢，不成器」，以治玉比喻君子修德。玷是玉上的疵點，《詩經 · 大雅 · 抑》說「白圭之玷，尚可磨也；斯言之玷，不可為也」，人言之「玷」無法磨滅，因此出言當謹慎。

玉器與青銅器是古代中國居於主流地位的藝術珍品，它們的風格奠定了中國工藝美術的基調。而玉器產生的年代早於青銅器，對後者有着直接的影響。那麼，博大精深的中國玉文化的源頭又在哪裏呢？

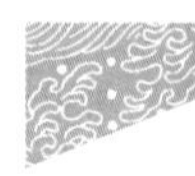

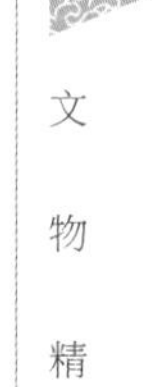

二、新石器時代的中國古玉

上古時代，中國的玉礦很多，僅《山海經》和《尚書 · 禹貢》記載的就有一百多處。玉的種類很多，也非常複雜。就玉材的晶體結構而言，有軟玉和硬玉之分。硬玉，俗稱翡翠，由鈉和鋁的矽酸鹽礦物組成，主要出產於緬甸等地，硬度 6.5—7 度，質地堅硬。軟玉又叫「真玉」，是指透閃石、陽起石礦物組成的隱晶質、緻密塊狀集合體，硬度一般不超過 6 度。純淨的玉為白色，有潤滑的光澤，在強光下呈半透明狀；若含有鐵、鉻、錳等氧化金屬離子時，則變為青、綠、黃、棕等色。古代中國所謂的玉，是指「石之美者」[1]，除軟玉外，也包括所有自然生成的、質地堅韌、化學性能穩定、加工後細膩勻潤、色彩鮮麗的屬蛇紋石系列的美石，都歸在玉類。所以，稱中國古玉為「玉石」，含義更為準確。

1　許慎：《說文解字》。

中國古玉最著名的是今新疆和闐的和闐玉。和闐玉主要由透閃石、陽起石系列礦物組成，而以透閃石為主，是全世界最好的玉料，故《千字文》有「玉出崑崗」之說。至遲在商代晚期，和闐玉就已進入中原地區，著名的殷墟婦好墓、江西新幹大洋洲商墓出土的玉器，大多是和闐玉。此外還有遼寧岫岩縣的岫岩玉、陝西藍田的藍田玉、河南南陽的獨山玉、甘肅酒泉的酒泉玉、河南密縣的密縣玉、河南淅川的淅川玉等，主要成分是蛇紋石。

玉材的外表有璞包裹，不易被發現。在漫長的石器時代中，先民從經手的無數種石料中，逐步發現和認識了玉礦。著名玉器專家楊伯達先生認為，至遲在距今約 70 萬—20 萬年的舊石器時代早期，「北京人」就能夠將製造一般石器的石材和打製精細器物（主要是工具）的玉材加以區別。我國第一代玉器，是用包括水晶、玉髓、炫石、石英、瑪瑙等質地細膩、光澤瑩耀、色彩鮮艷、硬度較高的石英類器物製作的，可以稱之為第一代玉材，主要出土於北方。此後，我國東部地區新石器時代的玉材，除了第一代玉材之外，又有蛇紋石、透閃石和陽起石、絹雲母、氟石等，可稱為第二代玉材。[1] 我國目前所見最早的玉器，距今約 7000 多年。到了新石器時代中晚期，從北方的遼河流域，向南經山東、江蘇、浙江等沿海地區，直到珠江流域，玉器已經普遍出現。在河姆渡文化、良渚文化、紅山文化、龍山文化、大汶口文化、石家河文化、薛家崗文化的遺址中出土的玉器，已經有了各自的風格和特色。

大汶口文化的玉器，在山東寧陽、曲阜、安丘、膠河等地都有發現，就種類而言，以玉鐲、玉璧、玉珠、玉指環、玉臂環等飾物為多。此外，還有一件形狀如璧、外緣有三處牙狀凸起的玉器，用途不

1　楊伯達：《追溯玉器之淵源——從文物精華展紅山文化玉器談起》，《中國文物報》1990 年 10 月 18 日第四版。

明。這種三牙璧在民間早有流傳，清代學者認為就是《尚書・堯典》中提到的「璇璣」，是上古玉製的天文儀器中的機輪，所以名之為「璿璣」。大汶口文化出土的玉鏟，材質精良，製作考究，非常引人注目。

龍山文化是黃河流域新石器時代晚期的文化，由於文化面貌和歷史淵源的區別，又分為山東龍山文化、河南龍山文化和陝西龍山文化，其中玉器出土最多的是山東龍山文化。山東龍山文化的玉器，以日照縣兩城鎮所出最為著名，如一件玉錛，正反兩面都刻有饕餮紋，但構圖不同，一面簡練，一面繁縟，製作精美。另有一件玉刀，四面開刃，器長 48 厘米，而厚度只有 0.5 厘米，十分罕見，製作如此長而薄的玉刀，需要有成熟的剖分玉料和研磨的技術。山東滕縣出土的一件「璇璣」，直徑約 10 厘米，但形狀要比大汶口的「璇璣」複雜，在外緣的三牙之間，各有一段作鋸齒狀，使人聯想到齒輪。三牙之間的距離與齒間的距離基本相等。其用途究竟是甚麼，令人百思不得其解。

紅山文化（距今 6000—5000 年）的玉器，1942 年在遼寧凌源縣的牛河梁遺址首次發現，是一件勾雲紋玉佩。其後在遼寧喀左、阜新，內蒙古翁中特旗、敖漢旗等地都有大量玉器出土。紅山玉器的主要特色，是以動物造型為題材的特別多，如龍、豬、鳥、龜、鴞等，其中不乏精品。如 1971 年在赤峰翁牛特旗出土的一件青玉製作的玉龍，是迄今所知最早的玉龍，高 26 厘米，曲長 60 厘米，直徑 2.2—2.4 厘米，圓雕加陰線琢紋而成，通體素面，不作任何雕飾，僅僅刻劃頭部，目、鼻、口、須俱全，虛實分明。C 形的龍身，充滿張力。項背有一誇張的鬃形裝飾，增加了龍的動感。背部有圓孔，可以繫挂。此器是紅山文化出土的最大的玉龍，也是新石器時代龍山玉器的代表作。1999 年，國家文物局舉辦「新中國文物工作 50 年展覽」時，曾用它作為標誌。紅山文化另一件典型的玉器，形體似龍又似豬，體態憨厚可愛，故名「玉豬龍」。

· 玉豬龍

但是，無論是玉器的數量、質量，還是品種，上述地區都無法與良渚文化的玉器相比，良渚文化的玉器在整個新石器時代最為發達。

三、古玉王國良渚

早在 20 世紀初，浙江餘杭的良渚鎮一帶就出土過獸面紋琮和素璧。在傳世文獻中，琮和璧是周代貴族祭祀天地的禮器，學術界認為良渚不可能有這麼高的文化，因而對良渚文化的年代表示懷疑。范文瀾主編的《中國通史簡編》，就把良渚出土的璧、琮列為西周文物。[1]

1936 年，考古學家在良渚發現了新石器時代的遺址。出土物中有黑色的陶器，發掘者認為與山東城子崖的龍山文化黑陶屬同類文化，故視之為浙江龍山文化。到 20 世紀 50 年代，由於新遺址不斷發現，而知它與龍山文化的文化面貌並不相同，乃是當地土生土長的文化，於是更名為良渚文化，年代為公元前 3300 年—前 2200 年。

良渚文化是長江下游新石器時代晚期的一支重要的考古學文化，

1　見《中國通史簡編》修訂本第一編，143 頁，北京：人民出版社，1965 年。

它以太湖流域為中心，南至杭州灣，北達蘇北海安，東起東海，西到寧鎮山脈東側。其源頭是馬家浜文化、崧澤文化。良渚文化遺址出土的玉器、黑陶、稻穀、竹器、絲織品等，顯示了很高的物質文化發展水平。20世紀60年代，考古學家發掘了江蘇吳縣的草鞋山遺址，發現了十分清楚的太湖地區史前文化層的疊壓關係，從而揭示了當地史前文化的發展序列，證明良渚遺址是新石器時代晚期的文化。獸面紋琮和素璧在草鞋山遺址中已經出現，證明它們至遲是新石器時代晚期的器物。

經過長期的尋找，目前已發現良渚文化遺址200多處。良渚文化遺址中，玉器是最重要的文化內涵，幾乎達到無墓不出玉的程度，這在史前考古中是絕無僅有的。出土的玉器中，禮器、兵器、佩飾、工具、弄玉、葬玉等應有盡有。器型則有璧、琮、璜、鉞、鐲、管、珠、墜、冠狀飾、牌飾等幾十種，以及各種動物肖形玉器。餘杭吳家埠遺址的良渚文化早期墓中，發現了珠、管、璧、璜等構成的佩飾，是目前所見最早的玉組佩。常州寺墩遺址3號墓，用33件獸面紋玉琮圍繞墓主，是目前所見最早的玉殮葬。從1986年起，考古工作者陸續在餘杭發現了以莫角山為中心，包括反山、瑤山、匯觀山等遺址在內的良渚文化遺址群。在近34平方公里的範圍內，分佈着40多個聚落遺址、10餘處墓地。莫角山是該遺址群的中心，也是目前所見良渚文化規模最大的遺址。人工夯築的高大台基，面積約3萬平方米，上有大型建築的遺跡。莫角山的西北是反山遺址，東北為瑤山遺址，正西為匯觀山遺址。著名考古學家嚴文明教授認為，這是史前時期的「台城」[1]。瑤山墓地位於一座小山上，面積約400平方米，也是人工堆築而成，長方形祭台之南有12座墓，分作南北兩排，僅玉管、玉珠串飾就出土46組。玉珠有鼓形、球形等等的不同，最多的

1 嚴文明：《良渚隨筆》，《文物》1996年第3期。

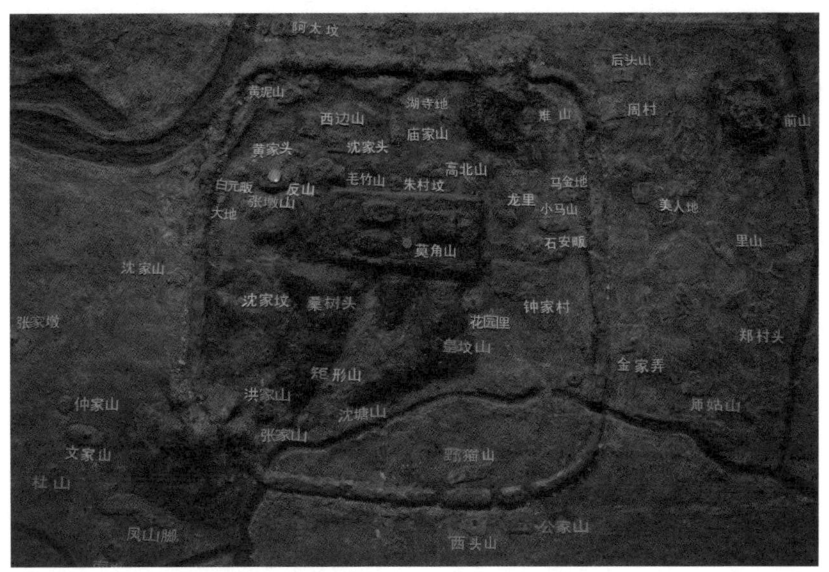

· 良渚—莫角山遺址模型

一組多達 201 件。此外還有形態各異的各種墜飾，背後多有穿孔，或做成鳥、魚、龜、蟬等動物形狀，可知是繫挂在衣帽上的飾物，或者就是弄玉。南排居中的 12 號墓規格最高，出土玉器近 400 件。

反山墓地中，12 號墓的規格最高，墓的情况將在下一節談到。出土的一件玉鉞，刃部兩面的上方都有一淺浮雕「神徽」，與 15、16 號墓的玉冠狀飾類同；下方則有一淺浮雕鳥形圖案，以抽象的筆法，寥寥數筆勾勒一鳥，神態逼肖，可見善於捕捉神韵的匠心。匯觀山墓地也是在山丘上堆築而成，面積近 1600 平方米，中部有長方形砂石祭台，4 號墓長 4.75 米，寬 2.6 米，棺槨齊全，為目前所見最大的良渚文化墓葬，隨葬品多達 250 餘件，僅鉞就有 48 件。良渚文化展示了史前時期燦爛的玉文化，令人驚歎。著名美籍華裔學者張光直教授認為，應該在中國新石器時代和青銅時代之間插入一個「玉琮時代」，以附和《越絕書》中風鬍子的「玉兵時代」之説，認為這一時代是巫政結合的時代。

四、鬼斧神工的良渚玉器

軟玉比普通石料堅硬得多，加工相當困難。先民將加工石器的豐富經驗運用於玉石，發展為一整套加工方法。良渚時期治玉的工藝，大致有切割、打樣、鑽孔、琢紋、研磨、抛光等工序，已經具備了後世玉器加工的所有技法。

玉器加工，首先要將大塊玉料切割成毛坯。仰韶文化早期的玉器上就有條鋸切割的痕跡，方法是用單股或數股植物纖維或動物的皮筋帶動解玉砂，分別從坯體兩側向中間切割，快接近時再敲落玉料。切割的溝槽較寬，有5毫米左右。良渚時期，大件禮器日益增多，大面積切割的難度隨之增加。從大型玉璧表面的切痕可知，良渚人已能熟練解剖大件玉料。有些器表殘留有弧形的線割痕跡，或者直線的鋸割痕跡，良渚人究竟是用怎樣的工具、用甚麼方法加工出數量龐大、製作精美的玉器的？考古學家牟永抗先生認為，良渚人採用的是「以片狀硬性物件的直線運動為特徵的鋸切割，和筋、弦等柔性物體作弧形運動為特徵的線切割」的方法。有學者根據某些玉器表面的弧形的切割痕，判定良渚人已經採用金屬鉈具切割玉料。但是良渚文化遺址至今沒有發現金屬。還有學者認為，良渚人的鉈具可能是用硬度較高的石料做的。仿真實驗表明，這是不可能的。因為硬度高的材料必然脆性大，為了防止鉈片脆裂，必須增加其厚度，而玉器上弧形切割的溝槽寬僅1—2毫米。

良渚不少玉器有鑽孔，這既是為了實用，也是為了美觀。由出土實物可知，鑽孔有管鑽和實心鑽、琢鑽等幾種方法。較大的孔一般從兩面對鑽，然後敲去芯部。上海博物館收藏的一件多節玉琮，高約32.9厘米，中間的長孔從兩端對鑽而基本同心，技巧驚人。玉器的硬度達摩氏6度，良渚人究竟使用了怎樣的鑽孔工具，至今無法解釋。

良渚文化的琮、璜、鉞、冠狀器、牌飾等玉器的表面，大多有

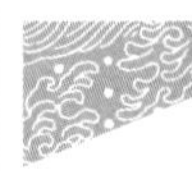

用陰線或陽線刻劃的圖案。陰線是指用單線條勾勒紋樣，線條凹入器表；陽線是用雙鉤的方法使紋樣的線條凸現。良渚玉器紋樣的線條或堅挺剛勁，或圓滑流暢，可見良渚人使用着一種遊刃有餘的雕刻工具。可是，在新石器時代，他們又能有甚麼樣的利器呢？這是中外學術界長年爭論的熱點。80 年代初，江蘇丹徒磨盤墩遺址和新沂花廳遺址先後出土過一些石英質料的小工具，器端尖銳，硬度超過摩氏 7 度。牟永抗先生認為，這類高硬度燧石工具，應當就是良渚人的琢紋工具。但是，有人用瑪瑙料做工具在軟玉上試刻，硬度雖可，但效果很差。因為瑪瑙料的尖鋒太長就容易崩斷，過鈍又無法刻劃。日本學者林巳奈夫認為，良渚人的工具有可能是硬度極高的天然鑽石。但是，良渚玉器上的刻劃線條比較纖細，顯然不是用天然鑽石刻劃的，而且良渚遺址中至今沒有出土過鑽石，故此說也不能成立。良渚的一座大墓中曾發現過一枚寬約 1.4 厘米的鯊魚牙齒，呈等腰三角形，邊緣帶有細齒。瑤山 7 號墓曾出土四枚鯊魚牙齒，上海福泉山等遺址也有相同的發現。鯊魚牙的珐琅質硬度超過軟玉。有學者用幼鯊小齒在軟玉上刻劃，劃痕纖細清晰，證明有足夠的刻玉硬度，推測就是良渚人的工具。[1] 但也有完全相反的實驗結論。因此，鯊魚齒是否就是良渚人的琢紋工具，學者有很大爭議。

良渚玉琮上的獸面紋，是用淺浮雕的技法雕琢的。所謂淺浮雕，就是用減地法磨去紋樣周圍的地子，使紋樣浮突於器表。凡是浮雕程度比較高，紋樣呈半立體狀的，稱為半圓雕。半圓雕作品富於質感，有很強的表現力。凡是立體雕琢成形的作品稱為圓雕，良渚文化的雙面玉人以及許多動物雕塑都是圓雕作品。

良渚出土的玉牌飾，多採用透雕的技法。透雕又叫鏤空，是一種將琢孔與線鋸切割結合的複合式技法，有相當的難度。反山出土的兩

1　張明華：《良渚古玉的刻紋工具是甚麼》，《中國文物報》1990 年 12 月 6 日。

件玉冠狀飾，運用了透雕和陰線細刻相結合的手法，玲瓏剔透，器身布圖繁縟，線條宛曲多變，但疏密得當，富麗堂皇，反映出很高的審美意識，是玉器中的珍品。透雕作品在良渚屢見不鮮，可見其時已經普遍掌握高難的玉雕技術。

良渚玉器中還出現了類似微雕的技法。鎮江地區出土的一件良渚文化玉器上，獸面的眼睛的直徑與圓珠筆的筆芯相當，用放大鏡觀察，竟然是用 16 根切線組成的。反山的一件玉琮上，神人獸面紋飾構圖繁密、細膩，線條之間密不容針，甚至能在 1 毫米的寬度內，刻入四五根細線。匯觀山的一件琮式鐲，在寬僅 3.5 毫米的弦紋凸棱上，刻有 14 條凹弦紋，用高倍放大鏡才能分清線條之間的界限，真是匪夷所思。反山出土玉器上琢刻的神人與獸面複合的「神徽」，高約 3 厘米，寬約 4 厘米，方寸之地，紋飾繁複，線條纖若遊絲，堪稱鬼斧神工。在不知放大鏡為何物的良渚時代，先民們究竟使用了甚麼樣的「祕密武器」？

研磨是玉器加工的重要環節，方法是用解玉砂磨削器表，使之平滑光潔。武進寺墩良渚文化墓葬出土的一件玉璧，表面有硬度很高的石英、黑雲母砂粒，可能就是研磨時的殘留物。良渚晚期玉璧直徑多在 20 厘米以上，但厚薄均勻，器表光潔，可見研磨水平之高超。反

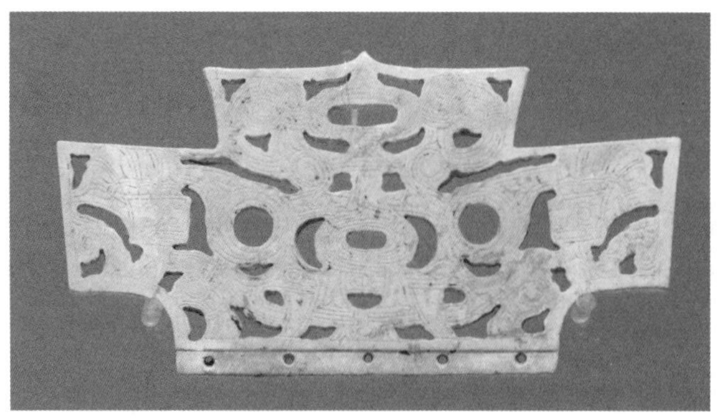

· 良渚文化玉飾品

山的一件玉環上有同心圓旋紋，紋線淺細，有學者認為，可能是借用了製陶工藝中的轉輪裝置加工的結果，方法是將玉器固定在轉輪上快速轉動，再在器表加上解玉砂進行研磨。

· 寺墩出土的玉琮

良渚玉器大多經過「拋光」處理，也就是為玉器上光，所以光潔度很高，埋藏數千年，依然潤澤光亮。有學者根據雲南騰沖縣的民族學材料，認為原始的拋光方法是，將粗竹剖為兩半，一半覆蓋於地，將玉器在竹皮上反覆摩擦，直至出現光澤。[1] 從良渚文化玉器看，匠師有着很強的構圖能力，獸面紋玉琮堪稱典範。琮的樣式為外方內圓，構成方圓相切的風格。獸面紋玉琮有四組獸面圖案，通常會將獸面分別安排在方形玉琮的四個正面上。良渚匠師不落俗套，大膽地將作為獸面中心的獸鼻安排在四角的棱邊上，突出角隅的形式感。獸面向棱邊兩側對稱布圖，用重圓表示眼睛，兩眼之間用橋形淺浮雕連接，吻部設計為長方形突起。從而使劃面新奇活潑，毫無呆板沉滯之氣。尤其令人驚歎的是，匠師還將本應突起的獸鼻設計成弧形的凹入，不僅使獸的表情更為生動，而且在受光時顯現出獨特的效果，可謂大手筆之作。對於條形的玉料，匠師往往設計成多節琮，如寺墩出土的一件玉琮，高約 33 厘米，分為 15 節，中間的豎槽貫通上下，造成宏通的氣勢。在橫帶的區隔下，獸面的主圖與副圖交替出現，給人以鮮明的韻律感。這一超水平的構圖法對中國古代藝術有深遠影響，殷代青銅

1 汪寧生：《玉器如何磨光——〈古俗新研技術篇〉之七》，《中國文物報》1991 年 5 月 5 日。

器上的饕餮紋就是按照它的模式設計的。良渚玉器的設計充滿求新求變的氣息，即使是同一器種，也務必避免雷同，少有抄襲之作。良渚出土的一件手鐲，鐲身凸現規律性斜狀旋紋，構思新穎，設計匀稱，加工細膩，堪稱上品。

即使與當今工匠的製玉相比，良渚文化的玉器也處處閃耀着驕人的光輝。在 4000 多年前，如此精美絕倫的傑作是如何製作的，現代人無法想像，也無法回答，以至有人斷言，這一定是外星人留在太湖地區的作品。

五、解讀良渚「神徽」

1986 年，考古工作者在餘杭發現了聞名中外的反山墓地。這是一座人工堆築的長方形高台，東西長 90 米，南北寬 30 米，高 6 米以上，推測土方量有 2 萬立方米。高台中部是祭壇，祭壇之南有 11 座大墓，分為南北兩排。其中南排居中的 12 號墓規格最高，玉製禮器有璧、琮、鉞、璜等，著名的「琮王」就出土於此墓，該墓出土的玉器上共有 20 個表示特殊身份的「神徽」。

良渚玉琮上的獸面紋，畫面簡略、抽象，不知所以，故以前沒有引起重視。「琮王」上的獸面紋最複雜、最完整，人們由此而知，所謂獸面紋，實際上是一位頭戴羽冠者騎伏猛獸的圖像。由於這一圖像內涵深奧、神祕，一般刻劃在重要器物上，而且這類器物都出土於大墓中，所以學者稱之為「神徽」。解讀「神徽」，對於研究良渚的社會性質和精神世界都有重要價值，所以備受海內外學者重視。

在「神徽」中，伏獸者的頭部和獸的面部用淺浮雕處理，突出於器表；人的雙臂和獸的下肢則用陰線細刻處理，凹入器表。層次相當分明。人臉呈倒梯形，用重圓表示眼，寬鼻，闊口，露齒，表情威

· 玉琮

· 反山出土的琮徽像

嚴。羽冠由二十二組呈放射狀的羽翎組成。伏獸者的雙手內屈，作按壓獸頭狀。獸面有巨目，兩眼之間用微凸的短橋連接，寬鼻，闊口，獠牙外撇。獸肢作蹲踞狀，有鳥足形利爪。人臂、獸肢密佈卷雲紋。張光直先生認為，中國古代文明是薩滿式文明，世界被劃分成天地人神諸多層次，宗教人物的任務就是溝通不同的層次。玉琮外方內圓，代表天圓地方；從中貫通，象徵天地間的貫穿，中間所穿的棍子，便是天地柱。神徽所表現的，正是巫師與其動物助理的形象，故可稱為「人獸符號」或「巫符號」。龍山文化時期用玉琮做法器，正是政權開始集中的重要階段，良渚大墓擁有大量玉琮便是明證。玉琮是巫師溝通天地的法器，獸面似虎形，在中國巫術中白虎是巫師溝通天地的助手。[1]

考古學家汪遵國先生認為，玉琮是用於祭祀的禮器，墓主是掌握祭祀天地大權的軍事首領。猛獸實際上就是老虎，說明良渚人信仰老虎。據葛洪《抱樸子》記載，「騎虎」可以「周遊天下，不拘山河」。因此，神徽的含義，應該是巫師騎上張口噓氣、舉腿伸爪的老虎，作

1 張光直：《談「琮」及其在中國古史上的意義》，《文物與考古論集》，北京：文物出版社，1986 年。

法迅馳，上天周遊，與神仙往來，以通達天機。神像通體遍飾的不同表現方式的卷雲紋等刻紋，表示雲朵和雲層，有上天通神的含義。[1]日本學者林巳奈夫認為，玉琮是宗廟祭祀時祖先的靈魂降臨時的憑依之物，也就是中國古代宗廟祭祀用的「主」。玉琮中間的圓孔是靈魂駐留的小屋。祖靈之降，可上可下，所以中孔上下貫穿。玉琮上帶蛋形眼的臉是太陽神的原形，能保護死者的靈魂，加福生人。[2]

台灣學者鄧淑蘋認為，良渚文化玉璧、玉琮的孔徑多在 4—8 厘米之間，推測巫師作法時，將玉璧平放在玉琮上，然後用木棍貫穿圓璧和方琮的中孔，組合成一套通天地的法器。他把「神徽」稱為「神祖動物面複合像」，認為在古人的觀念中，神祇、祖先、動物三者為一體，而且可以轉化。其中的動物是巫師的助手，既是神的使者，也是氏族生命的來源。[3]

還有學者指出，「神徽」的圖案不僅玉琮上有，在象徵權力的玉鉞上，以及貴族使用的三叉形冠飾、錐形器、項飾的玉璜、穿綴用的玉牌飾等器物上都有這種紋飾，而且造型一致，表明它並非只是巫師溝通天地的白虎，有可能是只有首領權貴才能掌握與代表的族徽。[4]

良渚「神徽」的確切含義是甚麼？目前還沒有一致的結論，需要繼續作深入的研究。對於與「神徽」相關的器物，學者也有很多討論。如良渚玉器有一種三叉形冠飾，出土時都在死者頭部，每墓一件。其基本形制是下端呈圓弧狀，上端為對稱的方柱體平頭三叉。正面有線刻或浮雕的「神徽」。考古學家任式楠認為，良渚的玉三叉形

1 汪遵國：《良渚文化神像的辨析》，《中國文物報》1991 年 4 月 28 日。

2 林巳奈夫：《關於良渚文化玉器的若干問題》，《南京博物院集刊》總 7 期，1984 年。

3 鄧淑蘋：《新石器時代晚期良渚文化玉琮》，台北《故宮文物月刊》，1991 年，總 100 期。

4 葉文憲：《良渚玉琮獸面紋新解》，《中國文物報》1991 年 8 月 4 日。

冠飾與金文的「皇」字形正相暗合，是中國最初的皇冠。反山、瑤山兩處權貴墓地中，凡隨葬器物數量豐富、器種較全、質量精美並含有若干重器的墓葬，必出三叉形冠飾。良渚文化中期偏早階段出現的玉三叉形冠飾及其附飾，當係各級統治者的皇冠[1]。這從另一個側面證明了「神徽」的重要地位。

六、含山玉器：史前製玉的又一奇跡

至此，我們可以了解到我國史前時期玉器製作的粗略概貌，體會到古代玉文化的源遠流長。如果說良渚玉器是我國新石器時代的高峰，那麼千年之後的商代玉器則是中國玉器史上的輝煌時期。商代的玉器發揚了自身的傳統，也充分地吸收了各地製玉技術的優長，玉器的數量和品種出現了明顯的飛躍。僅著名的殷墟婦好墓出土的玉器就多達 755 件，琳琅滿目，美不勝收。

至遲從二里頭文化開始，先民就有製作大型薄片玉器的愛好，如七孔石刀，長 65 厘米，寬 9.6 厘米，而厚度僅為 0.1—0.4 厘米。黃陂盤龍城的一件玉戈竟長達 93 厘米，顯示了純熟的技巧。作為玉器藝術重要題材的動物，有了越來越多的新成員，如象、熊、牛、虎、鹿、鳳、鷹、蠶、蟬、鸚鵡、鸕鷀、鴟梟等，形象刻劃也更加鮮活。製作工藝不斷創新，已經出現俏色玉。所謂俏色，是巧色的意思，就是將玉材上的雜色斑點巧妙安排，並與玉材的本色呼應，以收渾然天成之功。如婦好墓出土的一件玉鱉，玉材原有黑褐色石斑，匠師安排為鱉的背甲、雙眼和爪尖，與玉材的灰白本色配合，渾如天成，妙不可言。此外還出現了掏膛、掐環等技藝。

1 任式楠：《良渚玉三叉形冠飾與皇冠》，《中國文物報》1991 年 10 月 20 日。

· 凌家灘玉玦

商代玉文化，是史前玉文化的新發展。李學勤先生指出：「商周玉器正是在這些史前文化的玉器的統治下發展的。《周禮》所記禮玉，無不可在早期玉器中找到原型。」[1] 至此，關於中國古玉的源頭，似乎可以有一個比較完美的結論了。但是，考古學家的一項重大的發現，使學術界猛然發現，尋找中國玉文化的源頭，還有許多路要走。1987年，考古工作者在安徽含山縣凌家灘發現一座新石器時期的遺址，其後經過三次發掘，揭露的面積為 1775 平方米，發現墓葬 44 座、祭壇 1 座、祭祀坑 3 個、積石圈 4 個、房屋遺址 1 座，以及數量眾多的玉器、石器、陶器等珍貴文物。經碳十四測年，遺址的年代距今約 5560—5290 年，與紅山文化相當，而早於良渚文化。該遺址有以下幾個鮮明的特點：

首先，玉器在隨葬品中的比例相當之高。凌家灘隨葬品中有近千件玉器，包括玉龍、玉人、玉鷹、玉璜、玉璧、玉環、玉玦、玉鉞、玉戈、玉鐲、玉鏟、玉斧、玉龜、玉兔、玉豬、玉勺等。據著名考古學家張忠培先生統計，凌家灘 4 號、15 號、29 號三座大墓隨葬的玉器數分別為 96、88、57 件，佔隨葬器物總數的比例分別為 72.1%、

1　李學勤：《東周吳楚玉器序》，《中國文物報》1993 年 8 月 22 日。

· 玉龜及玉片

72.7%、67%。而在年代約略與之相當的大汶口文化、屈家嶺文化的同等規模的墓葬中，隨葬品絕大部分是陶器、石器，玉器只有一兩件，或者一件也沒有。如此高的玉器比例，只有年代比它晚的良渚文化墓葬才有。[1]

第二，玉器的內涵十分豐富。例如，凌家灘 4 號墓墓主人胸前發現一件玉龜，在腹甲和背甲之間夾有一塊長方形玉片，可見其重要性非同一般。玉片中心部位刻有一個圓圈，圈內有一個八角星圖案，圈外有一個同心的大圓圈，兩個圓圈之間均勻分佈着八個圭形圖案，分別指向八個方向。玉片的四邊分別鑽有數目不等的圓孔。這塊玉片顯然有特殊的含義。它究竟要表達甚麼意思？學術界有多種說法。著名考古學家俞偉超先生認為，玉片與玉龜屬卜卦用具；也有學者說玉片上刻劃的是原始八卦圖。再如，29 號墓出土的一件玉鷹，圓目鈎喙，左右展翅，胸腹有線刻的圓形圖紋，以此為中心向四周八方伸出尖角光芒。雙翅的翅端刻有獸頭，出土時兩翅上各置一枚玉，想必含有複雜的原始思維。又如，凌家灘出土一種璜形器，中部被整整齊齊切

1　張忠培：《窺探凌家灘墓地》，載《凌家灘玉器》，141—153 頁，北京：文物出版社，2000 年。

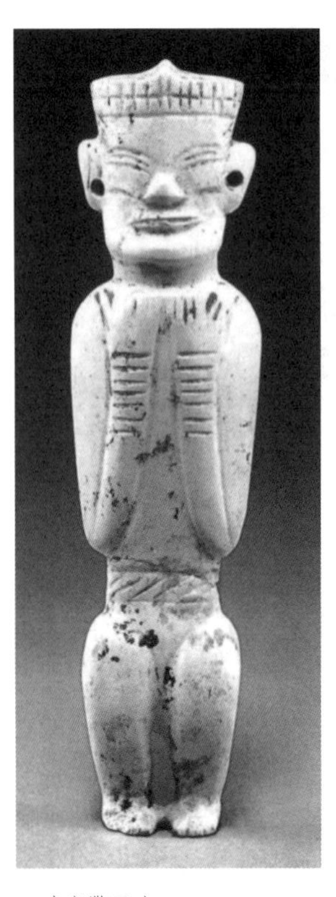

· 凌家灘玉人

開，但在切口的兩端分別琢出一個未透的小孔，以及連接兩孔的淺槽，如果用細木條嵌入淺槽內，則被切成兩半的玉器可以連接為一個整體；如果抽去細木條，則可以變為各自獨立的兩件器物。聯盟虎首璜和龍鳳璜備受學者關注。虎首璜繫一璜剖分為二，有合攏時契合的記號，璜的兩端飾有虎頭圖形。著名考古學家俞偉超先生認為，這是部落集團之間訂立軍事同盟時用的信物，類似於後世的「虎符」，立約的雙方各執其半，必要時雙方可以「合符」驗證。[1]

第三，出土不少首次發現的器型。例如，凌家灘出土六件玉人，這是已知最早的玉製人體作品。玉人或坐或站，濃眉大眼，雙眼皮，具有蒙古人種的特徵。蓄八字鬍，似有剃鬢習俗。雙臂彎曲，緊貼胸前。頭戴圓冠，頂部有三角形紋，四周為方格紋，腰繫三斜條紋的腰帶，似已有紡織和服飾。耳有穿孔，似佩戴耳飾。雙臂各有六圈刻紋，似代表臂圈。製作精巧，是中國新石器時代其他古文化遺址不能比擬的。[2] 再如，4 號墓出土一件玉勺，通長 16.5 厘米，勺寬 2.7 厘米，匙柄長 9.5 厘米，柄寬 0.7 厘米，厚 0.1—0.3 厘米。勺池略如桃形，勺柄細長勻稱，勺柄中有凹槽，柄端有圓孔，堪稱中國湯勺之祖。

1　俞偉超：《凌家灘璜形玉器刍議》，載《凌家灘玉器》，135—140 頁，北京：文物出版社，2000 年。

2　張敬國：《從安徽凌家灘墓地出土玉器談中國的玉器時代》，《東南文化》1991 年第 2 期。

第四，製作精美。凌家灘玉器的選料、設計、磨製、鑽孔、雕刻、拋光等技術一應俱全，有不少令人歎為觀止的玉器，工藝水平似乎不亞於良渚文化。例如，16 號墓出土一件喇叭狀玉飾，推測是嵌於耳孔的玉耳璫，高 1.3 厘米，壁厚 0.09 厘米，而喇叭形圓口之勻稱規整，猶如現代的塑料製品。又如，11 號墓出土一件玉齒環，器的正面為圓形，但斷面呈三角形，器身的外緣刻有 87 個齒孔（包括兩個半孔），勻稱秀美，令人愛不釋手。

第五，加工痕跡奇特。良渚玉器是用甚麼工具製作的，至今仍是謎，而凌家灘玉器的出土，不僅沒有破解它，反而提出了令人更加困惑的新證。以往有人認為，良渚人的鑽孔工具是竹子或者動物的腔骨，然後再加上研磨砂。而凌家灘所見鑽落的玉芯，有的直徑僅 0.5 厘米。由於還要黏附琢玉砂，鑽頭的直徑必須小於 0.5 厘米。有些器孔內壁的鑽孔痕跡呈平行回旋，非常規整，鑽下的玉芯非常光滑。

近年，安徽省文物研究所研究員張敬國先生與台灣古玉研究專家陳啟賢先生合作，用偏光立體顯微鏡對含山出土的一件玉人背面的對鑽小孔進行觀察和研究，發現小孔的打法十分科學：先在兩端打出直徑 0.07 毫米的豎孔作定位，然後再斜鑽貫通。這種鑽法常見於現代過江隧道的設計和施工。在放大 50 倍的顯微鏡下，可以清楚地看到，當年打孔時管鑽道玉芯尚留在孔內，玉芯的直徑僅 0.05 毫米。據此推測，管鑽的直徑當為 0.07 毫米，比人的毛髮還細！要打出如此纖細的微孔，就必須有能夠高速轉動的堅硬管鑽，它當然不可能是竹管或者骨管，而只能是某種金屬製作的管鑽。

凌家灘玉料上的切割痕跡，大多呈圓弧形，頂端切痕較深，兩端很淺，這顯然不是線鋸切割的結果。張敬國先生對玉器的凹槽進行微痕觀察，發現這些凹槽是線性砣切割所致。他將顯微鏡放大 30 倍來觀察一件玉鐲，清楚地看到：在 0.5 厘米寬的弧面上，整齊地排列着約 50 條細如頭髮絲的細線，平行排列，紋絲不亂。稍有常識就可

以明白，這一定是使用了類似今日車床的機械砣具加工的結果！[1]那麼，這種砣具是用甚麼材料製造的？又是如何操作的？令人懸測萬度。凌家灘出土了一件形狀古怪的石器，上細下粗，總長 6 厘米。器的前端是長 4 毫米的握把，後端有呈螺絲紋形的凸起，直徑僅 1 毫米，有明顯的磨痕，專家認為是鑽孔的工具。這是令所有參觀者都瞠目結舌的發現。但是，它似乎是手工鑽孔所用，無法用於硬度高於它的玉料。

據報道，目前凌家灘已經發現冶煉坩堝。含山玉器的年代要比良渚文化早，但它所顯示的工藝技術以及匠師的思維能力卻不在良渚人之下，或者還有超越之處。它給研究者帶來了許多新的資料，但也帶來許多新的難題。全面揭示古代中國玉文化的面貌，破解玉器製作中的種種疑團，還需要更多的考古發現，需要更多的學科來關心和介入。

1　參閱《凌家灘玉器：顯微鏡找到的文明之門》，《北京晚報》2005 年 5 月 7 日。

參考論著：

浙江省文物考古研究所：《良渚文化研究》，北京：科學出版社，1999 年。

鄧聰：《東亞玉器》，香港中文大學中國考古藝術研究中心出版，1998 年。

周膺：《美麗洲——良渚文化與良渚學引論》，北京：中華書局，2000 年。

安徽省文物考古研究所：《淩家灘玉器》，北京：文物出版社，2000 年。

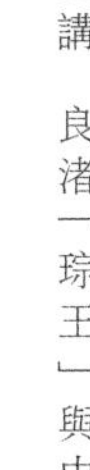

第六講

四羊方尊與長江流域的商代文明

四羊方尊，通高 58.6 厘米，尊口邊長 52.4 厘米，最大口徑 44.4 厘米，重 34.5 千克，是我國迄今所見商代青銅方尊中最大也是最精美的一件。

商朝的歷史，距今已有 3000 多年，可謂年代邈遠。文獻記載的商文化，僅限於黃河流域，江南地區似乎尚未開化。20 世紀 30 年代，一件無意之中發現的青銅器，引發了學術界對於商王朝時江南是否有文明的爭論。幾十年後，考古學家的探鏟揭開了輝煌的江南商代文明的一角。

一、長江流域：司馬遷筆下的「荒蠻服地」

在司馬遷的《史記》中，夏、商、周三朝出於同一個祖先，活動區域都在中原的河、洛之地，所以人們歷來把黃河流域看作是中華文明的搖籃。那麼，在黃河文明崛起的同時，長江流域是否有文明存在？當地的社會狀況又是如何？《史記》很少提及。只是在《周本紀》記載「太伯奔吳」時說當地的土著居民「斷髮紋身」，似乎還在文明未開的時代。司馬遷關於中華文明起源「一元論」的說法，有人比喻為「一棵大樹說」，中華文明猶如一棵大樹，黃河文明是樹幹，其他地區的文明則是樹枝，是從黃河文明派生出來的。這種說法影響相當深遠。

古人把王朝的中心地區稱為「王畿」，王畿之外的廣闊地區則劃分為不同的「服」。《尚書・禹貢》以王畿為中心，以每五百里為一段，由近向遠依次為甸服、侯服、綏服、要服、荒服等五服。荒服是離王畿最遠的「化外之域」，其中靠近要服的三百里是荒服（蠻荒之地），其餘二百里人跡罕至，是流放罪犯的地方。長江以南的湖南、江西、安徽、江蘇、浙江等地，就是當時人們心目中的「荒蠻服地」。

20 世紀，隨着中國田野考古的飛速發展，中原以外廣大地區的考古發現日新月異，許多傳統的說法受到挑戰。關於中華文明起源的問題也出現了新的理論，著名考古學家蘇秉琦先生提出了中華文明起源

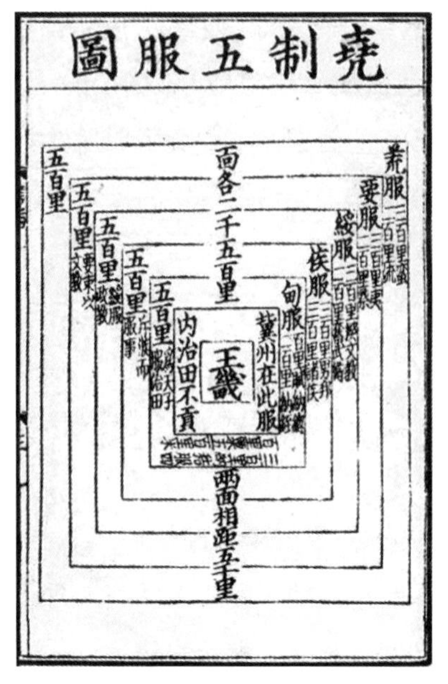

· 堯製五服圖

的「多元論」，有人喻之為「滿天星斗説」，即長江、珠江等流域都是與黃河文明並行發展的古文明地區。「一元論」和「多元論」究竟孰是孰非，撥動着歷史學家和考古學家探索的心弦。

二、四羊方尊帶來的疑問

1938 年，湖南寧鄉縣黃村月山鋪轉耳崙的山腰上出土了一件青銅尊。尊是古代盛酒的器皿，一般呈圓形，而這一件卻呈方形，在當時還比較少見。尊的設計相當奇特：上部的尊口，呈外侈狀正方形，邊長接近於器身的高度，舒展豪放；頸部佈滿線雕的蕉葉、夔紋和獸面紋。尊的中部是器的重心部位，四角各塑一羊，分別以棱線為中軸線，向兩側布圖，生動活潑，不落俗套。羊頭和捲曲的羊角用圓雕法

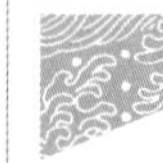

· 四羊方尊

鑄成，突出於器外，栩栩如生，呼之欲出。尊體四面的正中，即兩羊比鄰之處，各安排一雙角龍首，使畫面富於變化，錯落有致。羊身飾以鱗紋、饕餮紋等紋樣。尊的下部，八條淺浮雕的羊腿呈外撇狀，鑲入方形的圈足，既與上部的方形尊口相呼應，又增強了器身的穩定感。尊是採用二次鑄造法製作的，即先鑄羊角和龍首，然後鑲嵌在陶範內的羊頭上，再與器身一起合範澆鑄，但宛如一氣呵成，令人歎為觀止。方尊的四角和四面中心的合範處，均設計成造型精美的長棱脊，增加了器的裝飾效果。這件銅器就是聞名世界的國之瑰寶「四羊方尊」。

四羊方尊的造型和鑄造特徵與安陽殷墟出土的青銅器完全一致，是一件典型的商代青銅器。但是，湖南這樣的「荒蠻服地」怎麼會出土如此精美的商代銅器？王國維在談到商代文明的範圍時曾說：「卜辭所載地名，大抵在大河南北數百里內。」[1] 范文瀾《中國通史簡編》說，殷王朝的全盛時期，「大部當今河南全部及山東、河北、山西、

1 《說亳》，《觀堂集林》卷十二。

安徽、陝西等省的一部。」學術界一般認為，商文化的南界只到淮河流域，不可能越過長江。那麼，如何解釋四羊方尊在寧鄉出土的現象呢？有人說，四羊方尊是殷代奴隸主由北方帶來，而在殷王朝覆滅前奴隸主準備逃亡時被埋藏的；也有人說，四羊方尊可能是明清之際張獻忠起義時帶來此地的。還有人乾脆否認四羊方尊是商代之器，認為是春秋時的器物。但也有人指出，寧鄉地區可能是商代的一個方國，四羊方尊是當地製作的器物。[1] 由於缺乏進一步的資料，雙方的爭論很快歸於沉寂。

三、盤龍城：長江之濱的商文化

1954 年，考古工作者在湖北黃陂縣葉店的府河北岸發現一處保存比較完好的夯土城牆，經鑽探，認為有可能是古代城址。1974、1976 年湖北省博物館、北京大學考古專業在此進行了大規模發掘。發掘表明，這是一座商代早期的城市遺址，年代約在公元前 1600—前 1500 年之間。城址平面略呈方形，南北約 290 米，東西約 260 米。城外有寬約 14 米、深約 4 米的城壕。城南壕溝底部發現有橋樁的柱穴，當是壕溝上架橋樑時所用。城外是居民區、手工業區和墓地。城內東北部發現 3 座前後並列、坐北朝南的大型宮殿基址，其中 1 號基址長 39.8 米，寬 12.3 米，夯土台基高出地面 20 厘米以上。台基四周的外沿各有一排徑達半米左右、深 70 厘米的大檐柱穴，可以想見建築物的高大雄偉。檐柱前有小而淺的挑檐柱的柱洞。殷墟小屯村北發現的宮殿基址，最大的也不過長 46.7 米。可見此城具有宮城的性質。

在發掘的 10 多座墓中，李家嘴 2 號墓是大貴族墓，墓口為 3.67

1　參見高至喜：《「商文化不過長江」辨》，《求索》1981 年第 2 期。

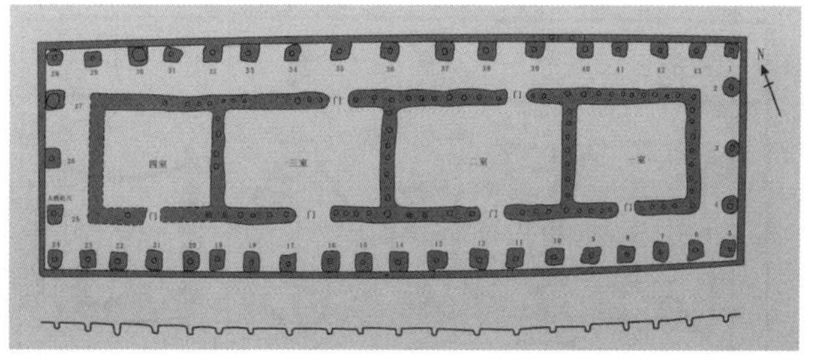

· 盤龍城商城一號宮殿基址平面圖

米 ×3.24 米。木槨上有雕刻精緻的饕餮紋和雲雷紋，槨內有棺，隨葬品有青銅禮器 23 件，以及青銅武器和玉器。木槨外有 3 名殉葬者。

盤龍城遺址在城牆的夯築技術、埋葬習俗、陶器特徵、青銅工藝、玉器風格等方面，與黃河中游的二里崗上層文化基本一致，遺址的面貌與鄭州等地的同時期遺跡十分相似，證明至遲在商代中期，商文化已經到達長江邊上。聯想到湖北、湖南、江西的許多地方都發現過商代青銅器，而盤龍城地處長江南北的要沖，著名歷史學家李學勤先生斷言：「商朝的勢力達到長江中游」，盤龍城「是商朝南土的一處重要都邑」。[1]

四、吳城遺址：異軍突起的江西商時期青銅文化

1973 年，江西清江縣吳城村的農民在修水庫時發現古遺址，後經江西省博物館和北京大學考古系發掘，而知是一處面積約 4 平方公里的商代遺址。遺址內涵豐富，出土文物極多，考古學家將它定名為吳城文化。

1 李學勤：《盤龍城與商代的南土》，《新出青銅器研究》，12—17 頁，北京：文物出版社，1990 年 6 月。

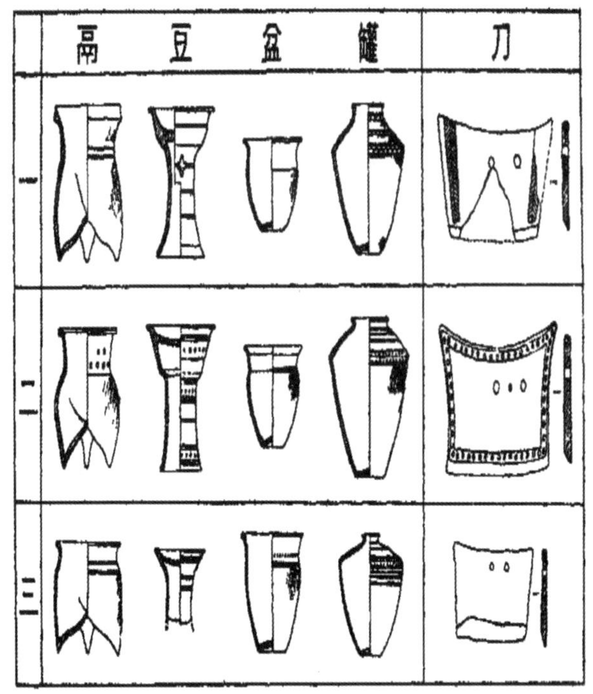

· 江西清江吳城文化陶器分期表
採自北京大學歷史系考古教研室商周組編著《商周考古》

吳城文化延續的時間很長，可以分為三期：第一期的年代與鄭州二里崗上層接近，二期的年代與殷墟早期相當，三期的年代與殷墟晚期和西周早期相當。可見它是自早商以來與商文化平行發展的一支南方文化。

吳城遺址中出土的農業、漁獵和手工業生產工具很多，主要是石器和陶器，也有少量青銅器。石器工具有斧、錛、鑿、鑽、刀、鐮、鏟、鏃等。陶製工具有刀、紡輪、網墜、杵、研磨棒等。另外發現35件鑄造斨、鑿、斧、刀、鏃等工具用的石範，以及少數容器範。將石範的形制花紋與出土青銅器比較，可知吳城青銅器都是在本地用石範鑄造的。

吳城的陶瓷業已經比較發達，出土陶器的數量和品種很多，從生活用器到生產工具都有。已發現 12 座窯爐。在 1986 年的第六次發掘中，發現平焰龍窯 4 座，窯身長而較窄。其中編號為 Y6 的一座，殘長 7.50 米，窯尾寬 1.07 米，窯頭殘寬 1.01 米，北壁有 9 個水平排列的小孔。所謂龍窯，是將若干窯孔連成一體，所以呈長條形，為了提高爐溫，窯體一般呈斜坡狀，以利於拔風。經對堆積在龍窯窯床的原始青瓷的檢測，其燒成溫度一般在 1150℃以上。我國最早的龍窯，以前認為是浙江富陽的春秋龍窯。吳城龍窯的發現，把我國龍窯出現的年代提前到了商代。值得一提的是，吳城的鑄銅技術也很高，熔解銅礦必須有很高的爐溫，這無疑是當地原始青瓷得以發展的重要條件。

吳城的硬陶和原始瓷器在各期陶瓷總量中所佔的比例呈遞增趨勢，證明陶器在全社會已經廣泛使用，而中原地區只有少數貴族才能使用這類器物。吳城陶瓷的典型器物是馬鞍形陶刀（少數為原始瓷胎），已發現 100 餘件，一般用模製，雙孔，單面刃，兩面壓印方格紋，或者飾以葉脈紋、連珠紋等，有的還刻有文字符號。吳城陶刀在中原地區未曾出土，是贛江流域青銅時代最有特色的生產工具。

吳城遺址還發現了許多文字刻劃符號，一般刻在陶器的底部、肩部或器表，石範上也有發現。每件少者 1 字，多者達 12 字。一般是在陶器成坯後、焙燒或施釉前所刻，是早於殷墟甲骨文的重要文字資料。

吳城遺址的出土器物既有與中原商文化相似者，也有富於地方特色者。專家對於吳城文化的歸屬有不同意見，有人認為是商文化遺址，有人認為是古代越族建立的方國。不管怎樣，這一大規模的商代遺址的發現，已使商文化不過長江之說不攻自破。

五、洋洋大觀的新幹商墓

1989 年 9 月 20 日，江西省新幹縣大洋洲的農民在程家村澇背沙丘取土，無意中挖到了埋藏在地下的青銅器，其後，江西省文物考古研究所等單位前往發掘。出乎意料的是，這裏竟然是一處商代的遺跡！出土的遺物相當豐富，在不足 40 平方米的範圍內，有銅器、玉器、陶器、骨器等 1374 件。其中最引人注目的是青銅器，有 475 件之多，種類之齊全、器型之繁複，令人瞠目：

禮器：鼎、鬲、甗、盤、豆、壺、卣、罍、瓿、瓚 10 種，48 件；

樂器：鎛和鐃 2 種，4 件；

農具：犁鏵、鍤、耒、耜、鏟、钁、斨、鏄、鐮、銍等 11 種，51 件；

工具：修刀、鑿、刻刀、錐、刀、砧等 7 種，92 件；

兵器：矛、戈、勾戟、鉞、鏃、劍、刀、鐏和冑等 11 種，232 件；

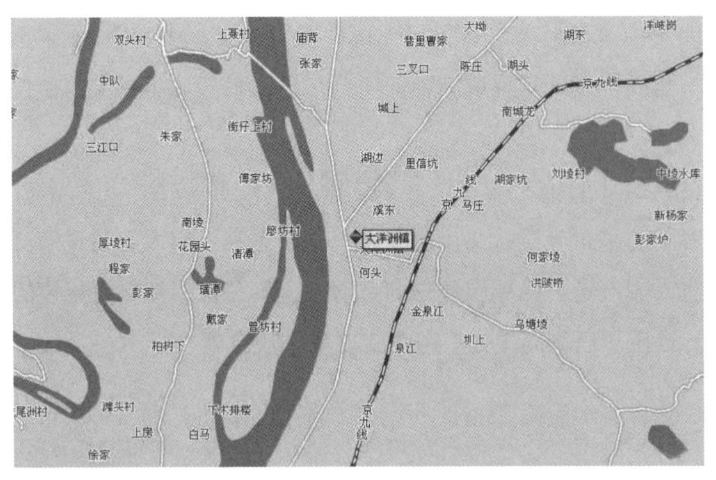

· 新幹大洋洲地理位置

雜器：雙面神人頭像、伏鳥雙尾虎、羊角獸面等 48 件。

這一銅器群中，既有器形魁偉雄渾的重器，也不乏精巧奇特的珍品，下面略作介紹。方鼎是商代青銅器文化最有代表性的器物。新幹同時出土 6 件方鼎為商周考古發掘所僅見。另有 21 件圓鼎，按鼎足的形狀可分為錐足圓鼎、柱足圓鼎和扁足圓鼎三類。其中 14 件是扁足圓鼎，淺圓腹呈半球狀，支點為動物形的扁圓足，造型獨特，玲瓏飄逸，具有濃郁的贛江—鄱陽湖地區青銅文化的特色，因而尤其引人注目。依照造型，14 件是扁足圓鼎又可以分為虎耳虎形扁足鼎、魚形扁足鼎和夔形扁足鼎三類。虎形扁足鼎共出土 9 件，其中 7 件在鼎耳上有臥虎作為裝飾，鼎足是透雕狀的變體虎形。新幹的銅器以虎為裝飾者如此之多，以至有學者認為，虎是當地文化的標誌物。

魚形扁足鼎的三條扁足，張口露齒，圓目稍凸，身上遍佈類鱗片紋，背有脊，尾端收尖，作為支點。有學者認為魚形扁足鼎的魚的形象為扁頭、長吻，利齒，角質鱗片，尾扁平，四肢較短。實際上是南

· 虎耳虎形扁足鼎

方沼澤地區常見的鰐魚的形象。

夔形扁足鼎，環狀立耳上各伏一鳳鳥，凸目，尖喙，花冠，斂翅，身飾環柱形的雷紋和燕尾紋。腹部紋帶上下以連珠紋為邊，中為三組單線條的環柱角獸面紋，細棱鼻較低，抹角長方形凸目，分尾。

豆是商代最常見的盛食器，但大多是陶豆，銅豆極為罕見。這次新幹出土一件銅豆，是商代考古的重要收穫。此豆高 13.6 厘米，口徑 15.2 厘米，重 1.72 千克，高圈足，器腹外深內淺，是所謂的「假腹豆」。器的平口沿部有一周雲雷紋，內壁為斜角式目雷紋。腹部為內卷角獸面紋，圈足上部為內卷角省體式獸面紋，下部為目雷紋帶，兩者之間有一組十字鏤孔。上述紋飾全部是凸線條的陽紋，非常難得。

甗是古代蒸煮食物的器皿，已經出土過不少，大多為三足甗，甑、鬲分體。新幹出土的是四足甗，高 105 厘米，重 78.5 千克，甑、鬲連體，鬲的分襠較高，四足中空，上部呈袋狀。是迄今所見最大的甗，所以很快贏得了「甗王」的美名。甗的設計很有創意，雙耳各鑄

· 四足銅甗

一幼鹿，一雄一雌，軀體圓壯，短尾上翹，頭向相反，回眸相顧，表情稚樸。鹿身佈滿類鱗片紋，腿部飾類雲雷紋。甗的上腹部有四組浮雕式牛角獸面紋，上有一對牛角，尾上卷，背脊上飾刀羽狀紋，下腹部素面，飾有凸弦紋。出土時，甗的外底部和足內側有較厚的烟炱，説明是實用的器物。

卣是商代常用的酒器，一般有提梁。新幹出土 3 件，鑄造工藝都非常精緻，尤其是夾底方腹提梁卣，器形獨特，工藝複雜，堪稱商代青銅器的典範之一。該器器蓋、提梁和器腹以及蛇形飾各自獨立，分別鑄造。蛇形飾一端用銷子連接於蓋，而另一端挂在提梁的鼻上。提梁與器腹的配合間隙十分窄小，當是器腹鑄造成型後，再使提梁成型。提梁鼻有明顯的鑄接痕跡，鑄造提梁時既要與卣腹套接，又要與鼻鑄接，工藝十分複雜。

在商代考古中，銅鎛也是稀有之物。新幹出土一件銅鎛，是殷商音樂考古的珍貴文物。此鎛高 31.6 厘米，重 12.6 千克，外形大致呈梯形，截面橢圓。於平，內側一周加厚。環鈕。舞部有類蟬紋的陰線卷雲紋，橫向兩端各伏一鳥。鎛面花紋以陰線條的雲雷紋為底；上面是浮雕式牛角獸面紋，牛角分別向左右上方內卷，內側為圈狀燕尾紋，中心部位是變體火紋。獸面類虎的正面圖案，「臣」字目，左右各有一螺旋紋圈，為虎之鼻孔，上部兩肢橫置，兩側為豎置；牛首獸面陰刻雲雷紋。鎛身四周環飾燕尾紋，兩欒各有勾戟狀高扉棱七個，是典型的南方式樣。此器渾鑄成型，發音渾厚、響亮。

新幹出土的銅器中還有一些非日常生活使用的器物，其中最重要的是雙面神人頭像和伏鳥雙尾銅虎。雙面神人頭像高 53 厘米，寬 22 厘米，重 4.1 千克。立體雙面雕，中空，寬額，窄頜，掏空的圓突目，尖耳，雙孔蒜頭鼻，高顴，口角上翹，以鏤空方式顯示牙齒，下犬齒外卷似獠牙。頭頂正中有圓管，左右各出一角，角端外卷。頦下有方銎，可插入木柄。類似的作品僅見於四川廣漢三星堆祭祀坑。

· 伏鳥雙尾銅虎

伏鳥雙尾銅虎，長 53.5 厘米，高 25.5 厘米，寬 13 厘米，重 6.2 千克。形似虎尊，腹底空懸。張口，獠牙外撇，凸目，立耳。獨具匠心的是，虎有雙尾，分體並立，是前所未見的造型。背部正伏有一鳥，尖喙圓睛，豎頸短尾。虎身除正脊、尾部、四肢下截和鼻部飾類鱗片紋外，面、腹部飾卷雲紋，背部則飾雲雷紋，四肢膀部則為突出的雷紋。銅虎軀體龐大，雙目圓睜，巨口怒張，作欲縱先臥之勢，是一件傑出的藝術珍品。

新幹銅器群中有 33 件農具，這也是考古學上罕見的現象。中國是農業大國，出土農具對於研究古代農業發展史具有重要價值。但是，殷代出土的農具大多是陶、石、骨、蚌器，青銅農具寥如晨星。在此之前，考古工作者曾在河南、河北、陝西、山西、安徽等 9 個省的 27 處商代遺存中出土過青銅農具，但總數只有 50 件。而新幹一次出土的農具，就超過了總數的二分之一，真是值得大書特書的事件。耐人尋味的是，其中的 17 件青銅農具（犁鏵 2 件，鏟 11 件，鍤、耜、钁、斨各 1 件），不僅器表裝飾有花紋，而且出土時還殘留着碳化的絲織品，可見下葬時曾經鄭重地用絲綢包裹。青銅是商代最貴重的物質，很難想像新幹的先民能用如此精美的青銅農具。因此，有學者認為，它們很可能是古代帝王舉行籍田禮之類的典禮時使用的特殊農具。[1] 農具是當地自然條件和生產方式的產物，所以地方色彩鮮明。新幹的厨刀、鐮、斧等與北方所見迥然有別，如鐮刀都是彎鐮。除此，還發現一些用途不明的鋒刃器。

此外，新幹銅器群中還有大量的兵器，其中既有貼身防護的刀、劍、匕首，也有攻擊用的戈、矛、長條帶穿刀等，還有遠射用的箭鏃。兵器的種類非常多樣，僅小小的箭鏃，就有長脊短翼鏃、短脊弧刃寬翼鏃、短脊鏤孔寬翼鏃、短脊直刃窄翼鏃、短脊鏤孔窄翼鏃、圓鋒鏃、扁菱鋒鏃、方鋒鏃等多種樣式，足見製作之講究。

玉器是深受古代貴族珍愛的物品，在商周的貴族大墓中，玉器都是大宗。新幹出土的玉器多達 754 件，可分為禮器、儀仗器、裝飾器和飾件四大類，細目如下：

禮器：琮、璧、環、瑗、玦和璜等 6 種，33 件；

儀仗器：戈、矛、鏟等 3 種，7 件；

裝飾品：鐲、墜飾、項煉、腰帶、串珠、水晶套環等 17 種，712 件；

飾件：神人獸面形飾、側身羽人佩飾 2 種，2 件。

專家從物理性質、化學成分、光學性質、折射率和礦物晶體結構等方面，對新幹玉器進行了全面的科學檢測，認定材質屬軟玉類的製品約佔 67%，其中有羊脂玉、青玉、白玉等較為名貴的玉種。玉石的質地、品級和色澤，多數接近於新疆的和闐玉，少數接近於陝西的藍

1　參閱詹開遜、劉林：《初論新幹青銅器的地方特色》，《南方文物》1994 年第 2 期。

田玉。據查，江西及其鄰省地區，沒有同類的玉礦，因此它們很可能來自和闐或藍田。出土品中有兩件水晶套環，無色透明，是水晶中的上品。水晶的硬度比玉器還要高，很難加工，但二器的圓、弧和棱的製作相當到位，顯示了純熟的工藝水平。新幹出土的玉石製品中，還有用綠松石石材、葉蠟石石材製作的。專家推測，綠松石來自湖北，葉蠟石取自浙江。新幹玉石製品的代表作是神人獸面形飾和側身羽人佩飾。神人獸面形飾，玉材為磷鋁石，黃綠色，有玻璃光澤，不透明，摩氏硬度 4.5 以上。整體扁平，豎長方形，高 16.2 厘米，玉質瑩潤，琢磨光滑。正面中段為淺浮雕的神人獸面像。獸面由上下兩部分組成，上部是神人的臉面，梭形眼，卷雲粗眉，寬鼻樑，蒜頭鼻；下部為獸面，橫長方形闊口，內露方齒，左右各有一對獠牙，臉龐和下頦等處刻有卷雲紋。神人獸面的下部為脖頸，上部是由十一組呈放射狀的羽翎組成的平頂羽冠。整個玉飾的正面浮雕圖案，應該是頭戴羽冠的神人獸面形象。雕琢技法，既有雙線凸雕，也有單線陰刻，相得益彰。

神人獸面形象，虛實結合，寓意很深。出現在神人臉面上的是獸的口齒，而獸面有口齒卻略去了臉面。由獸面的獠牙可知，可能是虎豹一類的猛獸。由於描述的主體介於人獸之間，故定名為「神人獸面形玉飾」。

出土時，該器位於墓主人的胸部，與頭部的兩件扁玉玦比鄰。由於羽冠上部兩卷角處均有細穿孔，器背無紋飾，估計原本是綴於衣服上的飾物。

側身羽人佩飾位於墓主的頭頂部位，通高 11.5 厘米，羽人身高 8.7 厘米，玉材為棕褐色葉蠟石，是一種由酸性火山岩和凝灰岩蝕變後形成的礦物，質地潤滑，有蠟狀光澤，色澤均勻，與浙江青田玉中的「紫檀凍」相當。羽人作側身蹲坐狀，正反兩面對稱。「臣」字目，粗眉，大耳，鈎喙；頭頂有鳥形高冠，尖喙，鳥尾後有圓角方孔，上

· 側身羽人玉佩飾

拴三個鏈環。羽人雙臂收於胸前，屈膝上聳，腳底有方形短榫，小腿下部有一斜穿孔。腰背至臀部有陰刻鱗片紋，兩側琢有羽翼，腿部琢出羽毛。羽人與套環用整塊璞料琢成，三個鏈環為掏雕而成，活動自如，構思和技藝都不同凡俗。與殷墟婦好墓出土的側身玉人相比，該器集人、獸、鳥於一身，具有更多的神話色彩。有專家認為，應該是當地越族土著鳥崇拜的遺風。

六、新幹商墓的文化屬性

如此豐富、精美的器物出於一坑，這在江南商代考古中是絕無僅有的，因而引起了海內外專家學者的關注，隨之而來的是有關新幹遺址性質的討論。

首先，遺址的性質是甚麼？遺址位於沙丘之中，沒有明顯的墓壁，棺槨已經朽爛無存，也不見墓主的屍骨，而埋藏的器物卻是如此集中。那麼，它究竟是墓葬，還是窖藏，或者是如同三星堆那樣的祭祀坑？考古工作者清理了墓底，根據殘存的蛛絲馬跡判斷，這是一座長方形的土坑墓，一棺一槨，大體呈東西走向，長 2.34 米，寬 0.85 米。棺室東西兩頭各有寬 1.20 米的二層台。由於腰帶、串珠等玉器是按照質地、大小和色澤等呈南北向弧形排列，可以推知墓主的臥向為頭東腳西。著名考古學家鄒衡先生前往考察後，認為確是一座墓葬。因為窖藏大多是藏重要的器物，不會大量埋藏日常使用的陶器。新幹出土的陶器多達 139 件，數量驚人。

此外，窖藏中的器物大都是雜亂堆積的，而新幹的銅器、陶器、玉器等無不井然有序：銅器基本是在棺室範圍之內，5 件銅鐮放入一圓鼎中，伏鳥雙尾虎放在一件倒扣的四羊罍旁邊。鼎、鬲等中型禮器和雙面神人頭像，以及生活、生產工具放在東南角。西南側及中部偏南一隅，放甗及兵器。器型較小的禮器、工具，分兩堆放於西側二層台上。玉器，除一部分放在中型禮器群和大型禮器群中，其餘的串珠、項煉、腰帶、側身羽人佩飾、神人獸面形玉飾等佩飾和玉璧、玉戈等，都在棺木範圍之內。

第二，既然是墓葬，那麼，墓主人的身份如何？是一般的貴族，還是當地最高行政長官？鄒衡先生認為，新幹的墓葬規模很大，面積約 30 多平方米，除了沒有墓道之外，其規模相當於殷墟的大貴族墓。中原地區只有安陽殷墟、輝縣琉璃閣、益都蘇埠屯等少數幾個大墓可以相比，在江南則是前所未有的。從銅器規格來看，甗有一米多高，銅方鼎也接近一米，堪與鄭州、安陽等地出土的商代王室的重器媲美。出土的青銅器多達 475 件，迄今為止，只有殷墟的婦好墓可以相比，而婦好是商王武丁的配偶。新幹商墓出土 6 件青銅鉞，其中兩件為大鉞，器身有長方形大口，露出上下兩排鏤孔的牙齒。從文獻和甲骨文可知，鉞是王權的象徵。這種大型銅鉞目前僅在安陽婦好墓、益都蘇埠屯 1 號墓和盤龍城李家嘴 2 號墓出土過，墓主的身份都相當高。因此，「從墓葬的規模、出土的器物看，這個墓主人是地方的第一號人物，即國王」。[1]

那麼，新幹商墓的主人究竟是商王朝派駐此地的軍事首腦，還是由當地部族自己擁戴的王侯呢？鄒衡先生認為，判斷這一問題，需要從墓中出土的陶器入手。陶器出現於新石器時代，由於不易搬遷，不易變形，而且是出自居民的手作，所以它最能代表一個民族的風俗和文化特徵。銅器不然，銅器屬時髦的器物，一般是從外部引進的。考古發掘表明，中國的青銅文化起源於二里頭文化，各地銅器的風格絕大多數與它一致，同出於一源的軌跡是很清楚的。所以，在判斷墓葬的年代和文化性質時，陶器的學術價值不在銅器、玉器之下。

新幹與吳城相距不足二十公里，出土的陶瓷器與吳城遺址出土的基本相同，顯然屬吳城文化的系統。吳城文化是中原風格與土著文化相結合的產物，它所包含的文化因素有兩種傾向：銅器接近於中原殷商文化；而陶器的地方特色相當濃厚，無論是質地、器類，還是形制、花紋，幾乎沒有與中原完全相同的器物。因此，這位國王一定是土著居民的國王。

著名考古學家李伯謙先生認為，新幹商墓與盤龍城商墓有明顯的區別。盤龍城商墓的隨葬品雖有某些地方特色，但基本面貌是典型的商文化。新幹商墓的隨葬品與鄭州、安陽殷墟相似的不多，大部分有鮮明的地方特點，所以不是典型的商文化遺存。另外，新幹隨葬品反映的禮制表明，當地在一定程度上接受了商王朝的禮儀制度。但銅器造型所反映的虎崇拜，以及雙面人首形神器所反映的宗教信仰卻不見於中原商文化。而且，吳城文化從一期到三期，商文化的因素越來越弱，土著文化因素越來越強，因此，所謂的商文化因素不過是對商文

1　參見鄒衡：《有關新幹出土青銅器的幾個問題》《〈彭適凡：江西先秦考古〉序》，載《夏商周考古學論文集》（續集）。

化模仿的產物，「可見商文化對吳城文化主要是自然影響的關係，吳城文化對商文化主要則是『擇優而從』的學習關係。大洋洲墓葬的死者應該是當地土著部族的首領」。[1] 第三，據文獻記載，商王朝存在 400 餘年。那麼，商王朝新幹商墓的年代究竟與中原地區商文化的哪一段相當呢？專家認為，大多數新幹銅器年代比吳城出土的銅器要早，而陶器的年代又相當於吳城二期，年代相差很大的銅器和陶器出在同一個墓中。因此，墓的下葬年代應該與同出的陶器相同，即相當於殷墟文化中期，大概在武丁以後。

就整體而言，新幹銅器群的年代可以分為三個階段，所涵蓋的年代，從商代早期到商代晚期偏早，即商王武丁前後。跨越的歷史年代如此久遠，在商代考古學上十分罕見。過去，湖南等地也曾陸續發現過商代銅器，其中不乏重器，但是，出土地點相當分散。新幹大批銅器如此集中地出於一墓，則是前所未有的。著名青銅器專家馬承源先生說：「在如此悠長的年代中積累起來的器物埋於一處，至今尚無先例。」[2]

第四，新幹商墓的銅器是哪裏製作的呢？著名考古學家安金槐先生對此作了詳細的分析。首先，絕大多數鼎的銅耳上，都加鑄了銅伏虎，扁足圓鼎的扁足紋樣也採用了虎形紋，說明虎是該地區鑄銅工藝的重要標誌。其次，許多銅器器表的饕餮紋中除鼻與目外，多襯以雲雷紋，鄭州二里崗期上層青銅容器很少有這種情況，可見是新幹青銅器的又一重要標誌。江南地區的印紋陶、幾何印紋硬陶和原始瓷器的裝飾紋樣中，雲雷紋非常普遍，新幹青銅器的雲雷紋與印紋硬陶、原始瓷器一致，說明這批青銅器是當地鑄造的。安先生還說，新幹「可

1 李伯謙：《長江流域文明的進程》，載《中國青銅文化結構體系研究》，北京：科學出版社，1998 年。

2 馬承源：《新幹青銅器參觀隨筆》，《中國文物報》1990 年 11 月 22 日第三版。

能是一個相當強大的國家統治點所在地」。[1] 那麼，新幹青銅器的原料取自何地呢？這一問題已經有了明確的答案。就在新幹商墓發現的前一年，江西瑞昌銅嶺村的群眾在改築道路時發現一處古代遺址——瑞昌銅嶺銅礦遺址。

（一）銅嶺銅礦遺址的發現與發掘

1964 年贛西北地質大隊 506 隊到瑞昌銅嶺村一帶勘探地下礦藏時，多次發現地下有採礦「老窿」，從上到下為老井坍塌後形成的黃褐色亞黏土以及腐朽的支柱組成的坑道、豎井、大量朽木立柱等。1988 年 1 月，村民在修築公路過程中又發現古代礦井木支護以及青銅採礦工具，考古部門聞訊趕來調查，推測是一處春秋戰國時期的銅礦遺址。

1988 年 10 月至 1993 年先後進行五次發掘，面積共 3000 平方米，確認是一處集採礦、選礦、冶煉於一體的大型銅礦遺址。現已查明，古代採礦區分佈面積約 7 萬平方米；古代冶煉區分佈面積約 20 萬平方米。在已發掘的 1800 平方米範圍內，共發現古代礦井 103 口，巷道 19 條，馬頭門 8 座，露採坑 3 處，探礦槽坑 2 處，工棚 6 處，選礦場 1 處，圍柵 2 處，斫木場 1 處。出土銅錛、木鈎、木扁擔、竹筐、木鏟、木鍬、鼎、罐、缸等與銅嶺銅礦遺址文化內涵相對應的生產生活文物 468 件，其中戰國文物 18 件，春秋文物 214 件，西周文物 108 件，商代文物 128 件，多為採礦、選礦生產工具和生活工具。

經北京大學考古實驗室、中國社科院西安黃土與第四紀地質研究室、澳大利亞國立大學等單位對出土木支護和木器標本所作碳十四

1 安金槐：《新幹青銅器的重大發現揭開江南商代考古新篇章》，《中國文物報》1990 年 12 月 20 日第三版。

同位素測定，證明該遺址採礦年代始採於商代中期，距今3300±60年，終採於戰國早期，距今2360±70年。先後前來考察的有美國、德國、日本考古專家，一時成為歷史界、學術界、考古界的中心議題。

（二）銅嶺銅礦遺址的構成

銅嶺銅礦遺址本體由採礦區、選礦區、冶煉區、礦工居住區等構成。

1. 採礦區：古採礦區範圍大體分佈在地質資料所反映的礦體圈內，而略大於主礦體，範圍形狀不規則，東西長徑約385米，南北短徑約190米，集中分佈範圍約70000平方米。鐵山西部主要是露天開採，合連山西坡至鐵山東北部是銅礦最富集的地帶，主要為地下開採。井巷的形制基本上為方形、矩形，偶見圓形。按井巷支護木構節點的構造和接合方式，豎井先後出現8種接合形式，平巷從早至晚有4種結構形式。

2. 選礦區位於已發掘區東南側，佔地面積約100平方米，屬露天選礦，使用年代屬西周。

3. 冶煉區內發現的煉爐遺跡有6處，主要分佈在古礦山腳下的鄒家、下戴、戴家銅石坡及禁地銅石坡。其中屬銅嶺村的鄒家冶煉區分佈面積最大，南北長徑約380米，東西短徑約250米，面積約85000平方米，區內的西北部發現兩座煉爐遺跡，中心部位有銅井。以低丘山坡處堆積為最厚，約1—2.23米，在低窪的稻田裏仍分佈大面積煉渣。

4. 在萬家與檀樹咀分別發現礦工居住區，前者面積300餘平方米；後者面積2000餘平方米，並發現商代中期至春秋時期典型陶器、房基、灰坑等遺跡。

中國境內目前所知先秦銅礦遺址，湖北大冶銅綠山，湖北陽新港

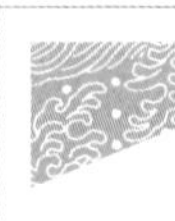

下、麻陽，安徽銅陵金牛洞，新疆尼勒克奴拉賽等幾處，始採年代最早為西周。瑞昌銅嶺遺址的始採層位在 9、10 層及層下井巷，使用於商代中期，年代之早，堪稱中國古礦冶遺址之冠；其上各層的使用年代分別為：9 層及層下井巷屬西周，8、9 層及層下井巷屬春秋，7 層及層下井巷屬戰國。前後綿延千有餘年，令人歎為觀止。2001 年 6 月被列入第五批全國重點文物保護單位。2006 年 12 月，入選中國申報世界文化遺產預備名單。2011 年，被列入國家「十二五」重要大遺址保護規劃綱要。

20 世紀的殷墟發掘，出土的商代青銅器之雄渾、瑰麗，震動中國。由於田野考古尚未全面展開，曾有某些外國學者認為，殷墟青銅文化鼎盛的原因，是外來文化的影響。50 年代以來，由於二里崗、二里頭以及早於二里頭的早期文化相繼發現，銅料的來源問題始終是史學界關注的焦點之一，銅嶺銅礦遺址的發現證明，至遲到商代中期採銅、冶銅業已頗成規模，銅料來自本土，中國青銅文化採鑄造技術自成體系。

（三）科學價值

世界上最早採用木支護[1]開礦的範例。歐洲魯德納格拉瓦古銅礦距今約 6000 年，為地下開採，豎井內未使用木支護，採用礦工自己掘出的碎石修築支撐牆，穩定性較差。銅嶺遺址在世界採礦史上最早採用木支護結構，同一礦井的所有框架均有統一的尺寸規格，採用預製和裝配式工藝。井巷支護嚴格選用質地堅硬、無木節、無紐紋的櫟木、楠木等，木支護結構部分至今猶有較好的抗壓能力。

銅嶺銅礦開採方法以地下開採為主，露天開採為輔，大體是在地

1　木支護：以圓木等為主要材料構成的支護措施，支護即地下挖掘過程中為穩定及施工安全所採取的支持、加固等防護措施的總稱。

表礦脈露頭逐步向深部拓展。從商代中期至西周以後，形成一整套井巷掘進、支護、提升、運輸、通風、排水等工序在內的、比較完善的地下採礦系統。礦井的開拓，基本採用豎井單一開拓法、槽坑—豎井聯合開拓法、豎井—斜巷—平巷聯合開拓法等三種方法。

大冶銅綠山發現封閉式選礦木槽，完全靠手選，操作強度大，選礦效率低。銅嶺的西周地層出土實物表明，已採用具有半自動化功能的木溜槽選礦技術，即利用水的衝力使礦物顆粒在傾向水流中發生分選，選礦率很高。據文獻記載，宋代使用過木溜槽選礦。

火法煉銅技術。冶煉區的煉渣遺存有六七十萬噸，通過對煉渣的化學物理分析，發現渣的流動性好，含銅量低，證明已掌握燒成溫度、配礦技術等複雜的冶煉程序，冶煉技術與規模舉世罕見。銅礦量與大冶銅綠山近似，當是青銅時代的重要銅基地之一。歐洲巴爾幹半島發現的煉銅爐渣，尺寸都不大於 2 厘米，且都沒有大面積分佈。

通風、排水、提升技術。通風主要採用自然通風，又通過充填廢棄的巷道，人為製造空氣流通通道，達到人工輔助通風。排水設施則是疏水溝、排水槽、排水倉（井）等方式。遺址的礦井提升方法，淺井多使用符合杠杆原理的桔槔機械裝置，而深井與巷道轉彎處多採用木滑車提升裝置，區內出土五件木滑車，其中商代木滑車為國內僅見，國外未發現一件上古時期的木製提升工具。

古遺址區內的地表，多用竹木編圍的圍柵分割為出礦、排水、支護木加工場等專用場所，這在世界各古銅礦遺址中均未發現。

瑞昌銅嶺銅礦遺址，是我國迄今所見年代最早、保存最完整、內涵最豐富的大型採銅煉銅遺址，是繼湖北大冶銅綠山遺址後的又一重大考古發現。銅嶺銅礦遺址的開拓系統、巷道支護技術、採礦技術、溜槽選礦技術、礦井提升技術、管理技術、冶煉技術等，證明我國早在三千年前就已具備大規模採銅、煉銅的技術，解決了商周時期中國青銅文化大宗銅料來源的重大課題，證明中國青銅文明的獨立起源。

1991 年被評為中國考古十大新發現之一，2001 年被國務院公佈為全國第五批重點文物保護單位，2006 年 12 月入選中國申報世界文化遺產預備名單。

經過幾年的發掘，已經查明銅嶺銅礦遺址是一座從商代中期開始，延續到戰國，前後使用千餘年的古代採銅和煉銅遺址，其範圍長達 1 公里，是迄今所見我國最早的古銅礦遺址。經研究，該礦的採礦技術千年之中基本沒有變化，推見在早商時期採礦水平就已比較高。銅嶺礦區正處於吳城文化的分佈範圍之內，礦山的主人應該就是新幹古方國的國王。該方國有規模如此壯觀的礦區和先進的開採技術，出土大批青銅器就是順理成章的了。

總之，在中國的青銅時代，江南地區已經出現了與中原文化同樣先進的文明，並已進入文明社會，建立了國家。吳城文化是贛江中下游地區一支受到中原商文化強烈影響的土著青銅文化。新幹出土銅器如此集中，形制如此新奇，工藝如此先進，在江南地區商代銅器中尚屬僅見。由此，學術界對商代歷史文化的估價，尤其是江南地區的文明程度，將要重新定位。

七、新幹商墓：層出不窮的新課題

新幹商墓出土的文物，祕藏着許許多多上古時代的信息，需要用現代科技手段層層解密。幾年來，著名科學史家蘇榮譽、華覺明等先生對這批寶貴的資料進行了深入研究，取得了重要進展。

第一，專家對新幹青銅器群的合金成分作了檢測，認為屬銅、錫、鉛的三元合金，錫含量高者在 20% 以上，鉛含量在 10% 以下，屬中國青銅時代典型的青銅合金體系。但新幹銅器的工藝依然頗見個性，大多用分鑄鑄接法成型，即先鑄造附件和主體，再將兩者進行鑄接。乳丁紋虎耳銅方鼎和獸面紋立耳銅方鼎，耳上的附飾和腹部的扉棱，都是分鑄成型後再鑄接於鼎的，這種工藝在商周時代非常少見。

泥範鑄造工藝與分鑄鑄接法是中國青銅器鑄造技術的兩大支柱，兩者在新幹銅器中都已經得到嫻熟的使用。新幹青銅器的製作，有渾鑄成型，也有分鑄成型，而以後者居多。在分鑄成型的工藝中，有附件先鑄法（如扁足鼎的三足、罍肩上的四羊首飾等），也有後鑄法（如大方鼎的四足、扁足鼎耳上的臥虎等），這對於解決分鑄法的源流問題具有直接幫助。正是憑藉這種工藝，古代匠師能夠鑄造出需要用失蠟法才能做出的青銅器。

第二，新幹大甗的補鑄，是用熔點稍高於原甗錫鉛青銅材質熔點的錫焊青銅鑄焊的，可見工匠已能很好掌握合金的性能。儀器分析的結果表明，新幹銅器群的材質主要是高錫鉛三元合金，雜質極少。其主要合金成分，與二里崗時期高錫青銅或高鉛低錫青銅都不相同，與殷末周初時期的青銅合金比較接近。從微量元素看，新幹青銅器雜質的含量不僅比二里崗和殷墟前期的青銅器低，而且比殷末周初，乃至秦漢、明清時期的銅合金都要低（一般為 1%—2%），説明原材料是用很純淨的銅、錫和鉛配製的。冶煉如此純淨的金屬是一件極了不起的成就，同時也説明這些金屬的礦料是極為單一的礦體。

第三，新幹青銅器群另一重要發現，是大銅鉞上錯有紅銅，這是我國迄今發現最早的錯金屬實物。錯金屬工藝源於鑲嵌工藝，那麼，新幹銅器的這種工藝又源於何處？

第四，對新幹商墓青銅器的鉛同位素質譜實驗研究發現，殷墟含有低 207Pb/206Pb 比值特徵的異常鉛的青銅器，早、中期有相當數量，晚期突然減少。山西曲沃縣曲村西周遺址 71 個樣品絕大多數屬低比值鉛；陝西寶雞強國墓地 12 個樣品數據則全屬高比值鉛。新幹商墓的青銅器卻普遍含有這種異常鉛。目前所知的中國地質礦產資料中沒有相對應的礦山數據。這一發現具有重要價值，例如學術界關於

· 夔形扁足鼎

· 獸面紋柱足青銅鼎

四川廣漢三星堆祭祀坑的年代有爭議，有認為是商周時期的，也有認為是春秋時期的。如今用鉛同位素比值進行研究，發現三星堆與新幹銅器所含的異常鉛一致，證明二者的年代應相去不遠。

第五，新幹銅器鑄造工藝的另一個特點，是大量使用銅芯撐。迄今為止，商代前期的青銅器中，只有個別銅器使用過自帶泥芯撐，在器物澆注成型後除去泥範，再對自帶泥芯撐的孔洞進行補鑄。殷墟青銅器也只有個別器物使用了銅芯撐。到西周，銅芯撐才被普遍使用。可見，銅芯撐可能最早起源於我國南方，而後傳播到中原，成為中原青銅器鑄造的關鍵工藝之一。

除此以外，新幹銅器還有許多有待探索的問題，例如，有一件呈十字交叉狀的戈，形狀與《尚書》記載的「戣」相似。這件戣和隨同出土的另一件銅鬲都有早周的風格。而周人早期的活動範圍在今陝西、山西、甘肅一帶，類似的器物連河南都沒有發現過，為甚麼會在遙遠的江西出土？兩地的交通途徑是怎樣的？彼此的文化交流又是如何？目前還很難作出令人滿意的回答。

八、江西新幹牛頭城遺址

1976 年 11 月，村民在大洋洲中淩水庫南壩頭山坡上發現一座五鼎墓，考古部門隨即在中淩水庫、牛頭城村調查，發現村旁的天花會山幾何印紋陶片俯拾皆是，又在村東南排灌渠上發現一土堤，經過鑽探分析，判定是商周時期的一座城址的外城垣。

2006 年，江西省考古研究所等單位對牛頭城進行首次大規模發掘，探明牛頭城城址內外城相套，均有城門，東南西三面有護城河，西、南城牆外側均有城壕。外城牆平面呈梯形，東西長 1000 餘米，南北寬 600 餘米，全長 3500 米，北面依山壁築牆，佔地面積超過 50

萬平方米。城垣為夯築土城，風格與清江吳城的堆築、河南鄭州商城的版築不同。內城位於城址的西南部，近似長方形，周長 1424 米，城垣平均高 4—6 米。城內有 5000 平方米的祭祀廣場，2000 多平方米的建築遺跡，建築內有鵝卵石通道，以及灶堂、火堂、飯廳等。城牆的築造年代約在公元前 1255 年至公元前 1195 年之間。大洋洲遺址和牛頭城遺址的直線距離不足 4 公里，與吳城遺址相距 20 公里。牛頭城內出土陶片數萬塊，其中陶鼎、陶鬲 50 多件，與大洋洲商墓出土陶器基本一致，推測大洋洲商墓主人就生活在牛頭城內。大洋洲商墓、中凌水庫南壩頭貴族墓即為牛頭城外的墓葬區。牛頭城址是商代南方方國之一，文化風格與吳城既有聯繫又有區別，與吳城文化三期相對接，可能是吳城文化部落衰退後興起的新的商代文化聚落中心。牛頭城的發現和發掘，印證了新幹江南青銅王國的所在，充實了吳城文化的內涵，為江南商代時期文化繁榮提供了新的證據。2006 年經國務院批准列為全國重點文物保護單位。

九、寧鄉炭河里西周古城

1938 年 4 月，寧鄉縣黃材鎮龍泉村出土了四羊方尊，此後在以遺址為中心直徑不到 2 公里的範圍內，先後出土商周青銅器 300 餘件，包括獸面紋瓿、「癸」卣（內有環、玦、管等玉器 320 餘件）、「戈」卣（內有珠、管等玉器 1170 餘件）、雲紋鐃（伴出環、玦、虎、魚等精美玉器）、象紋大鐃（重 221.5 千克）等，無一不是商周青銅器中的上品。而在距黃材不到 20 公里的老糧倉鎮，1959 年、1993 年先後在此發現了 15 件商代大銅鐃。1959 年，一位農民發現唯一以人面為主飾的商代青銅方鼎。為此被考古界稱為「寧鄉青銅器群」。

炭河里遺址位於寧鄉黃材鎮寨子村塅溪與湘江下游支流溈水交匯

的台地上，1963 年年初發現。2001 年發掘發現商周時期的大型土台建築遺跡。2002 年起，連續三年進行大面積的發掘，發現並解剖了西周時期的城牆，在城內外均發現與城牆同時的壕溝線索，揭露 2 座大型人工黃土台建築基址，清理出 2 座可能為宮殿建築的大型房屋遺跡。在城外台地上發現西周時期小型貴族墓葬 7 座，出土大量青銅器和玉器。2004 年被評為「全國十大考古新發現」。2006 年，國務院公佈其為第六批全國重點文物保護單位。古城遺址面積約 20000 平方米，始建於商末周初（2970±50 年）。

迄今為止，南方地區商周古城非常罕見，僅湖北盤龍城、江西吳城和牛頭城、四川三星堆等數座，其中牛頭城未經發掘，三星堆城也未經解剖。西周時期城址，炭河里為首次發現。對中國古代南方城市文明的研究，包括選址、佈局，宮殿的規模、格局、用材、技術等，以及早期國家的形成，江南地區與中原地區的文化異同及其交流等，都有重大價值。炭河里古城是目前所見南方地區最早的西周城址，2011 年，列入國家文物局「十二五」期間 7 處大遺址保護項目之一。

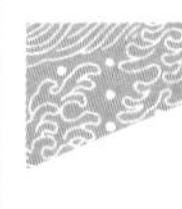

十、佘城遺址

早在 20 世紀 50 年代，考古部門就在無錫的仙蠡墩大型遺址做過兩次發掘，出土一批崧澤文化至良渚文化早期的石器、陶器，原始住宅基址以及稻殼堆，確認了 5000 多年前的原始聚落，環太湖地區稻作農業文明的序幕由此揭開。

20 世紀最後二十年裏，成功發掘了常州寺墩的崧澤和良渚文化大型遺址。

高城墩遺址位於江陰西北隅的石莊高城墩村北側，屬良渚文化中晚期的大型高台墓葬群，距今 4500 年左右，原有面積近萬平方米，現殘存面積 2000 多平方米，相對高度達 10 米。1999 年 11 月至次年 6 月發掘，出土文物 236 件（組），14 座良渚文化墓葬，呈「人」字形向東北、西北方向排列，多數墓葬有棺槨葬具，其中 13 號墓是太湖流域良渚文化遺址中規模最大的貴族大墓。部分墓葬中隨葬有玉琮、玉璧等禮器，其中玉琮的用料、形制、刻工等風格與浙江瑤山等良渚文化中心遺址群所出同類器物十分相近。高城墩遺址與位於其東南方、時代略晚的武進寺墩遺址，組成了太湖北部良渚文化的另一個中心，被評選為 1999 年全國十大考古新發現之一。

江陰高城墩遺址位於寧鎮丘陵和蘇滬平原之間，其北有江陰古渡口、南有太湖古沼澤，屬太湖北部地區。這一地區以前曾經發掘過圩墩和寺墩兩個著名的遺址。20 世紀末，江陰祁頭山、高城墩等重要遺址的發掘，使考古界認識到除了良渚遺址群的最高等級之外，「至少還存在着江陰—武進和吳縣—崑山—青浦為代表的兩個二級中心」。高城墩遺址「是良渚時期又一處規模大，有嚴謹佈局規劃和嚴格建築方法的高台墓地……墓葬呈人字形向西北、東北方向排列……發掘時找到了清晰的棺、槨板灰以及槨與墓坑的關係……13 號墓是迄今為止良渚文化發現的墓坑中最大且葬具結構保存較好的一座大墓……這種隨葬玉器等級較高而數量不多的墓葬，可能代表着良渚文化的另一類型」。「高城墩遺址所在的蘇南地區……可能代表着與寧鎮地區、上海福泉山一帶地位相若的另一個中心。」

從 2000 年起，考古部門在無錫、江陰連續發掘四個遺址：無錫東郊鴻山鎮的彭祖墩遺址，總面積約 7 萬平方米；宜興新街鎮唐南村的駱駝墩遺址，總面積約 25 萬平方米；宜興芳莊鎮西溪村的西溪遺址，總面積近 5 萬平方米；江陰市區東南的祁頭山遺址，原面積約 20 萬平方米。

從 1998 年年末至 2002 年年初，南京博物院考古所先後發掘江陰雲亭花山遺址及其東側的佘城遺址。佘城發現的是江南地區早期的城

址，平面略呈圓角長方形，面積約 30 萬平方米，其中以南城牆保存較為完整，城外並設有護城河。城址西北角已發掘清理出大型建築基址。位於佘城西北的雲亭花山遺址作為城址郊外的村落遺址，文化內涵相同，屬同一時期的遺存。佘城、花山遺址出土的文物大致相當於馬橋文化的亭林類型，年代屬商代晚期至西周早期。遺址中出土的銅鋅、銅鏃和冶煉青銅塊，表明當時已進入青銅時代。大量出土的陶器中既有地方特點的器物，又有受到周圍文化影響的器物。目前學術界存在着兩種不同意見，一種意見認為佘城遺存就是泰伯奔吳之後的早期吳文化，更有學者認為佘城即吳國最早的國都；另一種意見認為佘城遺存的文化內涵與以無錫惠山西麓華利灣墓為代表的西周早期吳文化之間，尚有較大的缺環，認為佘城遺存應是泰伯奔吳之前的古吳越文化。

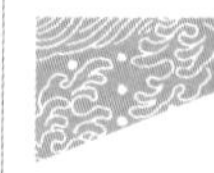

參考論著：

江西省文物考古研究所等：《新幹商代大墓》，北京：文物出版社，1997 年。

李學勤：《比較考古學隨筆》，桂林：廣西師範大學出版社，1997 年。

鄒衡：《夏商周考古學論文集》（續集），北京：科學出版社，1998 年。

李伯謙：《中國青銅文化結構體系研究》，北京：科學出版社，1998 年。

江西省文物工作隊、江西省新幹縣博物館：《江西省新幹縣牛頭城遺址調查與試掘》，《東南文化》1989 年第 1 期。

朱福生：《江西新幹牛城遺址調查》，《南方文物》2005 年第 4 期。

錢貴成：《江西藝術史》（套裝上下冊），北京：文化藝術出版社，2008 年。

第七講

婦好墓象牙杯與先秦時期的生態環境

象牙杯，1976 年出土於殷墟婦好墓，高 42 厘米，切地直徑為 10.6—10.2 厘米。器身自下而上雕刻有鳥、夔、饕餮為主題的三組圖案，圖案之外的所有地方刻以雷紋。器身一側，用榫接法嵌入一鋬，鋬身雕刻的花紋與器身一致、和諧，上部是饕餮，下部是一隻豎立着的虎。

一、婦好墓為甚麼會有象牙杯？

殷墟是世界文化遺產，是一座名副其實的文化寶庫，出土了數以萬計的珍貴文物。但這並不是説每次發掘都能令人心滿意足，相反，往往會伴隨不少的遺憾，因為在地下埋藏了三千多年之後，不可能每件文物都能完美無損地保存下來，象牙製品就是其中的典型例證。在以往幾十年的殷墟發掘中，尤其是在殷墟二、三、四期的大、中型墓葬中，象牙製品時有所見，例如在侯家莊 1003 號大墓出土 1 件殘損的象牙梳，高 13.5 厘米，下部尚殘留 28 枚梳齒。侯家莊 1500 號墓出土 1 件殘長 11.5 厘米，飾有獸面、夔、三角形紋的柄形器。在侯家莊 1001 號墓的翻葬坑中，出土 1 件用象牙雕刻、飾有綠松石的立體蛇形獸。儘管這些象牙製品殘損都比較嚴重，但是其保存的部分工藝水準之高，依然令發掘者驚歎！但人們也不無遺憾：難道殷墟就沒有 1 件保存完好的象牙作品遺留下來？殷墟沒有讓世人失望。1975 年到 1976 年，殷墟婦好墓出土了 3 件保存完好的象牙杯。3 件象牙杯中，編號為「M5：99」的一件器形最大，係用象牙的根部製作，高 42 厘米，切地直徑為 10.6—10.2 厘米。器身自下而上雕刻有鳥、夔、饕餮為主題的三組圖案，圖案之外的所有地方刻以雷紋。器身的上部，利用象牙向外彎曲的趨勢，設計成倒酒漿的鋬，十分自然。器身的一側，用榫接法嵌入一鋬，鋬身雕刻的花紋與器身一致、和諧，上部是饕餮，下部是一隻豎立着的虎。整個器形，給人以富麗堂皇、雍容華貴之感，構圖之嚴謹，鏤刻之細膩，令參觀者無不歎為觀止！

另外兩件象牙杯的器形完全一樣，只是比上述的那一件略小，高約 30 厘米。器身的主紋，是從上到下雕刻的兩組饕餮紋，以及一組夔紋和一組幾何圖紋，每組圖案之間都用綠松石帶隔開，饕餮的眉毛、眼睛和鼻子都用綠松石裝飾，色彩鮮明、形象生動。鋬也用榫接法接合，總體作夔形，但在上面兩端刻有鳥形，中部刻有獸面和獸頭

· 婦好墓象牙杯

各一，相應的部位也用綠松石裝飾。

這三件象牙藝術品，讓世人一飽眼福，領略了三千年前的象牙藝術品的絢麗神采，這是婦好墓發掘、也是殷墟發掘中最令人欣喜的文物之一。

那麼，殷墟出土的象牙製品是屬周邊方國進貢來的呢，還是殷墟本地自己製作的呢？按照我們今天的常識，象是熱帶動物，地處河南安陽的殷墟是不可能出象的。可是，殷墟發掘和甲骨文研究的成就否定了人們的成見：當年的安陽確實有象的存在。

我們先來看甲骨文。在羅振玉的《殷墟書契前編》中著錄的一片甲骨上有「隻象」的記載，「隻」象用手抓住一隻隹（短尾的鳥），是抓獲的「獲」的本字。既然有抓獲象的記載，就說明當地有野象的存在。羅振玉據此推斷說：「知古者中原象，至殷世尚盛也。」

此外，在殷墟曾經發現兩座象坑。1935 年，在王陵區東區一座埋有一頭象和一個人，象與人在一起，說明兩者關係密切，推測是象的馴養者。由於該墓靠近 1400 號大墓，故有人推測該像是祭祖用的犧牲。1978 年，在王陵區西區發掘一座象坑內，埋有一頭尚未長出門齒

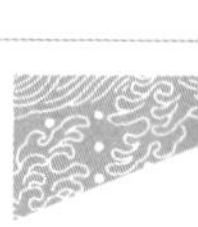

的幼象和一頭豬，有趣的是，象的項下繫有一青銅的鈴鐺，似乎是寵物。這兩處象坑，也從側面證明了殷墟當地有象，殷墟的象牙製品是就地取材製作的。

那麼，對於殷人而言，象除了可以提供象牙之外，是否還有其他作用呢？從流傳至今的文字資料來看，象已經被殷人馴化，並在殷代的社會生活中發揮重要的作用。《世本．作篇》説殷人的先公王亥「作服牛」。「服」有駕馭的意思，王亥「作服牛」，是説王亥發明用牛力駕車。相傳殷人是最早駕着牛車到遠方經商的民族，殷人為此被稱為「商人」。古書上説「殷人服象」，殷不僅能服牛，而且能夠「服象」。羅振玉先生注意到古文字中的「為」字寫作：

他在《殷墟書契考釋》中考釋為「從手牽象」，是「役象以助勞」，並斷定殷商時期「象為尋常服禦之物」，他甚至認為，殷人服象之事，「或尚在服牛乘馬以前」。這是非常有見地的看法，為學術界所公認。今天的河南省簡稱「豫」，是否與象有關呢？回答是肯定的。《尚書．禹貢》説，大禹治水，劃天下為九州，豫州為其中之一。古代流傳的《禹貢》文本，有的將豫州之「豫」，寫作象、邑二字之合文。著名學者徐中舒發現，青銅器「邑」字寫作：

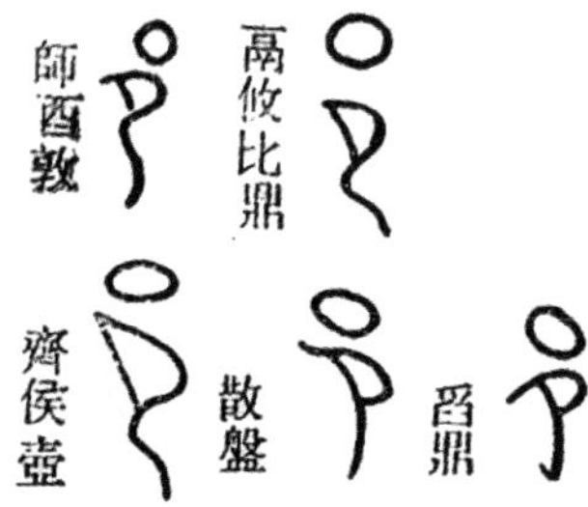

東周的兩足布則變為：

可知「邑」與「予」的字形極為相似。漢碑中的「豫」寫作：

郭旻碑　校官碑　陳寔殘碑　韓勅碑陰

而銅器中從「邑」的邦、匽寫作：

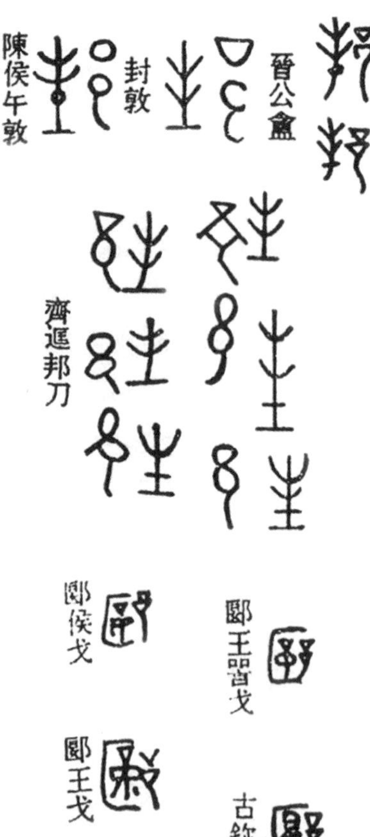

「豫」字的訛變之跡，斑斑可尋。可見，「豫」字原本是象、邑二字的合文，意思是大象之邑，是象的家鄉。結合上面的資料，證明徐中舒先生的說法確不可移。

二、史前時代華北地區的生態環境

像是生活在熱帶地區的動物，為甚麼乾燥的黃河流域會有大象生存？答案是古今的氣候不同。

距今三百萬年前，是地質年代的第三紀末期，黃河流域屬亞熱帶乾旱性草原氣候，氣溫比現在要高，雨量也比現在充沛得多，與現在非洲撒哈拉沙漠以南的草原氣候相仿，非常適合象群的生活。當時象的種類非常之多，已知的有 30 多個種，統稱為劍齒象，其中最常見的是古菱齒象屬，包括歐洲古象、中國淮河象、印度納瑪象、日本諾氏象、地中海島嶼的姆奈德里象和法氏象等種類。與劍齒象化石共生的古脊椎動物有長鼻三趾馬、板橋模擬鼠、真馬、似雙峰駱駝、羚羊、安氏鴕鳥等，可知它們曾經是最親密的夥伴。

我國是劍齒象化石保存最為豐富的地區，據不完全統計，在甘肅的合水、天水、秦安、靜寧、靈台、宕昌、蘭州等地，在北京、天津，陝西的延川、旬邑，河南鄭州西郊的董寨，河北趙縣和保定市，湖北的丹江口，四川的南充、奉節白帝鄉、南川金佛山、西康五壩鄉，雲南的彌勒、臨滄，內蒙古的滿洲里等地都發現過古象化石。2004 年，在北京首都機場工地上挖出古象的腿骨化石。山東地區發現的古象化石很多，諸城、臨沂蒼山縣、泰安大汶口等地都有發現，其中僅諸城一地就發現古象化石遺址十餘處、古象化石近百件。

在全世界 30 多個古劍齒象種當中，我國已發現的有 10 多種，不僅品種豐富，而且保存完好的化石非常之多。江蘇海安發現了印度象

· 甘肅合水縣板橋岩層裏發現的古象化石

的化石，雲南省臨滄縣城內發現古淮河象的化石，陝西延川的納瑪象化石，身高 3.2 米，體長 6.3 米，其頭部、牙齒、四肢、脊樑骨都基本完好。滿洲里發現的猛獁古象化石，長 9 米，高 4.7 米，門齒長 3.1 米，是目前我國境內所見猛獁古象中最大的一件。奉節的夔門古象肩高 2.8 米，體長 6.3 米，是目前類劍齒象出土最為完整的骨架之一。

值得一提的是合水古象化石。1973 年，在甘肅合水縣板橋的岩層裏，發現一具古象化石，身高 4 米，體長 8 米，門齒長 3.03 米，個體

之碩大，為世界之冠。骨胳保存基本完好，連化石中極為罕見的舌骨和僅 3—4 厘米長的趾骨末節也被保存下來了。這具古象化石如今陳列在北京自然博物館，吸引過成千上萬的海內外觀眾。

這種生態維持了幾百萬年，大約到 1 萬年前的第四紀，劍齒象才從地球上消失。

三、象與先秦社會生活

劍齒象消失之後，依然有許多古象在我國黃河、長江流域生活。象不僅是我們先民的朋友，而且從各個層面走進了先秦的社會生活。

首先，象牙成為先民工藝品材料的重要來源。在新石器時代，玉石、角骨是人類器物製作的主要原料。象的上腭有兩顆伸出口外的門齒，雄者較長，雌者較短，象牙美麗的色澤和細膩、縝密的質地，是工藝雕刻的珍貴材料，受到了先民的青睞。迄今所見最早的象牙工藝品，出土於距今約 7000 年的浙江餘姚河姆渡遺址。河姆渡遺址出土多件象牙製品。其中河姆渡文化一期的地層中出土 3 件圓雕象牙匕，河姆渡文化二期的地層中出土 1 件象牙蓋冒形器、1 件太陽紋象牙蝶形器；另有 1 件雙鳥朝陽紋象牙蝶形器，長 16.6 厘米，殘寬 5.9 厘米，厚 1.2 厘米，造型獨特，構思奇妙，成為河姆渡遺址的標誌性器物。有趣的是，河姆渡遺址還出土一把象牙梳，有 16 根梳齒。無獨有偶，在距今 5000 年的山東泰安大汶口文化遺址的一座大墓中也出土 1 把象牙梳，長 16.7 厘米，寬 8.2 厘米，厚 0.4 厘米，上部 S 形以及圓形、條形透雕，下部有 17 根梳齒，保存完好。說明早在史前時代，我國南北各地的先民就已有梳頭的衛生習慣，不僅有用象牙製作梳子的傳統，而且形成了大體一致的製作風格。大汶口文化遺址還出土過用象牙製作的雕筒和琮，製作手法都已經比較成熟。

· 大汶口象牙梳

· 宋人繪象尊

製作象牙器的傳統一直保留在先民的生活裏，這在文獻中屢屢可以見到。例如，《詩 · 魏風 · 葛屨》說：「好人提提，宛然左贊，佩其象揥。」所謂「象揥」，就是用象牙製作的、用以搔頭的簪子，有人把它佩在身上，作為裝飾。《禮記 · 玉藻》提到：「孔子佩象環五寸，而綦組綬。」《禮記 · 玉藻》還說：「髮晞用象櫛。」疏：「晞，乾燥也。沐已燥則髮澀，故用象牙滑櫛通之也。」《戰國策 · 齊策三》則提到，孟嘗君出行到楚國的時候，楚人「獻象床」，象床當是用象牙製作的臥具。後世有用象牙做簟席的習慣，《西京雜記一》趙飛鶯女弟居昭陽殿，玉几、玉床、白象牙簟。《周禮 · 夏官 · 弁師》說：「會五采玉璂，象邸玉笄。」漢代學者解釋說，「象邸」是古代的帽頂。《韓非子 · 十過》提到「象車」：「駕象車而六蛟龍」，是用象來拉動的車。

其次，象憨厚可愛的形象，也一直是商周青銅器的表現主題之一。至遲在宋代呂大臨的《考古圖》中就收錄了一件模仿象的形態製作的青銅酒器，並名之為象尊。在今天海內外博物館中收藏的象尊有好多件，下面略作介紹。1975 年 2 月，湖南醴陵獅形山出土一件象尊，器蓋缺失，通高 22.8 厘米，長 26.5 厘米。全器以寫實的手法，

· 湖南醴陵象尊

· 科隆九象簋

· 故宮九象簋

塑造了一隻鼻子上翹、活潑而不失莊嚴的大象。器身以雲雷紋為底紋，身的左右兩側各有一隻象的浮雕，兩條前腿上各有一頭豎立的象，兩條後腿上則各有一頭倒立的羊。上揚的象鼻的頂端，是一隻張口呼叫的鳥。美國弗利爾博物館收藏的一件商代晚期的象尊，專家認為來自湖南，器身與器蓋俱全，器蓋是一頭小象，揚鼻與大象朝向同一方向，有如父子之親，十分傳神。象身側面的主體部位也各有一頭象的浮雕，只是四條腿上沒有象和羊的浮雕，而代之以獸面紋。該器通高只有 17.1 厘米，器型不大，但卻相當精美，堪稱瑰寶。

陝西寶雞茹家莊出土的一件西周早期的象尊，器身比較低矮，象身粗壯，造型簡樸，而凸出上揚的象鼻。象尾作板狀。除象身兩側各有兩個旋渦狀紋飾外，幾乎不施裝飾。

山東濟陽出土的一件象足方鼎，構思也非常精巧，作者用四條捲曲的象鼻做鼎足，象的眼睛則分佈在四角的兩側，很有靈氣。

故宮藏有一件青銅簋，器身圍繞着九頭淺浮雕的象，故名「九象簋」。九頭象都朝向左方，並作行走狀，長鼻上揚、捲曲，形神俱在。無獨有偶，德國科隆博物館也有一件「九象簋」，器型以及象的神態都與故宮的九象簋基本相同，只是器身的九頭象都朝向右方。人們有理由認為，兩件九象簋原本屬一套。

· 湖南大鐃

· 湖南大鐃局部

湖南省博物館收藏的一件大鐃，敲擊部位有兩隻相向而立的大象的浮雕。另一件大鐃，兩側各有一頭頭部朝外的象浮雕。

象尊或者以象為主要裝飾的銅器還可以舉出不少，幾乎都是商周時代的作品，出土的地域則以長江流域和黃河流域為主，限於篇幅，不再一一羅列。這些器物對於象的刻劃，無不惟妙惟肖，形神俱佳，這説明象在當地乃是常見之物，因而人們對象的觀察細緻入微，對象的特點捕捉得非常準確，從而創造出一件又一件精湛的藝術品。

四、解讀吉美象尊

2004 年是中法交流年，法國吉美博物館送往上海博物館展出的 1 件青銅象尊，以它的王者氣勢和罕有的瑰麗，轟動了滬城，讓所有的觀眾都讚美不已。象尊長 96 厘米，寬 45 厘米，高 85 厘米，是迄今所見動物形青銅尊中最大的一件。象的長鼻已經斷殘，僅剩下很少一部分。背部有放置器蓋的開口，長 26 厘米，寬 21 厘米。原件器蓋散亡，據有關資料，收藏者曾用一件圓腹形壺代替，入藏時被管理人員除去。四足中空，有的足內還殘留着鑄造時用的範芯。這件青銅器是伊札克·德·卡蒙多伯爵（1851—1911）於 1903 年 6 月在杜魯歐拍賣所的拍賣中用 300 萬法郎買進的。後來，卡蒙多伯爵將象尊等古物捐獻給國家，並於 1912 年正式歸入盧浮宮。1945 年，盧浮宮亞洲藝術部門將館藏的東亞藝術品轉移給吉美博物館，卡蒙多象尊也在其中。

象尊除了足內部和足底外，通體佈滿紋飾，象身的兩側，以淺浮雕的獸面紋為主題，足前方和頭部以旋渦線條的雷紋作地。在獸體上卷的尾部上方，即象尊的頸部和接近臀部處各有一個鳥紋。象尊的四條腿上，各裝飾了一個橫置的鳥紋。在前面兩條腿橫置的鳥紋上部，各有一個倒立的變形龍紋，其總體風格與商周銅器所見基本一致，但研究者認為，象尊的年代定為商代晚期比較可靠。象尊的製作地點在哪裏？一直是最令研究者感興趣的問題。一直有傳言說，這件象尊來自湖南，但誰也說不出證據。商朝的腹地是中原，當時的湖南地區屬外圍的方國。這件精美無比的象尊，究竟是在中原製造，由南下的商人帶到湖南的？還是由定居南方的商人，利用中原的先進技術，結合土著文化因素就地製造的？或者乾脆就是湖南當地的土著製造的？意見非常之紛繁。

專家們研究後發現，有幾個現象可以作為研究象尊製作地點的切入點：

首先，從迄今所見的以動物為造型的青銅器來看，有明顯的地域差別，中原地區的銅尊是宗廟的重器，以凝重、典雅為特色，很少有以動物為題材的，目前所見的只有鴞尊。而長江流域中部，尤其是湖南地區出土的自然寫實風格的動物形銅器很多，如象尊、豕尊、雙羊尊等，這應該是區域文化的特色所致。如果這一推測可以成立，則該器屬湖南的作品的可能性大為增加。

· 吉美象尊

· 吉美象尊局部

其次，中原地區的商周青銅器上的獸面紋，習慣用側身的夔紋來表現。該象尊背脊兩邊的獸面紋也是如此，顯然受到了中原風格的影響，但是增加了下頜，而且雙目用重複的曲線構成的菱形表現，不同於中原某些獸面紋使用浮雕菱紋的做法。

第三，象尊的額頭上有兩個凸出的圓形，上面用粗線條的連續雷紋構成類似龍形體軀的紋飾，在醴陵仙霞獅形山出土的象尊也有類似的紋飾，而在寶雞茹家莊墓地出土的象尊的額頭上卻沒有這種紋飾，顯示了兩地裝飾風格的區別。

第四，象尊腹部的獸面紋與殷墟早期的獸面紋相似，但象尊的雙耳、長鼻，背上口沿的周邊，腹底和四腿部都裝飾有鱗片形的紋飾，這是長江流域中部地區出土銅器上最常見的紋飾。醴陵仙霞獅形山出土、弗利爾博物館收藏的象尊長鼻上，日本根津美術館和大英博物館收藏的雙羊尊，嶽陽魴魚山出土的青銅尊的獸面紋上，以及湘潭船形山出土的豕尊上都有這種鱗片形的紋飾，新幹大洋洲的扁足鼎上也有之，而這種裝飾在中原地區很少見。

第五，從吉美象尊大型的體積、基本上寫實的風格、獸面紋處理的方式來考慮，與之最類似的作品是湘潭出土的豕尊以及京都泉屋博古館收藏的銅鼓，樋口隆康認為，後者只可能來自湖南。綜合以上分析，學者們比較傾向該器是湖南的土著在當地製作的，它吸收中原青銅器的特色，又糅進了南方文化的因素，從而造就了這件珍品。

五、象逐步南移與消失的原因

象從黃河、長江流域退出，不是一朝一夕的事，而是經歷了漫長的歷史過程，其原因也是多方面的，下面略作分析。

第一，青藏高原地殼運動的作用，青海地區的地面迅速上升，使得黃河呈間歇性下切入海之勢，隴原地區的生態急劇變化，象群失去了生存的環境，於是很快絕跡。今天我們在青海地區發現的古象化石尤其之多，與這一段滄桑歷史有關。

第二，氣候變遷的原因，使得黃河、長江流域也變得不適合象群生活。據我國著名氣象學家竺可楨先生研究[1]，在距今 5000 年到距今 3100 年的一千多年，是中國的溫和氣候時代，比現在年平均溫度高 2℃左右，正月的平均溫度高 3 — 5℃，證據是在半坡遺址和殷墟遺址中可以見到竹鼠、獐和水牛等熱帶和亞熱帶動物。此外，由甲骨文可知，當時種稻的時間要比現在早一個月左右。

竺先生還指出，在周初的文書中，如衣帽、器皿、書籍、家具和樂器等名稱都以「竹」為頭，表示這些東西最初都是用竹子做成的。有些字我們很熟悉，如籃、筐、算、籌、箅等等；下面是見於《說文解字》竹部的一些字，本義都和竹子有關，只是我們今天不太知道了：

簠：盛黍稷的長方形器皿；

簋：盛黍稷的圓形器皿；

籩：盛果脯等食品的器皿；

笥：方形的竹器，可以盛飯或者放衣服；

簞：圓形的竹器，可以盛飯或者放衣服；

簫：古代特指排簫，大者有二十三管，小者有十六管；

籟：三孔的管樂器；

簦：有長柄的雨具，相當於今天的雨傘；

簟：遮太陽用的帽子，遮雨用的稱為「笠」；

1　竺可楨：《中國近五千年來氣候變遷的初步研究》，《考古學報》1972 年第 1 期。本文凡是引竺先生之說，均出於此文。

箙：盛箭矢的盒子；

籧：粗竹席，養蠶用的圓形竹器；

簟：竹席；

筵：竹席；

簀：竹席；

笫：竹編的床板，也指床。

類似的例子太多，不勝枚舉。可見，由於竹林的普遍存在，竹製品可謂觸目皆是。《禮記．檀弓上》中孔子談到為死者殉葬用的「明器」，只是為了表達生者的心意，並不是實用品，所以都做得比較粗糙：「竹不成用，瓦不成味，木不成斫，琴瑟張而不平，竽笙備而不和，有鐘磬而無簨虡」，文中首先提及的就是竹器，可見竹器至少在魯國是日常使用的器皿。

不僅如此，在當時的警句或者煉語當中，也每每用竹子做比方。《禮記．禮器》說：「其在人也，如竹箭之有筠也，如松柏之有心也。二者居天下之大端矣。」《鴻雁之什．斯干》：「秩秩斯干，幽幽南山；如竹苞矣，如松茂矣。兄及弟矣，式相好矣，無相猶矣。」

春秋、戰國時代，黃河流域的氣候依然比現在溫暖濕潤，盛產竹子。《詩經》中有一首《淇奧》，是衛國的民歌。淇是衛國境內的重要河流，源出於今河南林縣與輝縣之間的淇山，古代為黃河支流之一；奧是水流的彎曲處。歌中說：

> 瞻彼淇奧，綠竹猗猗。有匪君子，如切如磋，如琢如磨。瑟兮僩兮，赫兮咺兮。有匪君子，終不可諼兮。
>
> 瞻彼淇奧，綠竹青青。有匪君子，充耳琇瑩，會弁如星。瑟兮僩兮，赫兮咺兮。有匪君子，終不可諼兮。
>
> 瞻彼淇奧，綠竹如簀。有匪君子，如金如錫，如圭如璧。寬

兮綽兮，猗重較兮。善戲謔兮，不為虐兮。

詩中反覆提到「綠竹」，漢儒解釋說：「綠」是指「王芻」，「竹」是指「萹竹」，兩者都是比較長的草。朱熹在他的《詩集傳》中不贊成這種解釋，認為綠竹就是綠色的竹子。對朱熹的解釋，今天的北方人可能很難認同，因為如今的北方幾乎看不到竹子。但是，從文獻來看，至遲到漢代，衛國依然盛產竹子。據《史記．河渠書》記載，公元前 110 年，黃河瓠子口決堤，由於當地人平時燒草，不燒薪柴，所以一時找不到許多樹木來堵塞決口，情急之中，有人想到了「下淇園之竹以為楗」的辦法。楗，就是柱樁。將粗大的竹子豎插在水中，然後填以竹竿、石塊，終於堵住了洪水。據《後漢書》記載，光武帝平定河內後，委任寇恂為河內太守，然後北征燕、代。當時天下未集，為了應對隨時可能發生的大規模戰爭，留守後方的寇恂「伐淇園之竹，為矢百餘萬」，淇園盛產竹筱，寇恂用它製作了百萬餘支竹箭，以備不虞。《水經註》最早引用漢代的這兩條材料。因此，詩人用當地最常見的竹子來興起對事物的感慨，是最自然不過的事情。

《左傳》中有兩處記載提到了齊國的竹林，可以作為《淇奧》綠竹的佐證。一處是文公十八年，說邴歜的父親死後被齊懿公開棺刖足，納閻的妻子被齊懿公霸佔，於是兩人密謀殺死了齊懿公，將他的屍體「納諸竹中」，扔到了竹林裏，可見齊國也是有竹林的。另一處是襄公十八年，說晉人追擊逃跑的齊國軍隊，一路挺進，攻破齊國都城的西門雍門後，放火焚燒之，而劉難、士弱率領的諸侯之師，則「焚申池之竹木」，申池位於齊都西南門外，周圍多竹林、樹林，遭到晉軍焚燒。可見齊國也有竹林，而且它們的規模似乎都不會太小。後來由於氣候的變遷，黃河流域不再適合竹子的生長。竺可楨先生指出，五千年以來，竹類分佈的北限大約向南後退了 1— 3 緯度。

除了竹之外，竺可楨先生還舉出了其他的證據。他說：商周時

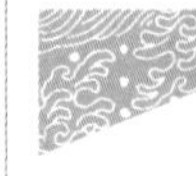

期，黃河流域下游到處都生長梅樹，梅子被普遍用來調和飲食。《詩經》中五次提到梅。《秦風》中有「終南何有？有條有梅」的詩句，說明終南山有梅樹。戰國到秦漢時期的氣候也很暖和，《史記》所見的漢代經濟作物，江陵（四川）有橘，齊魯（山東）有桑，渭川（陝西）有竹，陳夏（今河南南部）有漆，這些亞熱帶植物的北界比現時都推向北方。

春秋、戰國之世，象猶生息於江淮流域，《詩經．泮水》說：「憬彼淮夷，來獻其琛。元龜象齒，大賂南金。」淮地向中原貢獻象齒，則其地必然產象。《國語．楚語》說：楚地的雲連徒州（雲夢）視為珍寶的，有「龜、珠、角、齒」等等，其中的「齒」，就是象齒。至於四川地區就更是如此了，《國語．楚語》說：「巴浦之犀、犛、兕、象，其可盡乎？」巴浦，漢代稱益州，就是今天的成都地區。《山海經．中山經》說岷山地區「其獸多犀、象」，《山海經．海內南經》也說「巴蛇吞象，三歲而出其骨」，都可以互為證明。

與象的生存條件相同的犀牛，黃河流域也曾經到處可見。《說文》：「兕，如野牛，青色，皮堅厚，可以為鎧。」犀之雌者稱為兕。甲骨文中就有殷人捕捉犀的記載。先秦文獻也屢屢提及兕。《國語．晉語》說：「昔我先君唐叔，射兕於徒林，殪以為大甲，以封於晉。」《詩經．吉日》說：「發彼小豝，殪此大兕。」《詩經．何草不黃》說：「匪兕匪虎，率彼曠野。」《老子》說：「陸行不遇兕虎。」《淮南子》說：「兩虎不鬥於伏兕之旁。」

但是，氣候的變化似乎正是在此時，黃河流域某些地區的居民已不見生象，以致即使看到埋在地下的象骨之後，也想不起象的模樣，《韓非子．解老篇》說：「人希（稀）見象也，而得死象之骨，按其圖以想其生也，故諸人之所以意想者，皆謂之『象』也。」據說，後世用「象」字表示疑似，正是從這裏來的。

此外，「為」字的本義與服象有關，東周之人似乎已經一無所知，年代較晚的青銅器銘文中的「為」字已經訛變得面目全非：

· 選自《（四版）金文編》

《説文解字》這樣的文字學名著，甚至穿鑿附會，把「為」字説成是母猴的象形字，「其為禽好爪……」，又説古文「猴」字「象兩母猴相對形」。可見時代愈後，訛謬愈甚。

第三，人為的驅趕。先秦文獻提到，殷人曾經將象群用於戰爭。《孟子》説：「周公相武王，誅紂伐奄，三年，討其君，驅飛廉於海隅而戮之，滅國者五十，驅虎豹犀象而遠之，天下大悦。」明確説到將虎豹犀象驅趕到遠方。《呂氏春秋 · 古樂篇》也有類似的記載：「商人服象，為虐於東夷。周公以師逐之，至於江南，乃為《三象》以嘉其德。」也明確説到將象驅趕到了江南。《三象》是紀念周公的這一歷史功績的頌歌，周代的學童都要學習，《禮記 · 內則》説，學童到了十三歲，要「學樂，誦詩，舞勺。成童舞象」。王國維先生解釋説：周代的大舞稱為《大武》，共有六成，一成猶言一節。第一成叫作「武宿夜」，第二成叫作「武」，第三成叫作「勺」，第四、五、六成統稱「三象」。《內則》的記載正好可以與《孟子》《呂氏春秋》相互印證，説明周代以後，中原地區象群的減少，有人為驅趕的因素在內。

其時，黃河流域仍為犀生息之地。《唐書 · 地理志》載，澧、郎、道、邵、黔、錦、施、敍、夷、溪諸州（今鄂、川、湘、黔諸地）皆貢犀角，而嶺南道（今兩粵）則貢象、犀，日南郡（兩粵及越南）則貢象齒、犀角。《宋史 · 地理志》載衡州（在今湖南）貢犀，寶慶府（在今湖南）貢犀角，而廣南路則有犀、象、玳瑁、珠璣之產，其情

况正與此同。

第四，人類的獵殺。在常態之下，像是一種比較溫和、馴順的動物，但歷代獵殺象的記載史不絕書，主要有兩方面的動機：首先是為了得到珍貴的象牙，以獲取經濟利益。《宋史．李昌齡傳》說：雷州、化州、新州、自州、惠州、恩州等地，「山林有群象，民能取其牙」，礙於官府的禁令，而私下出賣之。或者將象牙作為禮物獻給官府，如《宋史．五行志》記載，建隆四年（963），有象到黃陂縣，藏匿林中，食民苗稼，又到安州、復州、襄州、唐州，踐踏民田，其後被捕殺，「獻其齒革」。又如《宋史．太祖紀》記載，乾德二年（964）春正月，有象進入南陽，被人捕殺後，「以齒革來獻」。

其次是為了吃象鼻。我國儒家主導的飲食文化，都是吃馴養的家畜，不吃奇怪的食物。但是，魏晉以後在一些豪門奢侈之風的影響下，在飲食上追求怪異之食，象也隨之成為犧牲品，據說象鼻非常好吃，劉恂《嶺表錄異》說：「廣之屬郡潮、循州多野象，循人或捕得象，爭食其鼻，云肥脆，尤堪作炙。」從此，人不再是象的朋友，而是它們凶惡的敵人。這也是象逐漸變少的原因之一。

第五，人類大規模開發自然，使象的生存之地日益狹小。秦漢以後，北方的象群雖然大為減少，但江淮流域依然可以見到野象的身影，《宋書．五行志》記載，南朝宋順帝升明元年（477），「象三頭渡蔡州，暴稻穀及園野」。《南史．沈攸之傳》說，在江陵城北數裏，「有象三頭至」。《南齊書．祥瑞志》說，永明十一年（493），「白象九頭見武昌」。《魏書．靈徵志》說，天平四年（537）八月，「有巨象至南兗州」。《南史．梁元紀》說，承聖元年（552），「吳郡、淮南有野象百，壞人室廬」。

至於南方，有關的記載就更多了。長沙馬王堆漢墓出土物中，有木質的象牙和犀角各5枚，說明它們是生前使用或者珍藏的物品，由於是隨葬的「明器」，所以用木料仿製後替代原物。在宋人的《太平

·卜辭逐犀拓本

御覽》中，引用到許多有關象的記載，如王韶之《始興記》說：「伊水口有長洲，洲廣十里，平林蔚然，有野象群生。」彭乘《墨客揮犀》說：「漳州漳浦縣地連潮陽，素多象，往往十數為群，然不為害。惟獨象，遇之逐人，蹂踐至骨肉糜碎乃去。蓋獨象乃眾象中最狂悍者，不為群象所容，故遇之則蹂而害人。」《宋史．五行志》說：「乾道七年，潮州野象數百，食稼，農設穽田間，象不得食，率其群圍行道車馬，斂穀食之，乃去。」又說：「乾德二年五月，有象至澧陽、安鄉等縣，又有象涉江入華容縣，直過闤闠門，又有象至澧州、澧陽縣城北。」

徐中舒先生認為，各地含有「象」字的地名，如秦代的象郡、《漢書．地理志》的象氏、《大明一統志》思明州（即厦門）東之逐象山、汀洲府南之象洞等，可能都曾經是象的棲息之地。

近代以來，人們四處開礦山，修公路、鐵路，大片的森林被砍伐，生態進一步遭到破壞。我國境內自然生存之象，目前僅雲南西雙版納尚有，其他地區均已絕跡。在我國絕大部分地區，人們只能在動物園裏欣賞象這位我們曾經的朋友的身姿，再難與它親密地共同生活了，真是令人感慨。

參考論著：

徐中舒：《殷人服象及象的南遷》，《徐中舒歷史論文選輯》，51—72 頁，北京：中華書局，1998 年。

上海博物館編：《象尊與犧尊：中法文化年交流展覽》，2004 年 1 月。

德凱琳：《吉美博物館的象尊》，載上海博物館《象尊與犧尊》，36—39 頁。

周亞：《論法國吉美博物館收藏的象尊》，載上海博物館《象尊與犧尊》，19—35 頁。

第八講

婦好偶方彝與青銅時代的禮樂文化

偶方彝，1976年河南安陽殷墟婦好墓出土，通高60厘米，通長88.2厘米，重71千克。器的形制酷似殿堂建築，器蓋像四面坡屋頂，屋脊有兩個形似烟筒的短鈕。兩面檐下各有七個方形、尖形槽，有如椽木。器身佈滿高浮雕、淺浮雕和平雕式的多層紋飾。此器為婦好墓青銅器的代表性器物之一。

人類社會的發展有階段性，但是，對於發展階段的劃分，不同學科有不同的原則。考古學家根據人類所使用的工具，劃分為石器時代、銅器時代和鐵器時代等幾個階段。銅器是人類最早認識並加以利用的金屬。以青銅作為製作工具、用具和武器的重要原料的時代，稱為青銅時代。從全世界範圍來看，大約在公元前 4000 年到公元前 1000 年，出現了幾個青銅鑄造的重要地區，並形成為青銅文明的中心。商周時代是我國青銅文化的鼎盛期，高度發達的青銅物質文化與周初萌生的人本主義思想相結合，形成了獨具特色的中國禮樂文明。

一、燦爛的中國青銅時代

青銅是銅和錫或鉛的合金。人類最初冶煉的銅是紅銅，熔點約 1083℃。在紅銅中加入錫或鉛，熔點可以降低到 700—900℃，並可以改善紅銅的性能，如在紅銅中加入 10% 的錫，則硬度可以提高 4.7 倍。此外，青銅液在冷卻凝固時有脹大的特性，因而鑄件的氣孔少，有較好的填充性，適宜於鑄造各種器具。由於在紅銅中加入的金屬不同，因而有錫青銅、鉛青銅、硫青銅、砷青銅之類的區別。

青銅時代銅器的製作方法，主要有鍛打法、範鑄法和失蠟法。鍛打法是利用紅銅延展性強的特性，打擊成器。範鑄法是用淘洗過的泥，摻和草葉等，做成陶範，再澆注銅液，冷卻後即成。範鑄法一般都用泥範，但在江西吳城遺址等處發現有用石範的。失蠟法是先製作蠟模，外面用泥範包住放入爐中加溫，使蠟模熔化，形成空腔，然後澆入銅液成型。用失蠟法製作的器物更為精細、繁縟。

中國青銅時代的時間跨度，大致與夏商周三代相當。郭沫若先生將我國青銅時代分為濫觴期、鼎盛期、頹敗期、中興期、衰落期五個階段。

濫觴期是指商代中期以前青銅時代的初始階段。中國的青銅製作起源於黃河流域，但具體的起始時間尚不清楚。古書説黃帝時代「以銅為兵」，《論衡》也有黃帝採首山之銅的記載。《山海經》提到的銅礦已有 467 座之多。目前考古所見最早的實物，是仰韶文化的姜寨遺址出土的銅片，距今約 6000 多年。在龍山文化晚期遺址和齊家文化遺址中，多次發現用紅銅打製的小刀、鏟、鑿之類的工具，以及範鑄的青銅鏡。最近，考古工作者在山西襄汾的陶寺遺址中發現一件銅鈴和一件齒輪形銅片，遺址的年代為距今 4400—4200 年之間。在年代與夏代相當的各地考古遺址中，普遍發現各種青銅製品。在河南偃師二里頭遺址（前 1900—前 1500）中，不僅出土有青銅製作的工具、兵器、樂器、嵌有綠松石的銅腰牌，而且出土多件青銅容器——爵，乃是用多範合鑄而成，顯示了更高階段的鑄銅技術。商代早期的青銅器在鄭州二里崗和江西新幹大洋洲等遺址都有出土，其中不乏器型宏偉的青銅鼎，以及成套的禮器，表明合範技術已經比較成熟。

鼎盛期是指商代後期到西周的昭王、穆王時期。盤庚遷殷以後，中國的青銅時代開始進入巔峰期，青銅製作的規模空前宏大，在殷墟孝民屯和苗圃北地發現的兩處鑄銅作坊，面積都在 1 萬平方米以上。江西瑞昌銅嶺發現有商代的古銅礦遺址，在第一次發掘的 300 平方米範圍內，就發現 21 座豎井和 2 條平巷，露天採礦坑、槽坑各 1 個，還發現一處配套的選礦系統——溜槽及尾砂池。井巷全部用木頭作支護，支架則採用「榫卯」和「搭接」的形式。出土大批採掘、裝載、提升、排水、照明等工具，足見已經有了相當的規模和比較先進的採銅技術。湖北大冶的銅綠山遺址，是西周開始形成的礦冶遺址，長達 2 公里，寬 2 公里，有幾百座豎井和近百條平巷，煉渣的數量在 40 萬噸以上。據專家推算，此地歷年出產的銅的總量當不少於 10 萬噸。我國青銅時代一些最精美、最壯觀的青銅器，如著名的司母戊方鼎、四羊方尊、大盂鼎等，幾乎都出在這一時期，墓葬中出土青銅器的數

· 婦好墓出土偶方彝及其線圖
採自中國社會科學院考古研究所編著《殷虛青銅器》

量也明顯增加。

1976 年，考古工作者在河南安陽殷墟發現一座保存完好的商代貴族墓。經專家研究，墓主是商王武丁的妃子婦好，故稱「婦好墓」。墓出土的青銅器多達 460 件，禮器、樂器、武器、工具等，應有盡有，向世人展示了燦爛輝煌的商代青銅文明。其中青銅禮器有 190 件左右，偶方彝、銅方壺、銅圈足觥、銅鴞尊等器，形制瑰瑋，精美無比。偶方彝的形制，乃是模仿商代殿堂崢嶸軒峻的建築形式，器蓋象四面坡屋頂，前後兩面檐下各有七個方形、尖形槽，有如椽木。屋脊有兩個形似烟筒的短鈕。器身佈滿高浮雕、淺浮雕和平雕式的多層紋飾。銅圈足觥高 22 厘米，長 28.4 厘米，重 3.35 千克，器身的造型，前面為虎，後面為鴞，再輔以牛頭形的鋬和饕餮紋飾，富於奇想，而又渾然一體[1]，讓人切身感受到商代青銅文明震撼人心的魅力。

頹敗期是指西周恭王、懿王以後到春秋中葉。這一時期王綱解紐，諸侯紛爭，反映在青銅器上，則是形制草率，銘文書寫隨意，錯誤較多。但這一時期依然不乏精品佳作，如著名的衛盉、牆盤、大克鼎、小克鼎、散氏盤、虢季子白盤、頌壺、毛公鼎等。

中興期是指春秋末期到戰國末期。這一時期最大的特點是，青銅編鐘盛行，製作精良，典型的代表是湖北隨縣的曾侯乙編鐘。此外，青銅劍異軍突起，不僅鋒利無比，而且劍品極佳，其中吳越青銅劍達到了出神入化的境界，將青銅兵器的製作水平推向了極致。

衰落期是指戰國末期以後的時期。由於鐵器的發明和普遍使用，以及鐵器自身的各種優長，銅器開始衰落，並淡出歷史舞台。

二、何謂禮樂文化

商朝有着高度發達的青銅文明，但又是一個迷信鬼神的社會，殷墟出土的十幾萬片甲骨，就是商王「不問蒼生問鬼神」的見證。如果説商朝是物質文明的巨人，那麼，它在精神方面則是侏儒。如此強盛的國家，竟然一朝覆亡於幾個蕞爾小邦，引起了偉大的政治家周公的

1　參閱張廣立：《從婦好墓中的四件青銅酒器看商代工藝美術》，《文物天地》1990 年第 3 期。

深思。周公總結殷亡的教訓，認為主要是統治者「失德」，因而他提出了推行德政的政治綱領，要求周人「毋於水鑒，當於民鑒」，肇啟了中國人本主義思想的先河。

孔子把周代的典章制度稱為「周禮」，認為它是萬世的楷模。孔子把德政的核心歸結為一個「仁」字，並解釋說，「仁者愛人」。認為為政以德，就必須有仁愛之心，言行舉止都要合於「禮」。孔門弟子對「禮」的思想作了深入的闡發，認為萬物皆有道，道就是萬物皆有的、與生俱來的自然之性，治理國家應該從人性出發，尊重人的喜怒哀樂之性。

但是，人性很難自發地達到理想的狀態，如果片面強調人性合理而不加約束，就無異於將人等同於禽獸。人是動物界的精靈，能夠接受教育。《中庸》說：「喜怒哀樂之未發謂之中，發而皆中節謂之和。」人性在沒有外物引誘時，處於「中」的狀態，與天道一致；當物誘情出時，情能處處「中節」，這才是理想的境界。為使人性符合於天道，儒家制訂了一系列行為規範，總稱之為「禮」，希冀化性成習。禮的全部意義在於，從人性出發，將人性引向符合天道的境界。

禮與樂相輔相成，有如宇宙秩序，《禮記．樂記》說：「樂者，天地之和也；禮者，天地之序也。和，故百物皆化；序，故群物皆別。」可以說沒有樂的禮不是禮，沒有禮的樂不是樂。中國傳統的樂的觀念，有特定的內涵和深刻的哲理，不能與現代的「音樂」等量齊觀。《禮記．樂記》說：「樂者，非謂黃鐘大呂、弦歌干揚也，樂之末節也。」樂的大節是德，這是中國傳統音樂思想的基本點。

儒家的音樂理論中，聲、音、樂是三個不同層次的概念。聲與音的區別在於，音有節奏、音調，所以稱為樂音；而聲沒有這些特點，只能稱為噪聲。人與動物都能夠感知外界的聲響，動物不能識別聲與音，而人有感知音的欲望。所以《樂記》說：「知聲而不知音者，禽獸是也。」又說：「凡音者，生人心者也。情動於中，故形於聲。聲成文，謂之音。」只有發自內心而又「成文」（有節奏）的聲，才能稱為「音」。

樂音可以是莊重的，也可以是張狂的；可以是細膩的，也可以是粗獷的：它給人以不同的感受，誘導情感的發生與轉換。猶如今日的古典音樂與搖滾音樂，儘管都屬樂音的範圍，但給聽眾的感受是完全不同的。

儒家注重樂音對人性的影響，認為好的音樂可以涵養心性，是入德之門；以刺激感官作為主導的樂音會亂性，是亡國之音。儒家將最高層次的音稱為「樂」，只有合於道的音，才能稱為樂，也就是德音。《樂記》說：「知音而不知樂者，眾庶是也。唯君子為能知樂。」只有君子才懂得真正的樂。

德音是德治之音，是指至治之極在音樂上的體現。唯有這樣的音樂，才能奏於廟堂，播於四方，化育萬民。春秋時代盛行的是新樂，是純粹的音樂學意義上的樂。從儒家的音樂理論來判斷，它們儘管華美之至，但都是昏君亂臣的作品，表現的是聲色犬馬的狂熱，完全悖逆了德治的精神，失卻了音樂的靈魂。

儒家認為音樂與政治相通，《樂記》說：「聲音之道，與政通矣。」考察一國之政，最好的辦法莫過於聽其樂，《呂氏春秋．音初》說，「聞其聲而知其風，察其風而知其志，觀其志而知其德，盛衰、賢不肖、君子小人，皆形於樂，不可隱匿。」

人類是動物界的靈長，因為人可以教育。儒家教育的目標，是要通過德和禮培養表裏如一的君子。禮以治外，旨在規範人的行為舉止，使之處處中節，恰到好處；樂以治內，重在引導人的性情心志，解決禮的根源的問題。如果人的行為舉止能中規中矩，但不是內心德行支配的結果，而是單純的模仿，則教育的目的僅僅完成了一半。只有內心建立起德的根基，外在的規範言行才是真正意義上的禮。

樂與禮是內外相成的關係，《樂記》說：「樂者所以象德也；禮

相師之道後首者變于君也挎持也相瑟者則爲之持瑟其相歌者徒相也越瑟下孔也內弦側擔之者樂正先升立于西階東正長也工入升自西階北面坐相者東面坐遂授瑟乃降降立于西方近其事工歌鹿鳴四牡皇皇者華三者皆小雅篇也鹿鳴君與臣下及四方之賓燕講道修政之樂歌也此采其已有旨酒以召嘉賓嘉賓既來示我以善道又樂嘉賓有孔昭之明德可則傚也四牡君勞使臣之來樂歌也此采其勤苦王事念將父母懷歸傷悲忠孝之至以勞賓也皇皇者華君遣使臣之樂歌也此采其更是勞苦自以爲不及欲諮謀于賢知而以自光明也卒歌主人獻工

·《儀禮·鄉飲酒禮》書影

者所以綴淫也。」樂是內心德行的體現，禮的作用是防止行為出格（「淫」是過頭的意思）。《樂記》說：「禮樂不可斯須去身。致樂以治心。」「德輝動於內，而民莫不承聽」，「理發諸外，而民莫不承順。」君子的容貌是通過禮來端正的，而禮是體現理的精神的，因此發之於外的就是理。可見，禮樂並行，則君子之身內和外順，王者之治四海清平。

樂有音調，有節奏，有強烈的感染力，為人們喜聞樂見。儒家制樂的目的，是要「感動人之善心」，「不使放心邪氣得接焉」，在健康的音樂中接受德的熏陶。用當今的語言來說，就是寓教於樂。《樂記》說，樂「可以善民心，其感人深」，《孝經》也說：「移風易俗，莫善於樂。」下面，以鄉飲酒禮為例，略作說明。

上古時代，每年春秋，各鄉（鄉不是今天的鄉鎮，而是周代最高一層的行政單位。《周禮》規定了鄉、州、黨、族、閭、比的行政管理，五家為比，五比為閭，四閭為族，五族為黨，五黨為州，五州為鄉）都要舉行以尊老養賢為宗旨的「鄉飲酒禮」，席間要演奏或歌唱《詩經》的篇章。先由樂工歌唱《鹿鳴》《四牡》《皇皇者華》三篇，說的是君臣之間的平和忠信之道。接着笙奏《南陔》《白華》《華黍》三篇，說的是孝子奉養父母之道。然後，堂上、堂下交替演奏樂歌，堂上鼓瑟唱《魚麗》之歌，堂下則笙奏《由庚》之曲；堂上鼓瑟唱《南有嘉魚》之歌，堂下則笙奏《崇丘》之曲；堂上鼓瑟唱《南山有台》之歌，堂下則笙奏《由儀》之曲。最後是器樂與聲樂合起，奏唱《周南》中的《關雎》《葛覃》《卷耳》，《召南》中的《鵲巢》《采蘩》《采蘋》，說的都是人倫之道。一鄉之人在揖讓升降、笙瑟歌詠的愉快氣氛中，受到禮樂的教化。

三、青銅禮器

禮必須借助於器物才能進行，禮器是行禮的器物。使用何種禮器行禮，以及禮器如何組合，都蘊含着禮的深義，古人說「藏禮於器」，就是這個道理。

青銅器的種類很多，有禮器、樂器、兵器、農具、雜器等。但主要的禮器和樂器。禮器、樂器主要用於宗廟祭祀以及貴族生活。古代稱銅為「金」，宗廟祭祀的目的是祈求吉祥，所以稱禮器為「吉金」，如羅振玉的《三代吉金文存》，就是著錄夏商周青銅器的書。青銅禮器主要有鼎、俎、簠、簋、盨、豆、尊、壺、甒、罍、爵、觶，以及盤、匜等。按照它們的用途，可以分為蒸煮器、盛食器、盛酒器、飲酒器、挹注器等幾類。

1. 蒸煮器

蒸煮器主要有甗和鑊。甗是一種複合器皿，下部為鬲，上部為

· 婦好墓出土的青銅三聯甗

甑，中間橫隔有帶孔的箅子。下部燒水，上部放主食，是古代蒸主食用的器皿，屢屢有出土。殷墟婦好墓出土的三聯甗，由上下兩部分組成，下部為長方形六足青銅甗架，長 103.7 厘米，寬 27 厘米，高 44.5 厘米，重 113 千克。甗架正面有三個均衡分佈的圓孔，圓孔上各配有一青銅大甑，甑高約 26 厘米，重約 8.5 千克。將兩部分組合，則通高 68 厘米，通重 138.2 千克。此器形制為目前所僅見。甗架腹部有烟炱，可知為實用器物。鑊相當於後來的鍋子，主要是煮牲肉用的，但出土物中很少見到。

古代禮儀活動中最常用的犧牲是牛、羊、豕。牛、羊、豕各一，稱為「太牢」；羊、豕各一，稱為「少牢」。殷墟甲骨文中就有用太牢和少牢祭祀的記載。用於祭祀的犧牲，都要經過挑選，並由專職人員豢養。犧牲宰殺後，要按照不同的禮儀要求進行剖解。剖解的方法，主要有豚解、體解、節解等三種，分別稱為全烝、房烝、肴烝。

豚解，是將牲體分解為左右肱、左右股、左右脅和正脊等七塊，煮熟後全部升於俎，稱為全胥，或者全烝。全烝用於南郊祭天等最高規格的祭祀。王公的宗廟祭祀用牲有半體和體解兩種。半體就是將牲體剖為左右兩半，只用牲的半體升於俎。體解，是先將牲體分解為肱、股、脅、脊四部分，然後將左右肱各分解為肩、臂、臑三塊，共六塊；將左右股各分解為肫、膞、胳三塊，共六塊；將左右脅各分解為代脅、正脅、短脅三塊，共六塊；將脊骨分解為正脊、脡脊、橫脊三塊；總共二十一塊。然後，將它們放入鑊中煮熟。這兩種情況都稱為房烝。節解，就是再將牲骨折斷，稱為肴烝。

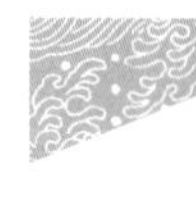

2. 盛食器和盥洗器

盛食器分為盛牲體之器、盛主食之器、盛副食之器等三類。盛牲體之器主要有鼎和俎，盛主食之器主要是簠和簋，盛副食之器主要是豆和籩。盥洗器主要是盤和匜。

鼎是青銅禮器之冠。鼎是盛牲器，鼎中盛怎樣的牲，以及鼎的數量的多少，決定着禮數的高低，因而被視為標誌性的器物。鼎的形制有圓形和方形兩種。圓鼎為三足，方鼎則為四足。年代較早的鼎一般為立耳，器腹較深；年代較晚的鼎以附耳為多，器腹較淺。比較著名的鼎有商代的司母戊方鼎、西周的大盂鼎、大克鼎、毛公鼎等。其中毛公鼎有銘文 32 行，497 字，與《尚書》一篇的文字相當，是銘文字

· 毛公鼎

· 婦好墓出土的中型圓鼎

數最多的一件，彌足珍貴。

文獻中有關於鼎的使用的記載。牲煮熟後，要取出來放入鼎中，調和入味。為了保溫和防灰，要加上鼎蓋。鼎蓋稱為「鼏」，一般用茅編織而成，但出土實物中也有用青銅製作的。將鼎從庖厨運送到行禮的場所，是用「鉉」貫穿鼎的兩耳抬走，鉉就是專用的杠子，文獻中又寫作「扃」。

食用之前，要用匕將牲肉從鼎中取出，放在俎上，然後送到食者的案上。匕的形制與後來的湯匙相似，但要長得多，一般為三尺或五尺。為便於刺取牲肉，所以頭部尖鋭而薄。

由於用牲時有豚解、體解、節解的不同，此時所用的俎也不同。房烝用的俎，是一種形體比較大的俎，兩端各有兩足，足下都有跗，足與足之間有橫板，與堂的壁相似；橫下的二跗，與堂的東西房相似，所以稱為房俎。節解用的俎比較小，稱為折俎。豚解用的俎，文獻沒有記載，應當是比房俎等級更高的俎。湖北荊州市天星觀 2 號墓漆木器中有俎 21 件。俎分寬面、窄面和小俎三種。其中寬面俎 3 件，窄面俎 9 件，小俎 9 件。《禮記・玉藻》:「特牲三俎。」《儀禮・公食大夫禮》:「上大夫九俎。」《周禮・天官・膳夫》:「王日一舉，鼎十又二，物皆有俎。」墓主人身份等級的不同，設俎的數目也不同，俎的數目多與鼎的數目相符，説明俎是鼎的配器，其禮制功能應與鼎相同。

盛主食的器皿主要有簠和簋。古代的主食，主要是黍稷和稻粱。簠和簋的形制，《説文解字》説:「簋，黍稷方器也。」「簠，黍稷圜器也。」但從出土實物來看，正好相反，簋是斂口的圓形器皿，簠是大口的長方形器皿。

最常見的簋為大口、圓腹、雙耳、圈足，但也有四耳或無耳的，或者器身下部為方座。出土或傳世的簋很多，其中比較著名的有西周的利簋、夨令簋、召伯虎簋，春秋時期的秦公簋等。其中利簋銘文記

· 利簋

· 戰國鑲嵌幾何紋敦

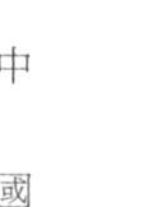

載武王克商在甲子日之朝，當時歲星上中天，對於研究武王克商之年有重大意義，受到國內外學者的重視。

簠是西周後期興起的器種，春秋、戰國時期特別流行。簠的銘文中發現有「用盛稻粱」的記載，可見簠並非如《說文解字》所說僅僅是盛黍稷之器，也用於盛稻粱。簠的器身與器蓋是對稱的，將蓋仰置，則成兩個相同的器皿。比較著名的簠，有東周的陳侯簠、邾大宰簠、鑄子簠等。

周代還有一種盛黍稷、稻粱的器皿叫「敦」。敦與簠、簋的區別，《爾雅．釋丘》邢昺疏引《孝經緯》說：「敦與簠簋受容雖同，上下內外皆圓為異。」其特點是器身和器蓋都呈半球形，上下相扣，正好呈一球形，故俗稱「西瓜鼎」。

出土實物所見的簠和簋，器形都比較大，所盛穀物，絕非一人的胃納所能承受。其原因是，上古吃飯用手抓，不用筷子，也不像今人每人一碗，而是將主食集中盛在器皿中，供大家抓食。《禮記．內則》說：「共飯不澤手」，意思是說與客人一起吃飯時，不要把手上剩餘的飯再放回飯器；又說「毋摶飯」，意思是用手抓飯就可以了，不要將飯搓成團，以免有貪吃之嫌。出土物中發現有與筷子形制類似的器

· 史牆盤

物，古人稱為「箸」，是夾湯裏的菜時使用的，不能與今天的筷子混為一談。

由於古人直接用手抓食，所以食前都要洗手，洗手用的器物是匜和盤。《禮記．內則》說：「進盥，少者奉盤，長者奉水，請沃盥，盥卒授巾。」匜是一種深腹的盛水器，前端有注水用的「流」，後有握持用的「鋬」。盤是接棄水用的器皿。洗手者伸手於盤的上方，另有一人持匜徐徐向下注水。因此，匜和盤是配套使用的。

籩與豆的形狀相似，但由於兩者盛放的食品不同，質地也就不同。籩是盛脯（肉乾）、棗、栗等乾燥的食物用的，所以用竹子製作。豆是盛菹（腌漬的蔬菜）、醢（肉醬）等有汁的食物用的，所以多用木材製作。籩與豆通常也是配合使用的，而且都用雙數，如六豆六籩、四豆四籩之類，與專用單數配合的鼎俎不同，因此，《禮記．郊特牲》說「鼎俎奇而籩豆偶」。

3. 盛酒器、飲酒器和承尊器

盛酒器主要有尊、卣、罍、壺、缶等，金文中往往將它們統稱為「尊彝」。

· 婦好墓出土的鴞尊

狹義的尊，一般是大口、深腹、圈足的盛酒器，有方尊和圓尊之別。但出土器物中有許多尊的造型模擬動物之形，如羊、牛、虎、鳥、象、鴟鴞等，十分生動。

卣是盛鬱鬯（用香草和黑米調製的酒）的器皿，形制富於變化，比較常見的器形是細頸、大腹、圈足、蓋有鈕、側有提梁；也有略呈圓柱形或方形的。有的外形設計為鴞，甚至饕餮食人的形狀。卣是殷周時期最常見的酒器之一，文獻中常常提及，如《尚書 · 洛誥》說到，成王曾經派使者贈給周公「秬鬯二卣」，《詩經》有「厘爾圭瓚，秬鬯一卣」之句，金文中也每每有「錫汝秬鬯一卣」之類的文字，都是以秬鬯為賞賜品的記載。

罍是商代晚期開始興起的大容積的盛酒器（也有用作水器的），《詩經》有「我姑酌彼金罍」之句。罍的形制主要有方形和圓形兩種，一般為圈足，也有平底的。

壺是殷周時期盛行的酒器之一，春秋、戰國時代尤其風行。器形有圓形、方形、瓠形、扁形等多種，基本樣式是長頸、圓腹、貫耳、

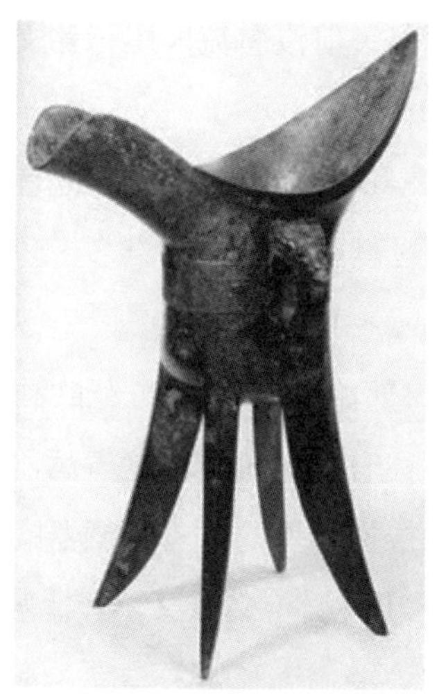

· 商晚期亞其爵

· 斝

圈足。比較著名的壺有西周的頌壺、春秋晚期的蓮鶴方壺等。缶也是大容積的盛酒器，出土比較少。傳世的缶，以欒書缶最為著名。欒書是春秋時晉國的執政者之一，曾為中軍將。此器大腹、小口，有蓋，腹部有 5 行 40 字的錯金銘文。

在禮儀場合中，酒器陳設的位置每每體現尊卑的不同，《禮記·禮器》說：「門外缶，門內壺，君尊瓦甒。」可見缶與壺是門內與門外相對地陳設的。瓦甒是國君用的酒尊，而臣只能用罍，不能混同。承尊器通常是指承方酒尊的器座，其名稱有「禁」或「棜」、「斯禁」之分，其主要區別是，「禁」有足，而「棜」，即「斯禁」沒有足。

飲酒器統稱為爵，細別之則有爵、觚、觶、觥等。它們的形制有比較明顯的區別，爵的形制的特點是，前有注酒用的、寬而長的「流」，後有尖而略翹的「尾」，旁側有作為把手用的「鋬」，上有兩柱，下有三足。《說文解字》說：「爵，禮器也。象爵之形，中有鬯酒。又，持之也，所以飲。器象爵者，取其鳴節節足足也。」意思是說，之所以名之為爵，是因為器皿的形狀像雀，而且飲酒時發出的聲音如鳥鳴。斝是一種與爵形制相似酒器，但沒有流與尾，銘文自名為「散」，王國維認為就是文獻中的斝。

觚的基本特點是大口、細腰、長身，四面有觚棱，也有方形和圓形兩種。觶的形制與尊相類似而小，器身以圓形者為多，也有橢圓形的。

過去將爵稱為飲酒器，但是，口部的兩柱實在妨礙飲酒。著名銅器學家容庚先生發現，爵的腹底往往有烟炱，可知是煮酒器，上部的兩柱與鼎的兩耳作用相似，是加熱後提舉用的。青銅酒器的容積有等差，爵為一升，觚為二升，觶為三升。觥（文獻又寫作「觵」）在飲酒器中容量最大，所以在君臣宴飲等場合，凡是失禮者，都用觥飲酒，以示責罰。青銅禮器種類繁多，以上所列，不過是主要的幾類。

四、青銅禮器的組合

上古貴族的青銅禮器是成套使用的。禮器數量的多少，是行禮者身份的體現。禮器組合以鼎與簋最為重要，前者用奇數，後者用雙數，如天子用九鼎八簋，諸侯用七鼎六簋，大夫用五鼎四簋等。為了使大家對先秦時代禮器的使用有較為形象的了解，下面以《儀禮·少牢饋食禮》的有關章節為例，略作介紹。

先秦諸侯的卿大夫祭祀祖先的正禮，祭牲用一羊、一豕，所以稱為「少牢饋食禮」。祭祀之日，先要在廟門外宰牲。祭牲呈東西向排列，頭都朝北。然後司馬宰羊，司士宰豕。按照規定，羊和豕只用「右胖」（右半邊）。蒸煮祭品的灶設在廟門的東南方，由北向南，依次是黍、稷、羊、豕、魚、臘（麋），每品一灶，共六灶。炊具，黍、稷用甑、甗；羊、豕、魚、臘用鑊。

執事們在各自的灶前洗滌鼎、匕、俎、甑、甗、敦、豆、籩、

勺、爵、觚、觶、幾、洗、篚等禮器。洗畢，將豆、籩和篚放到房內的西牆下，洗手用的盆設在庭中正對着東南檐角的地方。

肉羹煮熟後，執事者在廟門外陳放五鼎，其中三個鼎放在煮羊的大鑊之西，兩個放在煮豕的大鑊之西。司馬將羊的右胖從鑊中撈起來去掉後竅，將肩、臂、臑、膞、胳，以及脊、脅、腸、胃、肺，都放入同一鼎中。司士將豕的右胖除去後竅，將肩、臂、臑、膞、胳，以及脊、脅、肺，都放入同一鼎中。雍人將九塊皮、脅之間的肉，放入同一鼎內。司士將十五條魚放入同一鼎中。司士將完整的臘（麋）放入鼎中。如此，五個鼎中的食物全部盛載完畢。為了防灰，同時也為了保溫，每個鼎上都加有鼎蓋。

有司將鼎抬到廟門外的東邊陳設，鼎面朝北，由北向南排列。兩隻酒甒放在房和室門之間的地方，下面共用一個底座，甒的上面用一塊鼏覆蓋，其中一甒為玄酒（水）。又在房中豆、籩內盛放菹菜、肉醬。庭中洗盆的東側放着盛水的罍，罍上有舀水的勺；洗盆的西側放着篚。在西階之東也陳設盥洗用具。

主人進門後在阼階之東即位，執事在室的西南隅為神設几席。主人到廟門外迎鼎，並揭去鼎蓋，表示將要祭祀。士抬鼎入門，由北向南地設在庭東正對東序的地方，以最北邊的鼎為尊，膚鼎在最南，鼎上都放着匕，鼎西放着俎。在羊俎之北加設肵俎，這是專為接受祭祀的「尸」準備的。

眾來賓洗手，並按年齒順序用匕從鼎中取肉。上佐食將羊和豕的心、舌取出，放在肵俎上。肵俎放在阼階之西。上佐食將羊牲右半邊從鼎中取出，放在俎上。下佐食將豕牲從鼎中取出，放在俎上。魚，每十五條放一俎。臘放一俎。九塊倫膚放一俎。如此，五個鼎中的食物全部盛放在俎上。然後將俎端進室中陳設在尸的席前。尸一般由兒童擔任，在祭禮中充當受祭者。現將陳設在尸席之前食器圖示如下，以清眉目：

臐　魚　稷　黍
俎　俎　敦　敦

肵膚
俎俎

豕　羊　葵　蠃
胾　醓　菹　醢

豕　羊　黍　稷
俎　俎　敦　敦
豕　羊　醢　韭　羊　豕
醢　胾　醓　菹　鉶　鉶

尸席

根據禮書的記載，在貴族的禮儀中，有一種列鼎制度。依據天子、諸侯、大夫、士的等級身份，使用數目不同的、成組的鼎，即鼎的形制相同、大小相次。出土器物中，曾發現過許多與文獻記載大致相符的列鼎，但也發現許多與文獻相矛盾的情況。歷史上的用鼎制度究竟如何，學者間的看法有分歧[1]，還需要作進一步的研究。

五、青銅樂器

按照所用材質的不同，古人將樂器分為金、石、絲、竹、匏、土、革、木等八類，稱為「八音」。其中，金，如青銅鐘；石，如磬；

1　參見俞偉超、高明：《周代用鼎制度研究》，《北京大學學報》1978 年第 1、2 期，1979 年第 1 期；王飛：《用鼎制度興衰異議》，《文博》1986 年第 6 期。

絲，如琴、瑟；竹，如笛、簫；匏，如笙、篪；土，如陶塤；革，如用皮革製作的鼓；木，如柷、敔。

青銅樂器中最重要的是編鐘。編鐘在樂隊中的位置，猶如禮器中的列鼎。鐘是典型的中國樂器，它的發展，可謂源遠流長。鐘的雛形是鈴，湖北天門石家河遺址曾出土一件用泥土燒製的陶鈴，器身呈筒狀，體腔內挂有棒狀鈴舌，搖動鈴體時可發出響聲。其他地方出土的陶鈴，發現有石質鈴舌的，與鈴的形制相仿的是鐃，但筒體向上，筒把向下。使用時一手執把，另一手敲擊筒體。陝西長安客省莊龍山文化遺址出土過一件陶鐃，形制與後來的青銅鐘相似，陶鐃的形制與商代的鐃已非常接近，兩者當有傳承關係。

商代晚期，鐃成為貴族中流行的樂器，殷墟曾多次出土，一般以三件為一組，形體不大，小者只有幾百克，大者不過數千克。但也發現有四件或五件一套的。經專家測音，彼此之間有音律關係，故被稱為編鐃。江西、湖南等地多次出土形制巨大、紋飾華麗的青銅鐃，但都不是成組使用的。江西新幹大洋洲商墓曾出土 3 件大鐃。1983 年湖南寧鄉日山鋪出土的鐃重達 222.5 千克，是目前所見最大的青銅鐃。

鐸是筒腔內帶舌的青銅樂器，與鈴的形制非常相似，一般認為鐸是在鈴的基礎上變化而來的，鐸盛行於春秋戰國時期。鐸的形制與鐘相仿，呈合瓦形，但腔體較小，而且略微短闊。木柄插在舞部正中的方銎內，伸入體腔內，端部裝有銅舌，搖動木柄，鐸舌即發聲。

西周初，周人對鐃的形製作了較大改變，鐃體呈合瓦形，有圓柱形的空甬與體腔相通，使用時將甬插在木柱上固定，敲擊鐃口發聲。後來將鐃的甬部鑄上環，倒挂起來，就成為懸擊樂器——鐘。

大約到西周中期，編鐃開始變為編鐘，西安普度村出土的長白編鐘，雖然還是三件一組，甬端透空，但鐘體已經出現枚，鉦部以小乳釘為界劃，而且有明確的大三度音程。其後，鐘位由倒植式改為懸挂式，並出現了直懸的紐鐘和鎛鐘。

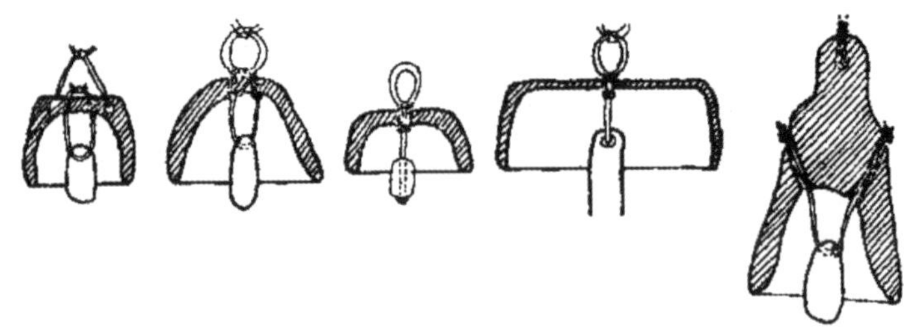

· 遠古鈴懸鈴和懸舌法推測示意圖

周代編鐘的數量明顯增多，西周中晚期已經發展到八枚一組，形制和紋飾基本相同，但大小遞減，敲擊正鼓和側鼓部，可知是小三度或大三度的音程。東周時期有九枚或十三枚為一組的。西周編鐘出土較多，著名的有克鐘、應侯鐘、中義鐘和柞鐘以及晉侯蘇鐘等。扶風齊家出土的柞鐘，總音域為三個八度，發音序列大致為羽、宮、角、徵。到春秋中晚期，編鐘的數量又增加到 9 枚或 13 枚一組，如侯馬晉墓出土的九枚一套的編鐘，總音域比柞鐘少一個八度，但在羽、宮、角、徵的基礎上多出了商音和變徵音，構成了變徵的六聲音階。

西周晚期出現一種鐘類樂器，形體比甬鐘小，舞部有鈕而無甬，故稱紐鐘，一般為 9 枚一組。

鐘體可以分為上、中、下三部分，其各部位都有專門的名稱：

上部 衡——甬上端的平頂處。

旋——懸鐘用的環。

斡——銜旋的紐，通常鑄成獸形。

中部 鉦——正體中央的敲擊處。

篆——分隔枚的帶狀紋飾。

枚——篆間的乳突。

景——枚的頂部。

下部 銑——鐘體的左右兩邊。

側鼓——近下口的敲擊處。

於——兩銑的尖角處。

正鼓——於上飾有花紋處。

鐘的正鼓和側鼓部是敲擊的部位，可以發出不同的樂音，分別稱為正鼓音和側鼓音。

鎛，文獻又作鑮，是一種形制與鐘基本相同但要大的樂器。它的聲調低沉，與編鐘的音階不配套，主要作用是為樂曲打節奏。鎛時有出土，如著名的秦公鎛，曾侯乙編鐘中，也有一件鎛，據鎛身的銘文，可知是楚惠王在位五十六年時贈送給曾侯乙的禮物。

樂器主要有鐘、磬、鼓、柷、敔、瑟、笙等。天子、諸侯迎賓、送賓要「金奏」，即奏鐘、鎛，而以鼓磬相應。鎛如鐘而大，其作用是控制編鐘的音樂節奏。金奏一般在堂下進行。鄉飲酒禮、燕禮等在獻酬的儀節結束後，有升歌、笙奏、間歌、合樂等節目。升歌是歌者升堂歌《詩》，彈瑟者在堂上伴奏。笙奏，是吹笙者在堂下吹奏《詩》篇。間歌是升歌與笙奏輪番進行；合樂則是升歌與笙奏同時進行。大夫送賓用鼓。柷，狀如漆桶，方二尺四寸，深一尺八寸，中間有椎，搖動之則自擊，奏樂之始，都先要擊柷。敔，狀如伏虎，木製，背部有齒，劃之則樂止。

據《周禮》等文獻記載，周代樂舞，有嚴格的等級規定，如舞者：天子八佾（行列，每列八人），諸侯六佾，大夫四佾。鐘磬之樂，天子宮懸，諸侯軒懸，大夫判懸，士特懸。宮懸究竟指甚麼？《周禮》語焉不詳。漢代學者鄭司農解釋説，宮懸就是宮室的四面都懸挂鐘磬，軒懸就是去掉南面的鐘磬，只剩另外三面有鐘磬；判懸就是東西兩面有鐘磬；特懸就是只有東面懸挂鐘磬。

那麼，每面懸挂的鐘磬的數量又是如何規定的呢？《周禮》説是「半為堵，全為肆」，文字簡奧，難以理解。東漢學者鄭玄解釋説，鐘和磬都是以十六枚為一組，懸挂在架子上，兩者合在一起，稱為一肆；如果只有其中一種，就稱為一堵。也就是説，樂懸的每一面都有

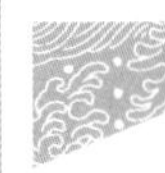

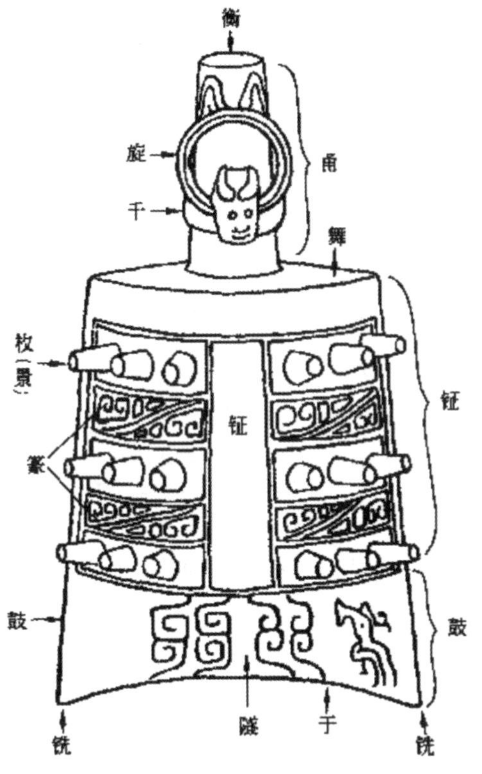

· 周紀侯鐘命名圖

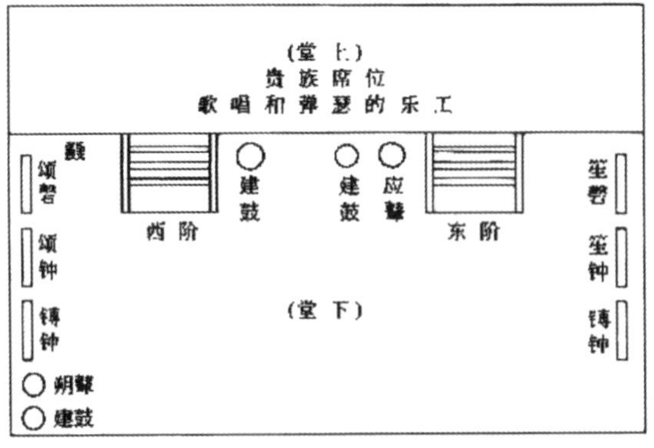

· 大射儀時樂隊排列示意圖

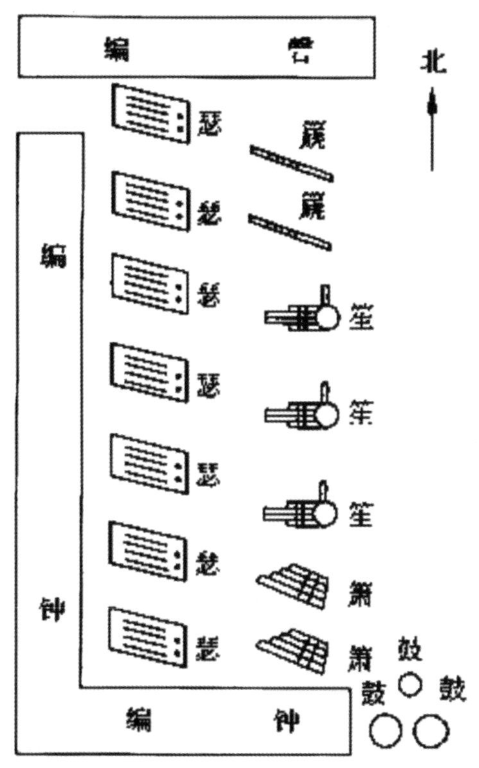

·曾侯乙墓中室樂隊示意圖

十六枚鐘和十六枚磬。曾侯乙編鐘的出土，為學術界提供了研究先秦樂懸制度的實物，引起了廣泛的關注。曾侯乙編鐘的六十四枚鐘，分三層懸挂在曲尺形的鐘架上，居於墓室的西壁和南壁；三十二枚編磬分兩層懸挂在磬架上，居於墓室的北壁。有學者認為，曾侯乙編鐘就是《周禮》所說的「軒懸」制度。這種說法與漢代學者的解釋有比較大的距離，學術界對於如何理解鄭玄的註解，也存在比較多的分歧。因此，曾侯乙編鐘是否就是「軒懸」制度，還需要更充分的論證。

此外，《周禮》有「四金」之說，即金錞、金鐲、金鐃、金鐸；並說四金是在軍旅和田役中與鼓配合使用的，可見是屬軍禮中的樂器。金鐸是一種形體比較大的鈴，體腔內有舌，搖動鐸體即可發出響聲。軍中擊鼓之前，首先要振金鐸，然後諸鼓齊鳴，金錞與鼓相和。金鐃是一種沒有舌的鈴，但其柄一半在外面，一半在體腔內，可以轉動，所以搖柄即可發聲，軍隊撤退時，金錞鐃聲起，則鼓聲停止。金鐲又名鉦，外形與小鐘相似，進軍時擊之，可為鼓聲之節奏。金錞就是錞於，是一種上大下小、略如圓桶形的樂器，樂聲起後，與鼓相和。我國南方出土錞於較多，文獻中相關的記載也比較多，如《國語·吳語》說：「王乃秉枹，親就鳴鐘，鼓丁寧、於，振鐸，勇怯盡應，三軍皆嘩，扣以振旅，其聲動天地。」可謂繪聲繪色。

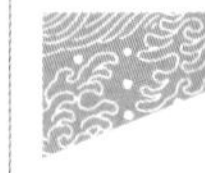

參考論著：

郭沫若：《兩周金文辭大系圖錄考釋》，上海：上海書店出版社影印本，1999 年。

容庚、張維持：《殷周青銅器通論》，北京：文物出版社，1984 年。

馬承源主編：《中國青銅器》，上海：上海古籍出版社，1988 年。

中國社會科學院考古研究所：《殷墟婦好墓》，北京：文物出版社，1980 年。

第九講

曾侯乙墓漆箱蓋天文圖與二十八宿的起源

漆箱蓋，1978 年湖北隨縣曾侯乙墓出土。箱蓋正上方為一幅星象圖，中央是篆書的「斗」字，表示北斗，四周順序書寫着二十八宿的名稱，二十八宿的東宮一側繪有青龍，西宮一側繪有白虎，是目前所見我國年代最早的二十八宿圖。

一、《堯典》所見的上古天文學

天文學是人類最古老的科學。在遠古時代，先民仰觀天文，辨識星座，探索天體運行規律，並開始劃分星空體系。我國現存最古老的文獻《尚書》中有《堯典》一篇，相傳記載的是五帝、三王之際之事，可以幫助我們了解堯舜時代觀象授時的情況。

《堯典》説，堯命羲和「曆象日月星辰，敬授民時」，意思是説，觀察天文，鄭重地將時節的變化告知萬民，以便農作：

> 分命羲仲，宅嵎夷，曰暘谷。寅賓出日，平秩東作，日中星鳥，以殷仲春。厥民析，鳥獸孳尾。
>
> 申命羲叔，宅南交。平秩南訛，敬致。日永星火，以正仲夏。厥民因，鳥獸希革。
>
> 分命和仲，宅西，曰昧谷。寅餞納日，平秩西成，宵中星虛，以殷仲秋。厥民夷，鳥獸毛毨。
>
> 申命和叔，宅朔方，曰幽都。平在朔易，日短星昴，以正仲冬。厥民隩，鳥獸氄毛。

相傳羲氏掌天官，和氏掌地官，文中提到的羲仲、羲叔、和仲、和叔，習稱「羲和四子」。羲和四子分掌四時，分別居住在東方的暘谷、南方的南交、西方的昧谷、北方的幽都，職責是觀察日月星辰，根據某些作為標誌的恒星昏見南中的時間，來定準四季：春分之日，白天和黑夜一樣長，所以説是「日中」，這一天的昏時，鳥星在南中出現；夏至之日，是一年中白天最長的一天，所以説是「日永」，這一天的昏時，大火星（心宿二）在南中出現；秋分之日，白天和黑夜又是一樣長，所以説是「宵中」，這一天的昏時，虛星在南中出現；冬至之日，是一年中白天最短的一天，所以説是「日短」，這一天的昏時，昴星在南中出現。

《堯典》觀測四仲中星的方位是「南中」，即正南方向。南中的位置稍有偏差，則觀測的結果就會謬以千里。那麼，先民是怎樣求得準確的南中的呢？《堯典》中沒有提到。在周代成書的《周髀算經》中對此有比較詳細的記載。東南西北四方的準確方向，先民是通過最簡單、也是最基本的天文測量儀器「表」來得到的。表，最初是指一根直立的杆子，立杆即可見影。觀察表影的方向和長短，就可以知道一天中大致的時間，這就是後世鐘錶之「表」的來歷。定準四方的具體方法是，每日記錄日出時和日沒時的表影的端點，將兩個端點用直線連接，就分別得到正東和正西的方向。找出連線的中點，再與表相連，就是正南和正北的方向。

《堯典》還提到「在璇璣玉衡，以齊七政」。根據漢代學者的解釋，在，是觀察的意思。璣是一種可以旋轉的儀器，就是後世的渾天儀。衡是璣內觀察星宿的橫筒。璇是裝飾的美玉，故稱「璿璣玉衡」。七政，是日月和金木水火土五大行星。如果這一解釋不誤，則堯舜時代已經有了初始的天文儀器。

堯還對羲和說：「期三百有六旬有六日，以閏月定四時，成歲。」據此，當時已經有了簡單的曆法，知道一個太陽年的長度為 366 日。由於已經知道用閏月，可知採用的是陰陽曆。由於一太陰年分為 12 個月，6 個大月為 30 日，6 個小月為 29 日，所以 12 個月的長度只有 354—355 日。實際上，太陽年的長度為 365.24 日，與太陰年長度並不相等，兩者有 10—11 日的差數。隨着時間的推移，差數越積越多，勢必造成寒暑季節錯位。為此，古人最初在適當的時候安排連大月，後來每隔 2—3 年就要增加 1 個閏月，以便與太陽年的長度協調，這就是「以閏月定四時，成歲」的意思。

《周髀算經》還提及，日影在四季的位置變化也是用表測得的。春分和秋分之日，太陽從正東升起，從正西落下。而冬至這一天，太

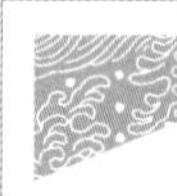

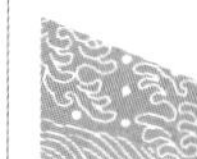

易北稱朔亦稱方言一方則三方見矣北稱幽則南稱明從可知也都謂所聚也易謂歲改易於北方平均在察其政以順天常上揔言羲和敬順昊天此分別仲叔各有所掌別彼列反下同

日短星昴以正仲冬日短冬至之日昴白虎之中星亦以七星並見以正冬之三節

厥民隩鳥獸氄毛隩室也民改歲入此室處以辟風寒鳥獸皆生耎毳細毛以自溫焉隩於六反馬云煖也氄如勇反徐又而充反馬云溫柔貌辟音避耎如兖反本或作濡音儒毳尺銳反

帝曰咨汝羲暨和朞三百有六旬有六日以閏月定四時成歲咨嗟暨與也匝四時曰朞一歲十二月月三十日正三百六十日除小月六爲六日是爲一歲有餘十二日未盈三歲足得一月則置閏焉以定四時之氣節成一歲之曆象暨其器反朞居其反下同旬似遵反十日爲旬匝子合反

允釐百工庶績咸熙允信釐治工官績功咸皆熙廣也言定四時成歲曆以告時授事則能信治百官衆功皆廣歎其善釐力之反熙許其反興也重言庶績咸熙二又見舜典又皋陶謨庶績其疑

帝曰疇咨若時登庸疇誰庸用也誰能咸

《尚書·堯典》「定四時成歲」

陽升於東南、沒於西南；夏至這一天，太陽升於東北、沒於西北。這正是太陽運行路線在地面的投影。中國古代特別重視冬至的時刻，每每將它作為一年的開始。從這一個冬至到下一個冬至，就是一個回歸年的長度，也就是《堯典》說的「期三百有六旬有六日」。但是，對日影的長期、細緻的觀察發現，每年冬至的時刻並不固定，而是每年向後推遲大約六個小時，即四分之一天，到第五年，又回到原位。由此而知，每年的實際長度應該是三百六十五又四分之一天，所以中國古代的曆法稱為「四分曆」。漢代相傳的古代曆法有黃帝曆、顓頊曆、夏曆、殷曆、周曆、魯曆等六種，習稱「古六曆」[1]。古六曆都是四分曆。

但是，堯是傳說時代的人物，這一時期的遺址或實物，在考古學上還得不到證明。《堯典》的記載，究竟是上古時代口耳相傳的史影，還是出於戰國儒者的附會？學術界一直聚訟紛紜，莫衷一是。

二、北極、北斗和二十八宿

在中國傳統的天文學體系中，北極星有着最為重要的地位。在恒星的視運動過程中，天球北極是固定不動的，星空的旋轉，無不以北極星為中心，所以《論語》說：「為政以德，譬如北辰，居其所而眾星拱之。」北辰就是北極星。但是，實際上所謂的北極星（帝星，即小熊座的 α 星），並非就是北天極，古人對此已有認識，《呂氏春秋．有始》說：「極星與天俱遊而天極不移。」北極星與其他恒星一樣，也在繞天極旋轉。不過，北極星是離天極最近的亮星，移動的範

1　經專家研究，古六曆實際上都是戰國時期的曆法，而託名為黃帝曆、顓頊曆云云。

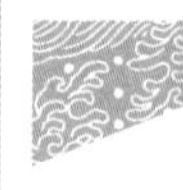

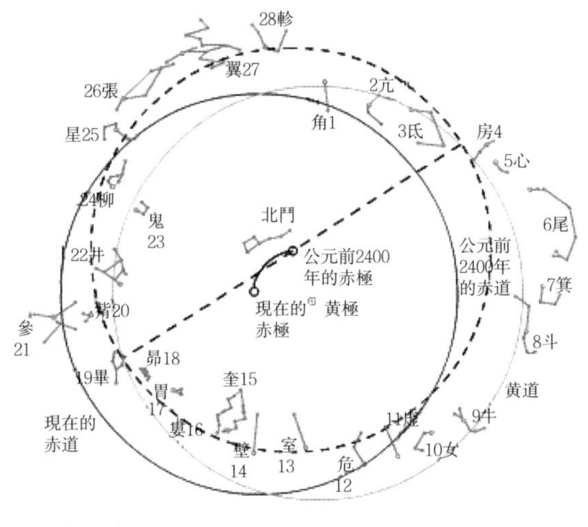

· 二十八宿圖

圍極小，位置相對固定，所以，人們還是將它作為北天極來看待。

與北極星密切相關的是北斗七星。遠古時代，北斗七星處在黃河流域的恒顯圈內，一年四季都能看到。北斗與北極星的距離比較近，位移明顯而有規律，先民早就認識到初昏時斗柄的指向與四季有直接的對應關係：斗柄指東，天下皆春；斗柄指南，天下皆夏；斗柄指西，天下皆秋；斗柄指北，天下皆冬。民間的一切節令，無不與北斗星有關。所以，古人特別重視北斗星的作用，《史記．天官書》說：北斗七星，「斗為帝車，運於中央，臨制四鄉。分陰陽，建四時，均五行，移節度，定諸紀，皆繫於斗。」

以北極星和北斗星為基礎，古人將觀察的視野擴展到天赤道附近的恒星區。古人把太陽在天空中的周年視運動軌跡稱為黃道，把與天球極軸垂直的最大的赤緯圈，也就是地球赤道平面延伸後，與天球球面相交的大圓稱為天赤道。先民將分佈在黃道和赤道附近兩個帶狀區域內的恒星劃分為二十八個區，名之為二十八宿，至遲到戰國時代，我國文獻中出現了以北斗為中心的、完整的二十八宿體系。二十八宿分為東、南、西、北四宮，每宮七星。為了便於識別和記憶，古人將它們分別想像為一種動物，即東宮像蒼龍，南宮像朱雀，西宮像白虎，北宮像玄武，這就是「四象」。四宮、四象與四季相配如下：

東宮蒼龍主春：角、亢、氐、房、心、尾、箕七星；

南宮朱雀主夏：井、鬼、柳、星、張、翼、軫七星；

西宮白虎主秋：奎、婁、胃、昴、畢、觜、參七星；

北宮玄武主冬：鬥、牛、女、虛、危、室、壁七星。

二十八宿是先民觀測行星、記錄特殊天象的背景，也是繪製星圖、制定曆法的基礎。以二十八宿為坐標，參酌月亮在星空中的位置，也可以推定太陽和恒星的位置。有了如此完善的周天星座體系作為計算的基點，還可以產生諸如「合朔」等複雜的天文概念。因此，二十八宿是中國古代天文學體系的主體部分之一。

那麼，古人創立這一恒星體系，為甚麼要選取「二十八」這樣一個數字，而不是其他數字呢？學者中有不同的解釋。但多數專家認為，它可能與恒星月的長度，也就是月球從某一恒星出發又回到此恒星的周期有關。《呂氏春秋．圜道》說：「月躔二十八宿，軫與角屬，圜道也。」《論衡．談天》說：「二十八宿為日、月舍，猶地有郵亭，為長吏廨矣。郵亭著地，亦如星舍著天也。」《史記．律書》所引的古文獻，把二十八宿稱為二十八舍，著名史學家司馬貞的《索隱》解釋說，二十八宿就是日月和五大行星所止舍、停宿的地方。這與《呂氏春秋》等書把二十八宿理解為郵亭、星舍是一個意思。在古代印度，二十八宿被稱為「納沙特拉」（nakshatra），在阿拉伯則被稱為「馬納吉爾」（al-manazil），意思也都是「月站」。恒星月的長度為 27.32166 日，月亮每晚都在恒星之間的一個住所停留，取其整數，所以劃分為二十八宿。由於恒星月的長度在 27 日與 28 日之間，所以古

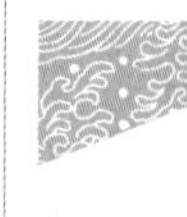

人曾經使用過二十七宿，為此而將室、壁兩宿合為一宿。需要指出的是，月亮每天繞地運行有固定的行度，是一個常數，即用周天 365 度除以恒星月的長度，為 13 度略多。而二十八宿劃分的天區並不是等分的，各宿的距度相差很大，用古度表示，井宿最寬，有 33 度，觜宿最窄，只有 2 度。因此，月亮在恒星之間的運動實際上並不是每天運行一宿。所謂二十八宿，不過是古人在天空中自西向東選擇的二十八個標準點。

三、二十八宿起源於何地

從 18 世紀到 19 世紀初，法國傳教士宋君榮（A. Gaubil）和英國學者科爾布魯克（H. T. Colerooke）將中國和印度的二十八宿介紹到歐洲，引起了學術界的注意。在中國、印度、伊朗、埃及等古文明的天文學體系中，都有二十八宿。那麼，這一體系首先是在哪一國發明的呢？它傳布的路線又是怎樣的呢？這些問題成為各國天文學家研究的熱點。

在相當長的時間裏，人們多認為中國的十二辰和十二支都是從巴比倫黃道十二宮演變而來的。英國學者艾約瑟（J. Edkins）、基思（A. Berriedale Keith）和德國學者韋伯（A. Weber）、奧爾登貝格（H. Oldenberg）、博爾（F. Boll）等都持這種看法。日本人飯島忠夫認為，公元前 331 年馬其頓亞歷山大大帝滅掉波斯帝國時，其勢力曾直逼中亞，西方天文學，包括二十八宿體系在內，就是在那時傳入中國的。他甚至推論說，中國的天文學也是在公元前 300 年左右，由西方人「逾蔥嶺，過流沙，而達於黃河流域」的。[1] 許多學者認為，二十八宿起

1　飯島忠夫：《中國古代曆法概論》，見新城新藏：《東洋天文學史研究》附錄。

源於巴比倫，然後分別傳入阿拉伯、印度、埃及和中國。

從表面上看，中國與巴比倫的天文學體系在概念上和方法上都非常相似，巴比倫將黃道分為十二宮，中國則把周天分為十二辰，並用子、丑、寅、卯、辰、巳、午、未、申、酉、戌、亥等十二地支來命名。但是，古代巴比倫把黃道劃分為十二宮，是因為每個回歸年有十二個月，太陽沿黃道周年視運動，每月進入一宮。而中國的二十八宿體系是月亮視運動的標誌點，四象、二十八宿呈赤道環分佈。巴比倫直到公元前 3 世紀的塞琉古時期的泥版上還是採用黃道系統。

重要的是，在數量巨大的巴比倫泥版文書中，至今沒有發現過二十八宿表，甚至沒有見到二十八宿的痕跡，只有一種獨立於黃道十二宮之外的三十一標準星體系，其年代在公元前 312—前 64 年的塞琉古王朝時期。將西漢汝陰侯墓出土的二十八宿圓儀刻列二十八宿距度所反映的原始古距星，與巴比倫三十一標準星比較，只有三星相合。表明巴比倫三十一標準星與中國的二十八宿完全不是一個體系。因此，所謂二十八宿緣起於巴比倫的説法是沒有根據的。

中國、印度、阿拉伯、埃及的二十八宿體系同出一源。在這四個地區之中，二十八宿的發生孰先孰後？據專家研究，阿拉伯「馬納吉爾」的星名表大約完成於《古蘭經》之前，其使用二十八宿的年代不會早於公元前 2 世紀。埃及使用二十八宿的時代與此接近，大約在公元前 3 世紀以後的科布特時代。適成鮮明對比的是，中國文獻有關二十八宿的年代要比埃及和阿拉伯早得多。《呂氏春秋 · 十二月紀》《禮記 · 月令》等戰國典籍中，已經有了基本完整的二十八宿之名。西漢的《淮南子 · 天文訓》和《史記 · 律書》中，就已經有了完整的二十八宿的名稱記載，只是名字略有差異。在長沙馬王堆三號漢墓出土的帛書（約前 170）中，二十八宿名也已經全部出現。唐代《開元占經》引用的戰國時代的石氏星表中，也有了二十八宿的名稱，以及大約公元前 4 世紀觀測的二十八宿距度。因此，至遲在戰國時代，中國的二十八宿體系已經完備。據此可以肯定，二十八宿不可能起源於埃及或阿拉伯地區，而只能是起源於印度或中國。

英國學者白賴南（W. Brennand）和美國學者伯吉斯（E. Burgess）認為，二十八宿體系是從印度傳入中國的，他們在對二十八宿的中國名稱語音作了若干「處理」後認為，在中國的二十八宿名稱中，有與古梵文相似之處。而日本學者新城新藏認為，二十八宿體系起源於中國，然後傳到世界諸古文明，二十八宿，係於中國，在周初時代或其前所設定，而於春秋中葉以後，自中國傳出，經由中央亞細亞，傳入印度，進而傳入波斯、阿拉伯諸國。

中國和印度的二十八宿體系十分相似。中國二十八宿的古距星與印度的聯絡星相比，有九個相同；而二十八宿距星與聯絡星相比，則有角、氐、心、尾、牛、女、婁、畢、觜、參、軫十一個相同。古代中國曾經將二十八宿中的營室稱為西縈，東壁稱為東縈，可知曾經將室宿和壁宿合為一宿。印度的古代經典中，也有室宿和壁宿合為一宿，成為二十七宿的記載。此外，中國和印度的二十八宿都以角宿為起始宿。

但是，中國與印度的二十八宿體系也有許多不同之處。著名考古學家夏鼐先生指出，印度的「月躔」體系有二十八宿和二十七宿兩種體系，但使用得比較多的是二十七宿體系。印度二十七宿的寬度是相同的，而中國二十八宿的寬狹是不同的，有的甚至非常懸殊。[1] 此外，中國的二十八宿的距星，早期多是取亮星。後期為了調整度數而改用暗星。著名天文學家竺可楨先生指出，印度二十八宿的主星大多採用亮星，一等星以上的有 10 顆，四等星以下的只有 3 顆 [2]；中國確定的距星，大多選擇暗星，即使有某些亮星，那也是早期選擇的，後來都

1　夏鼐：《從宣化遼墓的星圖論二十八宿和黃道十二宮》，《考古學報》1976 年第 2 期。

2　竺可楨：《二十八宿起源之時代與地點》，《思想與時代》1944 年第 34 期。

盡可能地改為暗星。例如，原先是一等星的河鼓（天鷹座 α）和零等星織女（天琴座 α）後來被三等星的牛宿一（摩羯座 β）和四等星的女宿一（寶瓶座 ε）代替。如果說，這是因為織女距赤道[1]和黃道太遙遠所致，那麼，河鼓距離赤道比牛宿一還要近，可見並非距離遠近的原因。又如，心宿二（天蠍座 α）是一顆一等亮星，自古稱為「大火」，但二十八宿體系中卻不用它作距星，而是選擇了三等星的心宿一（天蠍座 σ），兩者與黃道、赤道的距離幾乎相同。黃道上的軒轅十四（獅子座 α）是一等亮星，離赤道也不遠，卻被捨棄，而選擇了離黃道、赤道都比較遠的四等小星張宿一（長蛇座 υ_1）。畢宿一（金牛座 ε）和畢宿五（金牛座 α）都在赤道和黃道附近，但也沒有被採用，而是選擇了四等小星畢宿一。參宿是亮星群集的星宿，其中參宿七（獵戶座 β）是零等星，參宿四（獵戶座 α）是一等星，也都沒有被選作距星，而選用了一顆二等星參宿一（獵戶座 ζ）。在《史記・律書》裏，二十八宿包括狼、弧，狼即天狼（大犬座 α），是全天最亮的星，但最後也被一顆三等星井宿一（雙子座 μ）所取代。要之，中國二十八宿的距星中，只有 1 顆是一等星，而四等星以下的卻有 8 顆，其中的鬼宿一，竟然是用肉眼勉強可見的六等星。這是很值得注意的現象[2]。

此外，由於北斗七星常年處於黃河流域的恒顯圈內，所以中國的二十八宿與北斗七星的聯繫非常緊密。而印度的緯度比中國低得多，北斗七星並非四時可見，所以北斗七星的地位遠不如中國突出。印度的古代曆法將一年分為六季，即冬、春、夏、雨、秋、露，但「納沙特拉」卻同中國的二十八宿一樣分為四宮，兩者不相協調。中國二十八宿先牽牛、後織女的次序與公元前 3500 年以前的實際天象是

1　此處的「赤道」指今天的赤道，下同。

2　鄭文光：《中國天文學源流》，80 頁，北京：科學出版社，1979 年。

一致的。印度在接受中國二十八宿體系的時候，先牽牛、後織女的次序已經與當時的實際天象不合。

以上種種研究表明，印度的二十八宿體係來自中國。但是，這一結論主要是依據文獻材料得出的，缺乏出土實物的證明。所以，學術界一直是疑者自疑、信者自信，難以取得共識。

四、鐵證如山：曾侯乙墓漆箱蓋星圖

中國二十八宿形成的具體時間，竺可楨先生曾作過長時期的研究。最初，他根據歲差推算，認為公元前 4300—前 2300 年，沿赤道 ±10° 分佈的星宿，屬二十八宿的有 18—20 宿。如果二十八宿是沿赤道劃分的話，則很有可能形成於此時。而這一時期正好與五帝時期相當。竺可楨先生進一步推論説，牛、女兩宿的距星本來是牽牛（河鼓，天鷹座 α）和織女（天琴座 α）兩星，後來才被牛宿一（摩羯座 β）和女宿一（寶瓶座 ε）替代。但目前織女在河鼓西，不符合牛、女的順序，經計算，公元前 2400 年，河鼓在織女西。這是否意味着二十八宿形成於公元前 2400 年？1951 年，竺可楨先生計算了二十八宿與天球赤道的最佳會合年代，發現公元前 4500 年至前 2400 年間相合的，有 12 宿之多。如果把觀測範圍擴大到南北赤緯 8 度間帶形區域內，則有 18 至 20 宿相合。如果將黃道與赤道星座加以區分，則赤道星宿可以全部容納。從公元前 3500 年至前 3000 年間，赤道星座的位置與赤道最為符合，所以他又將二十八宿形成的時間改在殷末周初。1956 年，竺可楨先生再次修改自己的觀點，認為二十八宿的形成不會早於公元前 4 世紀。郭沫若認為，二十八宿，「其制並不甚古，單獨之星名於古雖已散見，然其積成為之月躔之系統者，當在

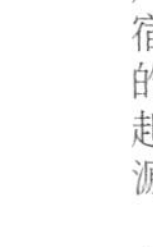

春秋以後。」[1] 錢寶琮先生也認為，黃道二十八宿成立於戰國，而赤道二十八舍則成立於春秋[2]。

新城新藏認為二十八宿形成於周初以前，因為當時不僅能從新月的出現逆推朔日，而且在《尚書》和《夏小正》等文獻中已經有了二十八宿的某些星名。飯島忠夫則認為，二十八宿以牽牛初度為冬至點，按歲差推算，二十八宿當形成於公元前 396—前 382 年間。而在此之前，《詩經》已經提到火（心）、箕、斗、牽牛、織女、定（室、壁）、昴、畢、參等宿，可見二十八宿中重要的恒星都已認識。

有些天文學家認為，中國二十八宿體系的創立年代，至早只能上溯到公元前 8 世紀至公元前 6 世紀。甚至有學者認為，與二十八宿對應的「左青龍、右白虎」之説，不過是漢儒的附會。

1978 年，湖北隨縣發現一座戰國早期墓葬，墓主是一個小諸侯國——曾國的一位名叫乙的國君，這就是著名的曾侯乙墓。墓葬中出土的青銅編鐘，以其瑰麗的造型、雄渾的氣勢、準確的樂音轟動了全世界。就在音樂史家和全國上下沉浸在編鐘帶來的驚喜之中時，細心的天文學家卻從一隻漆箱的蓋子上發現了又一個巨大的驚喜！

墓中出土五隻樣式相同、大小相近的衣箱，箱身和箱蓋分別是用整塊木料挖鑿而成的，外表髹有漆。箱蓋呈拱形，箱面的南北兩側各有一內凹的長條，箱蓋打開後仰置時可以充當箱足來使用。根據箱內所刻的銘文，漆箱固有的名稱叫「匫」。箱蓋的四角都有外凸的把手，便於手抬、搬移。

在其中一件編號為 E.66 的漆箱蓋上，繪有一幅彩色的天文圖。畫面中央是篆書的「斗」字，顯然是表示星空樞紐的北斗。四周順序書寫着二十八宿的名稱，與文獻所見的二十八宿之名基本相同。

1 郭沫若：《釋支干》，《郭沫若全集・考古編》第 1 冊，334 頁，北京：科學出版社，1982 年。

2 錢寶琮：《論二十八宿之來歷》，《思想與時代》1947 年第 43 期。

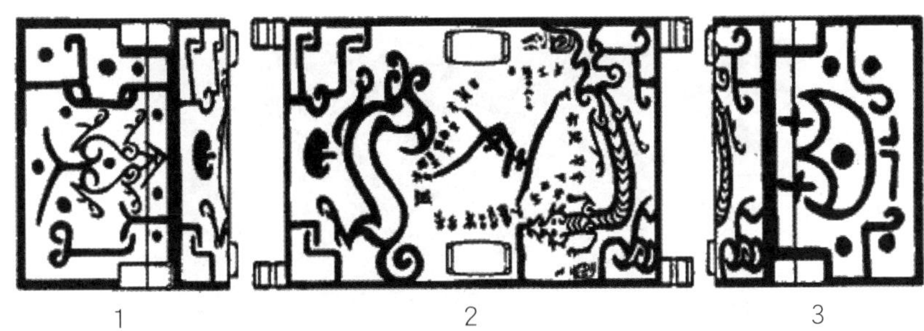

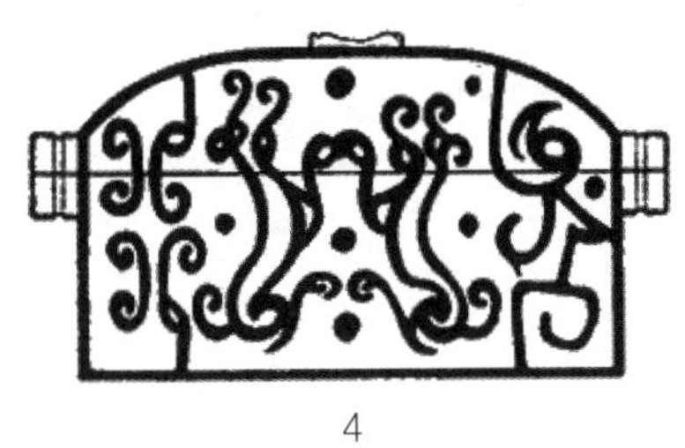

· 戰國曾侯乙墓漆箱星象圖
1. 蓋面 2. 東立面 3. 西立面 4. 北立面

二十八宿名的東側繪有一龍，西側繪有一虎，這與傳統天文學中的東方蒼龍七宿、西方白虎七宿正好對應。這是目前所見年代最早的將青龍、白虎與二十八宿配合的實物。

細心的專家發現，主圖上「斗」字的寫法非常誇張，某些筆劃被故意拉長。不難發現，被拉長的筆劃分別指向了「四象」的心、危、觜、張等 4 個中心宿，其意圖顯然是要突出北斗與四時的對應關係。

漆箱蓋的三個側立面各繪有一幅星圖，內容與箱蓋的主圖配合，共同構成星圖的體系。漆箱東立面的主區繪有 3 顆星和 1 個火形符號。3 顆星代表心宿，中間 1 顆是主星，畫得最大，與心宿的實際天象完全一致。主星被繪在火形符號內。火形符號的右下副區繪有房宿的距星，左下副區繪有尾宿的距星。火形符號的左側，劃有兩個草卉符號，表示大火星的東升。而漆箱主圖白虎腹下的火形符號則被塗實，表示大火星的西落。

漆箱蓋西立面上的星圖分為四區，主區是觜宿和參宿，並繪有觜

·曾侯乙墓漆箱

的形象，參宿右側是畢宿的距星，兼指畢宿；左上方縱列的二星，上星是井宿距星，下星是井宿的古距星，古代這二星代表井宿。左下區繪有星空中最亮的天狼星。

漆箱蓋北立面上的星圖，主區繪有二獸，手足相對，中間縱立的三星是危宿，右獸後面縱列的二星是虛宿，左獸後面的一星可能是雷電六星之一；副區繪有女宿距星，兼指女宿。

著名天文考古學家馮時先生將漆箱蓋的主面與東、西、北三面比鄰立面的星圖加以綜合研究，認為每個立面星圖中央的星象，正是主面中北斗所指的星宿，即東宮的心宿、西宮的觜宿、北宮的危宿。所以，東、西、北三個立面的星圖，是對三宿附近實際星空的描述，因此，「三立面星圖正反映了中國傳統的十二次中的三次，即大火、實沉和玄枵。這些星象與《漢書・律曆志》的記載完全一致。」[1]

馮時先生指出，曾侯乙墓漆箱的星圖，不僅以圓點表示恒星，而且用圓點的大小表示恒星的亮度，如心宿二、參宿七、井宿三、危宿

1　馮時：《星漢流年——中國天文考古錄》，199 頁，成都：四川教育出版社，1996 年。

三都是各自星座中最亮的星，故所繪的星點也最大。圖中的恒星位置和星數都比較準確。作者還用曲線分隔不同的星座，這些曲線與現代天文學使用的星座界線意義相似。

隨縣漆箱蓋二十八宿天文圖，是迄今為止世界上最早的二十八宿圖，它的面世，使得沉寂已久的關於二十八宿起源的討論再度活躍起來。曾侯乙墓下葬的年代是公元前 433 年左右，表明至遲在公元前 5 世紀初，中國就有了完整的二十八宿體系。二十八宿體系的形成，需要相當漫長的過程，它的源頭必然要遠遠早於此。

曾侯乙漆箱蓋星圖中左青龍、右白虎與二十八宿同時出現，證明「四象」並非漢代儒家的附會。河南三門峽上村嶺虢國墓地曾經出土一件西周時代的銅鏡，年代約為公元前 9 世紀到前 7 世紀，鏡面的東南西北四方，分別為龍、雀、虎、鹿。後世的「四象」，北方為玄武，兩者相比，似乎不相符合。專家指出，蒼龍、白虎、玄武、朱雀四象的形成，有一個漫長的過程，中間曾經有過以鹿為北宮的階段。所以，學術界將上村嶺的銅鏡看作是「四象」的雛形。

曾侯乙漆箱蓋天文圖的發現，劃定了二十八宿與「四象」在中國出現的年代下限，那麼，它的上限又可以斷在甚麼時代呢？真是令人懸測萬度的難題。

五、濮陽西水坡 45 號墓：遠古時代的北斗二宮圖

1987 年 6 月，考古工作者在河南濮陽西水坡發現了一群遠古時代的遺跡，經碳十四同位素測定，其年代為距今 6460±135 年。其中編號為 M45 的墓葬，大體呈南圓北方的形狀，東西各有一個弧形的小龕。經測定，墓主為一壯年男性，頭部朝南，東、西、北三方各有一具殉人。在死者的左右兩側，有用貝殼擺塑的龍和虎。整個墓室，宛

如一幅碩大的畫面。

由墓主人的葬臥方向可知，墓內的佈局是按照上南下北、左東右西的方位設計的，這與我國早期的天文圖和地圖的方位是一致的。傳世文獻中的《管子・幼官圖》，以及出土的甘肅天水放馬載戰國古地圖和長沙馬王堆西漢地圖都是上南下北、左東右西。

在死者的身旁耗時費事地用貝殼製作如此複雜的龍虎圖案，究竟是要表達怎樣的意思？有人認為是出於裝飾的需要，這種說法似乎無可厚非。但是，一個不經意的發現，使得龍虎擺塑的「天機」顯現了端倪。發掘 45 號墓時，曾在墓主的腳端發現一堆貝殼，另有兩根人的脛骨。這種情況以前從未見過，發掘者誤以為是龍虎擺塑後多餘的貝殼而無意放置於此的，故將其全部清除。所幸的是，恰好有一位考古學家前來參觀，在尚未清除貝殼、脛骨的現場拍了照片，這一至關

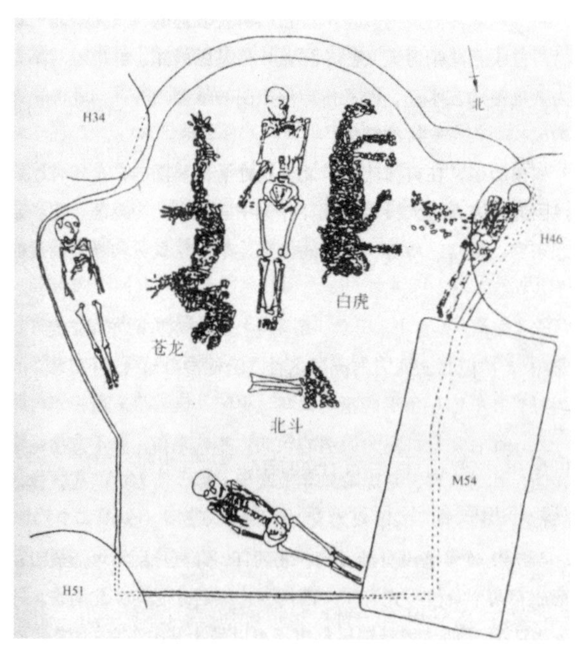

・西水坡 45 號墓龍虎擺塑

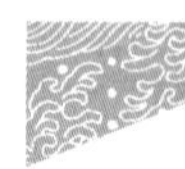

重要的珍貴資料才得以保存。由照片可知，貝殼堆成一個三角形，脛骨與三角形的底邊大致呈垂直角度放置。著名天文考古學家馮時先生認為，三角形貝殼和兩根脛骨所構成的是完整的北斗的形象：蚌塑三角形表示斗魁，東側橫置的兩根脛骨表示斗杓。耐人尋味的是，西水坡 31 號墓是單人墓葬，但是墓主的骨架中卻不見有脛骨。可見，45 號墓中作為斗杓的兩根脛骨，正是取自 31 號墓。從而可以排除「北斗圖」無意擺放的可能性。

西水坡 45 號墓北斗的確認，對於解讀隱藏於此墓的天文信息具有重要的意義，北斗與龍虎配合，構成一幅「北斗二象星象圖」；曾侯乙墓漆箱蓋天文圖中，中心大書「斗」字，東西兩側繪以青龍、白虎；兩者何其相似乃爾！它們所要表達的含義無疑是一致的。與曾侯乙漆箱蓋天文圖一樣，45 號墓的蚌龍、蚌虎絕對不是作為裝飾性的藝術品，而是作為星象圖的重要內容，與北斗星共同構成一個刻意安排的整體。

如前所述，在黃河流域，北斗星處於恒顯圈內，全年可以觀測。因此，古人將天極星和北斗作為中宮，以此為樞紐，逐步建立起東宮、南宮、西宮、北宮的體系，來統轄黃道和赤道附近的二十八宿。

據《史記．天官書》記載，北斗斗杓指向東方的龍星之角（杓携龍角），斗魁指向西方的虎星之首（魁枕參首）。45 號墓北斗的兩根脛骨和蚌塑三角形的指向，與《史記．天官書》所記不僅完全一致，而且是一種更為簡明的模式：斗杓東指，會於龍角；斗魁在西，枕於參首。龍虎與北斗繫聯為一體，所表達的應該就是「左青龍、右白虎」的星象意義。

西水坡 45 號墓沒有涉及南、北兩宮，究其原因，可能是四宮的形成有兩個階段：先有東、西兩宮，然後才有南、北兩宮。馮時先生認為：「西水坡蚌塑星象也正可以作為其中東宮、西宮和中宮的雛形，它代表着中國傳統的天官體系的初期發展階段，而這個體系的出現，顯然直接適應於北斗及東西二宮中的某些星象對於古人觀象授時的重要作用。」[1]

那麼，在西水坡時代，蚌龍、蚌虎究竟代表了怎樣的觀象授時體系呢？蚌虎的腹下有一堆貝殼，發掘時已經散亂，無法辨認形狀。這會不會是無意堆放的呢？馮時先生將這堆貝殼與曾侯乙漆箱蓋星圖中白虎腹下的火形符號相聯繫，認為就是心宿。進而可以認為，西水坡龍虎擺塑代表的是心、參二宿。這一發現對於解讀 45 號墓有重要意義。

先民很早就認識了位於黃道東、西兩側的參星和商星，發現兩者不能同時出現於天空，所以古人有「動如參與商」之說。參宿有七星，上下各有二星，中間有三顆緊連的亮星，古人認為像一張懸挂着的虎皮，所以將它與虎項聯繫。西方稱參星為獵戶座，將中間的三顆亮星稱為「獵人」的腰帶。我國古代所說的參星，主要是指中間的三顆星。商星又稱大火星，由三顆星組成，中間一顆是主星，稱為「心宿二」，《詩經・豳風・七月》說的「七月流火」的「火」，就是指它。大火星是中國古代最重要的星宿，著名學者龐朴先生認為，上古時代，中國流行過一種以大火星為主要標準的「火曆」。古人所說的參、商，主要是指參三星和商三星。參、商二宿是中國傳統天文學的授時主星。

由碳十四和考古學的綜合研究，45 號墓的年代為公元前 4000 多年。根據歲差的原理，春分、秋分點和夏至、冬至點在黃道上的位置，每 71.6 年向西移動 1 度。據此，可以回推出墓主生存時期兩分、兩至的實際位置。經推算，公元前 4400 年左右，參宿正好在春分點上，此時參星伏沒不見，而春分日前，日落之後，大火星從東方地平

1 馮時：《星漢流年——中國天文考古錄》，142 頁，成都：四川教育出版社，1996 年。

線升起，斗杓東指。公元前 4200 年左右，秋分之時，日躔尾宿，此時大火星伏沒不見，斗杓西指，參宿於黃昏日落之後從東方的地平線上升起。簡而言之，公元前 4600 年一前 3900 年，正是大火星與參宿分別處於春分點和秋分點的時期。馮時先生認為，西水坡 45 號墓北斗與東、西二宮並列出現，傳達了一個重要信息：它是曾侯乙墓星圖中青龍、白虎二宮的雛形，記錄了一個特定的周期，即一個恒星年的長度。

六、西水坡 45 號墓墓主身份之謎

西水坡 45 號墓的形制非常獨特，其規格之高，在仰韶文化中也是絕無僅有的，能夠被如此隆重地安葬的墓主人究竟是誰？此外，墓中有三位殉葬者。一般認為，用活人殉葬，是進入奴隸社會之後才開始出現的現象，而這座將近 7000 年前的、史前時期的墓葬，居然也有殉人，真是匪夷所思。如何解釋這一現象，不能不引起研究者的興趣。

根據文獻記載，河南濮陽是上古帝王顓頊之墟「帝丘」的所在地。顓頊是司馬遷《史記》中記載的「五帝」之一，文獻中有關他的記載很多。《史記 · 五帝本紀》説，顓頊是黃帝之孫，昌意之子，號高陽氏，他「靜淵以有謀，疏通而知事」，有很強的運籌能力，因此「動靜之物，大小之神，日月所照，莫不砥屬」，是一位影響很大的部落聯盟的首領。相傳顓頊十歲就開始輔佐少昊，二十歲登帝位。《左傳》説他有八個才子，號稱「八愷」。

《國語 · 楚語下》有一段楚昭王與大夫觀射父的對話，裏面比較詳細地提到顓頊的政績。觀射父説，在黃帝之子少昊氏衰落的時期，蚩尤的九黎部落乘機作亂。當時人鬼不分，「夫人作享，家為巫史」，

「蒸享同位，民神同位」，結果是「嘉生不降」，「禍災薦臻」。於是，顓頊命令南正重司天以屬神，命火正黎司地以屬民，「是謂絕地天通」，意思是説分別神、人，使之不再相混。相傳在堯舜時代掌管天地的羲、和，就是重、黎的後裔。由此可以推知，顓頊時代可能已經有了曆法。晉人皇甫謐説，顓頊在位七十八年而崩。有古書説，顓頊的墳墓在濮陽頓丘城門外的廣陽里。

西水坡 45 號墓中有三位殉葬者，據骨架鑒定，都是 12—16 歲的青少年男女，而且都是非正常死亡。馮時先生認為，文獻記載的顓頊的事跡與西水坡 45 號墓所表現的內涵十分相似，墓主人可能是一位部落或部落聯盟的司天者，三位殉人可能與《堯典》羲和四子之説法有關。春分、秋分之神分居東西方太陽出沒之地，墓中東、西兩側的殉人有可能是司春分、秋分者。夏至、冬至之神分居南北極遠之地。墓中東、西兩側殉人的方向，大致與墓主相同，基本上為南北方向。北方殉人的方向則迥然不同，為頭朝東南，腳朝西北；經測量，頭向為北偏東 130 度，即東偏南約 40 度。馮時先生認為，「這是一個很有意義的角度」，經測算，他的頭向相當準確地指向冬至時的日出方向。因此，馮先生認為，北方的殉人「具有象徵冬至之神的意義」。

墓中缺少夏至之神，令人不得其解。但是，無獨有偶，曾侯乙墓漆箱星圖的立面圖也缺少南宮的圖像，其中的奧妙，至今不能作出完滿的解釋。

從《堯典》等文獻看，中國二十八宿體系的濫觴期，至少可以上溯到公元前 4 世紀的中葉。曾侯乙墓漆箱星圖和西水坡 45 號墓的發現，為這一結論提供了有力的證明。二十八宿體系何時傳入印度，目前還很難確指。估計印度人在接受二十八宿體系之後不久，又向阿拉伯方向傳播，而古波斯可能是西傳的橋樑。

參考論著：

馮時：《中國天文考古學》，北京：社會科學文獻出版社，2001 年。

馮時：《河南濮陽西水坡 45 號墓的天文學研究》，《文物》1990 年第 3 期。

鄭文光：《中國天文學源流》，北京：科學出版社，1979 年。

第十講

曾侯乙墓均鐘與中國古代的律呂

均鐘，1978 年湖北隨縣曾侯乙墓出土。木製，形若長棒，首端近方，尾端近圓。首寬 7 厘米，高 4 厘米；尾寬 5.5 厘米，高 1.4 厘米。全長 115 厘米。表面平直狹長，首端立一蘑菇狀柱。柱旁和器面尾端各橫亘首、尾嶽山，兩嶽外側，均並列五個弦孔。其首起 52 厘米為一狹長形的音箱。器身以黑漆為地，朱繪繁縟的圖案。為我國目前所見年代最早的編鐘音準器。

說起曾侯乙墓的重要發現，大多數人都會想起曾侯乙編鐘。著名音樂史家黃翔鵬教授卻從一件不起眼的「五弦器」上考證出了失傳千年的、與編鐘配套使用的音準器——均鐘。這是一個令音樂史界拍案叫絕、為之歡呼的重大發現。

一、三分損益法

古代中國是音樂發皇最早的國度之一。至遲在春秋時期，就形成了比較完美的音樂理論和一整套記譜及確定樂律的方法。今天簡譜中的 1、2、3、5、6，古人稱為宮、商、角、徵、羽，表示一種音階關係。宮、商、角、徵、羽的音值是怎樣確定的呢？《呂氏春秋．仲夏紀》說：「音樂之所由來者遠矣，生於度量，本於太一。」可見古人很早就注意到樂器的發音都與一定的度、量、衡有某種必然的聯繫。中國五聲音階的生成方法，最早見於《管子．地員》，稱為「三分損益法」：

> 凡將起五音，凡首，先主一而三之，四開以合九九，以是生黃鐘小素之首，以成宮；三分而益之以一，為百有八，為徵；不無有三分而去其乘，適足，以是成商；有三分而復於其所，以是成羽；有三分而去其乘，適足，以是成角。

這段文字的大意，是說如何在弦上求得所需要的音律。文中的「小素」指絲弦。具體的方法是，以一條 81 寸長的弦作為宮音；然後增加其長度的三分之一（即「三分益一」），得 108 寸，就是徵音的弦長；再以徵音的弦長分為三等份，去其一，即「三分損一」，得 72 寸，就是商音的弦長；再以商音的弦長為基礎，三分益一，得

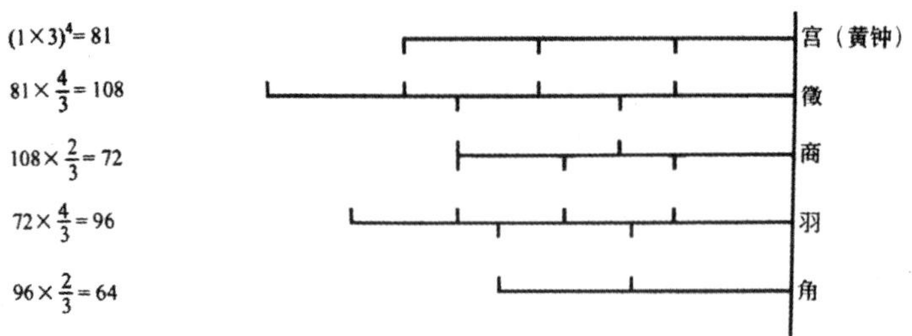

· 三分損益法示意圖

96 寸，就是羽音的弦長；再以羽音的弦長為基礎，三分損一，得 64 寸，就是角音的弦長。這樣，五音的音值就全部確定了。

歐洲最早的五聲音階理論，是由希臘「數論之祖」畢達哥拉斯（Pythagoras）的五度相生律奠定的。管仲的「三分損益法」與畢達哥拉斯的「五度相生律」基本原理相通，但具體途徑不同。畢達哥拉斯（約前 580—前 501）的年代，要比管仲晚 140 多年。[1]

把一個八度分成十二個半音，就是所謂的「十二律」。生律的方法不同，則所得到的十二律也就不同。「三分損益法」所得到的十二律，是不平均律。它所形成的古代大全音（204 音分）比十二平均律的全音大，小半音（90 音分）比十二平均律的半音小。

《國語 · 周語下》記載周景王向伶州鳩問律。伶州鳩說，律有十二個，這是「古之神瞽」發明的，十二律中有六個是陽律：一曰黃鐘、二曰太簇、三曰姑洗、四曰蕤賓、五曰夷則、六曰無射；另有六個律稱為「六間」，也就是六呂：一曰大呂、二曰夾鐘、三曰仲呂、四曰林鐘、五曰南呂、六曰應鐘。這是傳世文獻對十二律律名最早、最完整的記載。但是，學術界對《國語》的記載是否可信，一直有爭論。曾有學者提出，古代中國的十二律體系，是戰國末期由希臘傳來的，不過稍加漢化而已。

1　陳應時：《中國古代文獻記載中的「律學」》，《中國音樂》1987 年第 2 期。

《呂氏春秋．音律》在三分損益法生五律的基礎上，用「隔八相生法」推算出了十二律：「黃鐘生林鐘，林鐘生太簇，太簇生南呂，南呂生姑洗，姑洗生應鐘，應鐘生蕤賓，蕤賓生大呂，大呂生夷則，夷則生夾鐘，夾鐘生無射，無射生仲呂。」

黃鐘	大呂	太簇	夾鐘	姑洗	仲呂	蕤賓	林鐘	夷則	南呂	無射	應鐘
C	#C	D	#D	E	F	#F	G	#G	A	#A	B

六律之中，相鄰兩律都是全音程關係，六呂是出於兩律之間的半音，《國語》稱之為「六間」正是這個意思。十二律合稱律呂。樂工根據情感表達的需要，變換宮音的位置，稱為「旋宮轉調」，由此產生豐富多彩的樂曲。

十二律之名沿用千年，成為後人僅知的一套古代律名。而三分損益法在秦漢時期還廣為流行，影響很大，以致後人一直以為它是我國最古老的生律法。

二、匪夷所思：曾侯乙編鐘的樂律

我們在「舞陽賈湖骨笛」的專題中已經介紹過曾侯乙編鐘的基本情況，以及編鐘已經具備七聲音階等問題。在此，我們還要簡要地談到曾侯乙編鐘的樂律。

曾侯乙編鐘的鐘身、鐘架、挂鈎等部位共有銘文約 3700 多字，內容為編號、記事、標音以及音名、階名、調式、八度組、旋宮法，以及與各國律名的對應關係等方面的樂律理論。音樂史專家據此對編鐘進行測音，並系統地研究春秋戰國時期的樂律體系，獲得了豐碩的成果。曾侯乙編鐘銘文所見的律名共有 28 個，其中有 8 個見於傳統的十二律，另有 18 個不見於傳統的十二律。由此可以肯定，至遲在春秋前後，曾侯乙編鐘的十二律體系就已形成。編鐘的主要律名如下：

（按：根據曾憲書第 25 頁鐘律表及第 142—146 頁各國律名説明，全部律名如下）

楚律：呂鐘、濁坪皇、坪皇、濁文王、文王、濁新鐘、新鐘、濁獸鐘、獸鐘、濁穆鐘、穆鐘；

曾律：穆音、蕤賓、無射、黃鐘、應鐘、太簇；

曾楚合用：濁姑洗、姑洗；

曾周合用：韋音、贏孠、應音、宣鐘；

周律：剌音；

晉律：上般下米鐘、六墉；

齊律：呂音；

申律：夷則。

由上可見，見於傳統十二律的只有蕤賓、無射、黃鐘、應鐘、太簇、姑洗、夷則七個。

楚國的十二律的律名，與《國語．周語下》伶州鳩所列舉的十二律律名居然沒有一個相同，其構成的方式也不相同，可見是一種獨特的律學體系。

鐘銘還記載了曾侯乙鐘的律名與周、晉、楚、齊等國律名的對應關係。如中層 2 組 11 號鐘銘：「穆音之宮。穆音之在楚為穆鐘；其在周為剌音。」又如中層 3 組 10 號鐘的銘文：「姑洗之徵，大族之羽，新鐘之變商，夷則之羽曾，獸鐘之徵角。」意思是曾國姑洗律的徵音，也是曾國大族律的羽音，又是楚國新鐘律的變商音，又是申國夷則律的羽曾音，還是楚國獸鐘律的徵角音。

曾侯乙編鐘所見的音名，有以下幾種表達方式：

1. 加前綴詞：如變羽、變商、珈鑎、珈徵；

2. 加後綴詞「顧」：如宮顧、商顧、徵顧、羽顧；

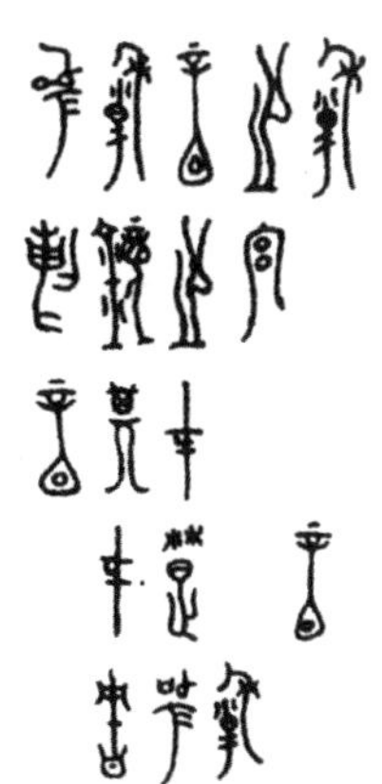

· 曾侯乙墓編鐘銘文

3. 加後綴詞「曾」：如宮曾、商曾、徵曾、羽曾；

4. 作為高低八度音名的：終、鼓、巽、鍴、鴃；

5. 表示階名的：和、下角；

6. 表示不同八度位置的前、後綴詞：湆、大、少、反。

7. 此外，還有某些含義尚不清楚的名詞。

專家認為，「顱」表示某音上方的大三度音程，「曾」是表示某音下方的大三度音程；兩者共同構成「顱—曾」三度關係。

用三分損益法生律，最多只能生出360律。而曾侯乙鐘採用的是一種兼用三分法和「顱—曾」純律三度生律法的複合律制，其幾何圖像，是左右、上下各個方向都可以從不同起點多次延伸的「鐘律音系網」，包括基列、一次高列、二次高列、一次低列、二次低列五列，它在數理邏輯上遠遠比三分損益法複雜。根據對曾侯乙編鐘銘文的研究和對鐘的實際測音，可知半音之間甚至多達五個不同的律，如此繁複的音律，究竟是怎樣計算出來的，真是匪夷所思。著名音樂史家崔憲先生指出：「曾侯乙編鐘的生律法，是在『宮、商、徵、羽』這四個按五度關係排列的基本音級上，再以『顱』與『曾』分別向上、向

下生成大三度音程，構成以五度為主、以三度為輔的十二個基本律高，及其代表的十二個基本律位的律學體制。」[1] 這顯然是一種與文獻記載頗有不同而更為複雜的律制。

金為八音之首，眾聲之起，必待鐘聲之作。編鐘在樂器中的地位，猶如食器中的列鼎，位居於其他樂器之上，具有「音標」的作用。古人對鐘的聲音是否合於標準十分看重，《呂氏春秋．長見》中有一段記載很能說明這一點：「晉平公鑄為大鐘，使工聽之，皆以為調矣。師曠曰：『不調，請更鑄之。』平公曰：『工皆以為調矣。』師曠曰：『後世有知音者，將知鐘之不調也。臣竊為君耻之。』至於師涓，而果知鐘之不調也。」這段話的意思是說，晉平公新鑄了一口大鐘，請樂工們審聽，都說符合音準，唯獨著名的樂師師曠聽後說「不調」，就是音準不對，要求晉平公重新鑄造。晉平公不以為然，師曠十分生氣。後來，另一位著名的樂師師涓聽過此鐘的聲音，果然是不合音準。

為甚麼鐘鑄好之後要調音呢？因為鐘是用範鑄造而成的，在精密鑄造誕生之前，鐘的音準不可能絲毫不差。因此，需要通過錯磨的方法來對音高進行微調，使鐘律準確無誤。那麼，錯磨的部位又在哪裏呢？有人認為，鐘上突起的「枚」，可能就是調音用的；也有人認為，調音主要在舞部。但是，實驗表明，這些部位對於音高調試都沒有明顯的影響。

編鐘的音高究竟如何調整，古書很少提及，只有《考工記》等極少數文獻有簡略的記述。《考工記．鳧氏》說：「于上之攠謂之隧。」這句話的意思非常難懂，從字面上理解，鐘的兩于之間的敲擊之處稱為「隧」。東漢學者鄭玄解釋說：「攠，所擊之處攠弊也。隧在鼓中，

1 崔憲：《曾侯乙編鐘鐘銘校釋及其律學研究》，7 頁，北京：人民音樂出版社，1997 年。

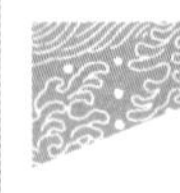

窒而生光，有似夫隧。」歷代學者多認為，鐘體正面的敲擊部位稱為隧。曾侯乙編鐘出土後，證明是一種雙音鐘，許多學者將一枚鐘上正、側兩面所發的音稱為「隧音」和「鼓音」。

但是，有學者發現，在出土或傳世的鐘的隧部或鼓部的背面，每每可以見到銼磨的痕跡，因而懷疑這些地方有可能就是調音的部位。實驗表明，調音的部位確實就在這兩處，在鼓部進行精細的調試，可以將音高調整到 ±3 音分以內。不過，從出土編鐘的銼磨溝槽來看，先民尋找調音的敏感區，並非一步到位，而是經歷了很長時間的摸索，最終才選擇在敲擊部位的背面。著名冶金史專家華覺明先生認為，《考工記・鳧氏》鄭玄注所説的「窒而生光，有似夫隧」的隧，應該是指鐘背面銼磨而成的溝槽。因為《考工記・匠人》一職中提到的「隧」就是指田地中的溝渠。據此可以肯定，清代以來考據學家認定的鐘體上「隧」的位置是錯誤的。華先生主張將「隧音」和「鼓音」改稱為「正鼓音」和「側鼓音」，得到學術界的認同。

毫無疑問，樂工在調整音律如此複雜、精密的曾侯乙編鐘時，一定會有一種音準器來作為銼磨、修正音律的標準。遺憾的是，當曾侯乙編鐘在許多地方巡迴展覽時，似乎誰也沒有想過，或者是誰也不敢想，與曾侯乙編鐘配套使用的音準器是否也在曾侯乙的墓中？唯其如此，一個價值不亞於整套曾侯乙編鐘的驚人發現，險些與我們擦肩而過，而重新埋沒在歲月的流光中。

三、五弦琴乎？筑乎？

在曾侯乙墓東邊的「寢宮」中，考古學家發現有若干件樂器，其中 10 弦彈奏樂器 1 件，25 弦瑟 5 件，竽 2 件，懸鼓 1 件。

另有一件形狀比較奇特的器物：木質，長棒形，首段近方，尾

· 均鐘

段近圓。全長 115 厘米，首寬 7 厘米，高 4 厘米；尾寬 5.5 厘米，高 1.4 厘米。表面平直狹長，首端立一蘑菇狀柱，柱高 4.4 厘米。柱旁和器面尾端各橫亘有首、尾嶽山。首嶽長 5.1 厘米，底寬 0.8 厘米，高 0.35 厘米；尾嶽長 4.5 厘米，底寬 0.8 厘米，高 0.35 厘米。兩嶽間距（隱間）106 厘米。兩嶽外側，均並列 5 個弦孔，孔徑 0.3 厘米，孔距約為 1 厘米。其首起 52 厘米為一狹長形音箱，內空。周壁平直，底板首端開有一橢圓孔與內腔相通，橢圓孔與器首擋板相交處（亦即首擋板底沿正中）尚有一小凹槽，似過弦槽。其器身的另一段，表面平直，內實，底部弧圓，尾端呈坡狀上收。經脱水處理時仔細觀察，該器主體係用整木雕成，首部音箱的底板是加工後嵌入的。

器身全部以黑漆作底色。器表除音箱面板部分（首嶽以內）之外，均以朱、黃兩色相間遍飾精細縟麗的紋樣。首端，以綯紋勾邊，內填鱗紋和捲曲紋；面板、側板、底板，以菱紋帶勾邊；尾端，表面繪鱗紋，底面繪正反向嵌合的三角雷紋。在由菱紋帶勾邊的裝飾塊面裏，紋飾的內容有兩個主題。第一主題繪於器身後半段的底面，畫面中有變形鳥紋、龍紋和人形紋，據其擺佈，可分為兩幅：其一，人作蹲狀，有目有口，頭頂長髮高豎且向兩旁彎曲，頭頂兩側各有一蛇，上肢作龍形，向上曲伸，胯下有二龍，龍首相對，龍身相互環繞三道，龍首各向後翹，龍體飾菱紋。其二，人亦作蹲狀，面孔比前者多出個大鼻樑直沖天靈蓋，月牙形的大嘴張而上翹，雙目倒挂，相當兩耳之處各有一蛇。其胯下雙龍形與上同。面板寬約 5.5—7 厘米，長 115 厘米，大略以中間為界，一端厚 4 厘米，另一端較薄，約 1.4 厘米。由於它的一端鑲嵌有一枚「嶽山」，也就是架設絲弦用的部件，

上面有 5 個刻槽，因此，學者最初將它定名為「五弦琴」。

黃翔鵬先生對這件「五弦琴」進行了仔細的觀察和深入的研究，發現它的形制比一般的琴窄得多，在如此狹窄的面板上安上 5 根弦，弦距就只有 0.9—1.1 厘米，要比唐代以來演奏用琴的弦距少一半。這麼窄的弦距，彈奏時勢必無法「容指」。假如它是用弓演奏的樂器，那也必然會出現絲弦擠纏的現象，無法成音。此外，一般演奏用琴的嶽山高 1.7 厘米，而這件「五弦琴」的嶽山僅高 0.35 厘米，相差非常懸殊，而且共鳴箱也很小，彈撥所產生的音量十分微弱，很難想像可以用於演奏。適成鮮明對比的是，它的弦長卻有 105 厘米，比普通的演奏用琴只短 4% 左右。如此長的弦，架在如此低矮的嶽山上，彈奏時勢必出現弦索擦碰腹板的現象，難以演奏。

那麼，是否可以用加設柱碼的方法來解決嶽山過低的矛盾呢？答案是否定的。因為腹板太窄，左右兩邊外側的弦下都沒有架設柱碼的地方。又因為弦距過窄，其餘之弦的柱碼也會有折疊、抬架的現象出現。總之，這是一件無法演奏的器物，絕對不能定名為五弦琴。

那麼，它是否會是先秦兩漢時期流行的另一種樂器「筑」呢？說起筑，大家都不會陌生，「高漸離擊筑」是婦孺皆知的故事。據古書記載，高漸離善於擊筑，為了謀殺秦始皇，他預先在筑的空腔內灌滿鉛，使之成為一件殺傷性武器。

可是，筑是甚麼樣子的呢？古書沒有記載，因為實在是太普通，無人不曉，根本用不着說明。三國兩晉以後，隨着歌舞伎的盛行，包括筑在內的一些傳統樂器開始衰落。到唐代，隨着清樂樂部在宮廷中的消失，筑已經絕跡於宴飲場合。宋代學者已經不知筑的形制。陳暘在他的《樂書》中描摹的筑的樣子，與琴瑟沒有多少區別。

1975 年，在長沙馬王堆三號墓隨葬的明器中發現一件長約 35 厘米的大頭細頸的樂器，引起了專家的注意。器身如四棱長棒，尾部細長，通體髹黑漆，首尾兩端各嵌一排竹釘，共 5 個，可以設 5 根弦。

·連雲港市海州侍其繇墓食奩

首端竹釘外有一圓柱，繫於竹釘上多餘的弦纏在此處。出土時，上面纏有絲質殘弦。同墓出土的「遣冊」(記載隨葬器物細目的清單)上有「筑一，擊者一人」的記載，推測這件器物應該就是失傳已久的筑。有趣的是，專家在馬王堆一號墓的彩繪棺頭檔上發現了一幅圖，圖中有一位頭部畫成龍形的人正在演奏一種樂器，這種樂器的樣子與三號墓出土的大頭細頸的樂器完全一樣！

無獨有偶，在連雲港的西漢侍其繇墓中出土的漆食奩彩繪花紋中，也發現了與馬王堆彩繪棺頭檔類似的畫面。由圖可知，筑的演奏方法與我們想像的完全不同，是左手持於細頸，翻轉左手四指、屈指按弦，右手用條形器物插弦。經專家考證，擊筑的「擊」，是插的意思。馬王堆的筑，並非實用的樂器，而是隨葬用的明器，所以只有 33 厘米長。它的實際長度，應該更長。至此，人們才恍然大悟，如果在它的共鳴箱中灌滿鉛，那確實是一件頗具殺傷力的重器。

將曾侯乙墓的五弦器與馬王堆的筑相比，兩者都是一頭大，一頭小，而且都是架設 5 弦，確實有許多相似之處。但是，如果將馬王堆的筑放大到與曾侯乙墓的五弦器相當的長度，就可以發現，五弦器的共鳴箱部分要比筑小得多，形狀也不同。因此，完全可以排除它是筑的可能性。既非五弦琴，又非筑，那麼，它究竟是甚麼樂器呢？

四、均鐘！湮沒千年的均鐘！

黃翔鵬先生對曾侯乙墓出土的這件器物進行了相當深入的研究，認為它應該就是《國語》中提到的、至遲於公元前6世紀已在周代宮廷中使用並在秦漢失傳了的「均鐘」。它是一種為編鐘調律的音高標準器，也是中國古代的一種聲學儀器。「均鐘」一詞的出處，和《國語・周語下》中樂官伶州鳩與周景王的一段對話有關：

> 王將鑄無射，問律於伶州鳩。對曰：律所以立均出度也。古之神瞽，考中聲而量之以制，度律均鐘。

在這段話對話中，伶州鳩談到了律的作用、方法、用具三個方面。第一，律的作用是「立均（韵）出度」。「均」是指七聲音階各個音級律高位置的總體結構。所謂「立均」，就是確定音樂中所使用的某種音階的調高。不同的律，可以表現為一定的長度，即提出一定數據作為音調的標準，此即所謂「出度」。第二，周代決定律準的方法，是憑藉「古之神瞽」傳下來的前代尺度，它可用以「度律」（確定律長），用以「均鐘」（為編鐘調音）。第三，定律的用具叫「均鐘」。「均鐘」的均是「調」的意思。均鐘的形制是怎樣的？《周語下》沒有提到，但是，韋昭作的註解中有説明：「均者，均鐘木，長七尺，有弦繫之以均鐘者。度鐘大小清濁也。漢大予樂官有之。」根據韋昭的註釋，均鐘在東漢皇家音樂機構中仍然存在。韋昭是東漢末年三國時代的吳人，離東漢的年代不遠，是著名的學者，他能描述均鐘的質地、長度、基本形制、用途等，應當是曾經見過這種器物，或者是當時的文獻中有所記載。

韋昭的註解雖然比較簡略，但是非常寶貴，由此可以了解到，均鐘是一種長方形的木製器具，長約七尺，器身有弦，弦的數目不詳，是古代的盲人樂師專用於調鐘的律準。

黃翔鵬先生認為，根據曾侯乙編鐘的樂律體系，它所使用的律準，應該與秦漢以後的律準判然不同。秦漢以後的律準，以三分損益法為宗，而且是每鐘一音，音準器是一種十三弦琴。十三弦琴的形制，通常是在中央一弦之下，或者是最外側的第一弦（即所謂黃鐘弦）之下，刻劃分寸，並且施軫設柱，樂工根據分寸刻劃確定其他十二弦的律高標準。

從曾侯乙鐘的銘文可知，它採用的是以宮、商、徵、羽為基礎的四顧四曾純律大三度律法，是一種複合律制。其音高並非完全採用三分損益法正律；由於同位異律的緣故，律數超過十二的一倍以上。因此，黃先生指出，如果曾侯乙編鐘是用三分損益法來正律數的，那麼，音準器上連 5 根弦都顯得多餘；而如果是按照鐘銘所有律名與音名來設弦，那麼，20 根弦也不夠用。

黃翔鵬先生認為，在古代的音樂實踐中，有一種七弦琴的鈞法，聲序從徵音起算，在古代樂律學理論中稱為下徵調「鈞法」。《管子》一書記載的五聲之序為徵、羽、宮、商、角，這正是自古相傳的七弦琴「正調」的「鈞法」。黃先生指出，根據曾侯乙鐘銘文，可知編鐘使用的是按照濱、太、正、少、反來劃分八度組位置的「鈞法」，因此，這件五弦器上張設的五根弦，是為了與編鐘的五個八度組相對應。如果將這件五弦器按照基列之各音作 e、d、f、g、a 各音來定五條空弦，則可以得到宮、商、徵、羽以及四顧、四曾，十二律的全部調律法。黃翔鵬先生感歎地說：「真所謂多一弦則不必，少一弦則不足。」這正是均鐘形狀與五弦琴相似的原因。將這件五弦器作為音準器來認識，許多以前無法解釋的問題都迎刃而解了。

首先，五弦器的嶽山設計得如此低矮，是為了輕撥弱奏的需要。調音者為了避免張力的變化，只能輕輕撥弦；為辨別音準，則宜靜聽。如果嶽山過高，就無法達到這一目的。

其次，五弦器的器身一側有音箱，另一側無音箱，兩者的分界，正好在 1/2 弦長處，也就是通常所說的七徽位，此處繪有全器唯一的一個斷紋，說明均鐘的設計，是有意識地只用一半徽位。因為，從 7 徽到 12 徽都位於音箱上，可以用左手按弦而取音；其右方則雖有指板而絲弦懸空，無法按弦取音，因為用右手輕撥弦線，無須按實，因此不同於琴。從 1 徽到 6 徽，徽上的按音全都是左半部所有各音的重複，只有八度組的差別，沒有不同音程的關係。而凡是高音部分與低音區音程關係相同的，其弦長分寸也隨音高而漸密，容易發生誤差，不如低音區取音準確，所以乾脆棄而不用。可見均鐘「虛其半器」的形制，是一種深明音響原理而又符合均鐘性能的科學設計。

再次，所謂「度律均鐘」，就是按照一定的計算方法求得的律來測定鐘的大小和發音高低。在均鐘的設計過程中，無疑已經利用了弦長比值等數據的度量關係，它作為一種儀器，把上述律制的多頭緒的複雜運算，化作簡易的直觀手法，只憑簡單度量，就能直接以所發音高，提供所需各律的標準，可謂神奇至極。用弦律來進行音律計算，由於弦長比與頻率比正好互為反比，故精確而易算。古代音樂聲學家們早已深諳此道。

黃翔鵬先生還指出，五弦器上的圖案也有助於解決它的性質問題。器身繪有五組在方格紋襯底上飛翔的鳳鳥：面板上的鳳鳥有兩行，各十二隻；一邊側板上的一行鳳鳥也是十二隻，另一側為十一只；底板上的鳳鳥共有十二隻。如果將各組鳳鳥按照首尾銜接的關係合攏兩端，正好形成完整無損的五個封閉的圓環，恰好與器身的五弦相對應，這恐怕不是巧合。這些花紋的寓意，應該就是上古神話中關於律的起源的故事。《呂氏春秋．古樂》說，黃帝令樂官伶倫造律。伶倫來到大夏之西，崑崙之陰，模仿六隻雄鳥的鳴聲，將竹子截成長短不同的六個竹管，成為六個陽律；又模仿六隻雌鳥的鳴聲，將竹子截成長短不同的六個竹管，成為六個陰律。西周鐘中多次發現有以鳳

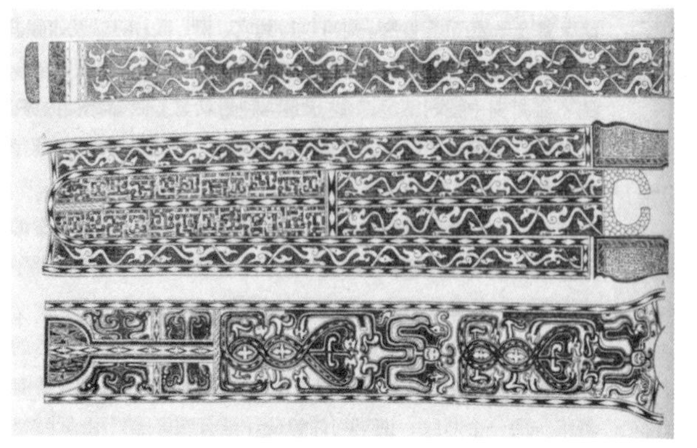

· 均鐘紋飾
採自《中國音樂文物大系》（湖北卷）

鳥標誌側鼓音的敲擊部位的。均鐘上的這組圖案，恰恰表明了均鐘的性質。琴箱兩側及頸面上飾有五組鳳鳥紋，十二羽為一組，每組中六正六反。兩個音樂神話，一為「樂」的起源，一為「律」的起源，用來裝飾調鐘用的音準器，實在是再合適不過了。

另有學者指出，器底的圖案也與音樂有關：在器身後半段的背面，繪有兩幅人形紋圖像，人作蹲狀，有目有口，頭頂長髮高豎且向兩旁彎曲，兩耳處各有一蛇，上肢作龍形向上曲伸，胯下有二龍，龍首相對，龍身相互環繞三道，龍尾各向後翹，龍體飾菱紋。它們可能是《山海經 · 大荒西經》所載夏后啟上天得樂的寫照。[1]

那麼，古人為甚麼能夠用如此簡單的調音器來解決如此複雜的音律問題呢？為甚麼在使用均鐘時，弦下不必刻劃分寸，設置徽位，僅用耳朵就能迅速在弦上找到律高的正確位置呢？這除了均鐘本身的高超設計之外，還有一個重要原因，就是上古時代在王室或諸侯宮廷中掌握「成均之法」的大司樂，或具體掌握均鐘或調律的大師都是盲人。盲人憑雙耳審聽音高所達到的精度，是今人無法想像的。蔡邕

1　馮光生：《珍奇的「夏後啟得樂圖」》，《江漢考古》1983 年第 1 期。

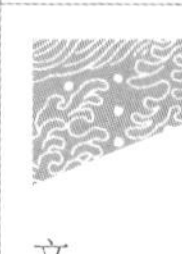

《月令章句》説：「古之為鐘律者，以耳齊其聲。後人不能，則假數以正其度。度數正，則音亦正矣。以度量者，可以文載口傳，與眾共知，然不如耳決之明也。」藝術的高妙之處，往往不是科學技術可以替代的。時至今日，最高級的樂器都出自匠人的手工，而不是現代機械，這是人所共知的。世界上最好的鋼琴，都是人工調試的。盲人樂師由於失明，其聽覺往往超乎常人，他們以音樂為終身唯一的事業，使得他們對於音準的敏感，達到常人難以企及的程度。《淮南子》中曾經説道：「師曠之施瑟柱也，所推移上下者，無寸尺之度而靡不中音。」「今夫盲者目不能別晝夜、分白黑，然而搏琴撫瑟，參彈復徽，攫援摽拂，手若蔑蒙，不失一弦。」這正是對當時盲人樂師的音準敏感的生動寫照。所以，蔡邕「古之為鐘律者，以耳齊其聲」的話，絕非空穴來風。

秦漢以後，已經不再嚴守三度生律法的同體諧和關係，並且宮廷樂工開始由明眼人擔任，因而改為在弦下刻劃明顯標誌。

古書記載的音準器有兩類，一種如《管子》的「三分損益法」，是通過弦長來求音高，是所謂「以弦定律」。此外，東漢蔡邕的《月令章句》中還提到通過有規律地變化孔徑和周長都相同的管子的長度來求十二律，是所謂「以管定律」。先秦定律到底是「以弦定律」還是「以管定律」？千餘年來，學術界幾乎都認為是以管定律。黃翔鵬先生以其淵博的學識和驚人的智慧，考證出鮮為人知的「均鐘」，精審嚴密，鐵案如山，湮沒千年的古代編鐘音準器由此重現人世，使世人對中國先秦時代的律學水平有了全新的認識，其功莫大焉。均鐘的考定，證明曾侯乙鐘是「以弦定律」，周代已有以弦定律的正弦器，同時也有力地證明中國音律的比率知識是獨立形成的，與外來文明無關。

五、雨台山律管：又一種戰國調音器

無獨有偶，在曾侯乙墓發現均鐘這一弦音準器之後，考古學家又發現了「律管」的實物。1986 年 10 月，江陵雨台山 21 號墓出土了 4 支律管，編號為 17-1、17-2、17-3、17-4。律管均用刮去表皮的異徑無節細竹管製成，上端管口圓形，從管口開始刮去表皮，管壁一側削成一或二個條狀平面，上面直行墨書本律（調）之宮和一些律（調）的對應階名，共計有依稀可辨的墨書 39 字，均為樂律內容。其中，能見到圓形管口並有文字的兩件，兩端均殘但有文字的兩件。此外還有一些無字的殘竹片。據此可以推斷，保留下來的殘管至少有四支，從殘片殘文分析，當有散佚。譚維四等先生對銘文作了如下的復原：

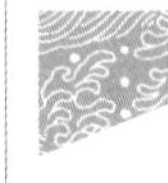

> M21：17-1，定新鐘之宮，為濁穆鐘羽，為定坪皇角，為定文王商，為濁姑洗徵。
>
> M21：17-2，定（或可省略）姑洗之宮，為濁文王羽，為濁新鐘徵。
>
> M21：17-3，定文王之宮，為濁獸鐘羽，為濁穆鐘徵。
>
> M21：17-4，濁坪皇之宮，為定文王羽，為濁穆鐘角。

由此可尋繹出本定律的銘文格式是：

1. 首先標出本定律之宮；
2. 其次標出上方小三度的濁律羽；
3. 再次標出上方小六度的定律角；
4. 再次標出上方小七度的定律商；
5. 最後標出上方純四度的濁律徵。

據此，可以將其餘八律的銘文復原如下：

濁獸鐘律：濁獸鐘之宮，為定穆鐘羽，為定坪皇角，為濁新鐘商，為定姑洗徵。

定獸鐘律：定獸鐘之宮，為濁姑洗羽，為定文王角，為定新鐘商，為濁坪皇徵。

濁穆鐘律：濁穆鐘之宮，為定姑洗羽，為濁新鐘角，為濁獸鐘商，為定坪皇徵。

定穆鐘律：定穆鐘之宮，為濁坪皇羽，為定新鐘角，為定獸鐘商，為濁文王徵。

濁姑洗律：濁姑洗之宮，為定坪皇羽，為濁獸鐘角，為濁穆鐘商，為定文王徵。

定坪皇律：定坪皇之宮，為濁新鐘羽，為濁獸鐘徵。

濁文王律：濁文王之宮，為定新鐘羽，為濁姑洗角。

濁新鐘律：濁新鐘之宮，為定獸鐘羽，為濁坪皇角。

它們的發音都稍微低於現行的平均律，與曾侯乙編鐘的實測結果相同。律名和階名與曾侯乙鐘磬標音銘文大體上沒有差別，只是新鐘、文王兩個律名之前所冠的「定」字是竹律所特有點。律名中，只有「姑洗」屬姬姓的曾國，其餘都是楚國所固有，證明它與曾侯乙墓鐘磬銘文屬同一樂律學體系。曾楚兩國樂律關係之密切，於此可見一斑。

將竹律與曾侯乙編鐘銘文比較，可知冠有「定」字的新鐘、文王二律都屬六律，即陽律；而冠有「濁」字的穆鐘、獸鐘和文王三律都是降半音的六呂，即陰律。[1]「定」字的意思與「正」字相當，因此，

1　李純一：《曾侯乙編鐘銘文考索》，《音樂研究》1981 年第 1 期。

六定律就是六常律，六濁律就是六變律。楚國屬陽律的六定律就是六正律。

與均鐘一樣，這些竹製的律管不是樂器，不能演奏樂曲，只能用於定音或調音。至於雨台山 21 號墓竹管的具體用途，專家認為可能是調瑟用的律管，有學者認為可以名之為「瑟律」，這是繼曾侯乙墓均鐘之後出土的又一件先秦時期楚地的調音器，是中國竹律管的最早物證。隨着田野考古的發展，一定還會有新的樂器和調音器出土，這是我們完全可以期待的。

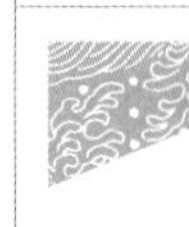

參考論著：

楊蔭瀏：《中國古代音樂史稿》，北京：人民音樂出版社，1981 年。

黃翔鵬：《均鐘考—曾侯乙墓五弦器研究》，《黃鐘》（武漢音樂學院學報）1989 年第 1—2 期。

黃翔鵬：《溯流探源—中國傳統音樂研究》，北京：人民音樂出版社，1993 年。

崔憲：《曾侯乙編鐘鐘銘校釋及其律學研究》，北京：人民音樂出版社，1997 年。

華覺明、賈雲福：《先秦編鐘設計製作的探討》，《自然科學史研究》第 2 卷第 1 期，1983 年。

劉再生：《中國古代音樂史簡述》，北京：人民音樂出版社，1989 年。

譚維四：《曾侯乙墓》，北京：文物出版社，2001 年。

第十一講

越王勾踐劍與吳越地區的冶鑄技術

越王勾踐劍，1965 年出土於湖北江陵望山 1 號楚墓，通長 55.6 厘米，劍身長 47.2 厘米，劍莖長 8.4 厘米，劍身寬 4.6 厘米，劍格寬 5 厘米，重 857.4 克。劍身遍飾菱形暗紋，近格處有「越王勾踐自作用劍」兩行八字錯金鳥篆銘文。

劍是先秦冷兵器時代最主要的武器之一，也是貴族、士人身份的標誌。劍在古代文化生活中扮演着重要角色，文人、武士與劍都有不解之緣。如果沒有劍，中華文化將大為失色。

一、文獻中的吳越之劍

在中國古史的傳説體系中，蚩尤被奉為兵神，是兵器的創造者。《山海經・大荒北經》説蚩尤作兵伐黃帝，《世本・作篇》也有蚩尤作五兵的記載。有人認為蚩尤所作的五兵，包括劍在內。由於劍是後世最典型的貼身兵器，故漢畫像石上的蚩尤就是手持利劍的形象。迄今所見中國最早的劍，是新石器時代晚期、江蘇邳縣大墩子發現的一把環形短劍，是用岫岩玉製作的。

從公元前 21 世紀起，中國進入青銅時代。河南偃師二里頭遺址出土的青銅戈，是目前出土年代最早的青銅兵器。但二里頭文化和早商遺址中都沒有出土過青銅劍。直到商代晚期，青銅劍才問世。由於環境和文化傳統的差異，我國南北各地的青銅劍風格各異，精彩紛呈，逐漸形成了中原式、巴蜀式、滇式、吳越式等幾大譜系。

早期青銅劍的形制比較簡略，如陝西長安張家坡的西周早期墓出土的一把青銅劍，僅 27 厘米長，扁莖、斜肩、無格，莖部有兩個縱列的圓孔，當是在兩側夾縛木柄用的。北京房山琉璃河出土的一件周

・古劍各部分名稱示意圖

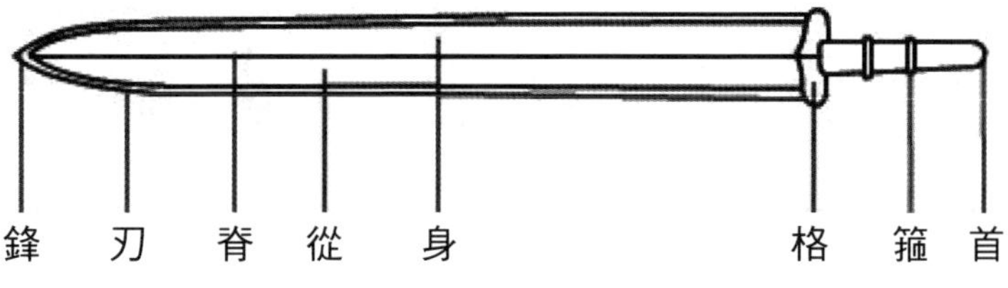

初的銅劍，只有 17.5 厘米長。這些劍，除去握持的部分，有效的部分很短。到早周或稍晚，中原地區出現了以脊柱為特點的銅劍，如果再作細分，又可以有直刃和曲刃兩類，前者出現較早，後者出現較晚。

在商周之際或稍晚，西部的四川地區出現了頗具地方特色的短劍，器身呈柳葉形，習稱「柳葉形劍」。由於以往柳葉形劍主要出土於川東的重慶等地，當地為古代巴國的所在，故又稱為「巴式劍」。後來，柳葉形劍在古蜀國的所在地成都平原也不斷出土，銅劍上常見的手心紋也見於三星堆的青銅人像上，可見柳葉形劍是巴蜀地區共有的文化特徵。

今川南、貴州和雲南地區，古代是以滇文化為中心的西南夷的地域，青銅文化出現較遲，大約到中原地區進入戰國時代之時，這裏的青銅文化才開始興盛。滇式劍的形式很多，最典型的是三叉格式劍，此外，金鞘鐵柄銅劍用金、鐵、銅三種金屬，頗有特色。

吳越之劍的形制，主要有有格圓莖空首式和有格圓莖帶箍式兩類，是當時工藝最精的劍系，設計科學，劍鋒犀利，劍相高貴，總體水平遠在周圍各國之上，從而為各國競相仿效，戰國時期流行的雙箍劍和空莖劍都源自吳越。著名史學家顧頡剛先生曾經指出，我國的青銅劍起源於吳越地區[1]，是頗有道理的。《荀子·強國》提到，鑄造一把好劍要具備以下幾個條件：「刑（型）範正，金錫美，工冶巧，火齊得，剖刑（型）而莫邪已。」意思是説，劍範要正，金（銅）錫的品質要好，工藝技術要巧，合金的配方要恰到好處，如此鑄造，則剖開器範就可以得到莫邪之劍。吳越之劍正是具備了《荀子》提及的種種條件。其中尤其重要的是「金錫美」，因為青銅劍是金（先秦稱銅為「金」）與錫的合金，金、錫的品質是否純正，決定着劍的質量高下。先秦時期南方盛產銅、錫，而且材質精美。如江西瑞昌從商代起就有

1 顧頡剛：《吳越兵器》，見《史林雜識初編》，163—167 頁。

了大型銅礦的開採，江蘇無錫的錫山曾經是名聞天下的錫礦產地。《考工記．敍》說：「吳、粵（越）之金錫，此材之美者也。」可見，在當時人的心目中，吳越的金、錫甲天下。地理、氣候環境對於青銅劍的鑄造也有特殊的作用。此外，它可能還包括水質是否合適、水中是否含有必需的微量元素等因素，古人稱之為「地氣」。《考工記．敍》說：「吳粵（越）之劍，遷乎其地，而弗能為良，地氣然也。」金、錫和地氣，是吳越兩國的天賜之利，加之能工巧匠的過人智慧，吳越之劍的出類拔萃就是順理成章的事了。

春秋戰國之際，吳越兩國的君王擁有天下名劍。據《越絕書》外傳《寶劍》記載，「越王勾踐有寶劍五，聞於天下」。勾踐的五把名劍，指湛廬、純鈞、勝邪、魚腸、巨闕，其中大型者三、小型者二，

．早期青銅劍
採自李伯謙著《中國青銅文化結構體系研究》

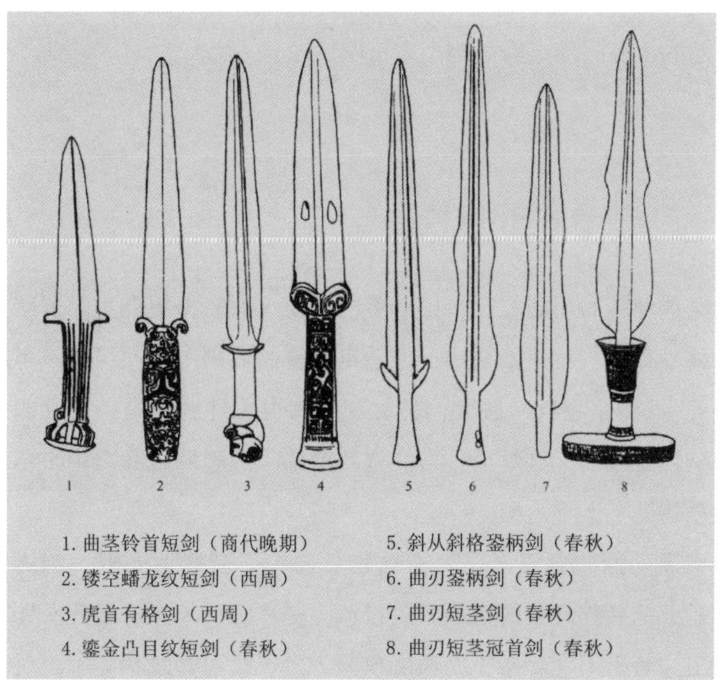

都鋒利無比，「風吹斷髮，削鐵如泥」。後來，吳越交戰，勾踐敗北，他的勝邪、魚腸、湛盧三劍為吳王闔閭所得。

吳越之劍的鋒利，先秦文獻就有詳細的描述。《戰國策・趙策三》馬服君趙奢對田單說：「夫吳幹之劍，肉試則斷牛馬，金試則截盤匜。」不僅可以斬斷牛馬之軀，而且可以斬斷青銅質地的盤匜，真可謂無堅不摧。

吳越之劍的品相也為時人所讚美，《吳越春秋》載相劍名家薛燭之語說：「光乎如屈陽之華，沈沈如芙蓉始生於湘。觀其文，如列星之芒；觀其光，如水之溢塘；觀其色，渙如冰將釋，見日之光。」吳越的鑄劍工藝名聞天下，代表東周時期鑄劍技術的最高水平。

最初的青銅劍，器型比較簡單，如今四川地區出土的柳葉形劍，扁莖，無格，無首，劍身與劍莖之間沒有明顯的分界。春秋晚期起，隨着劍的普遍流行，劍制漸趨一致，一把劍必須具備首、莖、格、脊、鍔（刃）、末（鋒）等要素。劍外有鞘，鞘的某些部位有玉飾，如口部的玉飾叫琫，對面的小方玉叫珌。

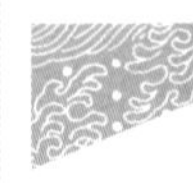

二、劍與先秦社會

吳越地區的歷史文化，由於劍的出現，而變得更為生動鮮明。工匠的終身願望，就是鑄造出一把蓋世無雙的名劍，為此目的，可以慷慨赴死。《吳越春秋・闔閭內傳》記載，吳人幹將與妻善於鑄劍，吳王命其鑄雌雄劍，久煉而不得，遂雙雙躍入沸騰的銅液之中，用自己的生命鑄就了天下名劍。

東周列國的君王為了一把吳越名劍，不惜連年征戰。越王勾踐擁有的五把名劍之一的湛盧，其後流入楚王之手。秦王聞訊，要求楚王交出，楚王不允。秦王乃興師攻楚，楚王寧可兵戎相見，也絕不交劍，珍愛的程度不難想見。《越絕書》記載，楚王派風鬍子到吳國請歐冶子、幹將鑄鐵劍。歐冶子、幹將鑄成龍淵、泰阿、工布三把劍，晉鄭王聞而往求，楚王不允，於是出兵圍楚，竟達三年之久。擁有吳越之劍者，無不視為奇珍。《莊子・刻意》説：「夫有幹（吳）越之劍者，柙而藏之，不敢輕用也，寶之至也。」可見吳越之劍的名貴。

劍在社會生活中的廣泛流傳，使劍取得特殊的地位，成為身份的象徵。先秦文獻《考工記》有執掌鑄劍的「桃氏」一職，其職守中有如下一段文字：

> 身長五其莖長，重九鋝，謂之上制，上士服之。身長四其莖長，重七鋝，謂之中制，中士服之。身長三其莖長，重五鋝，謂之下制，下士服之。

意思是説，按照劍的長度和重量，劍的規格可以分為上制、中制、下制三等。上士的劍，劍身的長度是莖的五倍，重量是九鋝[1]；中士的劍，劍身的長度是莖的四倍，重量是七鋝；下士的劍，劍身的長度是莖的三倍，重量是五鋝。由此可見，當時的士都得佩劍，劍已是身份的標誌。因此，再潦倒的士，也不願意拋棄他的劍。《史記・韓信列傳》説，韓信流落市井，乞討為生，但「好帶刀劍」。《史記・孟嘗君列傳》説，孟嘗君的食客馮驩，寄人籬下，「甚貧，猶有一劍耳，又蒯緱」。緱是劍把處，一般用絲帶纏繞作為裝飾。馮驩一貧如洗，只能用蒯草搓成繩，纏繞於緱。對於俠士來説，劍又是風流倜儻的象徵，《史記・刺客列傳》説荊軻「好讀書擊劍」。春秋時期的官員都有佩劍，這種風氣也影響到地處西陲的秦國，《史記・秦本紀》記載，秦簡公六年（前409）「令吏初帶劍」。張守節的《正義》解釋説：「春

1 鋝是古代重量單位，一鋝重六兩又大半兩，二十兩為三鋝。

· 季札挂劍圖漆盤

秋，官吏各得帶劍。」

官員奉命出使他國，佩劍更是不可須臾離開。據《史記 · 吳世家》，公元前 544 年，季札奉吳王之命聘於魯，北過徐國（今安徽泗縣北）。徐君十分喜愛季札的佩劍，而羞於啟齒。季札看出他的心思，但是使命在身，不敢解劍相贈。季札行聘結束回吳，經過徐國時，徐君已死，季札「乃解其寶劍，繫之徐君冢樹而去」。「季札挂劍」的故事，主旨是稱讚季札的真誠，但我們從中可以得知，在外交活動中劍是不可或缺的。

《左傳》宣公十四年，楚王派申舟聘於齊國。途經宋國時，申舟被殺害。楚王聞訊，「投袂而起，屨及於窒皇，劍及於寢門之外，車及於蒲胥之市」。意思是說，楚王拂袖而起，連鞋也沒穿好就跑出去，準備出兵。隨從慌忙將鞋和劍遞給他，同時備車。楚王走到「窒皇」（寢門的門闕）時，才穿好屨，走到寢門之外才佩好劍，走到蒲胥的集市時，才上了車。這段文字將楚王衝動的神態描繪得淋漓盡致。於此，我們也可以看出，劍是君王不可須臾離身的器物。

文獻中對吳越之劍的描述，每每與某些故事相聯繫，生動無比，

讀之令人動容。不過，掩卷之餘，人們又不免會懷疑「風吹斷髮，削鐵如泥」之類描述的可信性，以為它不過是文學家的誇飾之言。誰也不敢斷言古代中國能鑄出這樣的利劍，因為，畢竟誰也沒有見過吳越之劍。

三、吳王夫差劍，出土知多少

吳越出產利劍，官方和民間所藏不知凡幾。據《越絕書》記載，吳王闔閭之墓在虎丘山之下，「銅槨三重，澒池六尺。玉鳧之流，扁諸之劍三千」。秦始皇統一中國之後，為了防範人民的反抗，「收天下兵，聚之咸陽，銷以為鐘鐻，金人十二，各重千石，置廷宮中」[1]。吳越之劍自然令秦始皇不安。相傳，秦始皇南巡到蘇州時，下令挖掘吳王闔閭之墓，希望能挖出深藏於墓中的利劍，但挖到地下水涌動為池，也未見劍的踪影。這就是當今蘇州名勝「劍池」的由來。其後，東吳的孫策、孫權也曾來此覓劍，結果都空手而歸。

千百年來，金石收藏家以蒐尋吳越之劍作為終身夢想。就目前所見的材料而言，最早著錄吳王夫差劍的，是清代學者阮元的《積古齋鐘鼎彝器款識》。此劍劍身的拓本長約 44 厘米，圓筒狀莖，窄格，劍身中部突起圓弧形脊。臘部（劍身與劍柄相交處）鑄有銘文「攻吳王元差自作其夫用」2 行 10 字。其中「夫」字與「元」字誤倒。此劍最初為錢塘黃小松所藏，後為日照許印林所有，最後歸濰縣著名收藏家陳介祺。郭沫若《兩周金文辭大系圖錄考釋》對此劍的銘文有考證。《小校經閣金文拓本》和羅振玉《三代吉金文存》著錄同一件吳王夫差劍，臘部鑄銘「攻吳王元差自作其夫用」2 行 10 字，形制及銘文特

1 《史記．秦始皇本紀》。

點與《積古齋鐘鼎彝器款識》所收夫差劍相同。

著名古文字學家、古器物學家于省吾教授藏有稀世名劍兩把，故以「雙劍誃」作為室名。其中一把是吳王夫差劍，相傳 1935 年出土於安徽壽縣西門內。此劍通長 58.9 厘米，寬 5.3 厘米，圓首，圓柱狀莖上有兩道圓箍，劍格嵌有綠松石，飾簡化獸面紋，刀鋒鋭利。器身有「攻吳王夫差自作其元有」10 個字的銘文。現藏中國國家博物館。天津市藝術博物館也藏有一件劍首與劍鋒均已殘缺的吳王夫差劍，但臘部的銘文「攻吳王夫差自作其元用」2 行 10 字尚在。劍的形制與上面提到的兩件相似。

此外，文物部門在廢品收購站的「廢銅」中，也發現兩把吳王夫差劍。1965 年，在山東平度縣廢品收購站發現一把吳王夫差劍，通長 57.8 厘米，寬 5.8 厘米，扁莖，臘部有銘文「攻吳王夫差自作其元用」2 行 10 字。現藏山東省博物館。1976 年，河南輝縣百泉文物保管所從廢銅中發現一把吳王夫差劍，首部已殘損，殘長 59.1 厘米，寬 5 厘米。器型與于省吾教授所藏相似，劍身也有「攻吳王夫差自作其元用」10 字的銘文。據訪查，可能是 1949 年之前從輝縣琉璃閣戰國墓葬中所盜出。1974 年，安徽廬江縣農民在開挖水渠時，無意發現一把吳王劍，長 54 厘米，無銹，有光澤，柄為橢圓柱形，上有兩道箍棱；劍首已經殘損；劍格較寬，上有用綠松石鑲嵌的花紋；莖部較寬；中脊近格處有兩行大篆銘文「攻吳王光自作用劍□餘以至克肇多功」。吳王光即吳王闔閭。春秋晚期，廬江屬吳國，此地出土吳王劍並非偶然。無獨有偶，1991 年，山東鄒縣農民在整修地堰時也發現一把吳王劍。劍身瘦長，鋒尖，隆脊，通長 60 厘米，莖長 9.8 厘米，寬 5 厘米，重 1000 克；圓首，圓莖，雙箍；有銘文「攻吳王夫差自作其元用」2 行 10 字。

考古發現的吳王劍也有幾把。1976 年，湖北襄陽蔡坡 12 號戰國墓出土一把吳王夫差劍，出土時裝在漆木劍鞘之中，首部已殘損，殘長 39 厘米，寬 3.5 厘米。圓筒狀莖，臘部鑄銘「攻吳王夫差自作其元用」2 行 10 字。1991 年河南洛陽中州中路戰國墓出土一把吳王夫差劍，通長 48.8 厘米，寬 4.2 厘米，圓首，圓筒狀莖，窄格。臘部鑄銘 2 行，因銹蝕，目前僅可見「王夫差……其元用」6 字，原本當有「攻吳王夫差自作其元用」10 字。此外，山西峙峪出土過「吳王光劍」，山西代縣蒙王村出土過「吳王夫差矛」，安徽壽縣蔡侯墓出土過「吳王光鑒」。

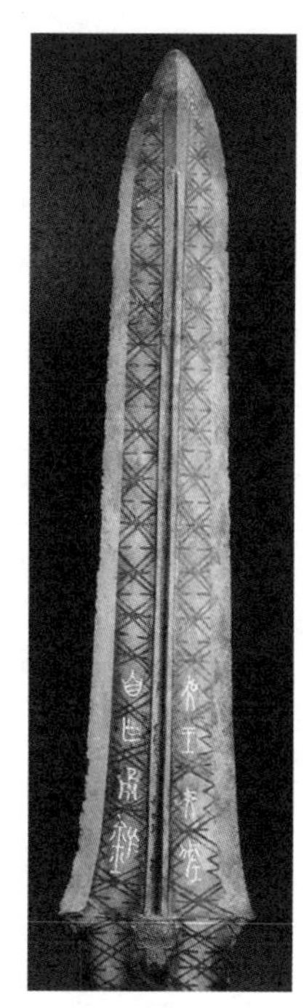

· 吳王夫差劍銘文

以上所舉的吳王夫差劍，除少數之外，大部分保存情況較差，品相不佳。1991 年，香港古董店拍賣一把精美無比的吳王夫差劍，後被台灣古越閣主人王振華、王淑華購藏。此劍通長 58.3 厘米，銅質精良，前鋒內斂，兩叢有血槽。劍身中脊和刃線界劃分明，製作極工。近格處有鑄銘「攻吳王夫差自作其元用」。劍格飾獸面紋，以綠松石鑲嵌。圓莖，有雙箍。劍首端面以極窄而深峻的同心圓紋為飾。此劍保存完好，鋒刃鋭利，劍相高貴，為迄今所見夫差劍中最精美的一件，為領袖群倫的劍中極品。

四、地不愛寶，越王劍頻頻面世

湖北江陵，位於紀山之南，故稱紀南城，是楚國郢都的所在地，也是楚文化的發祥地，歷史上曾有 20 代楚王在此執政，歷時 400 餘年，地下文物極為豐富。1965 年，考古學家在紀南城附近發現一批楚墓，隨之進行大規模發掘，出土大批銅器、陶器、漆器、竹器、絲綢、玉器和竹簡等，收穫巨豐。令中外震驚的是，在望山 1 號墓棺內人骨架左側的墨漆的木鞘中發現一把青銅劍，劍通長 55.6 厘米，劍身長 45.6 厘米，劍莖長 7.9 厘米，劍身寬 4.6 厘米，劍格寬 5 厘米，重 857.4 克。劍的前鋒內斂，呈兩度弧曲狀。兩側有血槽。劍身遍飾菱形暗紋。劍格兩面分別用綠松石與藍色琉璃鑲嵌出花紋。莖有雙箍，劍首向外翻卷作圓箍形，內鑄 11 道間距極小的同心圓圈為飾。劍柄為圓柱體，「緱」（纏繞於柄的絲繩）保存完好，柄上有兩道戒箍。劍出鞘時，寒光襲人，毫無銹蝕，鋒刃如新，猶能斷髮。近劍格處有兩行錯金鳥篆書銘文「越王鳩淺（勾踐）自乍用劍」。這正是深藏二千四百多年來人們眾裏尋她千百度的越王勾踐劍！

越王勾踐之劍，居然出現在千里之外的楚墓之中，豈不是有悖於情理？其實，楚、越兩國的關係一度非常密切。越王勾踐的女兒曾遠嫁楚昭王，深受寵愛，楚惠王就是她的兒子。因此，如果說這把越王勾踐劍是勾踐嫁女的陪嫁，絕不會是無稽之談。望山 1 號墓的墓主並非楚王，勾踐劍為何會成為他的隨葬品，就無從考索了。因為隨着時間的推移，流入楚國的勾踐劍更易主人的可能性實在太多。但是，也有另一種可能，即楚威王六年（前 334）率兵滅越時，此劍或是兵將劫掠所得。鑒於吳、越的王器在楚地出土並非僅此一件，這種可能性也不能排除。1993 年，荊州博物館在江陵藤店 1 號墓內發現兩把青銅劍，其中一把為越王州勾劍。劍通長 56.2 厘米，刃部極為鋒利；莖有兩道箍，纏滿絲繩，劍首為圓形；劍身近格處有兩行錯金鳥篆銘文：「越王州句自作用劍」[1]。上古「勾」字寫作「句」，州句即朱勾，是越國的第四代王。其後，在江陵張家山出土了第七代越王劍，即越王盲姑劍。1988 年 10 月，江陵縣文物局在紀南城北垣外發掘的楚墓中，又發現一把越王劍，全長 65 厘米，寬 5.3 厘米，格寬 1.2 厘米。劍的

1　崔仁義、李雲清：《荊門出土越王州勾劍》，《中國文物報》1988 年 4 月 22 日。

形制與越王勾踐劍相似，劍首 7 個同心圓，劍格鑲嵌有綠松石，並有鳥篆銘文「越王者旨於賜」。劍保存良好，兵鋒如新。據專家研究，「者旨於賜」是越王勾踐之子，又名鹿郢，公元前 459—前 454 年在位，此劍就是他的佩劍，故稱「越王鹿郢劍」。這是繼越王勾踐劍、越王州勾劍、越王盲姑劍之後出土的第四把越王劍。[1] 無獨有偶，繼流傳在民間的吳王劍被台灣古越閣主人購藏後，香港拍賣行又要拍賣一把越王劍，出價為 120 萬港幣。1995 年，上海博物館館長馬承源先生在香港訪問，得知此訊，立即前往目驗原物。此劍劍鞘黑漆如新，劍長 52.4 厘米，劍身最寬處 4.1 厘米，寒光灼灼，劍柄纏繞的絲帶完好無損。劍格鑲嵌綠松石，正面的銘文為「戉（越）王戉（越）王」，反面的銘文為「者旨於賜」，都是古代越族特有的鳥篆體。20 世紀發現過兩把「者旨於賜劍」，但都已鬆蝕，即便如此，也列為奇珍，收藏於故宮博物院和上海博物館。香港的這一把越王劍品相之好，為內地的兩把越王劍所無法比肩。馬承源先生說：「距今 2400 餘年左右之劍，仍能光亮湛然。在已發現的千柄古劍中，難能有一柄與之相匹，此乃劍中之極品，稀世之奇寶。本劍的金屬質地之完好，已超過湖北發現的越王勾踐劍。整體來看，質地嶄新，有緱，有鞘，此其勝於越王勾踐劍者。因而，者旨於賜劍與越王勾踐劍，可並列為越劍之雙絕，而為國家之重寶。」為了不讓這件國之瑰寶流失異域，馬先生隨即與浙江省博物館聯繫，並預付 10 萬港幣作為訂金，然後籌集購劍所需巨款。在籌款期限將臨時，浙江省博物館因無力斥巨資購劍而一籌莫展。此時，有一日本人願出 150 萬港幣購買此劍。在最後關頭，杭州一家不願透露名稱的國有大型鋼鐵企業，決定出資將這件國寶從香港購回，他們唯一的要求是，「經最後鑒定確是珍品」。浙江省博物館邀請國內著名冶金史和青銅器專家進行鑒定，確定此劍的國寶地

1 《楚兵器寶庫新出越王鹿郢劍》，《中國文物報》1988 年 11 月 11 日。

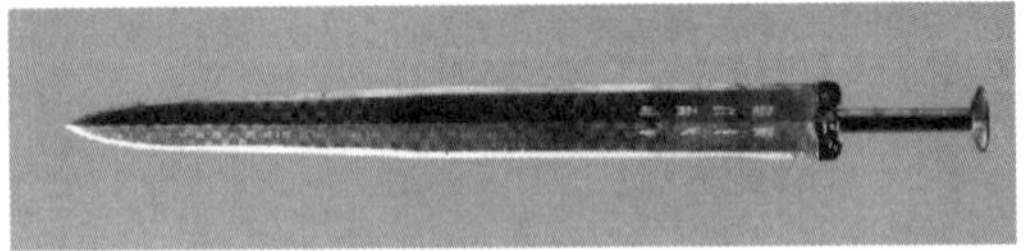

· 越王勾踐劍

· 浙江省博物館所購藏越王者旨於賜劍

· 越王勾踐劍

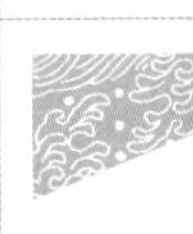

位[1]。「者旨於賜劍」現存浙江省博物館文瀾閣。

如前所述，越王勾踐曾經延聘名師鑄造五把越王劍，其後，這五把劍流入他國，不知所終。1985 年 11 月上旬，紹興縣漓渚鎮洞橋村村民在橫路畈挖田泥時發現一把劍，通長 21.6 厘米，格寬 3 厘米，莖長 6 厘米。劍身較扁，略起棱脊，斜從而寬，前鋒收狹。劍格較闊，圓柱莖，上有三周凸箍，首心有圓孔通莖內。脊兩側各飾一列變體雲

1　田志偉、吳繆亮：《國寶越王劍回歸記》，《中國文物報》1995 年 12 月 10 日。

雷紋，格、莖和箍上也有雲紋，是典型的春秋越國銅器。越國以鑄造寶劍而名滿天下，紹興境內已發現的越國青銅劍已有20餘把，但大多劍身較長，漓渚鎮出土的是最短的一把，堅韌鋒利，巧奪天工，有人認為就是五把越王名劍中的「魚腸劍」[1]。

順便要提到的是，上舉吳越之劍的銘文，大多是錯金的鳥蟲篆，這是春秋時代當地流行的一種有裝飾作用的字體。鳥蟲篆的周圍，有的還用綠松石鑲地，成為吳越之劍的鮮明特色。這也是它被人們珍愛的重要原因之一。

五、揭開吳越複合劍的千古之謎

越王勾踐劍深埋於地下2000餘年，鋒刃如新，猶能斷髮，可謂曠世奇跡，在海內外引起極大轟動，證明古籍中關於吳越之劍的描述，絕不是言過其實的文學誇張，而是真實的寫照。

吳越青銅劍展現了諸多特異現象和精湛技藝，是先秦鑄劍技術的巔峰，劍身的磨削技術、雙色劍製作技術，銘文錯金技術，劍格和劍箍的鑲寶石、鑲琉璃技術，劍身菱形暗格紋技術、劍首薄壁同心圓的製作技術等，令人歎為觀止。其中雙色劍、菱形暗格紋、劍首薄壁同心圓的製作技術，至今無法超越，堪稱吳越青銅兵器技術的「三絕」。

所謂雙色劍，是指劍體有兩種顏色，劍脊呈紅黃色，兩刃呈黃白色，故稱雙色劍。這種情況在吳越以外的青銅劍中很少發現，它究竟是怎樣形成的呢？ 1978年，上海復旦大學靜電加速器實驗室對越王勾踐劍進行無損質子X熒光非真空分析。檢測表明，劍脊含銅較高，刃部含錫較高，劍格含鉛較高。為甚麼要用如此複雜的金屬配伍呢？

1　周燕兒：《越國青銅短劍》，《中國文物報》1996年9月15日。

這要從金屬的特性說起。銅有很好的韌性，但硬度很低，純銅難以用來製作兵器。河北槁城台西商代遺址中曾經出土一件鐵刃銅鉞，將硬度很高的隕鐵嵌入刃部，就可以解決鋒刃器的硬度問題。但是，隕鐵是非常之物，很難得到，所以無法普遍運用。

如果在銅中加入錫，就可以提高金屬的硬度。先秦文獻《考工記》將青銅器分為鐘鼎、斧斤、戈戟、大刃、削殺矢、鑒燧六類，因其用途不同，錫、銅配比各不相同，這就是所謂的「六齊」。但是，事物總是有矛盾和對立的兩方面，硬度越高則韌性越差，延伸率越低，脆性越大，在外力的衝擊下，金屬體容易折斷。作為格殺用的兵器，應該鋒利和韌性兼備，這在鋼鐵發明之前，是頗令匠師苦惱的難題。

上海博物館收藏有 5 把吳越青銅劍，此外還有若干件劍身的斷塊，上海博物館著名冶金史專家譚德睿等先生利用這一有利條件，進行了專題研究。他們仔細觀察劍身的橫斷面，發現中間的劍脊和兩邊的從不是一次鑄成的，而是有着十分複雜的程序：

先澆鑄出帶有劍莖內芯、兩側有榫頭結構的劍脊，然後除去劍脊左右榫頭表面的氧化層；

將劍脊放入鑄造劍從的陶範內，並留出澆口和冒口；

將陶範放入窯內，用 800—850℃左右高溫焙燒，使範內的劍脊作組織均勻化的退火處理，於是，劍脊在鑄態下形成的樹枝晶中的錫偏析得以減少，δ 相脆性亦得以減少，使劍脊合金的韌性得到明顯提高；

取出陶範，注入銅液，澆鑄出劍從，劍從冷卻收縮時，劍脊對劍從合金有激冷作用，因而劍從結晶細小，強度和硬度提高，同時與劍脊的榫頭咬合成劍身的整體；

取出已成的劍身，縱向磨削劍從，開出刃口；

將開刃後的劍身靠莖部的一端放入鑄造範內，在澆鑄劍格、

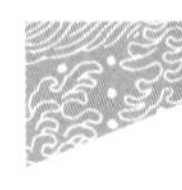

劍莖、劍箍、劍首的同時，使之與開刃後的劍身合鑄為一體。

鑄成後的劍，劍格緊緊包住劍身的端部，劍莖和劍箍則裹住劍莖的內芯，嚴密無隙，堅固地結合為一體，而又剛柔兼備，其智慧令人驚奇。

六、吳越之劍的菱形暗格紋技術

越王勾踐劍表面的紋飾，有雙線交叉構成的菱形、橢圓形、短直線等多種圖形，從劍格到劍鋒，隨着劍體的變化而逐漸變小，但在視覺上卻是規範勻稱，極富裝飾性。菱形紋飾有很強的附着力，用力擦拭之不會磨損，但又不是用機械方法嵌入劍身的，似乎與當代的「電鍍」工藝相仿佛。吳越匠師是如何將花紋「鍍」上去的？這一問題引起國內外許多學者的強烈興趣。最早涉足這一難題的，是美國佛利爾藝術博物館齊思博士（W. T. Chase）和加拿大多倫多大學冶金和材料科學系弗蘭克林教授（U. M. Franklin）。他們利用美國舊金山亞洲藝術博物館的一件菱形暗格紋矛作了檢測分析，推測暗花紋的形成工藝是採用天然植物酸或天然酸性鹽作蝕刻劑在兵器表面蝕刻出紋飾，因此稱菱形暗格紋為「蝕刻紋飾」。然後採用了「上釉和封閉」工藝，使兵器表面有一層玻璃態熔融物。兩位學者同時強調，上述推測均需實驗驗證，因為埋藏過程中器物也會發生重大變化。

1978 年，中國學者運用質子 X 熒光非真空分析法對越王勾踐劍的黑色紋飾作了無損分析，發現黑色紋飾處錫、鐵含量均高於銅劍基體，並且含硫，推測在處理紋飾時可能使用了硫化物，得到黑色或暗灰色的硫化銅，硫化的主要作用是可以防銹。但也有可能是表面氧化層受到硫化物污染所致。可是，沒有足夠的證據確認當時使用了硫化的辦法。

其後，復旦大學靜電加速實驗室、中科院上海原子核研究所冶化分析組和北京科技大學冶金史研究室聯合，利用復旦大學靜電加速器，對菱形紋飾劍表面作質子X熒光非真空分析，並對望山楚墓出土的越王勾踐劍和同墓出土的另一件菱形紋飾劍作無損檢測，發現銅劍基體錫含量為15.2%—18.8%，與普通的東周劍沒有區別；而凡是在有黑色紋飾的地方，錫、鐵的含量都高於基體，並且含有硫。專家們推測，劍表黑色或暗灰色的硫化銅，有可能是處理時使用了硫化物所致，但也可能是表面氧化層受到硫化物污染所致。由於越王劍是國寶級文物，所有的研究只能局限在劍的表面，所以，一時無法作出確切的結論。

1996年，在上海科學技術發展基金資助下，上海博物館與上海材料研究所、寶山鋼鐵集團公司鋼鐵研究所合作，這項千古之謎終於揭開，並按古法複製成功。[1]

菱形紋飾劍分析檢測的標本，是上海博物館的一件允許取樣分析的菱形紋飾劍殘段。專家採用了掃描電鏡、電子探針、X射線衍射分析、金相顯微分析和濕法化學分析等手段，系統分析了殘劍的基體及表面的成分分佈和組織結構。劍體係鑄造而成。菱形暗格紋劍表面有以脊線為中心、左右對稱分佈的菱形紋飾。劍體分紋飾區和非紋飾區兩部分，通常前者呈灰白色或淺灰黃色，後者呈亮黑色，表面似有一層釉質。

殘劍基體的化學成分分析（電子探針微區分析）表明，銅、錫元素含量均在普通吳越青銅劍成分範圍之內，並無特殊之處。

紋飾區和非紋飾區受到不同程度的腐蝕。受腐蝕較深的部位都對應於劍表面的非紋飾區。對應於紋飾區，被腐蝕的大部分僅停留在

1 譚德睿等：《東周銅兵器菱形紋飾技術研究》，《考古學報》2000年第1期。

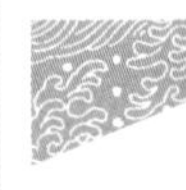

表面層內，僅在少數有裂紋產生的部位，腐蝕介質才沿着裂紋深入基體，使該區域的基體受到腐蝕。非紋飾區與紋飾區都已受到相當程度的氧化，都有不同程度的銅流失、錫富集的現象，以及鐵、矽富集的現象，並不含硫。

對於在先秦時代的技術條件下有可能出現的細晶區形成工藝以及紋飾區 α 相優先腐蝕、氧化的原因和方法，課題組都作了認真的分析，然後用鑄造成型法、表面激冷法、表層合金化法、擦滲法、熱浸滲法、汞劑法、腐蝕法和金屬膏劑塗層法等多種工藝，一一進行模擬實驗篩選之後，最後確認，用金屬膏劑塗層處理工藝形成的表面細晶區，其成分和組織都能與越王劍相符，可能就是東周吳越青銅兵器表面菱形紋飾的形成方法。

在青銅表面塗有金屬膏劑的地方經過擴散處理後，器表呈白色。沒有塗金屬膏劑的地方是基體外露的部位，呈錫青銅的黃色。由此可知，劍體表面最初呈現的是富麗的黃白相間的菱形紋飾。

將複製的基體試樣浸泡在腐殖酸水溶液中，隨着浸泡時間的增加，試樣表面顏色由灰色變為黑色，並有釉質感。紋飾區、非紋飾區經腐殖酸溶液浸泡後，其形貌、顏色、成分、組織等均與文物標本相近。

模擬實驗證明，細晶區是由含錫量高的組分熔化而成，並與基體相互擴散，不是機械結合。菱形紋飾劍的原色是黃白相間的菱形圖案，由於紋飾區與非紋飾區的表面因結構和成分的不同，埋藏於含腐蝕介質的土壤中之後，在氧化絡合作用下，形成了不同程度的腐蝕，菱形紋飾則由黃白相間變為黑亮、灰黃相間等色澤[1]。

金屬膏劑塗層工藝是一項表面合金化工藝，涉及合金成分、擴散、傳熱、結晶等複雜的高溫化學反應過程。早在 2500 多年前，吳

1　廉海萍：《東周銅兵器菱形紋飾技術》，《中國文物報》1998 年 4 月 8 日。

越鑄劍高手已創造並掌握這項工藝，中國已發明了一種精湛的金屬表面合金化技術——金屬膏劑塗層擴散工藝。這項研究揭開了菱形暗格紋形成之謎，並發掘出一項不為世人所知的中國古代科技發明。這種精湛的表面合金化技術，既可在銅器表面產生裝飾效果，又具備防腐蝕功能，為中國科技史增添了新的一頁。

順便要提到的是，山西原平峙峪出土的「吳王光劍」，劍身有火焰形的花紋，與「越王勾踐矛」的菱形花紋風格迥異，顯示了吳、越兩地不同的地方特色，但兩劍的鑄造工藝是完全一致的。

七、薄壁同心圓劍首：高妙在何處

越王勾踐劍的劍首有用 11 道極薄的銅片製作的同心圓，最小壁厚僅 0.2 毫米，最寬不足 1 毫米，壁高約 0.2—2 毫米，槽寬約 0.3—1 毫米。同心圓的槽底，分佈着極細凸起的繩紋，增加了劍首同心圓的裝飾性。以現代的鑄造技術，青銅鑄件的壁厚必須大於 3 毫米，否則無法成型。而越王勾踐劍劍首的銅片的厚、寬、高居然全部低於這一成規！冶金史學家稱之為「薄壁結構」。

從情理上講，吳越劍劍首的同心圓飾如此之薄，用鑄造的方法是做不到的，而有可能是焊接成型的，但是薄壁上沒有焊接的痕跡。那麼，它究竟是採用了怎樣的工藝呢？專家認為可能有以下幾種方法：

一是車削法。要用類似車削的方法加工出薄壁同心圓，必須有硬度高於青銅的材料。但是春秋戰國時期，鐵的發展處於初級階段，不能製作出車削青銅的鋼鐵工具。玉石的硬度雖高，但脆性太大，也不能製作車削工具。退一步來説，即使有合適的材料，也都無法加工出同心圓槽底的繩紋。

二是失蠟法。採用失蠟法，必須先做出與同心圓劍首形狀相同

· 劍首同心圓

的蠟模，然後才能制範，鑄造出青銅劍首。但在製蠟模時，模型無法排氣，蠟模很難成形，而且同心圓內凹的凸棱使蠟模無法從模型內脱出。

三是石範法。石範熱物理性能較差，沒有退讓性，只能鑄造簡單的工具和兵器。若用它鑄造複雜的劍首同心圓，銅液在從液態冷卻到固態時產生的收縮將使同心圓產生裂紋，並使青銅與石範緊夾，劍首同心圓無法完整地從石範內脱出。

四是組合陶範法。如果用組合陶範鑄造法，則先要用輪制法車製出劍首陶模，經焙燒定型，再用此陶模翻製出劍首陶範，但脱模時陶範上的薄圈壁極易斷裂。可見，以上四種方法都不可能製作出薄壁同心圓。經專家仔細觀察，劍首內底有呈法線方向的紋樣，壁內面光潔，有的似乎有旋紋，應當是泥範經鏇削加工的痕跡。有些薄壁略向內傾，有的薄壁間有斷裂，斷面為脆性鑄態組織。據此可以認定，同心圓薄壁是鑄造成形的。譚德睿等先生認為，有可能是採用製作帶齒模板的方法製作的。具體方法是，根據劍首同心圓的尺寸，用硬木刻出內圓、8 圈薄壁同心圓和外環的齒形，再用它製作陶範。陶範緩慢陰乾後，經 850℃焙燒，然後刻下凹繩紋，劍首內範遂告完成。用模板車製如此精緻的陶範，需調整範料配方和十分精緻的技藝。澆鑄時，以劍柄為液態金屬進入陶範的通道，在陶範的側邊外環處再設一通道，以排除陶範空腔內的氣體。再將兩半陶範合起，外敷草拌泥，入爐焙燒，澆注青銅液後，即可得到精美的劍首同心圓。譚德睿等先生的模擬實驗，為解讀薄壁同心圓的奧祕提供了一種很有説服力的方法。但是，吳越兩國是否就是如此鑄造薄壁同心圓劍首的，還不能肯定。

需要指出的是，用薄壁同心圓裝飾的青銅劍，僅見於少數吳越名劍，實戰用的銅劍都沒有這種華麗的裝飾。專家認為，這種裝飾技術在當時亦僅少數鑄劍高手能夠掌握。薄壁同心圓的技術如此高超，它是否為吳越地區在這一時期突然出現的發明呢？華覺明先生認為，「薄壁結構」是中國土生土長的獨特工藝，在上古鑄造史上有明顯的源流踪跡可循。從商代早期起就有鑄造薄壁件的傳統，偃師銅爵（採集品）壁厚僅 1 毫米許，通體勻薄，範鑄成型，技藝不俗；二里頭三期所出銅爵，壁厚也只 2 毫米左右。春秋戰國時期，薄壁鑄造技術的不斷進步，出現了大型的薄壁和極薄壁青銅容器。如侯馬上馬村銅盤直徑約 50 毫米，底厚不足 1 毫米，口沿厚約 2 毫米，耳、足另用鉛錫合金鑄焊。後川銅盆直徑約 50 厘米，底厚僅 0.3 毫米。萬榮銅鑒直徑超過 60 厘米，厚僅 0.2 毫米左右，執持時稍有晃動，器壁即如鼓面起伏。曾侯乙墓所出銅盒，器底厚僅 0.3 毫米，口沿稍厚，但也不足 0.5 毫米。各地所出春秋戰國鼎、豆、盤、匜等容器多有厚度在 1 毫米左右的，可見我國的薄壁件和極薄件鑄造技藝源遠流長。

順便要提及的是，勾踐劍上的八字銘文，是在劍鑄成之後鏤刻而成的，刻槽內的刃痕非常清晰。要在如此堅硬的劍身上刻字，必須有鋼鐵製作的刀具。據科技史學家研究，至遲在春秋晚期，我國已經發明了滲碳制鋼以及白口鐵技術。因此，越國製劍工匠必有足以鍥刻青銅的鋒利刃具。八字銘文的字體是鳥蟲篆，要求筆勢圓轉流暢，而筆劃的寬度僅為 0.3—0.4 毫米，鍥刻的難度相當之大，然而工匠似乎不為所難，而遊刃有餘！

八、劍的衰落

先秦時期的青銅劍有兩個顯著的特點。其一，從晚商到戰國，劍的長度不斷加長。早期的青銅劍很短，如殷墟出土的曲莖鈴首短劍，長度與匕首相似。《史記．吳太伯世家》記載吳國的專諸刺殺王僚的故事，說專諸將劍藏在炙魚的腹中以進獻，在接近王僚時抽劍將王僚刺殺。劍能藏在魚腹之中，自然不會很長。洛陽金村出土銅鏡的紋飾有握劍的士兵，由圖案可知，劍很短。如此短小的兵器，只能前刺而無法砍削。《晏子春秋》說：「曲刃鉤之，直兵推之。」「直兵」就是指劍。春秋早期劍的長度，一般在 28—40 厘米之間。1965 年在河北易縣燕下都戰國中晚期遺址 44 號墓出土的 15 把劍中，平均長度為 88 厘米，最長的達 100.4 厘米，與春秋時期的劍相比，劍身幾乎加長了一倍。

其二，被中原各國視為「蠻夷之邦」的吳越兩國，鑄劍的工藝水平明顯優於北方。著名兵器史專家楊泓先生認為，吳越之劍的發達及其向中原的傳播，主要與作戰方式有關[1]：

首先，從西周到春秋時期，中原列國的戰爭以車戰為主，所以，兩軍對陣時，使用遠距離殺傷的弓箭；車與車交戰時，使用戈、矛、戟等長柄武器；只有當士兵肉搏時，才會使用十幾厘米長的鋒刃短兵器。因此，在這種交戰方式中，劍的用處實在有限。

其次，南北方的地理環境相差很大。北方平原多，適宜於戰車馳

1　楊泓：《劍和刀》，《中國古兵器論叢》（增訂本），北京：文物出版社，1985 年。

騁，所以盛行車戰。南方多林莽河湖，適宜於步兵作戰、短兵相接，自始至終劍都是主要武器。因而，吳越之地對劍的需求特別大，發展也特別快。

再次，戰國時代，北方車戰衰落，步兵興起，故劍也隨之迅速發展。為了加強殺傷力，要求增加劍的長度。但是，青銅脆性較大，容易折斷，加長劍身有相當大的困難。工匠面對實戰需要，不斷摸索改進，終於創造了複合劍，從而使製造長劍成為可能。

最後，劍的衰落，與步兵的衰落幾乎是同步的。由於北方遊牧民族的影響，騎兵從戰國時代開始在中原出現，其後不斷發展。到漢代，騎兵已成為軍隊主力。雙方在馬背上格殺，需要砍擊力很強的武器。以刺擊為主的劍，劍脊較薄，劍身較輕，缺乏砍殺所需要的重量，雙面劍刃只有一面有用，因此逐漸退出舞台，代之而起的是單刃厚脊、砍擊力更強的刀。

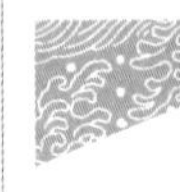

參考論著：

譚德睿等：《東周銅兵器菱形紋飾技術研究》，《考古學報》2000年第1期。

楊泓：《中國古兵器論叢》（增訂本），北京：文物出版社，1985年。

華覺明：《中國古代金屬技術——銅和鐵造就的文明》，鄭州：大象出版社，1999年。

第十二講

秦陵銅車馬與先秦時代的造車技術

1號、2號銅車馬，1980年秦始皇陵封土西側的陪葬坑內出土。兩車均為雙輪、單轅，前駕四馬，車上各有一位御者。1號車輪徑66.7厘米，輈長183.4厘米，衡通長78厘米。輿底呈橫長方形，橫寬74厘米，前後縱長48.5厘米。2號車輪徑59厘米，有輻30根，輈長246厘米，衡通長79.6厘米。後輿底部近似長方形，橫寬78厘米，縱長88厘米。

一、文獻所見的先秦馬車

車是古代社會生活中最重要的交通工具之一。車在中國起源很早，《史記・夏本紀》説，大禹治水時「陸行乘車」，以車作為平地的交通工具。關於車的發明者，《世本・作篇》和《墨子・非儒下》都説是「奚仲作車」，是一位叫奚仲的夏人發明了車。《左傳》定公元年記載，奚仲被任命為夏王朝的「車正」，封於薛（今山東滕縣），春秋時期的薛國人奉他為始祖。《作篇》又説「相土作乘馬」，相土是商人的先公，説他是最早馴服馬匹並用其拉車的人。

先秦貴族生活中，馬車是不可或缺的角色。在殷墟甲骨文中，車已經是最常見的字之一。王室貴族每每用它殉葬。《考工記》有「周人尚車」的説法，這裏的「尚」是崇尚的意思，説明周代車的普及與講究。

《詩經》所收的詩歌大體作於周代，有關車的描述可謂屢見不鮮。我們讀《鵲巢》「之子于歸，百兩御之」[1]，如見諸侯娶妻的鋪張；讀《有女同車》「有女同車，顏如舜華」，如見君子的淡定；讀《大叔于田》「叔于田，乘乘馬。執轡如組，兩驂如舞」[2]，如見田獵貴族的閑適；讀《出車》「出車彭彭，旗旐央央」，如見出征者的莊嚴；讀《載馳》「載馳載驅，歸唁衛侯」，如見弔喪者的焦急；讀《四牡》「四牡騑騑，周道倭遲」，如見服徭役者的鄉愁，等等。周人生活中的車就是這樣無處不在。

《詩經》中還有許多詩句提及當時馬車的形制。我們舉《秦風》中的兩首為例。《小戎》説：「四牡孔阜，六轡在手。」牡，雄性的牲

1 「之子」猶言這個女子。「百兩」即「百輛」，「御」是迎接。諸侯娶妻用百輛車迎親。

2 這首詩開頭的一句「叔于田」，有的版本寫作「大叔于田」，清代學者阮元考訂後説，「大」字當是衍文，應該刪去。阮説得到學界的認同。

畜。四牡，指駕車的四匹公馬。駕車的四匹馬必須同性別，否則異性相吸，都不能安心駕車。駕車都選擇雄性的馬，因此《詩經》中「四牡」一詞屢屢可以見到。《駟驖》說：「駟驖孔阜，六轡在手。」駟，是四匹馬，古代用四匹馬駕車，稱為一乘。驖，是鐵黑色的馬。駕車的馬匹既要性別相同，又要顏色相同，實屬不易。孔，非常。阜，肥大。詩的大意是讚美駕車的四匹驖色之馬高大肥美。轡是馭馬的繮繩。當時的馬車都是獨轅車，轅在車的正中，駕車的四匹馬，兩匹在內，左右夾轅，稱為「服」；另兩匹在外，稱為「驂」。

先秦時期的車，除了用於生活和經濟活動之外，還用於戰爭。據《尚書．甘誓》記載，夏王啟與有扈氏在一個叫「甘」（今河南滎陽附近）的地方交戰，就使用了戰車。《呂氏春秋》說，夏朝末年，商湯在對夏人的一次戰鬥中，動用了 70 輛戰車。由於用於戰爭，對於車輛的質量要求自然非同一般。大概至遲到夏代，車輛建造就有了比較成熟的技術，所以《管子．形勢解》說：「奚仲之為車器也，方圓曲直，皆中規矩繩墨，故機旋相得，用之牢利，成器堅固。」

殷墟車馬坑負載了大量殷代用車的信息。經過考古學家和歷史學家研究，商代晚期的軍事編制至少有車兵和步兵兩種。在殷墟乙組宗廟遺址前面有一群祭祀坑，中間一組是步卒葬坑；北邊一組是車輛和徒兵的葬坑。北組葬坑以車為中心，車共 5 輛，分為中、左、右 3 組：中組的 3 輛車在前（南邊），呈直線縱列，每車 3 人 2 馬，每人一套弓、矢、戈、刀、礪石等兵器；左右兩組各 1 輛車居後（北邊），每車 3 人 4 馬，每人也各有一套兵器。車上 3 人，前面（在輿側面）1 人，車後 2 人。從其所持武器及其他器具，可知也是中、左、右排列：御者居中，射者居左，擊者居右。中組最前 1 車的左右，並列 3 個較大的坑，每坑埋 5 人，這 15 人大概是隨車的徒兵，恰好也是中、左、右的排列。專家認為，中、左、右三隊的排列是商後期作戰部隊的基本格局：步兵方陣在前，車隊與徒兵居中。

春秋戰國時代戰爭頻仍，車被日益廣泛地用於戰場。一輛四駕馬車稱為「一乘」，當時評價國家兵力強弱，以有多少「乘」戰車為主要標誌。一些經濟比較強盛的諸侯國，都把打造戰車作為戰略目標之一，希冀成為千乘之國、萬乘之國，永遠立於不敗之地。下面我們以齊國為例，來看它的車輛規模。據《管子・大匡》記載，齊桓公即位三年，就與魯國發生了著名的長勺之戰。魯國使用了正確的戰略，打敗了齊。而齊桓公認為自己是敗在兵力太少，為此而「修兵同甲十萬，車五千乘」，車輛規模相當之大。齊桓公在位十九年，主導了六次「兵車之會」。每當盟國受到外敵侵略，他都會用贈予兵和車的方式施以援手，例如宋伐杞國，桓公贈予車百乘、甲一千。狄人伐邢，桓公贈予車百乘、兵卒千人。狄人伐衛，桓公贈予衛國車五百乘、甲五千。桓公出手之大方，由此可見。當時各國的兵車也不在少數。齊桓公五年，狄人來犯，桓公要求諸侯前來救助：大國出車二百乘、兵卒二千人，小國出車百乘、兵卒千人。齊國自己出車千乘。後來，吳國進攻齊國的下都，桓公以車千乘到邊境與諸侯相會。諸侯動輒百乘、千乘，各國造車業之盛，不難想像。

從文獻來看，春秋已有比較成熟的戰車編組法則和相應的戰術。例如《左傳》桓公五年說到有一種「魚麗之陣」，每二十五輛戰車為一個作戰單位，步兵則散處於戰車周圍，機動策應。軍隊駐扎時，以戰車相圍，出口處以兩車之轅相向，形成所謂「轅門」。隨後還出現了以步兵、騎兵、戰車協同作戰的戰術。戰爭的規模也不斷擴大，戰國晚期，趙國的李牧與匈奴作戰，調動的戰車達一千三百乘，騎兵一萬三千人，步卒十五萬，其中弓弩手十萬，場面極為壯觀。

秦國偏在西北，與遊牧民族雜處，民風剽悍。據《史記・秦本紀》記載，秦人的先祖造父善於馭馬而聞名，受到周穆王的賞識。徐偃王作亂時，造父為周穆王駕車，「一日千里以救亂」。戰國時，秦有帶甲百萬、車千乘，其盛如此，不可能不留下遺物。唐初，有農民在秦的

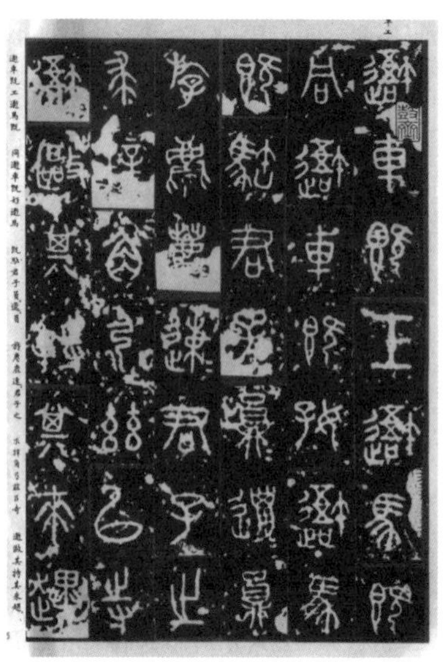

· 石鼓拓片（先鋒本）

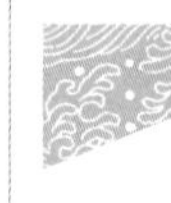

故地天興三時原（今陝西寶雞附近）荒野發現十個略似鼓形的石墩，上端略小，農民稱之為「石饅頭」，文人則雅稱之為「石鼓」，上面刻有一種非常古拙的文字。消息傳出後，引起學者極大興趣，韓愈就曾經寫過一首《石鼓歌》，來議論這一發現。經研究，鼓上刻的四言詩，記述的是貴族田獵活動，所以文人都稱之為「獵碣」。有學者認為，石鼓上的文字是「籀文」，是宣王時一位名叫「籀」的太史書寫的，因而推論石鼓是周宣王時的作品。根據王國維先生的研究，籀文與太史籀無關，而是周秦之間秦國特有的一種字體，屬大篆。又據郭沫若考證，此石鼓作於秦襄公八年，時當周平王元年（前 770）[1]。歷代帝王都把石鼓視為國之瑰寶而珍藏於深宮，所以石鼓隨着都城的轉換而不斷遷徙，現藏於北京故宮博物院。石鼓上的有些詩句，與《詩經》

1　關於石鼓文的時代，後世學者的見解非常分歧，至今不能統一。近幾年來，根據新出土的銅器銘文，多數學者認為當屬春秋晚期。

· 不期簋銘文拓片

中的《車攻》非常相似，例如描寫秦公出獵的情景：

> 吾車既工，吾馬既同。
> 吾車既好，吾馬既驕。

「吾車既工」，《車攻》作「吾車既攻」，這裏的「工」和「攻」是同音假借，意思相同，是説車子堅固精緻。「吾馬既同」，是説駕車馬匹的大小、毛色等都很整齊。由此可見，當時貴族的馬車相當講究。宋朝以後，金石之學開始興起，許多學者熱心收集古代青銅器，並且施以墨拓，流佈於世。到了清代，金石學復興，學者開始通過考釋青銅器銘文來研究上古史，其中有關車戰的銘文已經屢見不鮮。例如西周時期的青銅器不期簋，記載了不期奉伯氏之命，「以我車宕伐玁狁於高陵」，大獲全勝的經過。玁狁，後來稱為匈奴。類似的器物很多，限於篇幅，不再列舉。

二、田野考古所見的商周車輛

甲骨文中已經有了「車」字，出現的頻率很高，都是象形字。羅振玉《殷虛書契菁華》收錄的一片甲骨記載商王乘車外出打獵，不料車子翻了，一位叫子央的貴族墜落山下。這片甲骨中「車」字的車軸描繪成斷裂狀，非常形象。

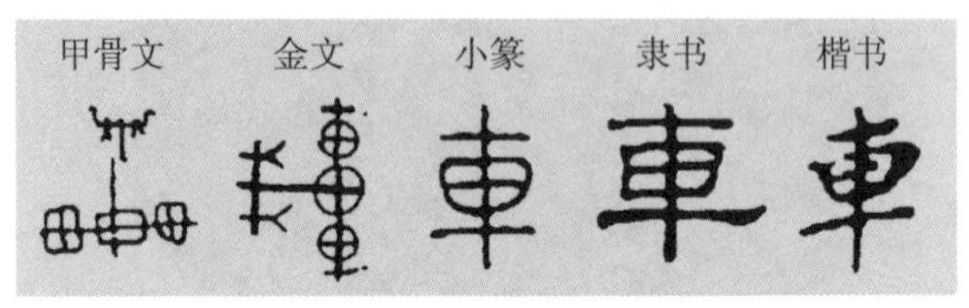

· 古文字中的「車」

· 甲骨記載商王乘車外出打獵

先秦的貴族為了身後的榮耀，都喜歡用車馬殉葬。20 世紀 30 年代，考古工作者在殷墟西區就發現了車馬坑，此後在孝民屯、大司空村、郭家莊、梅園莊等地不斷發現車馬坑，迄今為止，總數已經有二三十座。殷墟車馬坑出土車的形制，與甲骨文所描繪的完全一致。由於時間久遠，車輿、車輪、車轅、車軛等構件的木質部分都變成了灰，考古工作者以高超的智慧成功地對車的形狀作了復原。

西周的車馬坑，1932 年就已經發現，當時考古工作者在河南浚縣辛村發現了 2 座大型西周車馬坑，其中 3 號坑有 12 輛車、72 匹馬。這是首次發現西周車馬坑。1955 年，陝西長安張家坡發現 7 座車馬坑，隨後發掘了其中的 4 座。1972 年在北京房山琉璃河發現西周墓地，此後出土的車馬坑有將近 20 座。1974 年在寶雞茹家莊的西周魚強國墓地出土 3 輛車、6 匹馬。1976 年在山東膠縣西庵發現 1 座車馬坑。1985 年在洛陽中州路發現 4 座車馬坑。1995—1999 年在山東滕州發現 5 座車馬坑。山西太原也曾發現 10 多座車馬坑。春秋車馬坑，最早是 1956 年在河南三門峽上村嶺虢國墓地發現的，在 3 座車馬坑中出土了 25 輛車。從 1990 年到 1999 年，該墓地又發現 4 座車馬坑，出土 32 輛車。1959 年起在山西侯馬上馬村墓地發現春秋中期的車馬坑，出土 13 輛車。1990 年，在山西太原發現早期晉都遺址，在金勝村的趙卿墓地發現 1 座大型車馬坑，出土的車有 10 多輛。1990 年在山東臨淄後李春秋遺址發現 2 座車馬坑，出土 10 輛車。從 1993 年起，考古工作者在山西曲沃北趙的晉侯墓地進行多次發掘，發現 9 座晉侯墓，每座墓旁都有車馬坑，規模不等，有的相當之大，陪葬的車輛數非常驚人。

戰國車馬坑，最早是在河南輝縣琉璃閣戰國墓地發現的，共出土 19 輛車。1972 年，洛陽中州路發現 1 座戰國車馬坑，出土 1 車 4 馬。1974 年在河北平山縣中山王墓區發現 2 座大型車馬坑，因曾遭盜掘，車輛遺跡有破壞，但根據坑內馬匹的數量，推測原有 6—8 輛

· 殷墟車馬坑

車。1981 年，河南淮陽馬鞍冢的楚頃襄王墓地發現 2 座車馬坑，出土 31 輛車，隨葬的馬多為泥質。1982 年在湖北荊州紀南第二磚瓦廠發現 1 座車馬坑，出土 2 車 4 馬。1988 年在湖北宜城發現 1 座戰國車馬坑，出土 7 車 18 馬。1990 年在山東淄博後李遺址北區發現車馬坑，車輪、輿、輈被分解後放置，共有 46 輪，輿、輈各 22 件。

到了周代，車的製作越來越精巧，其主要標誌是輻條越來越多，《老子》已經說到「三十輻共一轂」，出土的車制與此是一致的。

三、《考工記》記載的造車工藝

馬車的使用如此廣泛，那麼它們是否有共同的製作工藝呢？答案是肯定的，因為各地出土的馬車形制基本相同，其間必定有大家都遵循的某種規範。而且，這種規範並非僅僅停留在匠人經驗之談的層面上，而是已經上升到了理論的層面，最重要的證據就是《考工記》一

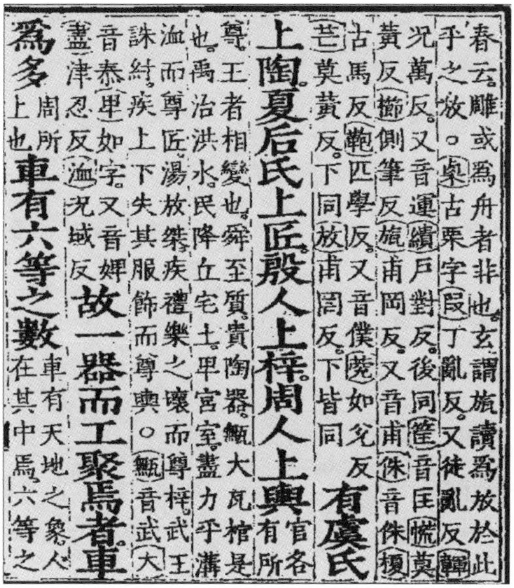

春云雕或爲舟者非也玄謂旊讀爲放於此乎之放。（桌）古栗字（段）丁亂反又徒亂反（韗）况萬反又音運（韇）戶對反後同（筐）音匡（㡆）莫黃反（𢷏）側筆反（旊）甫岡反又音甫（侏）音侏（㮴）古馬反（鞄）匹學反又音僕（㼲）如兗反（芒）莫黃反下同（旊）甫岡反下皆同

有虞氏上陶夏后氏上匠殷人上梓周人上輿官各有所尊王者相變也舜至質貴陶器甒大瓦棺是也禹治洪水民降丘宅土卑宮室盡力乎溝洫而尊匠湯放桀疾禮樂之壞而尊梓武王誅紂疾上下失其服飾而尊輿。（甒）音武（大）音泰（卑）如字又音婢（盡）津忍反（洫）况域反

故一器而工聚焉者車爲多周所上也

車有六等之數車有天地之象人在其中焉六等之

·《考工記》書影（四部叢刊本）

書的記載[1]。在古代文獻中，《考工記》是一部非常特別的書，全書敍述了攻木、攻金、攻皮、設色、刮摩、摶埴 6 大門類 30 個手工業的官名，有做弓的弓人、做劍的桃氏、做鐘的鳧氏、做箭的矢人、做鼓的韗人、做玉器的玉人、做皮甲的函人等，每個工種都有詳盡的製作規範，如用料、尺寸、工藝、檢驗標準等。《考工記》涉及做車的有輪人、輿人和輈人 3 個工官，這在全書絕無僅有，因為製作車輛不僅要涉及木、革、金、漆等多種工藝門類，而且構件繁多，技術要求複雜，所以《考工記》說：「一器而工聚焉者，車為多。」

《考工記》是用上古語言書寫的，文字艱澀難讀，為了下面敍述的方便，我們先來看如下的圖，認識一下當時馬車的形制，以及各個部件的專用名稱：

1 《考工記》一書的作者不可考，它的成書年代，學界有不同認識，一般認為是戰國時代的作品，也有人認為是漢初的儒生所作。

輻：車輪的輻條。殷代和西周的車，輻條從十幾根到二十多根不等，數量愈趨繁密，春秋時期出現一輪有多至三十根輻條的，所以《老子》有「三十輻共一轂」的話。

轂：車輪中心用以插軸的部分。早期轂的形狀，呈中空的棗核形；後期的轂呈壺形，轂外部的一端突出於車輪外，因比較長，故稱為「長」，古文或作「暢」。車輛相交，彼此最容易碰撞的部分就是轂，所以《戰國策．齊策二》形容臨淄的繁華時說：「車轂擊，人肩摩。」

軸：兩輪之間，連接兩輪的棍形長木。

軎：或者寫作「轊」，是套在車軸兩端的青銅飾件。

轄：車軸末端的插銷，用以防止車輪脫出。文獻中經常可以見到關於轄的記載，例如《墨子．魯問》說：「子之為鵲也，不如匠之為車轄。」《韓非子．內儲說上．七術》說：「西門豹為鄴令，佯亡其車轄，令吏求之不能得。」都是例證。

輈：牽引車輿的長木，又稱轅。從車輿之下向前伸出後，彎曲向上，以便於駕馬。輈的尾部略為超出車輿，露出的部分猶如人的腳後跟，所以稱為「踵」。

衡：縛置於輈前方的衡木，用於架軛。

軛：駕車時套在牲口脖子上的分叉形器，位於衡上，左右分置。

輿：車廂，呈橫長方形，或者半圓形和簸箕形，乘車者從廂後上下。

軾：車前的橫木，供乘車者憑扶。

軨：車廂周圍縱橫交錯的欄杆的總稱。轖：用皮革覆蓋在車廂外部的障蔽。

輹：或者寫作「轐」，伏在車軸兩邊的長方形木塊，下端呈弧形，與車軸相合，上部平坦，正好承接住車廂底部，俗名「伏

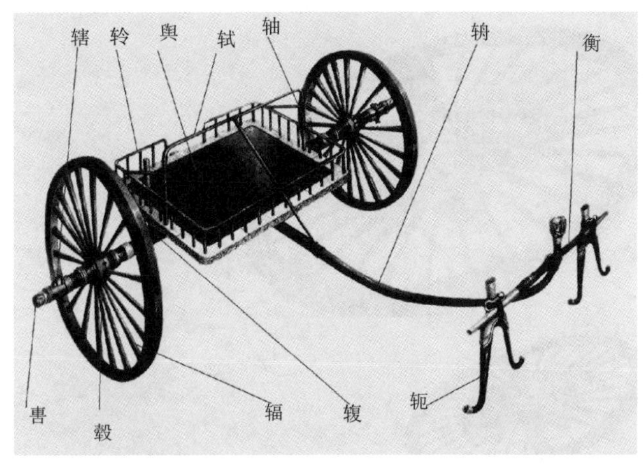

· 馬車的形制以及各個部件的專用名稱

兔」。《易 · 大蓄》說：「輿脫轐。」

上古時代的車，主要有輪、輿（車廂）、輈（車轅）三大部分組成，分別由輪人、輿人和輈人負責製作。東周時代，我國的數學、物理學知識都已經比較發達，認識到車輪的質量如何最為關鍵。《考工記》在談到如何觀察車子質量的時候說：

> 凡察車之道，必自載於地者始也，是故察車自輪始。凡察車之道，欲其樸屬而微至。不樸屬，無以為完久也；不微至，無以為戚速也。

意思是說，觀察一輛車子的好壞，一定要從它與地面接觸的部分開始，因而就要從觀察車輪開始。而觀察輪子的好壞，有兩個指標：一是「樸屬」，就是堅固，否則它就用不長；二是「微至」，就是輪子與地的接觸面要盡可能小，否則就不能「戚速」（快跑），說明先民對於滾動摩擦與速度的關係，已經有了深刻的認識。

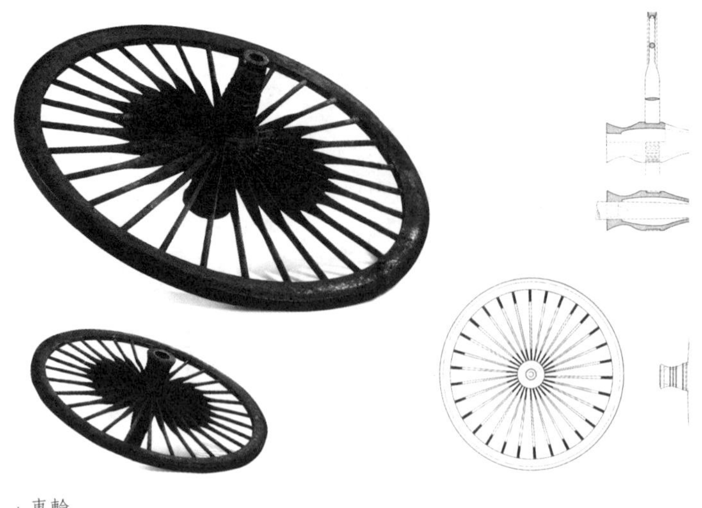

· 車輪

· 漢畫像石製輪圖摹本

古代的車輪，分為沒有輻條的和有輻條的兩類，前者是用「輻板」輇（整塊的圓形木板）做成，比較原始，古人稱之為「輇」。輇的缺點是笨重，所以後世很少用。《考工記》記載的輪比較先進，由牙、輻、轂三者構成。牙，又稱輞，俗稱輪圈，是車輪的外框，古代木車的輪牙是用兩塊或者三塊彎曲成預定弧度的木料彼此相抱而成的，非常像牙齒上下咬合，故名之為「牙」。輻，今人稱為輻條，是連接車轂與車牙的狹長木條。轂，指車輪中心的圓木，外周有用於安插輻條的槽；中空，車軸由此貫穿。

木質車輛的製造，第一步是如何選取好的材料。《考工記》說「斬三材必以其時」，樹木有生在陽處的，也有生在陰處的，木性有所不同，因此，要在中夏季節砍伐陰處的樹木，在中冬季節砍伐陽處的樹木。輪轂的取材有特殊的要求。樹木在生長過程中，必定有朝陽的一面和朝陰的一面。朝陽面木質縝密而堅硬，朝陰面木質稀疏而柔軟。因此，伐木時要在木料上刻上記號，再用火烘烤朝陰的一面，使它的硬度與另一面相同。如此，則製作出來的輪轂，用的時間再長，也不會收縮或者隆起，車輪能靈活地繞着車軸轉。

輪牙的弧度是用火慢慢烘烤、煣曲而成的，要做到外圈不崩裂，內圈不起褶，兩側不臃腫，需要很高的掌握火候的技術。輪牙要做得弧度自然，左右一致，着地點要盡可能小，這樣才能符合圓的標準。

《考工記》的車輪有三十根輻條，這是一輛車所能容納的車輻數的極限，再多了輪轂上就安插不下，同時輪轂的強度也會受影響。輪輻的技術要求是挺直，只有這樣才能很好地受力，其形狀有些像人的手臂，一頭粗、一頭細，粗的一頭嵌入輪轂，細的一頭嵌入輪牙。

將輪牙、車輻和車轂做好之後，需要裝配，將三者組合成一個嚴密的整體。這同樣需要很高的技術，用《考工記》的話來說，就是「巧者和之」，只有能工巧匠才能做到。由出土的漢畫像石可知，輪子的裝配，是先將輻條插入輪轂，再分段插入輪牙，最後再作調整。一個質量完美的車輪，《考工記》說是：「輪敝，三材不失職，謂之完。」即使車輪用得破舊不堪了，而輪牙、車輻和車轂依然結合嚴密，功用依然。

需要特別提到的是《考工記》關於「輪綆」的設計。從力學的角度而言，如果輻條、車牙與車轂處在同一個水平面上，那麼當車廂負重之後，輪子就會向內或向外歪斜，無法行走。為了解決這一難題，

《考工記》把車輪設計成平面呈凹盆的形狀。具體來說，如果將車輪平放，中心的車轂處於最低的位置，輪框處於最高的位置，而輻條則從車轂的四周向斜上方向與輪框連接。如此，在車子的負荷加大之後，車輪依然可以保持正直，可謂高明至極。遺憾的是，這種設計不知何時失傳了，後人讀《考工記》多覺得不可思議，難以採信。始料未及的是，1950 年冬，考古工作者在河南輝縣琉璃閣發現一座戰國車馬坑，其中的 16 號車的車輪採用的就是這種「輪綆」的設計。專家對此進行了論證，認為這一設計非常符合力學原理，顯示了當時製車技術的精湛水平。

車輪做完之後，還要經過六道嚴格的檢驗：要用圓規來檢查牙是否足夠圓，用矩尺來檢查輻與牙相交處是否成直角，用垂線來檢查上下對應的輻是否在一條直線上，把兩輪放在水裏看它們沉浮的情况是否一致，用黍來檢驗兩轂的空大小是否相等，用稱來檢驗兩輪的重量是否相等。只有通過了這六種檢驗的輪子，才能算是上乘的輪子。

車輿是供人乘坐的地方，略呈橫長方形。最底下有承重的枋木，上面鋪有地板，周圍有縱橫交錯的木欄。車輿要做得結實、美觀，木欄該圓的要圓，該方的一定要方，豎向的木杆要垂直挺立，橫向的木杆要平直如水。大的材料與小的材料要各得其所，不能混雜使用，因為各處承受的力量是不同的。輈的作用是將畜力與車子相聯繫。先秦都是獨輈車，而且是曲輈，這是很科學的。因為直輈會使得車衡太低，上坡時不僅拉車的馬很費勁，而且容易翻車。下坡時如果沒有人在後面拉住車尾，車子就會頂住馬屁股，把它壓趴下。因此，要用火把輈煣彎曲了，使得它前端的高度與馬的頸部相當，這樣馬拉起來不費勁，車子也會更加穩當。煣輈需要很高的技術，首先要選擇木質堅硬的材料，要順着木頭的紋理慢慢加熱，煣曲的弧度要恰到好處。不能破壞它的紋理，也不能彎得太過，否則會被折斷。

接着，用車軸貫穿兩輪。車軸與輪的結合部位是車轂，車輛行

駛時，車軸固定不動，輪轂在軸上轉動。由於輪軸和車軸都是木質材料，很容易磨損，因此，往往要在車轂內側設置「鉦」，以減少兩者的接觸部位。車軸一般都在車轂外伸出一段，稱為「軸頭」。先秦車子的軸頭往往很長，目前所見最長的有 50 厘米，它在車子轉彎時有平衡車身的作用。為了防止車輪向外滑移，在輪轂外側的軸上裝一個用以括約輪轂的青銅套，起到定位和保護軸頭的作用（相當於今天的車擋），這個青銅套稱為「軎」。在軎緊靠車轂的地方，開一個穿透車軸的長方形孔，內插一枚鍵，作用是固定軎。這枚鍵稱為「轄」，後世所說的「管轄」以及今人所說的「直轄市」的轄，都是由此引申而來的。轄的末端穿有一孔，孔內貫有皮條或組帶，將其縛於軸端，以防轄從孔中滑脱，造成車軎向外滑移乃至脱落，使輪位不正無法正常轉動，甚至使車輪脱逸、車身傾覆。

車輿架在車軸上，在兩者之間的左右各墊有一塊方木，朝軸的一面呈圓弧形，為的是要結合貼切。由於方木的樣子像一隻伏着的兔子，所以稱為「伏兔」。

輈的後端在車輿之下，與車軸垂直相交。輈位於車廂與車軸之間，為了彼此接觸的妥帖，中間要墊一與伏兔相似的木塊，由於它在左右兩個伏兔之間，故名「當兔」。當兔朝下的一面做成圓弧，以便與車軸貼合，朝上的一面也做成圓弧，為的是與輈貼合。

《考工記》使用的是先秦的工程語言，非常晦澀難懂，理解上每每有歧義。清代學者戴震、程瑤田、阮元曾經努力按照《考工記》的記載，來復原當時的車制，插圖是清代著名學者阮元所作的復原圖。他們復原的車制各不相同，究竟誰是誰非？學者見仁見智，莫衷一是。

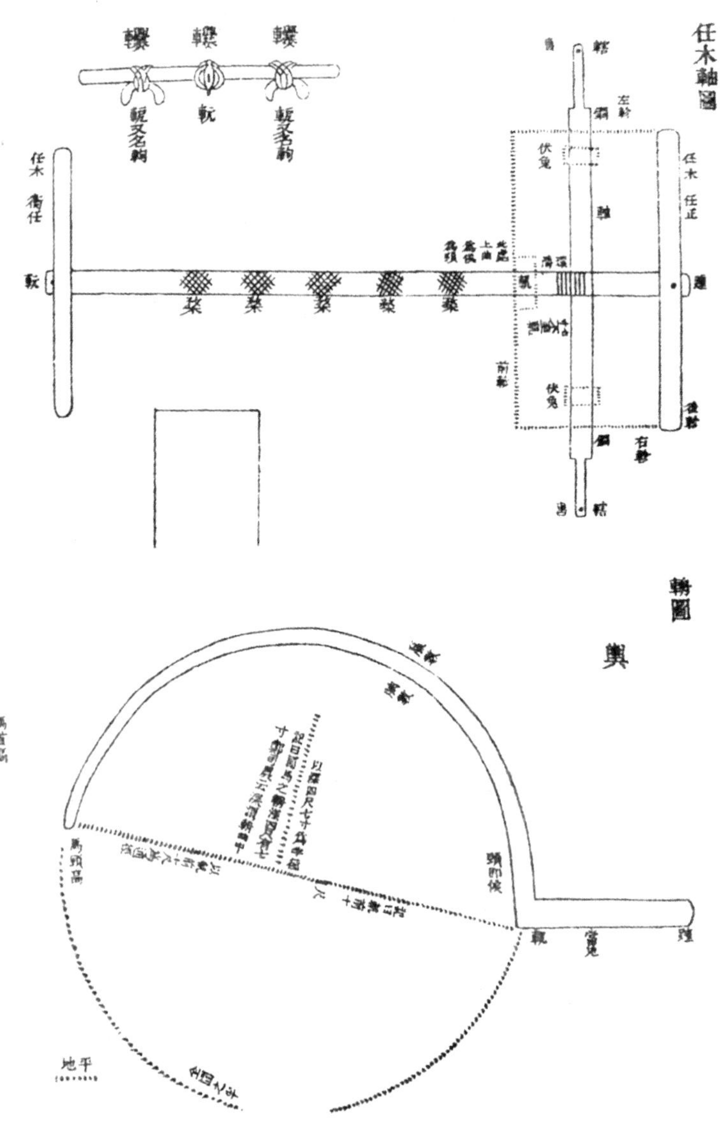

· 阮元車制復原圖

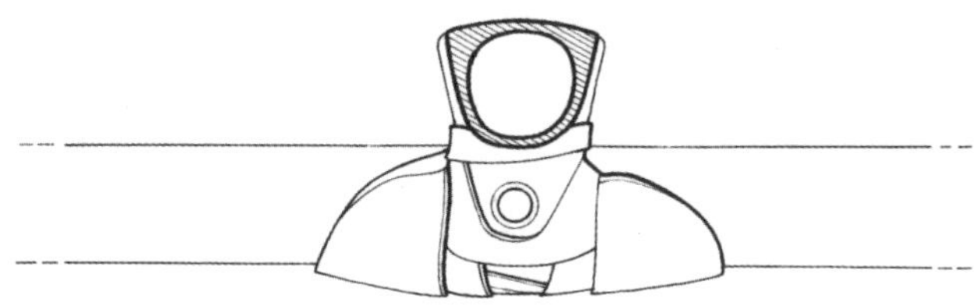

圖36 當兔與軸、輈裝配結構圖（前視）

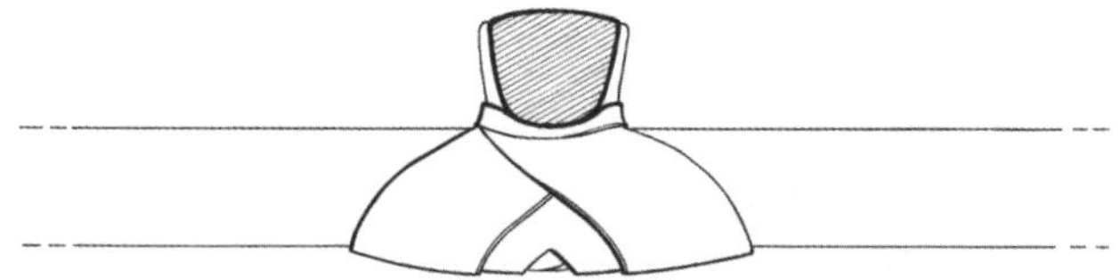

圖37 當兔與軸、輈裝配結構圖（後視）

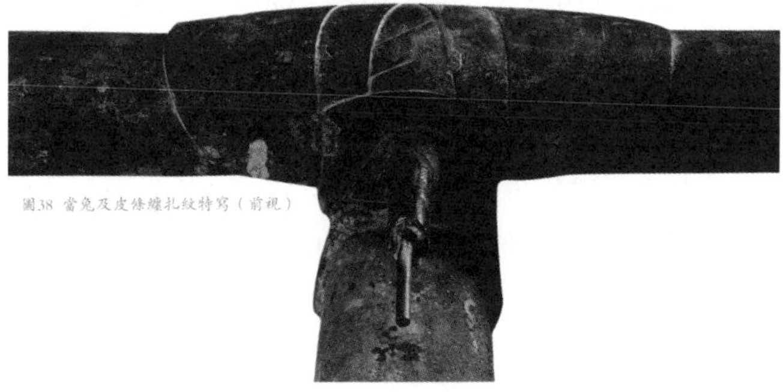

圖38 當兔及皮條纏扎紋特寫（前視）

圖39 當兔及皮條纏扎紋特寫（後視）

· 當兔

四、秦陵銅車馬概說

古代帝王大多喜歡厚葬，但「自古至今未有盛如始皇者也」（《漢書・劉向傳》）。為了建造這座位於陝西臨潼的秦始皇陵寢，耗時三十七年，動用的民力最多時達七十餘萬人。文獻記載與民間傳說中有關秦始皇陵的宏大和奢侈的描述，極為紛繁。

20 世紀 70 年代以來，考古工作者對秦始皇陵園進行了多年的鑽探和研究，初步弄清了這座地下宮殿的概貌。陵墓的封土呈覆斗狀，基部南北長 515 米，東西寬 485 米，周長 2000 米，原高 115 米（五十丈）。由於兩千多年來自然與人為的原因，封土堆日漸縮小，如今基部南北長 350 米，東西寬 345 米，周長 1390 米，殘高 76 米。陵園的規制模仿城邑，在封土周圍夯有內外兩重長方形牆垣，四面都有城門。內城南北長 1355 米，東西寬 580 米，周長 3870 米。外城南北長約 2187 米，東西寬約 974 米，周長約 6322 米。內外城垣如今幾乎無存。在皇陵周圍已發現的陪葬坑、陪葬墓有三處，總計達 400 多座，其中最著名的是 1974 年起陸續發現的 1 號、2 號、3 號兵馬俑坑。

1980 年，考古工作者在秦始皇陵封土西側僅 20 米處發現一座大型陪葬坑，在其中一個長方形木槨內出土了兩乘大型彩繪銅車馬，編號為 1 號車和 2 號車。木槨長 700 厘米，寬 230 厘米，高 220 厘米。槨底平鋪一層木板，四壁用枋木疊砌成槨室，槨頂原有密集排列的棚木蓋板。由於木槨已經腐朽，二車出土時均在原地被壓碎，1 號車共破碎成 1352 片，2 號車破碎成 1685 片。經過將近 8 年的清理修復，終於以瑰麗的風姿再現人世。1 號車、2 號車的尺寸為實物的 1/2，車身多處有彩繪，並配有大量的金銀飾件，工藝先進而複雜，是 20 世紀考古史上發現的形體最大、結構最複雜的青銅器。

1 號銅車馬通長 225 厘米，通高 152 厘米，總重量 1061 千克。車的形制為獨輈、雙輪，輈前有衡，衡左右各有一軛。輈兩側各有一匹

· 1 號車全圖

服馬，服馬外側各有一匹驂馬。輪徑 66.7 厘米，各有 30 根輻。輿呈橫長方形，橫寬 74 厘米，縱長 48.5 厘米。衡近似圓柱形，兩末端有銀質套管，通長 78 厘米。輿內豎立一高柄的銅傘，傘下有一站立的銅御官俑，通冠高 91 厘米。

2 號銅車馬通長 317 厘米，通高 106.2 厘米，總重量 1241 千克。車輪、輈、衡以及驂服四馬與 1 號車大致相同，主要不同處是在車廂。2 號車車廂呈縱長形，分前後兩室，前室較小，是駕車人的坐處，從左側門登車。後室較大，乘車人或坐或臥，都從容而寬綽，車門在後面。有學者認為它就是文獻中說的「安車」。後室的四周封閉，但在前、後室之間的牆板上有一小窗，窗上方用活動鉸鏈連接一塊擋板，可以作掀合式開閉。兩側牆板上各有一個雙層的小窗，外層窗板鏤空呈菱花形（類似今天的紗窗），橫長 20 厘米，高 9 厘米。窗的四周有邊框，邊框的上下兩側及前側各有一條凹槽，後側的邊欄以及邊框外的車廂板為雙層，兩層之間中空，中空的面積正好與窗板的大小相同。開窗時，把窗板推入車廂中空的夾層內；閉窗時，把窗板從夾層內拉出。這一設計與今天某些汽車上的推拉窗非常相似，十分

· 2 號車全圖

· 考古工作者修復傘蓋現場

精巧。

這種車窗，使得車外之人不易看清車內的情況，而車內之人則可以通過這三扇窗戶與御者聯繫或觀察車外事物。除此之外，還可以用它來調節車內的光線和溫度。所以有人認為它就是文獻上說的「轀輬車」。

1 號車的御者身後有一把華美的圓形傘蓋，設計水平和工藝技術都令人矚目。傘蓋與今天的傘很相似，古人寫作「繖」，是防雨、防曬的工具。要駕車遠行，傘蓋就是車上的必備之物。

《後漢書 · 輿服志》提到帝王的冠蓋為「羽蓋金華爪」，意思是車

蓋上面覆蓋翠羽，弓轅末端的「弓爪」用金（銅）裝飾。1 號車弓轅末端以銀為飾，檔次更高一層。傘的高度約合漢尺 1 丈，比普通人的身長（8 尺）略高，御者的視線不會被遮擋，設計非常合理。

五、秦陵銅車馬的學術價值

秦陵銅車馬是精密製造的秦代作品，儘管出土時已被壓碎，但由於考古工作者高超的智慧和才能，使它完美地恢復了原貌，使我們得以獲見兩千多年前的車輛實物，由此解決了許多長期聚訟不決的難題，收穫極為豐富，下面試作介紹。首先，驗證了《考工記》的部分記載。《考工記》記載的車輪、輈、輿等構件，秦陵銅車馬大多與之相符。比如，《考工記》説輪框接地一面的兩側都削成斜面，有利於在泥濘的地方行走；輻條靠近輪框部分處理成細而圓的形狀，就不容易沾上泥土；秦陵銅車馬正是如此處理的。

其次，補充許多《考工記》沒有提及的細節。例如，車廂的底部與車軸、伏兔三者之間如何結合？《考工記》沒有涉及。有了秦陵銅車馬，我們方知此處是要用革帶捆縛的。此外，《考工記》的車制中，伏兔有兩個，是墊在車軸與車廂之間的；在輈與車軸、車廂的交接之處另有一個「當兔」，但在考古發掘中從未出土過，而秦陵銅車馬向人們揭示了當兔的真面目。

再次，解決了某些文獻記載語焉不詳的難題。例如，我們在前面引到的《秦風》的《小戎》和《駟驖》兩首詩中，都有「六轡在手」一句，是甚麼意思？為甚麼四匹馬只有六轡？過去的學者大多認為，服馬各有一轡，驂馬各有兩轡，所以總共是六轡。但是，為甚麼服馬只有一轡？由於沒有見到實物，學者都不能説得很明白。秦陵銅車馬出土後，人們方才知道，每匹馬都有兩轡，四匹馬一共八轡。其中兩匹服馬的內轡系結在軾前的瓜形紐鼻上（這個瓜形紐鼻，古人稱為軜），其餘六轡握在御者手中，每手各握三根轡繩，以此控御車馬。兩匹服馬因借助於衡連成一體，所以它們的內轡不需要牽挽，憑藉六轡就可以使車馬左旋右旋。還有一些文獻有載，但從來沒有見到過實物。例如，《儀禮．士昏禮》中提到，人登車的時候，為了借力，可以拉住車上的一根稱為「綏」的帶子。這種帶子極難保存，所以今人無緣見識。如今，我們在 1 號車的軾背面的中部，居然看到了兩根帶狀綏。每根綏都是用子母扣法將三節銅構件連接而成，左側一根通長 34.5 厘米，右側一根通長 37 厘米。從綏帶的形狀、綰成的結，以及殘存的彩繪紋樣，可以清楚地知道，原物是用組帶紐結而成的彩帶。為了增加綏帶的飄動感，工匠甚至將位於最下面的一節金屬片做成微向外卷的形狀，非常逼真。

再如，軔的發現。大家知道，在車子停止時，為了防止車輪滾動，需要用木塊塞在車輪前後，如今的飛機停留時也必須如此。古人把這種木塊叫「軔」。車子將要啟動，先要將軔拿走，這叫「發軔」。人們用「發軔」來表示啟程，例如《離騷》說的「朝發軔於蒼梧兮，夕余至於縣圃」，就是這個意思。但是，由於木質的軔很難保存，所以人們無法知道古代軔的樣子。在發掘秦陵 1、2 號兵馬俑坑時，考古工作者在某些車輪旁邊發現過木質方框的遺跡，往往是每個車輪旁各有一件，當時不清楚它的用處。考古工作者在修復銅車馬時，發現每輛車各有兩個用長方形銅條構成的方框，長 14.4 厘米，寬 13.2 厘米，正面的中部有一個外高內低、兩側高中間低的斜坡形淺槽，其弧度與車輪下部完全吻合，證明它就是止輪用的「軔」，這是我國古代最早的「軔」的實物！

有趣的是，在 1 號車車廂的後部發現了一件「人」字形的器物，通高 34 厘米。專家認為這是支撐車輛用的器具，名之為「車撐」。在車靜止時，它放在「踵」（輈與車廂相交處的尾部）的下面，從後部支

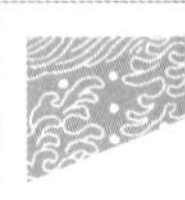

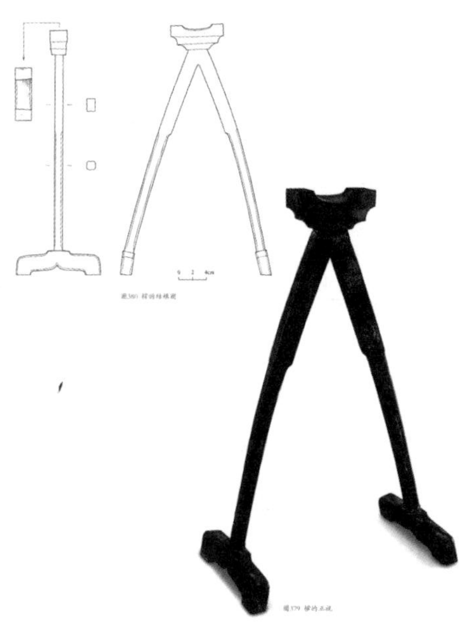

· 車撐
採自秦始皇兵馬俑博物館、陝西省考古研究所編《秦始皇陵銅車馬發掘報告》

撐車身的重量，主要作用有二：一是防止在有人登車時用力過猛而造成車的前部上翹，二是在停車時可以減輕馬的負荷。這是此前從未見過的車馬器，令人耳目一新。最後，我們可以通過 1 號銅車馬的傘蓋來看它正經補史的作用。《考工記》記載的傘蓋有以下幾個主要構件：

杠：車傘的柄有兩截，下面一截稱為杠，又名「桯」，長八尺。

達常：插在桯上的傘柄，與上端的「部」一體，乃是用同一塊木料製成，總長二尺。

部：達常頂端的蓋鬥，部的四周有插「弓」用的榫眼，一共是 22 個。

弓轑：從蓋鬥向四方伸出的木條，猶如後世的傘骨，長度有

6 尺、5 尺、4 尺三種。為了便於泄水，弓轑靠近傘頂的 1/3 處是平直的，其餘的 2/3 則向下傾斜。

1 號車傘蓋的主要構件也是杠、部和弓轑，與《考工記》基本相同。將兩者對照，我們對古代傘蓋的製作規範可以了然於胸。與此同時，也可以發現它們的某些不同，以及《考工記》語焉不詳而可以求證於 1 號車的地方。

首先，《考工記》的傘蓋總高度為十尺，頂部有很大的傘面，不免頭重腳輕，它如何立在車上？文中沒有談及。1 號車的傘蓋立在一個縱橫各長 36 厘米、寬 6.6 厘米的十字形底座上，中間有滑槽，傘杠可以自如地置入。該底座是活動的，與車廂沒有固定連接，可以根據御者的意願隨意挪移。

第二，《考工記》的傘杠高而細，如何保證它在直立時的穩定，不前後左右搖晃？文中沒有談及。看過 1 號車之後，我們才恍然大悟。原來，傘杠是插在一個十字拱形的底座上的，兩者之間有一個鎖緊裝置。此外，傘杠的一側還有一根 56 厘米高、與傘杠並行的座杆，杆子上端有一個內徑為 2.8 厘米的圓環形活扣，當傘杠插入底座，杆子上端的活扣即可將它固定。這一固定點與底座的滑槽上下着力，可以保證傘蓋在行車過程中的高度穩定。

第三，《考工記》中的傘杠，是由上下兩部分組成的，達常與部連成一體。而 1 號車的傘杠只有 1 根，直接與上端的部連接，作為傘柄的達常不明顯，甚至可以說沒有。

第四，當太陽斜射或者風雨偏至時，正立的雨傘作用大減，此時該怎麼辦？《考工記》沒有提及。而在 1 號車，傘杠可以通過立柱上的環形活扣調節，靈活抵擋四方的陽光和雨水，設計之精妙，令人歎為觀止。

第五，《考工記》中弓轑的數量有 28 根，說是象徵二十八宿，而

1 號車的弓轑只有 22 根，與二十八宿之說不符；此外，《考工記》之弓轑的折斜位置在靠內端的 1/3 處，而 1 號車則完全不同，在大致相反的位置。兩者比較，《考工記》的設計使得傘蓋下的空間比較低窄，雨水下滴處太近車身，而 1 號車的傘蓋弧度比較舒展，不僅傘蓋之下的空間比較寬敞，而且足以遮住車轂，真正達到《考工記》「庇軹」的設計要求。

第六，《考工記》傘蓋上的弓轑有 28 根，一端插入蓋鬥，另一端則孤懸於外，彼此不相繫屬，結構上比較鬆散。1 號車的每根弓轑的中部均有 1 小孔，而用一根稱為「榑」的細線串聯為一體，猶如今天的傘骨也用細線繫鏈那樣，從而保持全部弓轑之間的平穩。

《考工記》說：「軫之方也，以象地也。蓋之圜也，以象天也。輪輻三十，以象日月也。蓋弓二十有八，以象星也。」意思是說，車廂做成方形，是為了象地。車蓋做成圓形，是為了象天。輪輻之所以是三十根，是象徵每月三十天。蓋弓之所以是二十八根，是象徵二十八宿。但是，車廂與車蓋的方圓，與地方天圓之說不一定有對應的關係，而且大部分出土車馬的輪輻都不到三十根，因為輪輻多到如此的數量，輪轂上的鑿空就會過分密集，從而影響到輪轂的強度。1 號、2 號銅車馬雖然有 30 根車輻，但是蓋弓只有 22 根，而不是《考工記》規定的 28 根。可見，《考工記》的某些帶有思想色彩的記載，帶有理想化的成分，不能過於拘泥。

六、秦陵銅車馬的精湛工藝

秦陵銅車馬既是具有重大學術價值的歷史文物，也是冠絕於世的藝術珍品。兩者之所以能完美地結合為一體，是由於其精湛的工藝技術。

首先，是高度仿真。工匠們用青銅製作普通馬車上原本用皮革、木料、繩索、絲綢製作的部分，以及人的鬚眉、衣服、束帶、紋飾、服飾等，乃至馬的鬃毛、纓絡，車廂內地毯的織紋等等，無不惟妙惟肖，富於質感。例如，1 號車覆蓋在傘蓋上的布帛，也按照織物的紋樣模擬，四周飾以錯金圖案，華麗典雅。銅車馬上有許多表現布帛、革帶纏結的地方。這些帶結可以分為活結和死結兩大類，其中活結的綰結方法有 9 種，死結有 13 種，令人浩歎。再如套在馬身上的靷繩和轡繩，生活中是皮革製作的，為了表現皮革的柔軟，不厭其煩地把靷繩和轡繩做成一小節一小節，然後用直徑 1—1.5 毫米粗的銷釘連接。又如對車上彩繪的模仿。1 號車車輿在軨的內外側，有髹漆彩繪。2 號車車廂內外都有彩繪紋樣，下層為流雲及幾何紋樣，上層為夔龍夔鳳紋，均為錦繡的仿真樣式。1 號車輿底的正面的青銅板上有麻布編織紋，並在上面塗以朱色，顯然是模仿朱色麻布。2 號車的前室底部有 2×2 厘米的浮雕狀幾何方格紋，上塗朱色，視覺輕軟，類似軟墊。後室正面反扣一塊方形銅板，上面繪有精緻紋樣，視覺猶如厚錦墊，發掘者名之為「繡茵」。

第二，是複雜的焊接技術。秦陵銅車馬的用料，除部分是金銀飾物之外，全部用青銅製作。銅車馬的零件數以千計，僅 2 號車馬身上的飾件和用具就有 2500 件之多。將如此繁多的金屬零件組成一個瑰麗的藝術品，顯示了工匠的不朽智慧。2 號銅車馬的各種接口有 3780 個，其中活性接口 3171 個，焊接接口 609 個，帶紋接口 182 個。從工藝技術的角度而言，各種連接可以分為不可卸的冶金連接與可卸的機械連接兩大類。前者有鑄焊、釬焊、紅套、鑲嵌四大類，包括熔化焊接法、榫卯結合加焊接、榫卯結合加焊接和包鑄、鑲嵌加釬焊、焊接加銅栓板連接、插接式焊接、補鑄法等，此外還有某些有待研究的焊接方法。後者包括鍵連接、鉸鏈連接、錐度緊配合、彎釘連接、銷釘連接等幾大類。從功能上來說，有閉鎖結構與非閉鎖結構之分，其中

閉鎖結構有拐形栓式閉鎖、鍵式閉鎖、活銷式閉鎖、帶扣式閉鎖、自鎖式閉鎖、活鉸加曲柄銷的閉鎖、三重卡接閉鎖等，充分體現了工匠在焊接、金屬切削、金屬冷加工和鉗工裝配方面的卓越成就。再如銅絲鏈條的焊接，由直徑僅 5 毫米的細小銅絲先對接焊成環形，再組成鏈條。銅絲兩端對接呈斜行面，接縫清晰，結合堅固。但如此細的銅絲經不住高熱，只能用低溫焊接法，但具體的工藝如何，很難想像。

第三，是金銀件的連接技術。兩輛銅車馬的金銀飾物的重量超過 14 千克，製作也非常講究。馬絡頭和繮繩都是一節金、一節銀，乃是用子母扣連接法串聯而成，這種連接法與今天金屬手錶鏈的連接技法幾無二致。1 號車、2 號車左右驂馬頸部的金銀纓環，斷面呈卵圓形，由 42 節金筒節和 42 節銀筒節相間構成。金銀筒節長 9 毫米，外徑 7.5 毫米，壁厚僅 1 毫米左右，接縫非常嚴密。經專家用 X 光探視後發現：（1）筒節內部以一個八棱銅條為芯骨，金銀管的內壁也作八棱行，與管芯緊密結合，但沒有發現金屬熔化的現象，可見並非嵌鑄而成。（2）金銀筒節是對接連接，而非套接連接，難度之大，無法想像工匠究竟如何操作？給人留下了無窮的好奇。

第四，是精巧的小件連接技術。銅車馬中有許多細小零件的連接，方式相當複雜。例如，兩輛銅車馬上的 16 根銅轡，前段為圓柱形，後段為條帶形，由許多小銅節連接而成。這些銅節先單獨鑄造成型，再進行細加工，然後用子母扣法組成鏈條。子母扣的結構有三種方式：一種可以上下活動，另一種可以左右活動，還有一種可以 360° 隨意活動，類似於萬向節頭。總之，完全根據實際需要來設計和製作。銅車馬上有名目繁多的鏈條，廣泛採用了銷釘與小孔連接的方式，小孔的直徑有 0.12、0.17、0.2、0.3、0.4 厘米等不同的規格，專家認為當時已經有了標準化、系列化的鋼製鑽具。零件表面的加工也相當精密。發掘者在箭鏃從脊到刃的部位發現了互不交錯的平行紋路，顯然不是手工銼磨的痕跡。專家推測，當時可能已有簡單的機床加工磨具。

第五，是防腐技術。這兩輛車之所以要用青銅製作，是為了埋葬在地下後不會朽爛。但是，土壤中有水分，對銅質物體有腐蝕作用，天長日久，照樣會朽爛。2 號銅車的四匹馬，全身覆蓋着一層厚約 0.1 毫米的白色塗層，出土時有部分脫落。仔細觀察可以發現，凡是脫落的部分便有綠銹，未脫落的部分則保存完好，可見它有明顯的防腐作用。這是一種怎樣的防腐塗料？其機理尚不很清楚。專家經化學分析後推測，可能是先用一種水溶性的天然樹脂與一種白色礦物均勻混合，再塗在銅質基體上。經過陽光和空氣的作用，部分交連固化為一種膜狀物，從而可以在一定程度上抵抗水和氧對金屬基體的腐蝕。

第六，是大面積薄板狀傘蓋的鑄造。兩輛銅車的傘蓋都是大型薄壁拱圓形鑄件：1 號車的傘蓋直徑 122 厘米，厚度僅 0.1—0.4 厘米，而蓋體勻稱、規整，精美無比，足以代表銅車鑄造的高超工藝水平。2 號車傘蓋長 178 厘米，寬 129.5 厘米，呈拱形橢圓體，最薄處只有 0.1 厘米。它們的製作有兩大難題：第一，由於傘蓋很薄，鑄範的內腔相當狹窄，工匠如何解決器範的上下壁之間始終保持工藝要求的間距問題？第二，由於範腔薄窄，銅液注入後勢必流動緩慢，加之銅液很薄，極易冷卻、凝固，而傘蓋的面積相當之大，很可能出現前面的銅液在半途就已冷凝，致使後邊的銅液無法再注入的局面。因此，傘蓋的鑄造，不僅要求工匠有高超的制範和合金配比水平，還要有使銅液有足夠高的深液流動性和充型性能的能力，善於控制整個鑄造過程。這些苛刻的要求，即使在鑄造技術高度發達的今天也難以想像。專家根據傘蓋的金相組織分析，發現傘蓋並非一次鑄成，而是先鑄成 4 毫米厚的板材，然後在四周的邊緣部分做局部加熱，再用錘敲擊板材，使之變薄、延展，厚度漸次變為 1 毫米。這種鑄、鍛結合的工藝，是當時的重要創造，專家認為，它「標誌我國到了秦代已經掌握了極其高超的青銅鑄造技藝」。

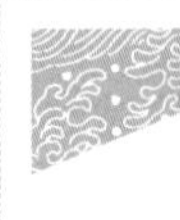

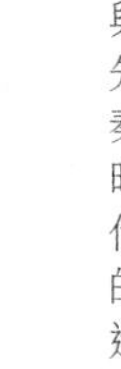

參考論著：

陝西省秦俑考古隊、秦始皇兵馬俑博物館編：《秦陵二號銅車馬》，《考古與文物》，1983 年。

秦始皇兵馬俑博物館、陝西省考古研究所編：《秦始皇陵銅車馬發掘報告》，北京：文物出版社，1998 年。

劉永華：《中國古代車輿馬具》，上海：上海辭書出版社，2002 年。

第十三講

泉州宋船與中國古代的造船技術

南宋海船，1974年8月福建省泉州市後渚港出土。船體殘破，僅保存了原來屬水下的部分，船身殘長24.2米，殘寬9.15米，殘深1.98米。船內用十二道隔板將全船分為十三艙。艙內殘存中桅和頭桅兩個桅杆座。

一、文獻所見的原始渡河工具

我國幅員遼闊，江河湖泊遍佈，如何渡水過河，乃是最基本的交通問題之一。《尚書》的《禹貢》篇說，大禹治水之後，曾經以大山、大川為界，將天下劃分為九州：九州的中心是冀州，濟水與黃河之間是兗州，泰山與大海之間是青州，大海、泰山與淮河之間是徐州，淮水與東海之間是揚州，荊山與衡山之間是荊州，荊山與黃河之間是豫州，華山以南到黑水是梁州，黑水與西河之間是雍州。《禹貢》還提到各州向中央進貢當地特產的路線，比如兗州運送貢品的船隻經由濟水、漯水而來，進入黃河之後，再到冀州。青州運送貢品的船隻經由汶水到達濟水，然後進入黃河，再到冀州。徐州運送貢品的船隻從淮水和泗水而來，轉入菏水，再入濟水，最後經黃河到冀州……限於篇幅，不再羅列。在這樣一個交通網絡之中，船隻的製造和使用，就是不可或缺的了。《禹貢》是否為夏朝的作品，學術界有爭論，但它最遲也是戰國的作品，學者們並沒有分歧。

在傳世文獻中，每每將舟船的發明追溯到黃帝時代，《易．繫辭下》說：「黃帝、堯、舜垂衣裳而天下治，蓋取諸乾坤。刳木為舟，剡木為楫。舟楫之利，以濟不通，致遠以利天下。」相傳大禹治水，以開九州，舟船是他所使用的交通工具之一，《史記．夏本紀》說大禹「陸行乘車，水行乘舟，泥行乘橇，山行乘檋」。但是，舟船的結構已經比較複雜，在此之前，當還有更為原始的渡水工具。見諸我國文獻記載的，至少有以下三種：

首先是匏。葫蘆古稱「瓠」或「匏」，在《說文解字》裏，這兩個字是一個意思，可以互相訓解；也有通假作「壺」的，例如《詩經．豳風．七月》說的「八月斷壺」之「壺」，就是「瓠」的借字；又如《尚書．禹貢》裏的「壺口」，《史記．河渠書》寫作「瓠口」，都是例證。瓠是我國南北各地普遍種植的作物，外殼並不十分堅硬，除了可以做瓢，沒有太大用處，但瓠腹中空，有很好的浮力，縛在腰間，可以做渡河的浮具——古人稱之為「腰舟」。《詩經・邶風・匏有苦葉》說：「匏有苦葉，濟有深涉。」意思是說，匏葉的味道很苦，但匏可以用來渡河。《鶡冠子》說：「中流失船，一壺千金。」意思是說，在江河的中流翻了船，壺（瓠）就成了價值千金的救命之物。《莊子》說有能「浮於江湖」的「五石之瓠」，雖然說得誇張，但農家有大型的瓠，大概是沒有問題的，否則《莊子・逍遙遊》就不會說「魏王貽我大瓠之種」的話。

其次是筏。樹木和竹子都有浮力，如果將若干竹木編連起來，就可以成為載人載物的渡具。《爾雅》郭璞注說「筏」就是「並木以渡」，非常形象。古人把比較大一點的稱為「筏」，小一點的稱為「桴」。孔子周遊列國推行他的政治主張，而不為諸侯所採納，他傷感天下無賢君，憤憤地說：「道不行，乘桴浮於海。」可見桴也是人們常用的渡具。文獻中也有把桴稱為「泭」的，如《國語・齊語》說的「方舟設泭，乘桴濟河」，「泭」也是指木排。先秦時代已經使用桴運兵，如《越絕書》記載：公元前 486 年越國將都城從會稽（今浙江紹興）遷至琅琊（在今山東膠南縣南）時，「伐松柏以為桴」，將兩千八百名士兵運到北方。

再次是獨木舟。古籍記載：「軒轅作舟楫。」最早的舟是獨木舟。《淮南子・說山訓》說，古人「見窾木浮而知為舟」，「窾」是空的意思，有些大木上面有自然形成的凹陷，正好可以作為人坐立的空間，古人由此受到啟發，於是就「刳木為舟」，在木上鑿出凹槽用於載人，雙手則可以劃槳或撐篙，提高前進速度，靈活掌握行船方向。《淮南子・泰族訓》說「窬木而為舟」，「窬」和「窾」的意思一樣，這句話表達的內容與《說山訓》完全相同。

二、綽墩山出土的渡河浮木

1961 年 1 月，南京博物院在江蘇崑山市正儀鎮北面的綽墩山發現一處總面積約 40 萬平方米的新石器時代遺址。從 1998 年到 2003 年，考古工作者對該遺址進行了五次發掘，發現其主要內涵是以河道為中心的良渚文化聚落，以及分佈在河道兩岸的居址、祭台、水井、墓葬、灰坑等，出土物非常豐富。

蘇州地區河湖港汊很多，良渚文化的古村落往往離不開水道，在吳淞江南岸發現一座四萬多平方米的村落，外面有三條小河平行環繞，專家認為有防禦的功用。吳江縣龍南遺址的良渚文化村落以河道為中軸分佈在兩岸，與綽墩山遺址的佈局相似。在聚落四周開挖環壕，另外有一條 6—9 米寬、東西向的河道與環壕連接。那麼，生活在水網之中的良渚先民是使用怎樣的工具渡河的？這是一個饒有趣味的問題。

在第四次發掘中，考古工作者發現一塊長 1.10 米、寬 0.7 米、厚 0.23 米的大木塊。大木塊的一端為垂直面，另一端為 38° 角的斜面，大木塊上部中心有一象鼻孔把手。南京林業大學的專家對它的質地、體積、性能等作了鑒定：（1）材質為二針松；（2）體積 0.1771 立方米；（3）乾重 94.4 千克；（4）浮水率 82.7 千克（極限）。那麼這塊大木頭究竟是做甚麼用的？發掘者認為，這是當時的渡河工具：象鼻孔形把手是穿繩索用的，繩的兩端分別固定在兩岸樹上，渡河者伏在木塊上，朝前進方向拉繩，即可過河。木塊的一端之所以要做成斜面，是為了便於靠岸，其形狀類似於後世的船頭。今日崑山的農民雖然多乘船過河，但依然保留着利用拉繩索的力量行舟的做法[1]。綽墩山出土

1 丁金龍、蕭家儀：《綽墩遺址新石器時代自然環境與人類活動》，南京博物院《東南文化》2003 增刊 1，第 94—98 頁。

· 綽墩山浮木
採自《綽墩山 — 綽墩遺址論文集》

的這塊浮木，是迄今所見最為簡單的渡河工具。這種古老的渡河方式不見於文獻記載，所以特別令人驚喜。

三、我國古代舟船的遺跡

與舟船有關的考古發掘，至今層出不窮，而且分佈於南北各地，以下略為介紹。浙江餘姚河姆渡遺址出土一支 7000 年前的木槳，是用整木刊鑿而成，有明顯的柄和葉，殘長 63 厘米，葉寬 12.2 厘米，槳身有線刻圖案[1]。浙江嘉興錢山漾遺址發現一支 5000 年前的木槳，用整根的青岡木製作，柄長 87 厘米，翼長 96.5 厘米、寬 19 厘米。[2] 杭州水田阪出土的一支木槳，槳柄與槳葉也是用同一根木料削成，槳柄

1 河姆渡遺址考古隊：《浙江河姆渡遺址第二期發掘的主要收穫》，《文物》1980 年第 5 期；勞伯敏：《一支七千年前的船槳》，《光明日報》1981 年 1 月 21 日。

2 浙江省文管會：《吳興錢山漾遺址第一、二次發掘報告》，《考古學報》1960 年第 2 期。

· 浙江省博物館藏跨湖橋獨木舟

為長圓柱體，槳葉扁平，較窄。此外，湖南澧縣城頭山遺址也出土過一支木槳。木槳的出土如此之多，可是在相當長的一段時期內，一直沒有發現新石器時代的舟船。但是，著名船史專家席龍飛先生斷言：「有船未必有槳，但有槳一定有船！」

山東榮成縣毛子溝出土一具商周之際的獨木舟，用一根原木刳成，平面略呈長方形，底縱剖面呈弧形，長 3.9 米，有三個隔艙。船體前翹後重，艙壁外鼓，顯然不是原始形態的獨木舟。[1] 類似的獨木舟在許多地方都有出土。遺憾的是，它們的年代都比較晚。1990 年和 2001 年，考古工作者兩次發掘浙江蕭山的跨湖橋遺址，出土了一批距今約 8000 年到 7500 年之間的文物，其中最為珍貴的是一艘學術界望穿秋水的獨木舟。據席龍飛先生在現場的考察，該獨木舟的底部有隨處可見的火燒痕跡，舟的周圍有不少有段石錛及其木柄，所以他推測該舟是先用火燃燒後，再用有段石錛等石器刳製的。舟身已殘損，最寬處尚有 70 厘米，艙深 15 厘米，舟體兩側各有一處小木樁。[2] 迄今為止，世界上年代最早的獨木舟實物出土於荷蘭，距今約 8300 年，跨

1 王永波：《膠東半島上發現的古代獨木舟》，《考古與文物》1987 年第 5 期。

2 參閱席龍飛等主編：《中國科學技術史 · 交通卷》，18 頁，北京：科學出版社，2004 年。

湖橋獨木舟的年代與之約略相當。這一重大發現，證明了席龍飛先生的遠見卓識。

有趣的是，直到宋元時期，獨木舟依然存在，只是形制更為複雜。例如，山東平度新河鄉出土一艘隋代獨木舟，船體乃是用兩條獨木舟合併而成，每條獨木舟都是用三段粗樹幹挖成空槽後縱向連接而成，殘長達 20.2 米。再如，1992 年在韓國全羅南道珍島郡碧波里道海載出土一艘宋代海船，殘長 16.85 米，殘寬 2.34 米，殘深 0.7 米。船體也是用三段巨大的樟木挖成空槽，再用子母榫卯合後縱向連接，接縫處用艌料填充，然後用鐵釘緊固。船體首狹尾寬，前低後高。船內用六道隔板分為七個艙，在第四艙中殘存用松木和樟木製作的桅杆座。在龍骨的保壽孔內發現了八枚中國銅錢，年代最晚的是宋徽宗的政和通寶。這艘船保留了獨木舟的挖鑿製作法，但卻是三段接合，而且有桅、帆、隔艙等舟船的結構，所以專家認為這是一艘「保留某種獨木舟特點的宋代海船」。

此外，還有一類與古代舟船相關的出土文物，它們雖然不是舟船的實物，卻鮮明地反映了舟船與先民社會生活的關係。陝西寶雞北首嶺新石器遺址出土的 1 件船形陶壺，高 15.6 厘米，長 24.8 厘米。外形似船，底呈弧形，兩端尖而上翹，腹部兩側有墨線畫的漁網紋。湖北紅花套新石器遺址出土 1 件舟形陶器，形狀似矩形槽，方頭方尾，兩端略上翹，底呈弧形，距今 5770 年。遼寧大連市長海縣吳家村新石器遺址也發現 1 件舟形陶器，已殘缺一半，器身窄長，底平，一端上翹，殘長 7 厘米，最大寬 2 厘米，凹槽深 0.5 厘米，距今約 5500 年。浙江餘姚河姆渡遺址出土的舟形陶器，長 7.7 厘米，寬 2.8 厘米，其外形兩頭尖而上翹，前端有一帶穿孔的突出物。遼寧丹東市東溝縣三家子村新石器遺址出土 1 件距今約 6000 年的舟形陶器，器身為長條橢圓形，橫剖面為半圓形，兩端圓弧，腹部略寬，全長 13 厘米，最寬處 6.6 厘米。遼寧旅順市郭家村新石器末期遺址出土的舟形

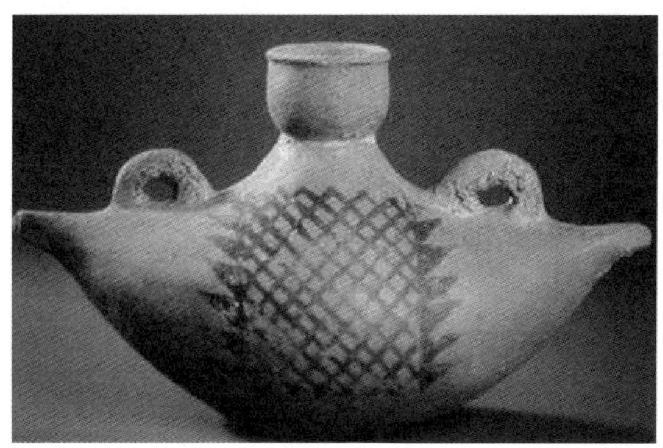

· 陝西寶雞北首嶺仰韶遺址出土的船形陶壺

陶器，長條橢圓形，平底，口沿長徑 17.8 厘米、短徑 8 厘米，距今約 4000 年。

在距今約 4000 年的青海樂都縣柳灣齊家文化墓葬中，共出土 180 餘件船棺，都是用整段樹木挖鑿而成，棺兩端大多削成平頭，少數削成弧形，最大者長 2.02 米，寬 0.36 米。類似的葬式，後世在福建、江西、四川等地都有，反映了船與先民生活的密切關係。

黑龍江海林縣群力屯岩畫船圖，1960 年在該縣牡丹江右岸岩壁上發現，相當於新石器時代後期。岩畫描繪人們的捕魚狩獵活動，其中有一獨木舟。舟之一端有人背水而坐；中部一人站立，雙手高舉一物；另一端一人，上身微屈，十分傳神。

到了商代，舟船已經成為生活中最常用的交通工具之一，在甲骨文和商周青銅器銘文中，「舟」字以及與之相關的文字可謂觸目皆是。下圖所列的是甲骨文中的「舟」字的各種寫法：

仔細觀察不難發現商代的舟有以下兩個特點：首先，甲骨文的「舟」字的朝向儘管有向左、向右的不同，但它的形制基本一致；其次，這些舟都不是獨木舟，而是用多塊木料構成的船。

以下兩圖，上圖是青銅器銘文中的圖案文字，描述的是一個肩上挑着貨貝的人站在船上到其他地方去做貿易，非常形象，舟船在先民的經濟生活中的作用於此可見。下圖是成都百花潭出土的一件青銅器上的圖案的局部，由於描述的是古代陸戰和水戰的場景，所以稱之為「水陸攻戰圖」。

東漢已有大規模的海上船隊，當時的航海家已遠達印度和錫蘭（斯里蘭卡）。東漢劉熙所著的《釋名》中有《釋船》專篇，記述了漢代船的種類、用途和船上的設備。從三國歷經晉、隋到唐代，由於海上交通需要，我國造船業日益發展，所造海船無論是堅固性、穩定性、適航性，還是水密隔艙的安全設施，在世界上都具有先進性。到了宋代，由於海外貿易的日益繁榮，我國的造船技術發展到更高的水平。

· 肩挑貨貝的人站在船上

· 水陸攻戰圖局部

四、中國古船製造的原創性技術

古代中國的造船技術，在明代之前一直處於非常先進的地位，曾經有許多原創性的發明，對世界造船業作出了重要貢獻。以下逐一介紹。

關於船的水密性問題。獨木舟的承載能力太小，無法滿足社會生活的需要，因而需要製作體型碩大、結構複雜的舟船。舟船的基本難題，是解決船板與船板以及各個構件之間的密接與防漏問題。先民對此早就措意，證據之一，是古文字中的「朕」字，最初是一個與船有關的字。《説文解字》説：「朕，船縫也。」段註：「其解當曰舟縫也。」就是説，船板與船板之間的接縫叫作「朕」。朕字的這一古義在古籍中偶爾還可以見到，《考工記》中說的「視其朕」，就是一例。後來假借為人人可用的第一人稱，比如《離騷》中屈原説「朕皇考曰伯庸」中的「朕」就是如此。自從秦始皇將「朕」作為他專用的自稱，其他人不得再用。久而久之，很少有人知道古文字中的「朕」不是从月，而是从舟。

先秦時代，尚未出現用鐵釘連接的技術，那麼船板是怎樣連接的呢？由於實物不易保存，所以我們無法肯定。根據一般判斷，最初可能是先在兩塊板的對應位置鑽孔，然後用竹釘連接。但是，這種連接強度較差。在鐵器出現之後，先民曾經採用過用鐵箍捆紮的方法加固。1974 年，考古工作者在河北平山縣發現戰國中山王墓，在該墓的陪葬坑中發現三艘東西並排的木船，一律首南尾北，船身有不同程度的朽爛，其中最大的一條船，殘長 13.1 米，最寬處 2.3 米，艙深 0.26

甲骨文　　　　小篆

· 古文字「朕」

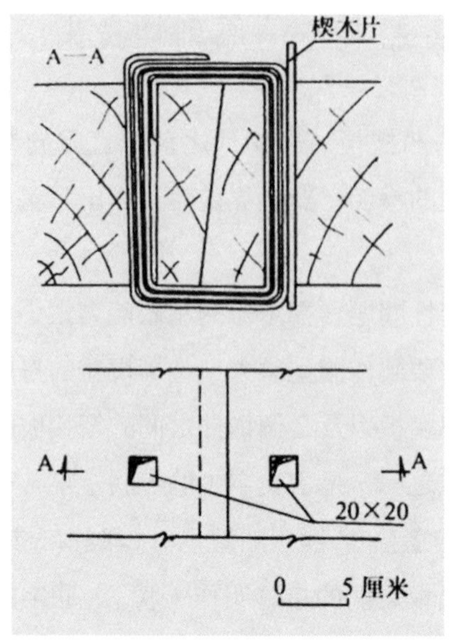

· 中山王墓鐵箍拼接船板示意圖
採自席龍飛等《中國科學技術史》（交通卷）

米。此外還發現五支木槳，槳葉長達 1.4 米，有的槳身還有彩繪。其中最重要的發現是，每條船上都發現有鐵箍：西船 31 個，中船 32 個，東船 8 個。由殘存的遺跡可知，船隻是用木板拼接、組裝而成，其方法是：先在相鄰的兩塊船板上各鑿出 1 個 20 毫米見方的穿孔，再用 20 毫米寬、3 毫米厚的熟鐵片插入，周繞 3—4 匝，然後用薄木片為楔子打進剩餘的空隙內壓緊，最後注入鉛液，使之堅固。有專家認為，這是船用鐵釘的濫觴。

中國工匠用榫接合、用桐油灰塞縫這兩種工藝，為當時世界各國所無。據日本學者桑原隲藏所著《蒲壽庚考》一書記載，大食（波斯）造船是「用椰子樹皮製繩以縫合船板，塗以橄欖糖泥的脂膏和他爾油」。又據汪大淵《島夷志略》記載，甘埋里（今伊朗南部）船因為「不使釘、灰」，所以「滲漏不勝，梢人日夜論戽，水不竭」。《玄覽堂叢書續集 · 日本海船》記載，日本造船則是「取方相思合縫，……不使

麻筋、桐油，惟以草塞罅漏而已」。至遲到宋代，泉州造船就使用麻絨桐油灰填塞板縫，《馬可．波羅行紀》記述説，工匠用石灰、碎麻和桐油混合成艌料，用以塗船縫。這種艌料的防滲漏效果非常好，泉州船工至今還在使用。

船舶在航行中如果觸礁，或者受到其他外力的撞擊而發生破裂，水就會迅速涌進船內，船舶就會受到致命威脅。為此，先民發明了水密隔艙這一在世界航海史上曾經非常領先的技術。這一技術，是用木板將船艙分隔成若干個彼此獨立的空間，即使一艙出現漏洞，船身依然有足夠的浮力，船員也可以及時封堵和修復漏洞。此外，水密隔艙的設計，有效地增加了船體的強度，可謂一舉兩得。有關水密隔艙的文獻記載，可以上溯到魏晉時期。《藝文類聚》引《義熙起居註》說：「盧循新作八槽艦九枚，起四層，高十餘丈。」八槽艦，一般認為是八個隔艙的船艦。義熙是晉安帝的年號，為公元405—418年，故學界認為，至遲到公元400年前後我國已經有了水密隔艙。水密隔艙的實物見於唐代，1973年6月，在江蘇如皋發現的唐代木船，共有九個艙，要比歐洲早近千年。關於水密隔艙的設置，《宋會要輯稿》也有記載：如海鶻船，「長十一丈，計十一倉」；鐵壁鏵嘴船「通長九丈二尺，計一十一倉」。這種設置提高船體的安全性，一些外國學者也曾提到。如宋末元初來華的馬可．波羅，在他的《行紀》中說：（中國）最大的船舶有十三艙，用堅固定板壁隔開，在於自防海險。如船身觸礁或鯨擊而進水時，水手們就將進水艙中的貨物徙於鄰艙。由於艙壁甚密，水不會透入它艙。然後修理好破處，再將徙出的貨物搬回原艙。水密隔艙的設置，除了有增強船舶的抗沉性的優點之外，由於多隔艙，也便於貨物的裝卸。西方人懂得水密隔艙的技術是在1795年，當時為英國皇家海軍造船的薩繆爾．邊沁（Samuel Bentham，1757—1831）第一次在船舶中使用這種技術。

關於舵。古時舵字也作柂、柁，東漢劉熙《釋名》解釋「柂」字

·漢畫像石船圖拓片

說：「其尾曰柂。柁，拖也，在後見拖曳也。」南北朝《玉篇》說：「舵，正船木也。」可見中國人很早就發明了舵。1955 年於廣州東郊的東漢墓中出土的船模型，長 54 厘米，寬 15.5 厘米，高 16 厘米，首尾狹，中腰寬，平底。船首兩側有三根槳架，兩舷上架八根橫樑。船上有前中後三間艙房，船尾還有一間矮小的尾樓，船尾有一柄大葉木槳，顯然是早期的舵。廣東、湖北等地的西漢墓中也都出土過船尾有舵的木船模型。雲南銅鼓和漢代的南粵船，也都裝有尾舵。歐洲人一直用側槳來控制方向，舵在歐洲的出現，是在公元 12 世紀，要比我國晚一千年。關於櫓。春秋戰國時期我國盛行單層槳船，到西漢時出現了櫓。《釋名·釋船》說：「在旁曰櫓。櫓，膂也。用膂力然後舟行也。」櫓是連續做功的高效推進點，既可推進，又可操縱船，十分方便。此後，搖櫓船開始流行，直到今天，在中國的江湖中搖櫓船還隨處可見，而在世界其他地區都沒有。

新中國成立初期，在長沙出土一艘西漢木船模型，長 1.54 米，底部略呈弧形，首部稍高，尾部方闊，後部有艙室，左右有十六支槳，尾部有一支槳。劃槳需要把槳重複地提出水面，費力耗時，而櫓是在水下做連續運動，不必出水，與魚搖動尾巴前進的原理相似，效率大大高於槳，故歷來有「一櫓三槳」之說。中國早在西漢就開始用櫓了。《舊唐書．李皋傳》載：「挾二輪蹈之，翔風鼓浪，疾若挂帆席。」可見唐代（公元 8 世紀）已經知道以用足踩踏的輪槳來代替用手劃動的槳，這要比歐洲早一千多年。輪槳船在中國古代叫「車船」，根據現有記載，宋代岳飛與楊么的水戰（12 世紀），便是一次車船大戰。

關於帆。由於船的體積和重量越大，需要的推動力就越大，僅僅使用木槳是不夠的。於是，人們想到利用風力來推動船的行進，從而有了帆的發明。阿拉伯人最早使用風帆，是一種橫向、固定挂置的三角帆，在常年刮定向季節風的印度洋十分好用。歐洲人在 13 世紀開始使用三角帆，由於歐洲海域風向不定，使用的效果並不理想。中國人何時開始使用風帆，學術界尚無一致的意見，多數學者認為至遲出現於春秋戰國時期。中國式的帆是縱向挂置在桅杆上的，屬「縱帆」，而且是活動的，可以根據需要升降，與阿拉伯的帆有明顯的差別。縱帆的設計，是與中國船普遍有舵的裝置相配合的，航船可以根據風向，通過操縱舵來調整航向，利用分力、合力原理，有效地利用四方來風，推動船隻呈「之」字形前進，甚至可以把當頭逆風轉變成側斜風來利用，收到「船駛八面風」的效果。徐兢在《宣和奉使高麗圖經》中說，中國船上的帆有「布風」和「利蓬」兩種，前者用於正風，後者用於偏風。

中國工匠對帆的性能有很深入的認識：桅杆太低，則起不到借用風力的作用；如果太高，則在刮大風時可能會把船掀翻；桅杆的合理高度，應該與船的長度約略相當。此外，中國很早就從單帆船發展為多帆船。《馬可．波羅行紀》說，中國船一般有四桅，多者有六桅。這在許多傳世的古畫中可以得到證實。

儘管風帆的使用帶來了極大的好處，但在河網密佈、橋樑眾多的內陸，帶桅杆的船隻無法通過；二是在海上航行時，一旦暴風雨來臨，高聳的桅杆可能會使船隻傾覆。為了解決這些難題，先民設計了活動桅杆，可以按照需要豎起或者放倒桅杆，《清明上河圖》中描繪

· 泉州海外交通史博物館藏清明上河圖船模

的這種人字形的桅杆就是活動桅杆，當時已經普遍使用。據《夢溪筆談》記載，宋嘉祐年間，一艘高麗海船的桅杆被風折斷後，漂流到蘇州府崑山縣，船上有三十多人。崑山知事韓正彥聞訊後派人去幫助修理，發現桅杆是固定的，於是「工人為之造轉軸，教其起倒之法，其人又喜」，為他們專門做了可以控制臥立的桅杆，並且教會他們使用。

根據《宣和奉使高麗圖經》載，長十餘丈的宋船，「大檣十丈，頭檣八丈」，說明主桅高度在船的長度之內，頭桅高度則是主桅高度之八成。《天工開物》也說桅高比船長少五十分之一。

關於船的造型。中國海船的造型，因海岸的自然特點的不同，而以長江為界分為兩大類，彼此風格迥異。北方多沙岸、淺灘，所以船都是平底，尾舵可以升降，以便擱淺時提升，稱為沙船。南方多岩岸，所以船都是「面寬三丈、底寬三尺」的船身扁寬的尖底船，兩頭高翹，船身離水面較高，便於深海作業，吃水深，有利於抵禦風浪的衝擊，即使在遇到橫風時橫向位移也比較小，適於在風力強、潮流急的海域航行。《宣和奉使高麗圖經》描述說：「上平如衡，下側如刃，貴其可以破浪而行也。」後一類船隻以福建為代表，故稱「福船」。

· 這是劍橋大學麥格達倫學院（Magdalene College）佩皮斯圖書館（Pepysian Library）收藏的馬修 · 貝克（Matthew Baker）1586 年手稿中的一頁。疊畫在船體上的魚形圖案，說明當時造船工匠遵循一條有名的準則：「鱈魚頭，鯖魚尾。」

這種尖底、扁闊的造型，是我國南方海船的傳統特點。

中國古船在船型設計上非常講究，例如，船體水線平面的最寬處應該設計在船的哪個部位最為合理？西方人按照仿生學原理，也就是仿照魚類的流線型，設計在中部靠前的地方。中國人不然，認為船舶雖然在水中行駛，但並非像魚那樣在水裏游，而是像水鳥（例如鴨和鵝）那樣，在水與空氣兩種介質之間劃行，因此，中國船體的最寬處是在中部靠後的地方。中國船的設計更符合流體力學的原理，因此，西方人也轉而將船體的最寬處放在中部靠後的位置。[1]

關於「錨」。錨或稱為「碇」。船停泊時容易隨着風或者水流漂移，為此而用繩索拴住一塊石質或鐵質類的重物，將其沉入水底，繩索的一端則固定在船上，使船隻穩定在水面上。到啟航時，再將其從

1　參考李約瑟：《中國科學技術史》第四卷《物理學及相關技術》第三分冊《土木工程與航海技術》論「船體形狀及其意義」部分，461—464 頁，科學出版社、上海古籍出版社，2008 年。

·《天工開物》制錨圖

水中提出。河姆渡遺址曾經發現一塊大石，外面用編成網狀的繩索兜住，專家推測它可能是早期形態的「碇」。廣州東漢後期磚室墓出土的陶船模型，船首有錨，側面視之為十字形，正視則呈Y形。船上有六個陶俑，有的匍匐在甲板上，有的憑舷站立，有的揚手抬臂似在召喚他人。

此外，宋代的海船上還備有「太平籃」，在情況緊急需要停下時拋入水中，可以較快減速。這一功能類似今天飛機降落時用的減速傘。

五、泉州宋船的發現

泉州港是我國宋元時代最重要的海港之一，因當年盛栽刺桐，故波斯商人稱之為刺桐港。刺桐港以泉州灣為主，包括深滬灣、圍頭灣和安平港。泉州灣以後渚港為主，包括梧宅、蚶江、石湖等港口。據《光明城》記載，刺桐港停泊的船隻有一萬五千艘，超過威尼斯。吳自牧《夢粱錄》卷十二《江海船艦》說，當時船舶之大者，可以載客五六百人。馬可・波羅說，一船之室，每至五六十間之多。

1974 年 8 月，在距離後渚居民點只有一百餘米的海截上發現一艘沉船，船身深埋在細密的海泥中，僅露出部分舷側板。船身殘長 24.2 米，殘寬 9.15 米，殘深 1.98 米。

全船用十二道隔板分為十三個艙，隔艙板僅殘存下半部分，原艙位清晰可辨。第十一艙寬 1.84 米，是最大的艙。第十二艙寬 0.80 米，是最小的艙；其他各艙寬度在 0.90—1.46 米之間。深度則第八艙為最，有 1.98 米；位於艏尖的第一艙最淺，為 1.50 米。

隔艙壁用若干道隔板築成，板厚在 10—12 厘米之間，板與板之間都採用榫合，出土時多有殘缺。殘存艙板最多的是第八艙，尚有六道板，總高 1.86 米；最少的是第三艙，僅剩三道板，總高 0.86 米。有些艙底還殘存部分墊板。

在船體前面的第一艙與第六艙內發現有中桅和頭桅兩個桅杆座，都用巨塊樟木製成。第一艙的是頭桅座，長 1.76 米、寬 0.50 米、厚 0.36 米。座面開有兩個 24×21 厘米的桅夾板孔，間距 40 厘米。第六艙的主桅座，長 2.74 米、寬 0.56 米、厚 0.48 米，桅夾板孔 32×24 厘米，間距 48 厘米。根據文獻記載，宋代海船通常有四桅，多者有六桅。因此，從該船中部到尾部的範圍內應該還有一至二桅，可惜沒有保存下來。福船桅杆的高度，一般是主桅、頭桅和尾桅分別為船長的 105%、77%、45%。如以這個比例探討本船的桅杆尺寸，以主桅來說，其高近 36 米，超過船長。船內尚有大片製作精良篾編織物的殘片，當是當時的篾帆。根據《天工開物》中「帆等於船身之闊」的記載，推測該船的主帆為 11×17 ＝ 187 平方米，頭帆為 7.5×13 ＝ 97.5 平方米，尾帆為 5.5×9 ＝ 49.5 平方米。船尾有舵承座，但未發現船舵殘件。經過專家的研究和推算，該船的主要尺寸復原如下：

總長（L）＝ 34.00 米左右；
水線長（LW）＝ 25.50 米；
最大船寬（Bwax）＝ 11.00 米左右；
水線寬（B）＝ 10.00 米；
型深（H）＝ 3.80 米；
滿載吃水（T）＝ 3.50 米；
幹舷（F）＝ 0.30 米；
長寬比（L/B）＝ 2.55；
寬度吃水比（B/T）＝ 2.86 左右；
首高（H 首）＝ 7.50 米；
尾高（H 尾）＝ 10.00 米左右；
樑拱＝ 0.50 米；
方形係數 δ ＝ 0.43—0.47 之間；
排水量△（型）＝ 393.4 噸左右；
舵葉總面積：25.5×3.5×13×％＝ 11.60（平方米）；
舵葉高度 55. 米，寬度 2.1 米；
舵杆長 8.5 米，直徑 0.35 米。

船艙內的遺物十分豐富，有香料，藥材，鋼、鐵器，陶瓷器，銅、鐵錢，竹、木、棕、麻編織物，文化用品，裝飾品，皮革製品，果核，貝殼，動物骨胳等，計有 14 類、69 項，其中香料和藥材的數

量佔絕對多數，有降真、沉香、檀香以及胡椒、檳榔、乳香、龍涎、硃砂、水銀、玳瑁等，未經脱水時的重量達 2350 多千克。那麼，這艘海船是甚麼年代建造的？這是歷史學家、船舶學家首先要回答的問題。專家們對船上的遺物作了詳細的蒐集和分析，並進行多學科的研究。

首先，按照古代的習俗，船主龍骨的「保壽孔」內幾乎都會藏有銅錢，由於銅錢上都鑄有帝王年號，因而是判斷船舶年代上限的重要依據。該船「保壽孔」中有 13 枚銅錢，全是北宋錢，其中年號最晚的是「宣和通寶」，宣和（1119—1125）是北宋徽宗的年號。此外，船艙內發現的銅錢中，年號最晚的是兩枚「咸淳元寶」，分別鑄於咸淳五年、七年。咸淳（1265—1274）是南宋度宗的年號。證明海船沉沒年代不早於南宋咸淳七年（1271）以後。行家指出，古代木船一般三年小修，五年中修，十年大修，而該船船板尚新，釘跡規整，船板沒有修補和撤換的痕跡，可知使用的年限不長。專家據此判斷，該船建成和出航的時間，應該在咸淳七年後的不久。此外，船艙中出土了大量的木牌、木籤，其中不少牌籤上寫有官名，由於歷朝官制不斷變化，因而有重要的斷代價值。船艙內共發現 21 件帶有「幹」字木牌籤。據《宋史．職官志》記載，在宋代都轉運使等運輸部門的建制內，都有若干名「幹辦官」，因此，木牌籤上的「幹」，應該就是幹辦官（或稱「幹辦公事」）的簡稱，由於元代沒有沿用這一官名，可以推斷該船是宋船。

該海船由兩舷往下向內收攏，形成船底尖、船身扁闊的造型，長寬比小（約為 2.55），平面近橢圓形，與文獻中有關宋代海船的記載完全相符。此外，從出土海船沉積環境的科學分析，也可以推斷這艘海船應沉於距今七百年以前。

綜合以上幾點，專家們對該船的建造年代和性質取得了共識：泉州灣出土的這艘宋代海船，船體的平面形狀肥闊，長寬比小，屬尖底造型，其用材、造船工藝等都具有泉州船的特點，是一艘遠洋貿易返航歸國的南宋末年的海船。該船的建造與沉沒的年代，應該是在咸淳七年以後的幾年中。

六、泉州宋船的結構與建造技術

泉州海船的出土，為世人提供了考察宋代造船技術的實物，許多文獻記載語焉不詳的內容，都可以在它身上得到答案，學術價值很高。下面我們扼要介紹幾點。

首先，該船的主體結構非常科學。龍骨由主龍骨和尾龍骨兩段構成，全長 17.65 米，乃是用兩段松木連接而成，主龍骨長 12.4 米，尾龍骨長 5.25 米，斷面都是寬 0.42 米、厚 0.27 米，粗碩堅實。在結構

· 泉州宋船

· 泉州宋船多層板

上採用了體外龍骨的設計，全部露在殼板之外，兩端的接頭用斜直角法榫合的工藝，龍骨前端與用樟木製作的艏柱接連，殘長 4.5 米，使得船的縱向強度大為提高。從船的橫向結構看，全船的十二道堅固的隔艙壁與船殼板連成整體，在隔艙板與船殼板的交接處，都有粗壯的肋骨扶強，它們與船殼之間用鋦釘兩面挂聯，並加釘緊鎖，從總體上組成了堅固的 V 字形的穩定結構。為了避免航行時出現縱向搖晃，與主龍骨兩端接合的首柱和尾龍骨沒有採用陡然上收的設計，而是沿縱剖面型線平緩地向上延伸，高點依然在水下，從而具有更好的適航性。

其次，船體採用多層船板疊合的工藝。據《馬可·波羅行紀》記載，福船的側面為求堅牢，「船用好鐵釘結合，有二厚板疊加於上」，此後「每年修理一次，加厚板一層，其板刨光塗油，結合於原有板之上」，「至船壁有六板後時遂止」。也就是說，福船用二層或多層木板疊加在船體之外。由於宋船實物罕見，而如今的海船多為鐵船，此説無從驗證，故前人多以為離奇而不予置信。泉州出土的宋船，採用的居然就是多重船殼板疊合的工藝，證明《馬可．波羅行紀》所記並非向壁虛造。

從船的橫剖面可以看到，船底兩邊的殼板形成四級階梯狀，每級向外擴 10—12 厘米。從龍骨到船兩側的殘緣，內邊左右各有十四路板；外側左邊有十六路板，右邊有十五路板。船底用二重板疊合，舷側用三重板疊合。船殼板都以整木裁製，最大的長達 13.5 米、寬 0.35 米；最小的長 9.21 米、寬 0.28 米。最厚處的總厚度超過 18 厘米。之所以要如此，是由於尖底造型的船殼彎曲多、弧度大，採用多重板結構，可以增大船體的強度和回力矩，經得起橫向波濤的衝擊，有利於遠航。這種設計十分先進，體現了很高的智慧。

船殼板的拼接，橫向結合採用平接或搭接法，縱向結合則分別用斜面接合、半斜面接合和半側榫接合等方法，上下左右之間都用子母銜榫合。縫隙間都塗塞用麻絲、竹茹、石灰和桐油灰配成的艌料，以確保其防漏性能，然後用鐵釘加固。鐵釘有方、圓、扁諸種，都有釘帽，根據不同的需要，採用「參」、「別」、「吊」、「插」等多種方法釘合，例如在艙壁與殼板、隔板與隔板之間，用扁形的鈎釘鋦聯，使隔艙壁同船殼聯成整體，加大船體強度。為了防止鐵釘銹蝕，釘頭吃進木板深處，然後用桐油灰將釘頭密封。第三，該船的用材非常講究。龍骨用松木，其他承受強大壓力的構件或部位，都用質地堅硬的樟木製作，例如十三艙的肋骨，貼近龍骨的第一、二路外殼板，第一道隔艙壁和第十二道隔艘壁，其他十道隔艙壁緊貼船底的一路隔板等，都是受力比較大的部位，全部用了樟木板。兩個桅杆座用巨塊樟木，艏柱和肋骨用整根的樟木，舵承座用三根大樟木疊合而成，從而不僅保證了船舶的整體強度，而且具有防腐的功能。其餘受力較少的船體板則用杉木。

第四，肋骨裝配位置的設計十分合理。肋骨大多是用整木料製成，附貼在隔艙壁和船殼板的連接處，下端緊倚龍骨，上端延至舷側。其裝配位置，以船縱向長度的中點為界，中點以前的肋骨都裝在隔艙壁之後，中點以後的肋骨則裝在隔艙壁之前。如此，既考慮到了船體的橫向強度，又照顧到了結構排列整齊的要求。這一先進的設計，與近代鉚接鋼船的水密艙壁以及邊角鋼的裝配位置完全一致。

第五，許多細節的設計別具匠心。泉州宋船結構複雜，除了總體設計十分堅固合理之外，許多細節的設計，也是非常的周密細膩。舉例來説，所有艙壁的鈎聯都十分嚴密，水密性相當之好。但是由於木船的質地密度不是很理想，彼此的接合很難做到天衣無縫，因此往往會出現滲漏，就是新船也每每如此。這就需要及時發現滲漏的位置。此外，船外的海水也會不時打進艙內，並且漫流，因而需要及時加以處理。為此，我國工匠發明了流水孔和水艙。從泉州宋船可以清楚地看到它們的實際情況。流水孔開在每個艙壁接近龍骨的地方，一旦某艙出現滲漏，海水就會通過流水孔流到位置最低的艙，也就是「水艙」，船員在此戽水即可，不必逐艙進行。泉州宋船的水艙在第七艙。萬一有很多海水打入某艙，只需堵塞流水孔，海水就無法流到鄰艙。再如，在航行中，甲板上常常會有海水卷來，為了儘快將滯留在甲板上的海水排出，舷牆根還開了好幾排水眼，非常實用。

泉州宋船的結構和建造工藝，具有獨特、精巧的設計技術，特別是龍骨和殼板的設計及其工藝，水密隔艙的設置，更顯示出這艘海船設計和建造的技巧及其先進性，在船型、結構和造船工藝等方面，都具備我國海船的特徵，顯示了我國宋代海船的建造技術在世界造船史上的領先地位。1405 年 7 月 11 日，在鄭和的統領之下，在指南針的導引下，一支由 317 艘海船組成、負載着 27000 餘人的龐大船隊劈波斬浪，駛向了遙遠的印度洋。其中鄭和所在的「寶船」，長 130 米，寬 50 米，在世界航海史上寫下了輝煌的一頁。鄭和七下西洋的大手筆，不是從天而降的奇跡，而是我國人民在數千年的發展歷程中，逐步積累、不斷創新的結果。讀了本文，在了解到宋代造船業的成就之後，你就不難理解永樂皇帝時鄭和下西洋的必然性。遺憾的是，1425年明仁宗繼位後，下詔禁止出使外國，停止建造船舶。到 1500 年，兩桅以上的船舶不再建造。1525 年，明嘉靖帝下海禁令，致使我國的海船製造和國際商貿活動遭受重大挫折並長期停滯。回顧歷史，令人深思。

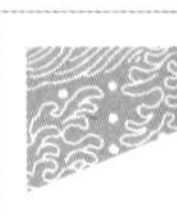

參考論著：

福建省泉州海外交通史博物館編：《泉州灣宋代海船發掘與研究》，北京：海洋出版社，1987 年。

席龍飛：《中國造船史》，武漢：湖北教育出版社，2000 年。

席龍飛等主編：《中國科學技術史．交通卷》，北京：科學出版社，2004 年。

第十四講

正統針灸銅人與中國古代的經絡學説

銅人，明代正統年間製作，高 175.5 厘米，頭圍（經兩耳上際）62.5 厘米，胸圍（經乳頭）86 厘米。底座長 73 厘米，寬 48 厘米，高 32.5 厘米。腧穴總數 654 個，穴名 352 個（會陰、涌泉二穴在銅人身上無法表示，故缺），穴眼深 1—1.5 厘米，內端為盲端，經穴之間沒有連接線。現藏俄羅斯聖彼得堡冬宮博物館。

1971 年，美國國務卿基辛格祕密地從巴基斯坦飛往北京，為尼克松總統訪華做準備，隨團的《紐約時報》專欄作家詹姆斯．雷斯頓得了急性闌尾炎，經藥物麻醉後做了闌尾切除手術。手術後的次日，他因腹部疼痛而接受了 20 分鐘的針灸治療，效果相當顯著。基辛格回國後在新聞發佈會上提及詹姆斯．雷斯頓的這一經歷，舉世為之震驚。此前似乎聞所未聞的中國針灸究竟是怎麼回事？不能不令西方人感到新奇。

一、針、灸、經絡溯源

人們常用「藥石濟世」一詞來頌揚醫術高明者的功德，其中的「藥」特指湯藥，「石」則是指針灸。古人認為，有些疾病用湯藥就可以解決，而有些疾病藥力所不及，而用針灸刺激病者的某些穴位，則往往可以收到奇效。

針灸是中國傳統醫學的瑰寶。針灸與經絡有密不可分的關係。用現代解剖學的方法，無法證明經絡的存在，但針灸的療效足以證明經絡確實存在。那麼，我們的先輩究竟是怎樣發現它的呢？這是一個至今令人困惑的謎。

我們通常說的針灸，包括針法和灸法。據學者研究，這兩種不同的治療方法，分別起源於我國古代的北方和南方。其中，針法起源於石器時代，灸法的起源更早，大約是伴隨着火的發明而產生的。

南方氣溫高，雨水豐沛，人們喜歡吃魚，口味偏鹹。在這種濕熱的環境中生活，體內很容易產生瘀滯，並且外發為疔、瘡、癤、癰等化膿性疾病。先民將天然石頭加工成片狀或者針狀的工具，用它切開皮膚排膿，這類原始的石製醫療工具稱為「砭」。《說文解字》說：「砭，以石刺病也。」後來，人們陸續發明了竹針、骨針、陶針、鐵

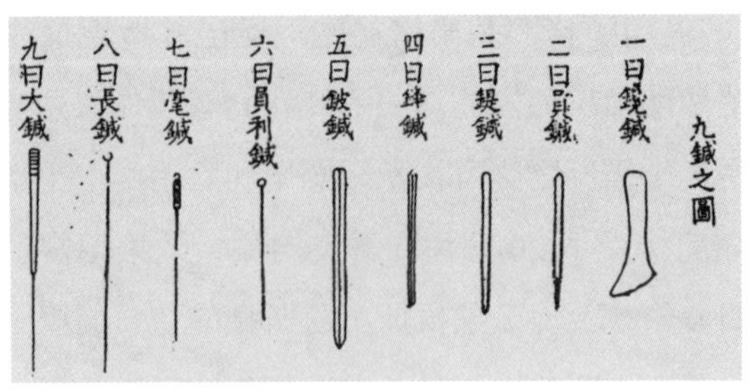

·《內經》中關於「九針」的記載

針，乃至金針、銀針，它們統稱為針，或者「砭針」。古書裏「針」常常寫作「箴」或者「鍼」。內蒙古多倫旗頭道窪地新石器遺址墓葬中，曾經出土過石針。

從文獻記載看，製作針砭的石料大概有特殊要求。《山海經·東山經》説：「高氏之山，其下多箴石。」郭璞解釋説，這種箴石「可以為砭針」。既然高氏之山盛產可以製作針砭的石料，説明它不同於俯拾皆是的普通石頭，但其特殊性究竟何在，今人已經不清楚。針和砭的本義都是治病，後人加以引申，把批評社會問題稱為「針砭時弊」，其源蓋出於此。

千年以來，針刺的理論和方法不斷發展和完善。《內經》中已經有了鑱針、員針、鍉針、鋒針、鈹針、員利針、毫針、長針、大針「九針」的記載，包括它們的長度、形狀、用處和用針方法。1968年，河北滿城漢墓出土四支製作考究的金針，針長6.5—6.9厘米，針柄略呈方形，上有圓孔，針體為圓形。金針的形狀與《內經》記載的鋒針、毫針、鍉針非常相似。元代的《針經摘英集》等文獻中也有關於九針的記載，並有九針的圖形。針刺技術也不斷完善，如持針法就有手押法、提捏法、挾持法、管針法等。患者的身體有虛有實，醫者通過進針，行之以提插、捻轉，使病人局部有酸、麻、脹、重、痛或有輕微的電刺激樣的放射感，並通過變化針刺深淺、方向、留針時間

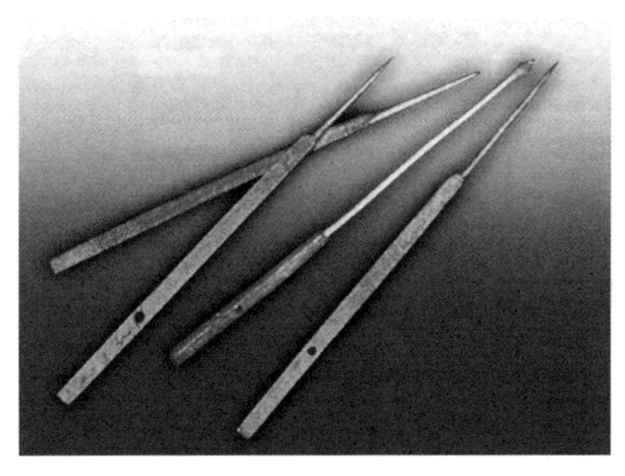

· 滿城漢墓金針
採自黃龍祥著《中國針灸史圖鑒》

· 艾草和艾草條

的長短，施以不同的針刺補瀉手法，或補或瀉或補瀉兼施，使其體內的陰陽、氣血、臟腑功能得以新的平衡而防疾療病、保健延年。

北方天氣寒冷，人們有烤火的習慣。最初，可能有患者烤火時不小心灼及了遠離病區的某個部位，突然發現病痛減輕了。比如牙痛的患者，如果被火灼到虎口附近的「合谷」穴位，牙痛便可減輕。類似的經歷日積月累，人們便會悟出兩者之間的關係。於是，先民在發生病痛時，就會主動用燒着的樹枝去灼相應的穴位，這就是最初的灸法。「灸」字從火得義，說明它的出現與火有關。

最早的灸材是桑枝，但桑枝的溫度不易控制，不是理想的灸材。後來，人們發現燃燒艾葉，其火溫比較容易控制，氣味芳香，透達性好，而且艾條生長旺盛，取材方便，效果明顯，於是成為中醫治療中最為常見的灸材。後世灸用的材料除了艾條之外，還有黃蠟、鹽等，灸法有熨法、熏法、爍法、焠法等，效果也更加顯著。

至於經脈的發現，也是長期觀察和實踐的結果。最初，先民發現人體有兩個值得注意的現象：一是體表比較粗顯的血脈會發生堅實、陷下、滑、澀以及色澤等的變化，它與人體健康狀況的起伏有關；二是發現腕踝部的脈象變化不僅反映局部的病變，而且與頭面頸部的遠隔部位的病變相應。於是，人們把腕踝處作為診脈的「脈口」，稱為「本脈」，而把頭面頸部與本脈對應的診脈處稱為「標脈」。今人常講的「治標不治本」、「標本兼治」，就是從這裏引申而來的。

漢代以前對病候的治療，有直接在「脈口」或刺或灸的。人體一些部位在刺激後有感覺傳導，這些部位稱為「腧穴」，感覺傳導的路線分類後被命名為經絡。目前的十四經脈、奇經八脈等名稱，即由此而來，我們在針灸挂圖上所見到的一些線路就是這些經脈體表循行線。最初的經脈線，只有起點與終點；循行的方向，是從四肢的腕踝部走向頭面軀幹部分。後來，人們發現在經脈線上還有不少脈動處和診脈處，便把它們一一添加上去，使得其內涵更加豐富。人們把脈口處所診的病候稱為「是動」病，而將常見的體表病症以及內臟病症分類，稱為「所生」病。

二、扁鵲與倉公的針灸醫術

太史公的《史記》被譽為「史家之絕唱，無韻之《離騷》」，書中記載了數以百計的栩栩如生的人物，其中有兩位醫家，一位是戰國時代的扁鵲，另一位是西漢時代的倉公。扁鵲是渤海人，本名秦越人，曾經得到高手的真傳，醫術精湛，《史記》說他「名聞天下」。相傳黃帝時代有一位名醫叫扁鵲，所以人們稱秦越人為「扁鵲」，以示褒獎。《史記》中扁鵲見齊桓公的故事，被選入小學課本，大家都很熟悉。《史記》還記載了扁鵲讓虢太子起死回生的故事。扁鵲路過虢國，聽說虢太子死了，便來到宮門前，詳細詢問虢太子死的時間以及症狀，接着又向虢君分析了太子的病理，認為他不過是「尸蹷」，就是人們常說的假死，原因是陽脈下墜，陰脈上爭，使得氣「閉而不通」，陽絕而陰破，所以「形靜如死狀」，其實問題完全可以解決。

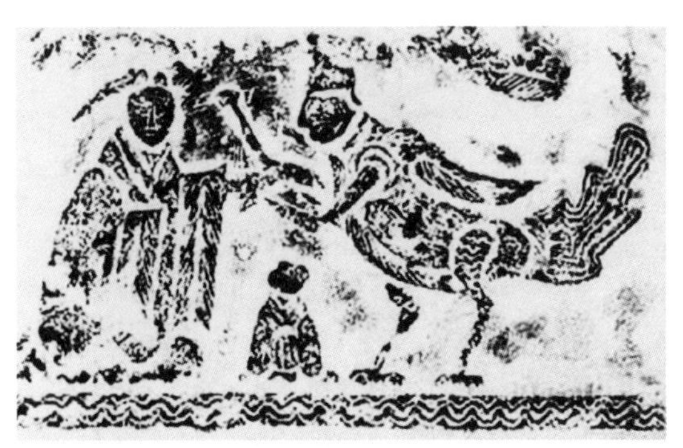

・扁鵲畫像石

於是扁鵲讓他的學生子陽「厲鍼砥石，以取外三陽五會」。「厲」是磨礪。「厲鍼砥石」，就是將砥石磨成所需要的形狀。「三陽五會」，是指頭頂的百會穴，這裏是手足三陽經、督脈、肝經交會之處，故名。扁鵲給虢太子用針刺方法刺激治療，不一會兒，太子就蘇醒了，療效神速。

在《史記》的《扁鵲倉公列傳》裏，扁鵲談到治病有湯熨、針石、酒醪三種手段，分別用於病體的腠理（皮下肌肉之間的空隙之處）、血脈、腸胃等不同層次。疾病在腠理，湯藥酒可以解決；疾病在血脈，則針砭可以解決；疾病在腸胃，則酒醪之可以解決也；疾病一旦進入骨髓，就無藥可救了。

1954 年，山東濟南大觀園的東漢墓葬出土一件扁鵲畫像石，畫中的扁鵲人身、鳥尾、鳥足，手持針砭。此外，山東微山縣東漢墓葬中也出土一件畫像石，畫中的扁鵲人首、鳥身，用針砭為患者治病，患者的頭、肩、手部分別劃有代表細針的若干線條。可見扁鵲的醫術為世人所景仰，到處傳頌。

倉公是臨淄人，姓淳于，名意。司馬遷說他「傳黃帝、扁鵲之脈書，五色診病」。所謂「五色診病」，是說五臟都有與五行對應顏色：肝是青色，心是紅色，脾是黃色，肺是白色，腎是黑色，它們都會體

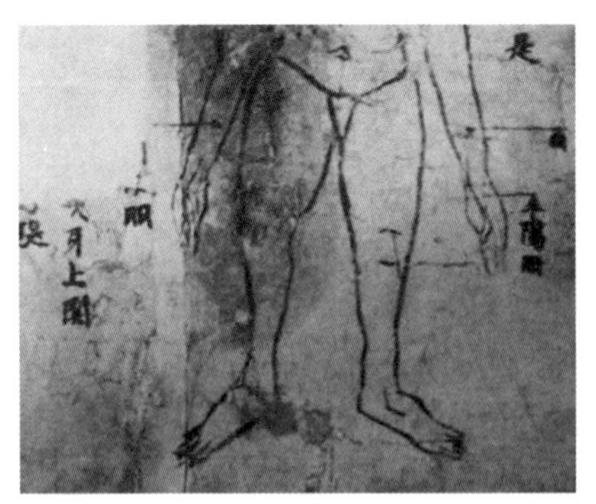

· 敦煌醫書手陽明脈位置
採自黃龍祥著《中國針灸史圖鑒》

現在臉面上。觀察面色，就可以知道臟器的健康與否。此外，人體的健康狀況，還表現在「寸口尺內」。漢文帝向倉公了解治病的情況，倉公列舉了他親手醫治的 25 個案例，每個案例都記載得比較詳細，先是都是患者自訴，或者是已經出現的症候，然後切脈，找出疾病的癥結，診斷為某病後，再刺相關的穴位，或兼以服藥。例如，齊中大夫齲齒痛，倉公說應該「灸其左手陽明脈」[1]。手陽明脈是指手腕部相當於合谷、陽溪穴之間的手陽明脈口。此處可以治療齒痛。《素問》上也有相似的記載。又如齊北王的阿母「足熱而懣」，倉公診斷是「熱蹶」，處理的方法是「刺其足心各三所」，這裏的「所」是量詞，意思是說用針刺左右足底中央穴位各三次，一共六次。於是，阿母「病旋已」，原有的症狀立刻消失了。

需要說明的是，有些人認為中醫不科學，有迷信色彩。其實，早在先秦時代，醫家就已經能自覺地與巫劃清界限，據《史記 · 扁鵲倉公列傳》記載，扁鵲說有六種情況的人，他的病是無法醫治的，其中之一就是「信巫不信醫」。

1 「左手陽明脉」，今本《史記 · 扁鵲倉公列傳》誤作「左太陽明脉」，《本草綱目》「苦參」條下引《倉公傳》此語作「左手陽明脉」，據改。

三、《內經》與針灸

在世界其他民族的歷史上，不乏通過刺激某一穴位來治病的現象，可惜都沒有形成體系。我國早在兩千多年前就形成了系統的針灸理論，《內經》則是現存年代最早的中醫寶典。

《內經》俗稱《黃帝內經》，包括《素問》和《靈樞》兩大部分，全書以黃帝與岐伯、伯高、少俞、雷公等人問答的形式來論述醫理，包括人體經絡的運行情況、養生之道、針灸之法以及望、聞、問、切的四診法等。此書託名黃帝，但實際的成書年代，應該是在戰國時期。

《內經》記載了完整的經絡系統，即有十二經脈、十五絡脈、十二經筋、十二經別，以及與經脈系統相關的標本、根結、氣街、四海等概念，並對腧穴、針灸方法、針刺適應症和禁忌症等做了詳細論述。其中《靈樞》所記載的針灸理論豐富而系統，是針灸學術的第一次總結，其主要內容至今仍是針灸學說的核心，故有「針經」之譽。《內經》以陰陽五行的學說為基礎，建立經絡學說的理論框架。《內經》說：「陰陽者，天地之道也，萬物之綱紀，變化之父母，生殺之本始，神明之府也。」《內經》分別人體陰陽的原則是：人體的上部、頭面、體表、背部、四肢外側為陽；身體的下部、腰腹、體內、腹部、四肢內側為陰；六腑為陽，五臟為陰；氣為陽，血、津為陰。五臟按部位、功能又可分陰陽，每一臟腑又分陰陽。

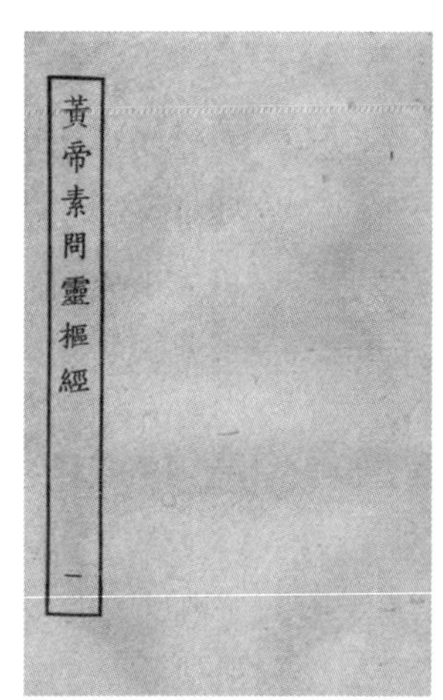

·《內經》書影

《內經》用陰陽對立、平衡、消長、轉化來解釋人體的病理、治療原則、藥物的性能。依據十二經脈的作用和性質，分別與太陰、陽明、少陰、太陽、厥陰、少陽等名詞對應，將心、肺、肝、腎分別稱為「陽中之太陰」、「陽中之少陰」、「陰中之少陽」、「陰中之太陽」，而以脾為「陰中之至陰」。

《內經》用陰陽五行的理論來闡述天人關係以及人體的生理節律，認為人的生命活動與自然界融為一體，共同參與宇宙的運動。因此，人的健康問題應該置於人與自然的大背景之下來研究。天人合一，人體與外界環境是統一的，人的生理節律與自然界的日、月、年、環周有對應關係。簡單地說，人體每日的節律與太陽的活動相應，《內經》說：「故陽氣者，一日而主外，平旦陽氣生，日中而陽氣隆，日西而陽氣已虛，氣門乃閉。」婦女的經期與月亮的周期一致，這是月律的體現。一年有 365 日，所以人體有 365 個穴位。環周，是指六十年一甲子，大病流行有着以六十年為一周期的規律。所以《內經》說：「善言天者，必有驗於人。」

《內經》用五行來解釋人體生理、病理現象，制定診斷和治療的理論。它以五行與五臟的配屬為中心，將五官、五體、五志、五聲、五色、五味等聯絡為一個有機整體。用五行相生、相克來說明臟腑之間制約聯繫。相生表主母及子、子病犯母的轉變過程，相克代表相乘與相侮的轉變過程。

人體猶如一座道路街衢縱橫交錯的城市，經脈猶如主幹道，所以《內經》說：「經脈者，所以能決死生，處百病，調虛實，不可不通。」經脈一共是十二條，手上三條陽經和三條陰經，足上的三條陽經和三條陰經：

手三陰經：手太陰肺經，手厥[1]陰心包經，手少陰心包經

手三陽經：手陽明[2]大腸經，手少陽三焦經，手太陽小腸經

1　這裏的「厥」，是表示陰氣將盡、陽氣始復的意思。

2　這裏的「陽明」，是表示陽氣最旺盛的意思。

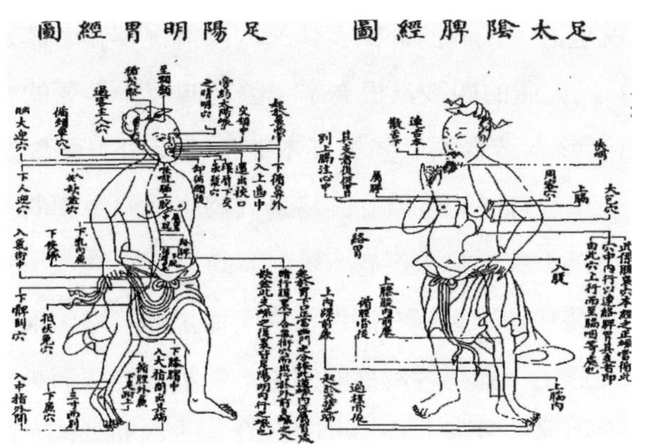

·足太陰脾經圖與足陽明胃經圖
採自乾隆《御定醫宗金鑒》(四庫全書本)

足三陰經：足太陰脾經，足厥陰肝經，足少陰腎經

足三陽經：足陽明胃經，足少陽膽經，足太陽膀胱經

十二經脈左右對稱地分佈在人體的頭部、軀幹和四肢，它們的循行路線是：手三陰經從胸走向手，手三陽經從手走向頭，足三陽經從頭走向足，足三陰經從足走向腹。陰經與陽經在手足末端相交；同名的陽經與陽經在頭部相交，陰經與陰經在胸部相交。經脈儘管分佈在體表，卻與體內的臟器相聯繫，陰經屬臟絡府，陽經屬府絡臟，彼此相配。《內經》說：「夫十二經脈者，內屬府（通『腑』）臟，外絡於肢節。」經氣的運行，無處不到，聯絡臟腑肢節，溝通上下內外，將人體各部分聯結成一個統一的整體。

除了經脈之外，還有某些作為補充的脈，其中最主要的是奇經八脈（任脈、督脈、沖脈、帶脈、陰蹺脈、陽蹺脈、陰維脈、陽維脈）、十五絡脈，以及難以計數的孫絡和浮脈，它們彼此貫通，起着連接表裏、運行氣血、聯繫臟腑的作用。

中醫講究整體性，認為任何疾病都不是孤立的現象，各種臟腑器官、組織在生理和病理上是相互聯繫、相互影響的。「有諸內，必形諸外」，也就是説，機體的外部表像與內部情況存在着確定的相應關係。《內經》以人體的四肢為根為本，因為四肢是精氣的始發之地，而以頭面和軀幹為結為標。強調標本兼治，反對「頭疼醫頭，腳疼醫腳」。人是一個有機的整體，經絡是人體生理體系中的重要組成部分，因而從經絡系統上診治疾病，是中醫的重要特色。

所以，中醫往往不直接在病區治療，而是尋找導致疾病出現的穴位。在每條經脈上，離軀幹越遠的穴位，能解決的病痛越多，療效越好。為此，在中醫的醫理上有「上病下治」、「內病外治」的理論，下面試舉數例。

內病外治。小兒膽道蛔蟲腹痛，發病時腹痛如絞，症狀非常嚴重。中醫往往用針挑刺患者手指掌面近端指間關節橫紋中點的「四縫」穴位，可收明顯的安蛔止痛之功。再比如，治療咳嗽、哮喘病，將膏藥貼在「肺腧」穴—背部第三胸椎棘突下旁開 1.5 寸處，療效非常明顯。

外病內治。慢性頑固性皮膚瘙癢，患者則坐臥不寧，病似不大，實則非常難治。西醫主要是用各種化學膏劑塗抹患處，此是治標不治本的做法。中醫認為，本病的症狀雖然在體表，根源卻出在腑臟功能的紊亂上，因此，除了可局部用藥外，更主要的是往往讓病者服湯藥，通過調劑腑臟功能來消除病根。

患者側頭痛，取足部的俠溪、足臨泣等穴位治療，為上病下治法的應用。下肢抽搐，取頭頸部的風池以熄風潛陽，為下病上治法的應用。

《內經》之後，歷代醫家都孜孜不倦地學習、研究和發展針灸理論，千百年來，著作不可勝數，這裏只能數其犖犖大端者。晉代針灸學家皇甫謐潛心鑽研《內經》等著作，將傳世的《靈樞》《素問》《明堂》三書按類編集為《黃帝三部針灸甲乙經》十二卷，書中全面論述了臟腑經絡學説，發展並確定了 349 個穴位，並對其位置、主治、操作進

行了論述，同時介紹了針灸方法及常見病的治療，是針灸學術的第二次總結，也是現存最早的針灸專著。唐代永徽年間，孫思邈撰《千金要方》三十卷，其中 29、30 兩卷分別記載腧穴名位、腧穴主治病症。宋代太平興國年間，王懷隱奉敕編撰了《太平聖惠方》一百卷，最後兩卷，一為《針經》，一為《明堂》，這是我國歷史上最重要的官修針經之一。元代醫家將流傳於世的《針經指南》《子午流注針經》《黃帝明堂經》《灸膏肓腧穴法》四部針灸典籍合刊，總名為《針灸四書》，大概有仿照儒家「四書」的意思，這是我國第一部針灸叢書。明代學者在整理前人針灸文獻方面作出了重要成就，編撰了《針灸大全》《針灸節要聚英》《針灸大成》《類經圖翼》四部具有集成性質的全書。

· 孫思邈像
採自傅維康等主編《中國醫學通史 · 文物圖譜卷》

四、馬王堆帛書、張家山漢簡中的經絡文獻

《內經》體系完備，理論精深，它絕不可能誕生於一朝一夕。在它之前，理應有一個漸進的漫長過程。如果能見到《內經》之前的經絡學說著作，我們就可以勾勒出它的形成軌跡。可惜，在傳世的古書中，我們很難找到相關的線索。1973 年，考古工作者發掘了震驚海內外的馬王堆 3 號漢墓，出土了大批珍貴文物。尤其難得的是，墓中出土了一批西漢帛書，經學者研究和整理，居然是 28 種古代文獻，而且絕大多數是久已亡佚的古籍，總字數竟達 12 萬字！這一空前的發現，將永遠載入中國的學術史。

馬王堆帛書中有一批與醫學有關的帛書，包括《導引圖》《五十二病方》《卻穀食氣》《養生方》《雜療方》《胎產書》等，內容極為豐富。其中《五十二病方》的正文之前抄錄了許多段佚文，都沒有題目。整理者根據佚文的內容，定名為《足臂十一脈灸經》《陰陽十一脈灸經》《脈法》和《陰陽脈死候》四篇。《脈法》論述經脈和診脈的關係，提出了氣與脈的關係，以及治病要取有餘而益不足和虛實補瀉的理念。《陰陽脈死候》論三陽脈和三陰脈在臨床中表現的死亡徵候。《足臂十一脈灸經》《陰陽十一脈灸經》屬經脈學著作，主要記載十一條經脈的循行走向、所主疾病，治療方法都只有灸法。

誰都沒有想到是，十年之後的 1983 年 12 月，湖北省荊州市博物館在江陵縣張家山發掘了一座編號為 247 的漢墓，墓葬的頭箱中也出土了一批竹簡文書，包括《奏讞書》《二年律令》《脈書》《算數書》等，完好的竹簡的總數為 1236 枚。《二年律令》是久佚的漢初律令。《奏讞書》是秦漢司法訴訟的部分直錄。《算數書》是數學著作，年代比《九章算數》還要早。而尤其令我們感興趣的，是《脈書》。

《脈書》共有 66 簡，內容分為兩類，前者是疾病的名稱，從頭部開始，順序往下：病在頭、在目、在目際、在鼻、在耳、在唇、在口中、在齒、在齕、在喉中、在面、在頤下、在頸、在肩、在腋下、在背、在掌中、在身、在戒（陰部）、在胃脘、在肺、在心胠下、在腸中、在腸、在踝、在足下，一共有 60 多個病名；後者記載經脈的走向與所主病症。

將《脈書》與馬王堆經脈學帛書比較，發現《脈書》除了前面的兩端之外，其餘部分與帛書《陰陽十一脈灸經》《脈法》《陰陽脈死候》幾乎相同。而《脈書》與其他文書，原本是各自成卷，放在竹笥內，儘管出土時已經散亂，但經過發掘者的整理，已經恢復原貌，表明它是一部完整的文獻。《脈書》的第一支簡的背面有「脈書」二字，這是戰國、秦漢之際對於文獻標題的通行寫法，可見這部文獻就叫《脈

·《足臂十一脈灸經》

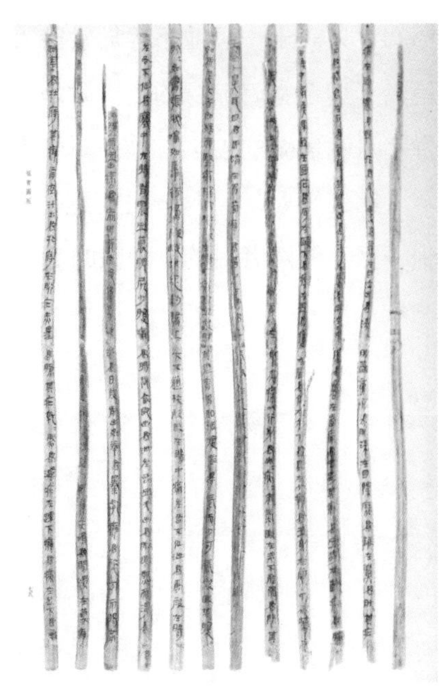

· 張家山漢簡《脈書》
採自《張家山漢墓竹簡：二四七號墓》

書》。這樣一來，問題就很清楚了：馬王堆帛書《五十二病方》卷前的《陰陽十一脈灸經》《脈法》《陰陽脈死候》三篇文獻原本屬同一部書。

那麼，是否可以反過來説：馬王堆的三篇文獻原本是獨立的，而張家山的墓主人將它合為一書了呢？答案是否定的，理由是張家山漢墓的年代早於馬王堆漢墓。張家山漢墓中有一部曆譜，根據曆譜的記載以及墓葬的相關資料，可知墓主人卒於西漢呂后二年（前 186）或其後不久。馬王堆 3 號墓的下葬年代為漢文帝十二年（前 168），晚於張家山漢墓，因此，張家山漢簡《脈書》保留的形態更早。現在，我們再來看馬王堆帛書的《陰陽十一脈灸經》和《足臂十一脈灸經》，並分析它們有哪些值得注意的地方。

第一，這兩者都只有十一經，而不是像《內經》那樣有十二經，缺少一條手厥陰脈，説明它們的形態要比《內經》原始。但也有學者

認為，只說十一經並不等於當時人不知道有十二經，十一之數很可能是為了迎合當時流行的「天六地五」這一神祕的數字。但有一點可以肯定，就是從《內經》開始，十二經成為定說，而十一經之說被淘汰。

第二，《陰陽十一脈灸經》和《足臂十一脈灸經》儘管都只有十一脈，但兩者對於十一脈的名稱和順序卻不相同，我們試作比較：

	《陰陽十一脈灸經》	《足臂十一脈灸經》
足三陽脈：	巨陽脈	足太陽脈
	少陽脈	足少陽脈
	陽明脈	足陽明脈
足三陰脈：	太陰脈	足少陰脈
	厥陰脈	足太陰脈
	少陰脈	厥陰脈
手三陽脈：	肩脈	臂太陽脈
	耳脈	臂少陽脈
	齒脈	臂陽明脈
手二陰脈：	臂巨陰脈	臂太陰脈
	臂少陰脈	臂少陰脈

從上表不難看出兩者的明顯區別，一是《陰陽十一脈灸經》中的六條足脈都用陰陽表示，五條手脈只有兩條陰脈用陰表示，另外三條陽脈只說是肩脈、耳脈、齒脈；而《足臂十一脈灸經》不然，十一條脈都用陰陽表示。二是《陰陽十一脈灸經》中只有兩條手陰脈的名稱前加以「臂」字，以示與足脈的區別，而三條手陽脈和六條足脈都不加；《足臂十一脈灸經》中所有的脈名之前都加有「足」或「臂」字。很顯然，《足臂十一脈灸經》的脈名經過整齊化的處理，而《陰陽十一脈灸經》的脈名要顯得原始一些。學術界有許多學者認為《足臂

十一脈灸經》的年代要晚於《陰陽十一脈灸經》，這是重要判據之一。

第三，《足臂十一脈灸經》經脈的起點多在腕踝部附近；經脈循行路線的描述非常簡單，有的脈甚至為只有起點與終點的兩點連一線的最簡單形式；經脈循行方向自下而上，各脈之間不相接續，也不與內臟相聯繫。《陰陽十一脈灸經》有 9 條經脈依然是從四肢走向軀體中心的胸腹部和頭部，而「肩脈」與「足少陰脈」則是從頭或胸腹部走向四肢的末端，表明當時的經脈還沒有形成上下縱橫聯絡成網的經絡系統。

在《內經》裏，「脈」的走向都是從身體的中心部位向四肢的末梢部位循行，具體來説，手三陽脈和足三陰脈等六條脈朝心性方向循行，而手三陰脈和足三陽脈等六條脈則是朝四肢末梢方向循行，十二經脈是互相貫通、循行着的一個整體，例如：

> 手太陰肺經：起於太淵，經魚際、少商，繞過大指，與陽明大腸經連接；
>
> 手厥陰心包經：起於內關，經勞宮、中沖，繞過中指，與手少陽三焦經連接；
>
> 手少陰心經：起於神門，經少府、少沖，在少澤與太陽小腸經連接。

總之，馬王堆帛書和張家山漢簡的出土，使得我們目睹《內經》之前的經絡學文獻，大有耳目一新之感。從《脈書》到《內經》，我們可以看到，經脈體系的形成，經歷了非常漫長的過程。最初，沿四肢外側面循行的經脈，僅僅上行到頭面、頸項部；沿四肢內側面循行的經脈（陰經）則止於四肢近心端。這些經脈彼此不相貫通，是一種簡單的上下聯繫。後來，隨着研究的深入，人們先是將陽經與陰經貫通，接着又將陰經順勢行至胸、腹之內，使之與內臟聯繫，進而將全身的經絡與腑臟貫通，建立起了人體的內外聯繫，這是一個重要的飛躍。《足臂十一脈灸經》主治的疾病有 78 種，主治病候以臟病為主，但沒有對它們作分類。《陰陽十一脈灸經》記載了所主的 147 種疾病，並根據其致病原因，區分為「是動病」和「所產（生）病」兩類。此外，帛書灸經只用灸法，不用針法，但卻有砭石療法，可見它們的成書年代是在扁鵲施用針法之前[1]。一般認為《內經》成書於戰國晚期，如果此說不誤，那麼，馬王堆帛書《足臂十一脈灸經》《陰陽十一脈灸經》的年代還要早。

五、明代正統針灸銅人

穴位雖然在人體，但肉眼是看不到的，而文字描述比較模糊，不易準確把握。為了教學的方便，魏晉時期開始出現展示人體腧穴的挂圖。相傳雷公向黃帝問人體的經絡血脈，黃帝坐明堂以傳授之。所以，後世醫界將腧穴圖統稱為「明堂圖」。但也有人說，「明堂」是上古王者居住的建築物，呈正方形，東南西北四面，每面三室，共十二室。人體有十二經脈，數字正好與之相同，故名。

唐代以前的明堂圖，一般有正人、伏人、側人三張圖，以便全面展示各處的穴位。由於當時腧穴歸經的工作還沒有完成，所以只有四肢部位的腧穴按經排列，並用經穴線連接；其他部位的腧穴則不按經排列，腧穴之間都沒有連線。

唐代針灸學術有很大的發展，孫思邈在他的《千金要方》中繪製了指示人體穴位的彩圖，有正面、背面和側面三張，稱為「明堂三人

1　鍾益研、凌襄：《我國已發現的最古醫方——帛書五十二病方》，《文物》1975 年第 9 期。

圖」。圖中經絡的顏色與五行之色對應。圖中人形的尺寸是七尺六寸四分。穴位的名稱、位置、用針深淺，都用文字寫在圖的旁邊。

唐末與五代，戰亂頻仍，文獻散失，明堂圖也亡佚殆盡，醫者無所遵循。到了宋初，醫者只能憑經驗或者自己對醫術的理解來下針，各地不斷出現因扎錯針而意外傷害患者的事故，從而引起政府重視。1023 年，宋仁宗命令著名醫學家王惟一負責校訂醫學文獻，制定相關的醫學標準。王惟一在深入研究的基礎上，編撰了《銅人腧穴針灸圖經》，考證了 354 個腧穴，並將此書刻在石碑上供學習者參抄拓印。天聖五年（1027），王惟一首創用青銅製作仿真的人體模型，體表書刻所有的經絡腧穴，銅人體內有臟腑，作為針灸教學的直觀教具和考核針灸醫生之用，而西方類似的教具在此後的 800 多年才出現。

為了測驗醫者掌握穴位的精確與否，相傳天聖銅人體內有汞，體表封以黃蠟，下針略有誤，則針不可進入；只有刺準穴位，銅人內的汞液才會流出。因此，每年前來應考的人，必須勤學苦練才能成功。

根據史料記載，天聖銅人有兩具，一具陳設在醫官院內，另一具陳設在都城汴京（今開封）的大相國寺內。公元 1126 年，金兵攻破汴京，擄走徽宗、欽宗，北宋滅亡。一般的說法是，兩具銅人被金兵掠走。

南宋周密的《齊東野語》卷十四有《針砭》一篇，專門記載歷代針灸軼事，其中提到他的母舅氏章叔恭曾經在襄州見到過一件「銅鍼人」，做得相當講究，全像用「精銅」製作。體表有腧穴，穴名用「錯金」書於旁，所謂錯金，就是用金絲嵌入器物表面，然後再打磨平整的一種工藝。這具銅人所有的穴名都是錯金文字，足見其身價不凡。此外，銅人「腑臟無一不具」，由背面和正面兩件合成，渾然一體。章叔恭說「蓋舊都用此以試醫者」，「舊都」指北宋都城汴京，也就是說，他認為這具銅人就是北宋的天聖銅人。不過這句話的開頭他用了一個「蓋」字，說明只是推測之詞。作者在文末還說到，這具銅人後

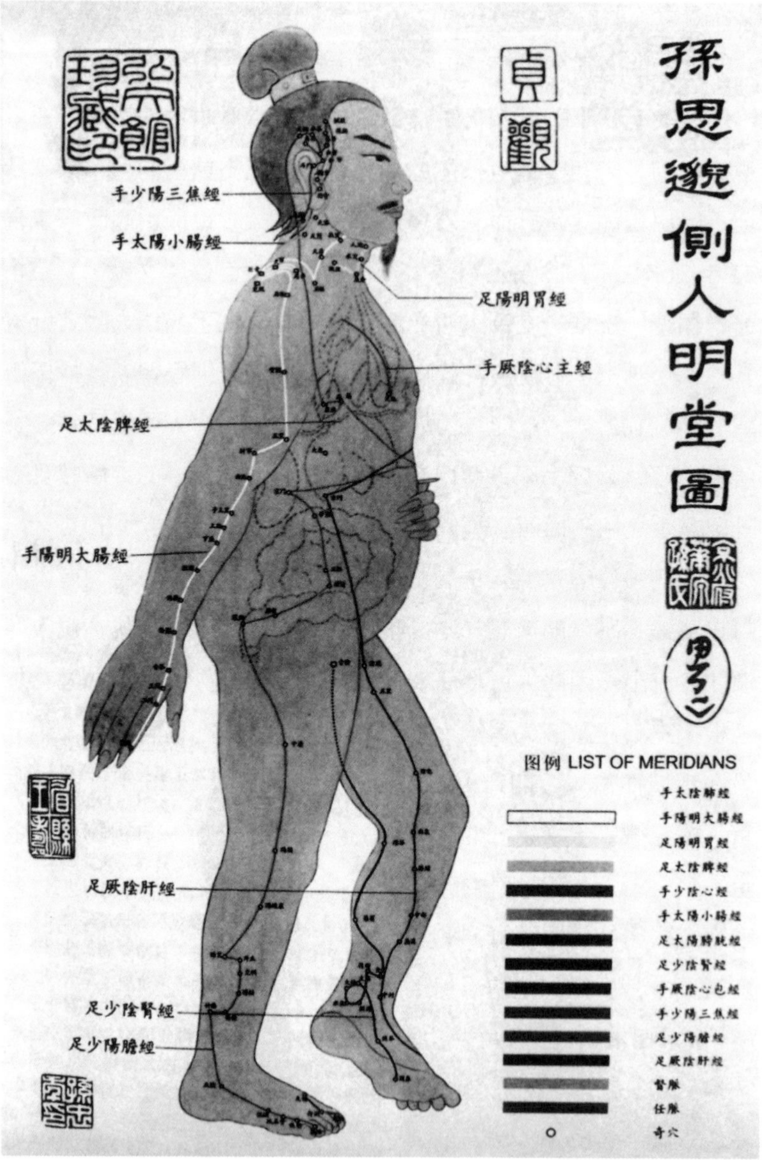

·《孫思邈側人明堂圖》復原
採自《中國針灸史圖鑒》

來被趙南仲「歸之內府」，也就是歸之南宋政府的宮城之內。但是，不久元軍渡江而下，消滅了南宋，這具銅人的下落再無從考索。

元朝建立後，元世祖忽必烈見天聖銅人歷經戰亂已經損壞，便命工匠修復，然後與王惟一的《銅人腧穴針灸圖經》刻石一起陳列在元大都的三皇廟內。到了明朝，情況再次發生變化，《銅人腧穴針灸圖經》刻石在瓦剌之變中毀壞，而天聖銅人上的穴位名稱已經漫漶不清，無法使用。明英宗正統八年（1443），即明政府設立太醫院的次年，仿照宋代天聖銅人而製，此後一直置於太醫院。相關的情況，《太醫院志》記載說：「周身之穴必具，註以楷字，分寸不少移，較之印於書、繪於圖者，至詳且盡，為針灸之模範，醫學之儀型也。」明亡，銅人入清代的太醫院。光緒二十六年（1900），八國聯軍入侵北京，北京遭到侵略軍洗劫，當時俄軍駐扎在太醫院。俄軍撤離後，正統銅人不翼而飛。於是，清光緒年間又製作了一具銅人，放在太醫院。這具銅人並不是按照正統銅人製作的，沒有腑臟，但尺寸要大得多，銅人身高 2 米多，現藏中國國家博物館。

1958 年，有一位學者隨代表團訪問蘇聯，在俄羅斯聖彼得堡冬宮博物館發現一具針灸銅人，有頭髮、髮冠、腰帶，體表有穴位，高 175.5 厘米，頭圍（經兩耳上際）62.5 厘米，胸圍（經乳頭）86 厘米。底座長 73 厘米，寬 48 厘米，高 32.5 厘米。腧穴總數 654 個，穴名 352 個（會陰、涌泉二穴在銅人身上無法表示，故缺），都是從右往左書寫，其中 35 個穴位名可以辨認，其餘均已模糊不清。穴名兩字者，一般的穴眼左右各寫一字；穴名為三字者，則孔右兩字、孔左一字。穴眼直徑約 2.5 厘米，深 1—1.5 厘米，內端為盲端，經穴之間沒有連接線。這具銅人究竟是甚麼年代製造的，連博物館的解說文字也說不清。消息傳出後，引起中國學者的關注。中國中醫科學研究院針灸研究所黃龍祥研究員與助手前往俄羅斯聖彼得堡冬宮博物館仔細考察，發現了一些非常重要的線索：一是銅人的服飾與太原晉祠前

的北宋鐵人相似，證明它的年代比較早。二是銅人頭上的「通天」穴位沒有缺筆。古代有「避諱」的制度，凡是遇到與皇帝及其父親的名字相同的字，一定要少寫一筆，或者用別的文字代替。宋仁宗的父親中有「通」字，此銅人居然照寫不誤，證明它不可能是宋代的天聖銅人，而可能是明代的正統銅人。三是銅人的頸部有一圈修復的痕跡，查檢《國立歷史博物館叢刊》中收錄的《太醫院針灸銅像沿革考略》一文可知，在明末戰亂中正統銅人大頭部被損壞，直到清順治年間才被修復，可見兩者是吻合的。四是銅人的髮際和頭髮刻劃入微，這與宋代《針灸圖經》的記載完全吻合，宋代對前後髮際的骨度有新的規定，尤其強調髮際對於確定頭部穴位的作用，因此銅人才會如此不厭其煩地加以刻劃。根據以上種種理由，黃龍祥先生雄辯地得出結論：俄羅斯聖彼得堡冬宮博物館的銅人就是明代的正統銅人！

皆不用也
足太陽膀胱經左右凡一百二十六穴
至陰二穴
通谷二穴
束骨二穴
京骨二穴
金門二穴
申脈二穴
僕參二穴
崑崙二穴
付陽二穴
飛陽二穴
承山二穴
陰交一穴
氣海一穴
石門一穴
關元一穴
中極一穴
曲骨一穴
會陰一穴
新鑄銅人腧穴鍼灸圖經卷上

·《銅人腧穴針灸圖經》

由於正統銅人是仿照天聖銅人的原樣製造的，所以具有與天聖銅人同等的價值。但是，學者發現還有兩個無法解釋的問題：首先，天聖銅人是前後兩片合成的，體內有臟腑，而聖彼得堡博物館藏的這具銅人是一個整體，沒有臟

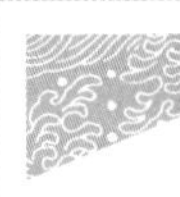

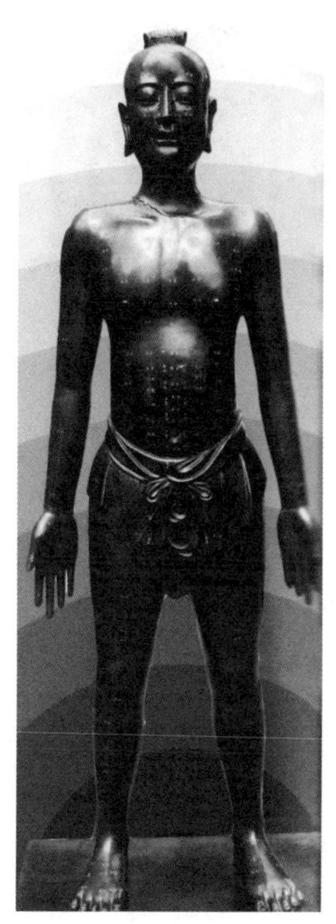

· 正統銅人正面圖

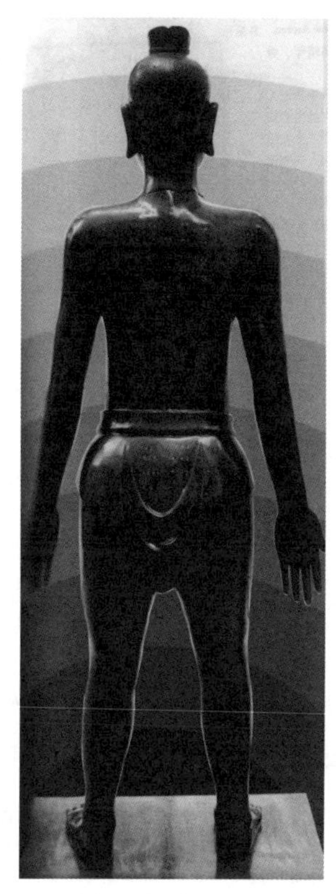

· 正統銅人背面圖

· 正統銅人側面圖

腑；其次，按照《齊東野語》的記載，天聖銅人體內有汞，針人穴位則汞液流出，而這具銅人的穴位卻不是穿透的，不可能達到「針入汞出」的效果。這些問題如何解釋呢？黃龍祥先生做了如下的推測：天聖銅人有兩具，一具放在醫官院內，因為是供教學和研究用的，所以有內臟；另一具放在大相國寺內，供人觀賞，所以沒有臟腑。聖彼得堡博物館藏的銅人，穴位的深度在 1.5—2 厘米之間，估計當時是用黃蠟將汞封在穴孔之內，而不是灌滿在銅人的空腔之內。因此，黃龍祥教授認為，俄羅斯聖彼得堡冬宮博物館藏銅人應該是正統年間仿照大相國寺的那具銅人做的。

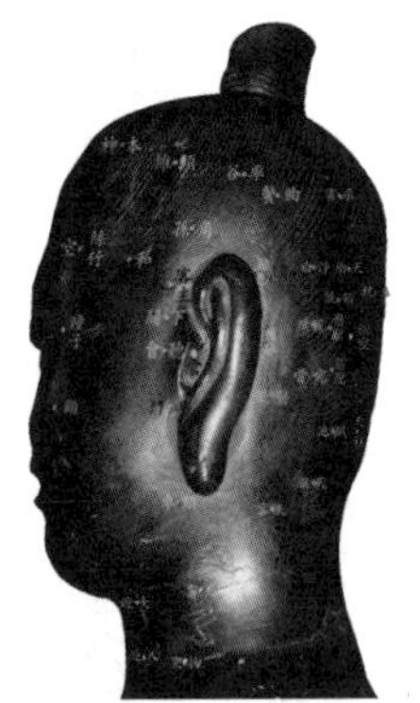

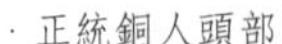
· 正統銅人頭部

· 正統銅人腳部

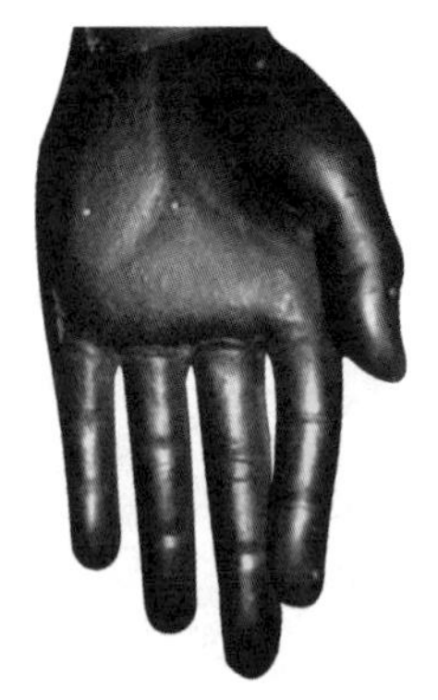

· 正統銅人手部

六、針灸是中醫學對世界文明的重要貢獻

早在公元 6 世紀，中國的中醫學和針灸就傳到了朝鮮、日本等國。尼克松訪華以後，中醫學和針灸技術引起了全球的興趣和關注。

在尼克松訪華時，菲利浦 · 弗農（Philip Vernon）還是一名醫學院的學生，針灸麻醉的新聞使他感到好奇，於是決定開始學習。如今他在英國用中西醫兼治的辦法為病人治療。他的病人，大多是來治療各種疼痛的，許多英國人知道針灸對於止痛有明顯效果。有些病人在治療過程中了解了更多的中醫知識，也會要求治療別的病。他說：「中醫確實能治好一些西醫無法治愈的疾病。」

20 多年前，瑞典最大的綜合性醫院南方醫院曾經派出一個小組，到中國學習針灸。小組的成員都是瑞典各醫院婦產科的接生大夫，他們對針灸減輕分娩疼痛的功效感到很好奇。瑞典著名血液學專家、曾任諾貝爾醫學獎評委的比格 · 布洛姆巴克博士說：「今天，任何一名瑞典產婦在瑞典醫院的產床上都會被問到是否希望用針灸減輕分娩時的疼痛感。當然，產婦也可以選擇西醫的減痛方法。」[1]

1 《環球人物》2006 年 11 月 16 日。

中醫對各種腫瘤、心腦血管病、呼吸系統疾病、消化系統疾病、內分泌疾病、各種病毒和細菌感染性疾病，以及骨傷科、婦科、皮膚科，乃至艾滋病、SARS 等疾病都有獨到的治療方法和效果。在現代科學迅猛發展的今天，中醫學的價值正越來越被各國醫學界所認同，據報載，目前，中醫學已經傳播到 140 多個國家和地區，全世界已經建立的各種類型的中醫藥機構有 5 萬多家，中草藥貿易超過 200 億美元。1998—2002 年我國對外合作中醫藥項目達 274 個，有 54 個國家和地區派遣留學生到我國學習中醫。世界衛生組織（WHO）在亞洲設立的 15 個「傳統醫學合作中心」中有 13 個與中醫藥有關，其中 7 個項目設在中國。2003 年的《全球傳統醫學發展戰略》指出：中醫和針灸正在全球獲得廣泛重視，在人類保健事業中發揮着日益重要的作用。[1]

為了培養世界各地的針灸人才，北京、上海、南京建立了三大國際針灸培訓中心。1987 年世界針灸學會聯合會（簡稱「世界針聯」）成立，標誌着針灸事業的不斷發展。據《環球時報》報道[2]，在英國，針灸已經有四十多年歷史，被民眾廣泛接受。20 世紀 80 年代，英國開始興辦針灸學院，目前有影響的針灸學院已有十餘所。近十幾年來，英國的中醫研究所迅速發展，到 2003 年，英國已有 3000 多家中醫診所，僅在倫敦地區就有 300—350 家。在德國，近十年來，德國每年派數百名醫生和醫學院的學生到中國進修針灸，目前有兩萬多名醫生施行針灸，每 6 名執業醫生中，就有 1 名用針灸為患者治療。經過六年試點，2006 年初，德國首次承認中醫針灸是正規療法，法定醫療保險公司必須承擔針灸治療費用。美國學習中醫針灸的人也越來越多，美國國立自然醫學院福爾斯萊斯教授指導的 30 多名研究生都是

1 王慶其：《「廢止中醫」是對歷史的無知》，《文匯報》2006 年 12 月 3 日，第六版。

2 《針灸在海外相當火》，《環球時報》2006 年 7 月 14 日，第 23 版。

西方人。美國國立衛生研究院在其下屬的醫學研究機構中挑選了 13 家，每年向它們投入 100 萬美元用於設立主要研究針灸的項目。在加拿大，僅僅在多倫多一地，中醫針灸師的人數就已超過 3500 人。目前，開展針灸治療的國家和地區已經有 140 多個。據保守估計，全世界至少有 10 萬名針灸師，其中世界針灸學會聯合會在 46 個國家有 7 萬多名會員。

近年，國內有些人提出「取消中醫」的倡議，引起了全社會的強烈反響，衛生部發言人迅即表示了堅決反對的態度。國外的許多著名醫學家對「取消中醫」的做法也表示反對和憂慮。菲利浦・弗農說：「很多西方人不懂中國的歷史和文化，他們認為西方是先進的，中國是落後的。一些學習西醫的中國人，也接受了西方人的觀念，否認中醫藥的價值。這中間也不排除西藥公司的背後利益在起作用。中醫是中國的國粹，中國人應該珍惜它。」瑞典卡洛林斯卡醫學院教授、諾貝爾醫學獎評委祕書漢斯・喬尼瓦勒說：「為甚麼要取消中醫呢？現在西方社會正在開始正確地認識中醫，誕生中醫的國家卻要取消中醫，這可是件讓人憂慮的事情！中醫西醫都是醫學科學。」他們的看法值得我們深思。

參考論著：

黃龍祥：《中國針灸學術史大綱》，北京：華夏出版社，2001 年。

黃龍祥：《中國針灸史圖鑒》（上下卷），青島：青島出版社，2003 年。

吳中朝：《〈五十二病方〉灸方淺析》，《山西中醫》，1989 年第 2 期，37—38 頁。

吳中朝：《試論〈足臂十一脈灸經〉「皆灸X脈」對針灸治療學貢獻》，《江蘇中醫》，1989 年第 12 期，19—21 頁。

第十五講

《周易》《周禮》與故宮、北京城

故宮，又名紫禁城，是明、清兩朝的皇宮，始建於明永樂四年（1406），永樂十八年（1420）建成，佔地72萬平方米，南北長961米，東西寬753米，有房屋近9000間，四周圍繞10米高的城牆和寬52米的護城河，是我國現存規模最大、最完整的古建築群，1987年被聯合國教科文組織列入世界人類文化遺產目錄。

世界上的城市多如繁星，可是沒有一座像我們的首都北京，把本民族的哲學和理念融進了城市的格局之中。這裏所説的哲學和理念，主要是指《周易》和《周禮》兩部古代經典所表述的思想。

一、《周易》與《周禮》其書

《周易》原本是占筮的書，「《易》以道陰陽」[1]，是通過陰陽消長，推測事物發展趨勢的著作。陰陽的本義是指背對或面向太陽，是古人擇址建房必然會遇到的問題，其後逐漸抽象成為一對哲學範疇，用以解釋天道、人事的生成及其變化規律，並逐步發展為以陰陽為基礎的系統的自然哲學，成為中國哲學的經典之一。根據《周易》的理論，宇宙的萬事萬物都可以分為陰、陽對立的兩個方面，如天與地、晝與夜、生與死、男與女、剛與柔等。《繫辭》說「一陰一陽之謂道」。認為陰陽是天地萬物的本性，是大化流行、嘉生萬物的根據。陰陽互動，往復無窮，造成了萬物的轉化。

《周易》的雛形，可能出現得很早。《易・繫辭》說，伏羲氏「仰則觀象於天，俯則觀法於地，觀鳥獸之文，與地之宜，近取諸身，遠取諸物，於是始作八卦，以通神明之德，以類萬物之情」。到了殷周之際，紂王暴虐失德，文王囚於羑里，於是重《易》六爻，成為六十四卦。到春秋末年，孔子為《易》作《彖》《象》《繫辭》《文言》《序卦》等十篇。《周易》成書的過程如此漫長，而且經由伏羲、文王、孔子之手。古人劃分時代，以伏羲氏為上古，文王為中古，孔子為下古，所以班固說：「《易》道深矣，人更三聖，世歷三古。」[2]《周易》

1 《莊子・天下》。

2 《漢書・藝文志》。

· 甲骨文中的「四方風」

也就被視為三聖相傳的祕籍。《周易》在六經中的位置也不斷上升。古人認為，《詩》《書》《禮》《樂》《春秋》五經，體現的是五常之道，而《易》論述的是五常之道的本源，所以將它列於六經之首。因此，歷代帝王、文人看重《周易》，處處取法於它，就是十分自然的事。

經過長期的探索，先民又逐步形成了「五行」的思想。五行思想的淵源，至遲可以追溯到商代。殷人已經有了明確的四方概念，有一片著名的記載四方風的名稱的甲骨[1]上面刻着：「東方曰析」、「南方曰夾」、「西方曰夷」、「北方曰宛」。需要説明的是，殷人習慣上把自己

1　郭若愚：《殷契拾掇二編》第 158 片，上海：上海出版公司，1951 年。此片原殘，參照《殷虛文字綴合》補為全辭。

居住的地方稱為「中商」，有着明確的「中」的概念。四方加上中，就是「五方」。

甲骨文還有關於占卜四方農業是否豐收的記載，有一條商王親自占驗的甲骨卜辭說：「東土受年，南土受年，西土受年，北土受年。」[1] 四土加上中央，也是五方。

五行概念的正式出現，是在《尚書》的《洪範》篇。武王克商後，曾向殷代名賢箕子請教天道。箕子說，大禹治水時，上天曾賜予治理下民的大法有九類，稱為「洪範九疇」。洪範九疇的第一疇就是「五行」，箕子解釋說：「一曰水，二曰火，三曰木，四曰金，五曰土。水曰潤下，火曰炎上，木曰曲直，金曰從革，土曰稼穡。潤下作鹹，炎上作苦，曲直作酸，從革作辛，稼穡作甘。」《洪範》第一次提出了五行的名目，以及五行之性和五行之味，為五行說奠定了基本框架。

五行家將金木水火土與五方、五味、五德等配合，就構成了五行的基本格局，並將萬事萬物都歸類於五行，如：

五色一青、赤、白、黑、黃

五聲一宮、商、角、徵、羽

五畜一雞、羊、犬、豕、牛

五臟一肝、心、肺、腎、胃[2]

《周易》說陰陽而不及五行，《洪範》則說五行而不及陰陽，陰陽與五行各為畛域，尚未合流。到戰國時代，鄒衍將陰陽與五行結合，形成了陰陽五行思想，成為中國古代哲學的重要內涵，並產生了廣泛的社會影響。陰陽五行是古代中國人的思想律，不了解陰陽五行，就不了解古代中國人的思想。

《周禮》是中國古代儒家的另一部煌煌大典。《周禮》原名《周

1　郭沫若：《殷契粹編》第 907 片，北京：科學出版社，1965 年。

2　五臟與五行的配合，先秦文獻有不同的說法，這裏是其中一說。

官》，是西漢景帝、武帝之際在民間發現的。全書分為天官、地官、春官、夏官、秋官、冬官六篇，冬官已經亡佚，漢儒用另一部性質相似的《考工記》補其缺。《周官》作者佚名，不知出自何人手筆。但通讀此書，卻是體大思精，科條繁密。作者按照「人法地、地法天、天法道、道法自然」的思想，提出了一套理想化的建國方案。它的官制體系以天、地、春、夏、秋、冬六官為綱，象徵天地四方六合；六官又各自下領六十職，共三百六十職官，象徵周天三百六十度。此書取名「周官」，正是點明以人法天的思想。書中的都市佈局，浸透了陰陽五行思想。劉歆非常推崇《周官》，認為它就是周公制禮作樂時撰作的禮書。王莽時，劉歆奏請將《周官》列為經，與《易》《詩》《書》《儀禮》《春秋》等並列，得到同意，並將書名改為《周禮》。

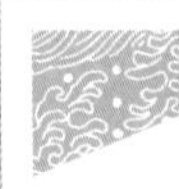

劉歆的說法得到後世許多大儒的贊同，認為此書非聖人不能作。有的學者甚至認為，《周禮》是黃帝、顓頊以來，直到周公的六代聖賢的大經大法的集粹，是可以經綸萬世的大典。因此，歷代帝王和政治家都非常推崇《周禮》，把它作為重要的思想資源，每每從中尋找理論依據，以使自己的主張符合於「周公之典」。

二、忽必烈：《周禮》建國之制的第一位實行者

《周禮》的建國之制，主要見於《考工記 · 匠人》:「匠人營國，方九里，旁二門。國中九經九緯，經塗九軌。左祖右社，面朝後市。」文中的「國」指國都。「方九里」，是九里見方。「旁三門」，指四面城牆各開三個城門。「國中九經九緯」，是說連接南北方向和東西方向的城門，就構成縱向和橫向的大路各九條。「經塗」是南北方向的主幹道路，「經塗九軌」，是說路的寬度足使九輛車同時通過。「左祖右社」，是說國都的左面是天子的祖廟，右面是祭祀社神和穀神的壇。

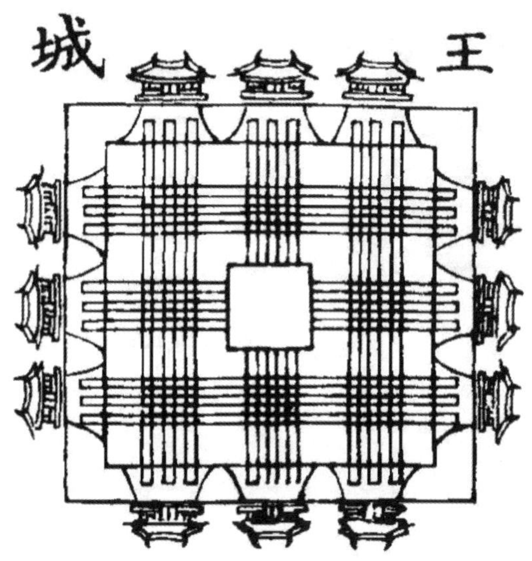

· 王城圖
採自聶崇義《三禮圖》（四庫全書）

「面朝後市」，是說宮城的前部是天子治理國家的「朝」，後部是天子的配偶「后」治理商業活動的「市」。

《周禮》關於都城格局的設計，含有陰陽思想。《周禮》將天子與后作為人間陽與陰二極的代表。在宮廷的南北方向上，南為陽，北為陰。所以，天子居南，朝陽，象徵陽位；后居北，朝陰，象徵陰位。天子治朝，后治市，是陰陽分治的意思。在宮廷的東西方向上，左（東）為陽，右（西）為陰，列祖列宗是人，屬陽，所以居左；社神即土神，與天相對，屬陰，所以居右。

從學理上看，《周禮》的建國之制富於哲理，可謂盡善盡美，令人稱道。但是，這一制度在歷史上卻遲遲不能成為現實，因為歷代的都城大多是利用前朝的舊城而建，原有的城市格局使得新任的帝王沒有多少施展的空間，所以，只能將它束之高閣。誰也沒有想到的是，真正將《周禮》建都方案付諸實施的，竟是蒙古族出身的帝王忽必烈。

元世祖忽必烈雖然是蒙古族人，但對漢文化十分尊重，身邊有若

· 忽必烈

干時常要顧而問之的漢族謀士，其中最重要的人物是元代著名科學家郭守敬的老師劉秉忠。劉秉忠字仲晦，初名侃，又名子聰，邢州（今河北邢台）人。青年時，因不願做碌碌無為的刀筆吏，隱居於武安山中，後削髮為僧。忽必烈聞其博學多才，乃召而見之，而知「秉忠於書無所不讀，尤邃於《易》及邵氏《經世書》，至於天文、地理、律曆、三式六壬遁甲之屬，無不精通，論天下事如指諸掌。世祖大愛之」[1]。可見劉氏是一位精通儒家經典，兼擅天文曆算、工程營作的全才。中統元年（1260）忽必烈即位，是為元世祖。至元八年（1271），忽必烈擬為新王朝取名，因而詢及劉秉忠，劉氏建議取《周易》「大哉乾元」之意，將新王朝的國號定為「大元」，得到忽必烈的首肯。

北京建城，最早可以追溯到武王克商之年（前1046），武王封召公於北燕（今房山縣琉璃河一帶），又封堯之後於薊，兩地都在今北京城的外圍。以後直至唐代，北京一直為北方重鎮之一。遼代實行五京制，其中南京析津府即在今北京城的西南方。金代，以北京為中都，是在遼南京的基礎上擴建而成。元滅金後，中都已被嚴重破壞。忽必烈決定放棄金中都，而以金中都的離宮瓊華島為中心，另建新城。至元四年（1267），劉秉忠奉命建造元的都城。劉秉忠此時最大的方便是，新都幾乎是在一張白紙上設計的，有充分的施展空間。

中國古代宮室的營建，講究對稱美，所以必定有中軸線。從考古資料看，二里頭的宮殿佈局已經對稱分佈，可見夏代就有中軸線的概念。中軸線都是貫穿南北方向的，所以又和子午線融合為一。秦始皇

1 《元史》卷一百五十七，《劉秉忠傳》。

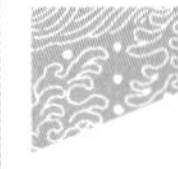

在咸陽築雲明台，號稱子午台，説明已有中央子午線的概念。

劉秉忠通過測量，以正門「麗正門」與門外第三橋南一樹為基礎，定出中央子午線的位置，然後劃出與之垂直或平行的經緯道路。劉秉忠將全城最重要的建築，如皇帝親政的大殿、寢宮等，都安排在中軸線上。此外，又將宮城內的報時器「七寶燈漏」，以及向全城發布時辰的鐘樓、鼓樓也安排在中軸線上，由於中軸線與子午線實際上是合一的，所以，鐘、鼓樓發佈的時辰，就是大都子午線的標準時間。

按照《周禮》的記述，劉秉忠將元的都城設計為外城、皇城、宮城三重。外城平面略呈長方形，東城牆與西城牆長約 7400 米，南城牆與北城牆長約 6650 米。東、南、西三面各有三座城門，唯獨北面為兩座城門：

南面（自西而東）：順承門、麗正門、文明門

東面（自北而南）：光熙門、崇仁門、齊化門

西面（自北而南）：肅清門、和義門、平則門

北面（自西向東）：健德門、安貞門

大都的城門，有不少取自《周易》。如皇城正南的城門麗正門，取《周易》「萬物麗乎天」之意，後來改名為「正陽門」，也是取陽氣之正的意思。前三門中的文明門，也取自《周易》。《周易》的《革》《萃》等卦的《彖傳》都有「文明」一詞，意為文章燦明或文德光明。安貞門是元大都北面的城門，「安貞」一詞取取《周易．坤卦》，坤道無成，安靜貞定則吉祥。和義門取自《乾》卦《彖傳》「利物足以和義」一語。

宮城建在城的中心。宮城的前半部分，是帝王會見百官、處理國事的地方。宮城的後半部分，是后妃的生活區。根據《周禮》的設計，天子與后，是人類陽、陰的代表。所以天子為陽，南面而治理朝政，后為陰，管理城內的「市」，元大都的「市」之所以都集中在宮

城之北，就是緣於此。

劉秉忠在城左邊的齊化門內安排了太廟，在右邊的平則門內安排了社稷壇，以符合《周禮》的左祖右社之制。

三、明清故宮、北京城的陰陽五行格局

元朝滅亡後，明朝的都城一度建在南京。燕王朱棣（即永樂皇帝）奪位後，遷都北京。因大都的城圈太大，北部空曠荒落，所以將今西直門以北直至北小關的東西兩面城牆的北段放棄，將城牆收縮到今二環路一帶，但將南面的城牆向南移動一里多路，從而形成了今天的格局。

明、清兩朝大體沿用元大都的格局，共有二十四位皇帝在此君臨天下，直到辛亥革命推翻清朝，前後達五百餘年之久。兩朝帝王不斷重修和改造紫禁城的建築，使之與《周易》《周禮》的思想和制度更為相符。

《易．繫辭》說：「仰以觀於天文，俯以察於地理。」宮城取名為紫禁城，是取法於天象。古人將天空中央星區分為太微（上垣）、紫微（中垣）、天市（下垣）。紫微垣在中天的中心，共 15 顆星，是天帝所居之處，所以從漢代開始就稱天子所居之處為紫微宮或紫宮；又因天子所居為禁地，故稱紫禁城。明代故宮以奉天殿（即太和殿）與紫微垣中的天皇大帝星座對應。後寢為天子之常居，初建時只有乾清、坤寧二宮，其後為了應三垣之數，而增建交泰殿，俗稱「後三殿」。後三殿連同東西六宮，共 15 宮，與紫微垣兩藩 15 星之數相應。

明清故宮的設計，以南北方向的中軸線與東西方向的線垂直相交，構成了佈局的基準。以中軸線為基準，東方為陽，西方為陰，以中軸線的東西垂線為界，則前面（南面）為陽，後面（北面）為陰。

· 紫微垣兩藩 15 星

以此為基準，元大都的太廟和社稷壇在皇城之外。太廟是國廟，是帝王率領群臣祭祀列祖列宗的地方，社稷壇是帝王祭祀土地神和五穀神的場所，遠離宮城則有諸多不便。因而改設於皇城之內，在宮城的左前方和右前方。太廟即今勞動人民文化宮，社稷壇即今中山公園中的主體建築——上覆五色土的三層方台。

《周禮》中的王者，要在圜丘祭天，在方澤祭地，要祭祀日月星辰等。所以，北京城的設計，根據陰陽區分的原則，將皇帝祭祀昊天上帝的天壇建在城南，祭祀地神的地壇建在城北。此外，祭祀日神的日壇在城東，祭祀月神的月壇在城西，這是因為古人把月亮稱為太陰，與太陽陰陽相對的緣故。

宮城的佈局經過精心設計，四面各有一座城門，城的四角各有一座三重檐的角樓。角樓的高度，是按照《周禮．考工記》王宮「城隅之制九雉」的標準設計的。宮城分前後兩大部分，前為陽，後為陰。前一部分以太和、中和、保和三大殿為主體，文華、武英兩殿為側翼，稱為前朝，是天子舉行盛大典禮和議政的場所。後一部分以乾清宮、坤寧宮、交泰殿及東西六宮為中心，以寧壽宮和慈寧宮為兩翼，稱為內廷。

太和殿是宮城的中心，以此為基準，左右再分陰陽。太和殿的左側為文樓，右側為武樓。朝見百官時，太和殿前的廣場，左邊（東側）是文官的站跪之位，右邊（西側）是武官的站跪之位。再向前，左邊是文華殿，右邊是武英殿。天安門前的橫街，左右各有一座門，名為「三座門」；左邊（東側）的門俗稱「龍門」，每年科舉中榜的狀元等，騎馬從龍門出發遊街；右邊（西側）的門俗稱「虎門」，每年秋決的罪犯從這裏押解至菜市口行刑。今天的天安門廣場，原先有大片行政辦公性的建築，以千步廊為界，分為東西兩部分，東部為文職六部（吏、戶、禮、兵、刑、工）的衙門，西部為武官五軍都督府的官署。北京城的南面有三座城門，中間為正陽門，左邊（東側）為崇文門，天下舉子進京會試，由此門入城；右邊（西側）為宣武門，每逢出師遠征，從此門出城。凡此，都有陰陽分立的意思。

紫禁城建築的結構也處處體現陰陽之別。外朝是帝王君臨天下之處，所以其面積佔宮城的十分之六，而且佈局疏朗，氣勢雄偉，意在展現陽剛之美。建築的數量都是單數，太和殿與文華殿、武英殿鼎足而三。前三殿的踏跺多用奇數，如太和殿的丹陛為三重，中、上二重陛各九級，下重陛二十三級。

與前朝相反，內廷的面積僅佔宮城的十分之四，寢宮佈局嚴謹，建築細密玲瓏，裝修纖巧精美，展現陰柔之美。建築的佈局都是雙數，如二宮六寢，二宮即乾清宮和坤寧宮（交泰殿是後來增加的），六寢即東六宮，西六宮；踏跺等都用雙數。

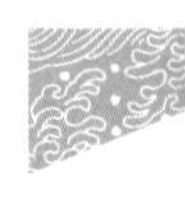

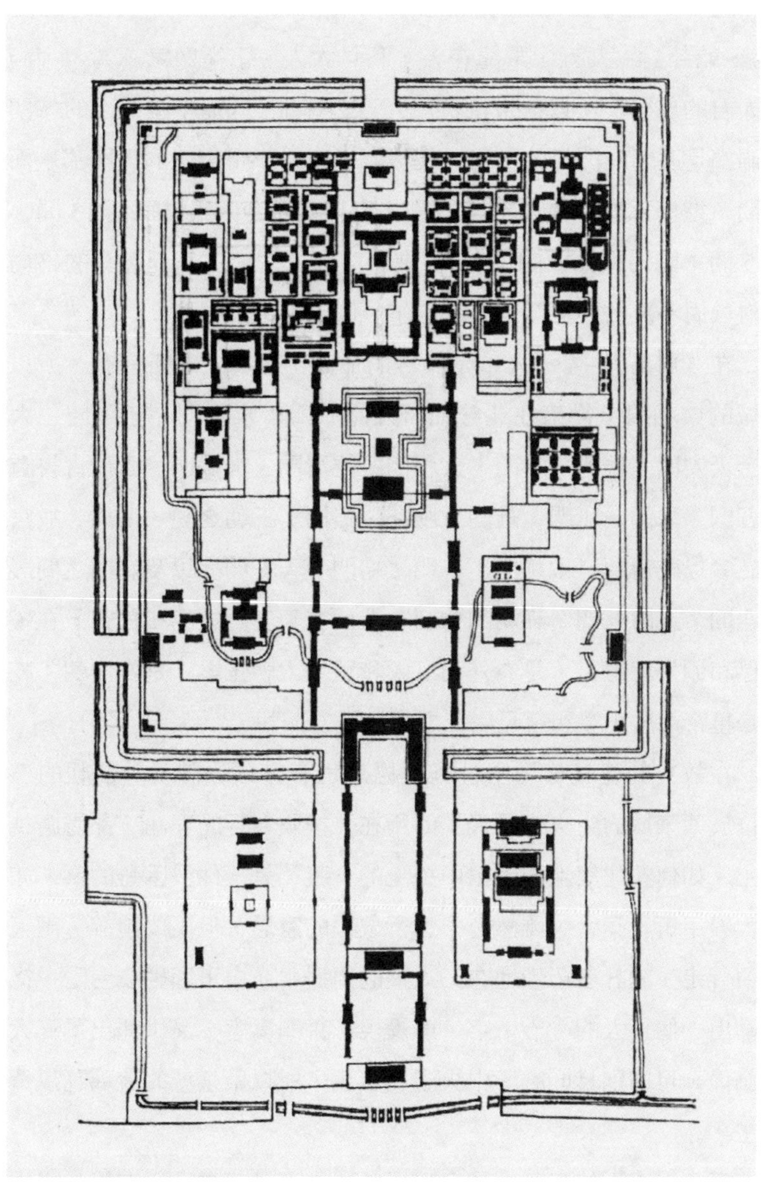

· 明清故宮總平面圖
採自《傅熹年建築史論文集》

此外，在中國的傳統理念中，某些數字往往有特殊的意義。《易·乾卦》:「九五，飛龍在天，利見大人。」術數家認為，「九五」是人君的象徵，所以稱帝位為「九五之尊」，因而中軸線上的城門，門洞都是五個，門釘的數目，縱橫都是九。皇帝專用的大殿都是面闊九間，進深五間。需要指出的是，唐大明宮含元殿為面闊 13 間，進深 5 間；麟德殿為面闊 11 間，進深 4 間。說明在宮廷建築的格局中比附《周易》，經歷了一個漫長的、不斷完善的過程。

在《周易》中，「九」是陽數的最高位，為人君所宜有，所以北京城的中軸線上從南往北分佈着九座城門：永定門、正陽門、大清門、天安門、端門、午門、太和門、乾清門、神武門。由於古書有天子五門（皋門、庫門、雉門、應門、路門）三朝之說，所以，故宮的設計者以乾清門、太和門、午門、端門、天安門等以及諸門之間形成的空間，比附五門、三朝的古制。清代在天安門頒詔和秋審，在午門獻俘和頒發時憲書，是為外朝；太和殿是大朝正殿，是為治朝；乾清宮是皇帝宸居正寢和召見臣工之處，是為燕朝。[1]

在故宮的建築佈局中，五行思想也有充分的體現。前朝的三大殿位於紫禁城的中央，是天子的所在，按照五行的理論，此處應為中央土。如何在建築上體現出中央土的含義，是一件很困難的事。如果三大殿用黃土築台，雖然有了五行象類的意思，但不成體統，雨天也不便行走。設計者巧妙地在三大殿的周邊用漢白玉圍砌成台階，從而勾勒出一個巨大的「土」字，既體現了哲學寓意，又烘託出了三大殿的雄偉，可謂別具匠心。中央土為黃色，所以紫禁城的琉璃瓦以黃色為主。

三大殿東面的三所，是皇太子所居，太子年青，正在成長之中。

1　故宮的門廷如何與古代的五門、三朝對應，學術界的看法有分歧，這裏採用的是其中一種說法。

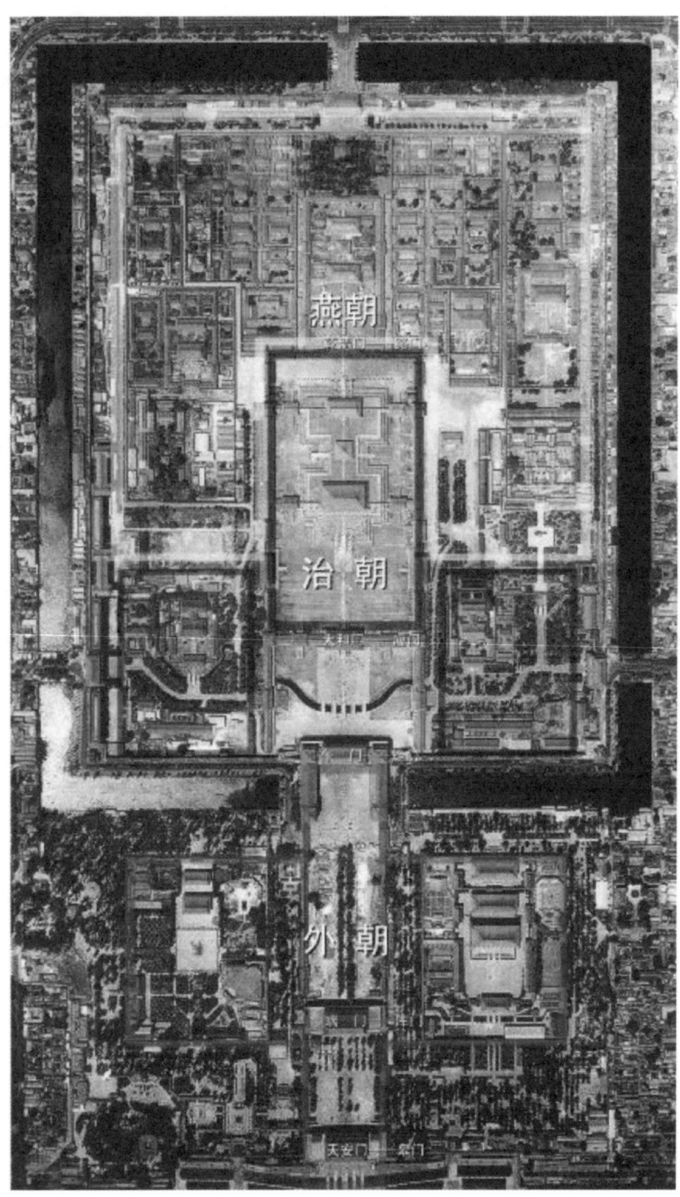

· 故宮

東方屬木，青色，所以屋頂用綠色琉璃瓦，號稱「青宮」。紫禁城內需要的生活用水，除井水之外，還從西山引來活水，因五行中西方屬金，故稱金水河。南方屬火，色紅，所以午門大檐下的彩畫用紅色火焰紋[1]。

紫禁城北面的御花園有「天一門」，取「天一生水」之義，故牆體為黑色，與五行中的北方水位對應。神武門原名「玄武門」，玄武與蒼龍、朱雀、白虎組成「四象」，是北方的象類，後因避康熙（名玄燁）的諱而改稱神武門。神武門東西側的大房為宮中老婦所居，婦人屬陰，老婦猶如四季之冬，故居於北部，琉璃瓦用黑色。欽安殿是紫禁城最北端的大殿，是道教性的殿宇，北面正中的石欄板用水紋雕飾，也暗含有北方水位的意思。

今中山公園的社稷壇，是祭祀天下四方土地神的地方，由於四方土地的顏色各不相同，所以，壇劃分成五塊，象徵東南西北中五方的土地。五方的土地之色，用青赤白黑黃五行色，所以人們用「五色土」表示社稷壇或者國土。

《周易》對故宮的影響還表現在許多建築物的命名上。例如，故宮前三殿中的太和殿、中和殿，就直接取自《周易》。《易・乾卦》說：「保合太和乃利貞。」朱熹將「太和」解釋為陰陽會和、沖和的元氣，即萬物的「太和元氣」。所以將天子之所在命名為「太和殿」。保和殿是「保合太和」的意思，保有太和之氣，則能利於萬物。中和殿得名於儒家的經典《中庸》：「喜怒哀樂之未發謂之中，發而皆中節謂之和。」從學理上講，太和是天道，中和是人道，兩者有對應的關係。儒家中庸之道，能致中和，則無事不達於和諧的境界。後三殿也是如此。乾清宮，取《周易》乾卦，乾為八卦之首，象天、象君、象

1　有學者認為，午門大檐下的火焰紋並非明清故宮的原貌，而是「文革」後期為了省錢而採用的一種簡便畫法。這種畫法原本是室內彩畫。

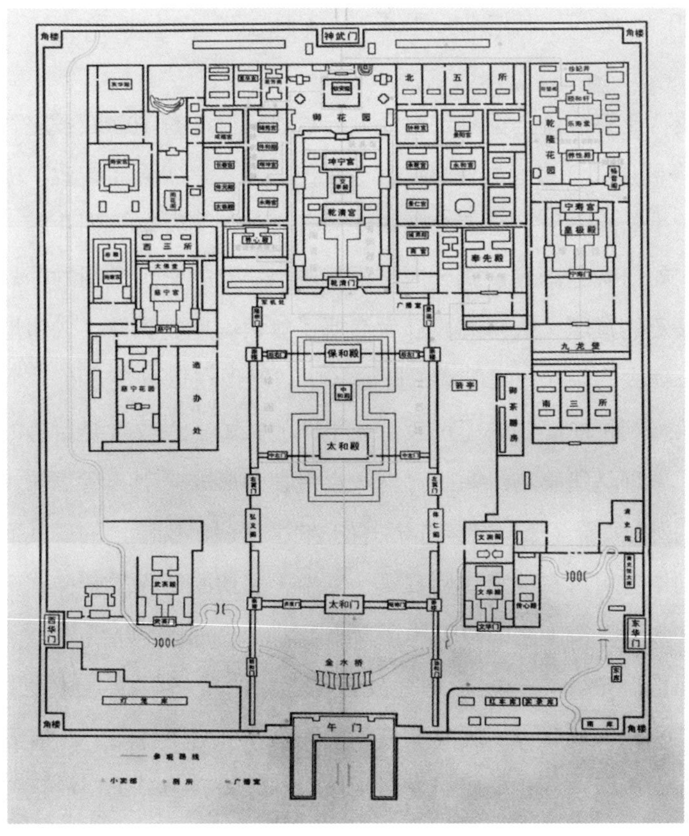

· 故宮平面圖

陽。陽清陰濁。清氣上升為天，濁氣下沉為地。所以把皇帝處理內務的寢宮稱為乾清宮。坤寧宮取坤卦。坤是八卦中與乾卦對應的卦，象地、象后、象陰。《易・繫辭上》:「天尊地卑，乾坤定矣。」「乾道成男，坤道成女。」所以把皇后的寢宮稱為坤寧宮。交泰殿位於乾清宮與坤寧宮之間。《易・泰卦》:「天地交，泰。」王弼註:「泰者，物大通之時也。」交泰，指天地之氣融合貫通，生養萬物，物得大通，故曰泰。

四、故宮：禮制與審美情趣統一的典範

故宮建築群是全世界現存最大的古建築群，有10000多座建築，9000多間房間，裏面居住着數以千計的各色人等，為了議政、辦事、管理、生活的方便，必須分隔成許多各自封閉的院落。如此龐大的建築群，如何避免千篇一律，而又要體現出紛繁的宮廷禮制的等級，是相當複雜的難題。故宮的設計者發揮了無與倫比的智慧，成功地完成了這一偉大的傑作。設計者的匠心，主要體現在以下幾方面：

第一，將建築物的屋頂設計成不同的樣式，以收千姿百態的視覺效果。屋頂是建築物最顯眼之處，也最容易形成差別。清工部《工程做法則例》列舉了不同規模和形式的27種房屋，就屋頂的形式而言，其所列舉者均可在故宮找到實例。其中，屋頂的9種主要樣式，美觀大方，內涵豐富，又能體現建築物的等級，下面略作介紹。

重檐廡殿 重檐廡殿頂是故宮建築中的最高等級。廡殿頂，唐宋時期稱「四阿頂」，民間稱為「四面坡」，主要特點是四坡五脊，正脊在前後兩坡的相交處，左右兩坡有四條垂脊，分別交於正脊的一端。重檐廡殿頂，是在廡殿頂之下重出一層腰檐，四角各有一條戧脊，與圍繞屋檐上部的圍脊相交，構成下檐屋脊，總共九脊。故宮中最重要的建築，如太和殿、乾清宮、坤寧宮等都是重檐廡殿頂。太和殿是紫禁城的正殿，每年元旦、冬至、萬壽三大節，以及國家重要慶典，皇帝都親自到此受賀。凡是大朝會、燕饗、命將出師、臨軒策士、百僚除授謝恩等，皇帝也都親臨於此。

午門是紫禁城的正門，每逢軍隊凱旋獻俘，皇帝都要到此行受俘禮。神武門是紫禁城的北門，非同一般，所以也是重檐廡殿頂。

以上建築都在中軸線上，比較容易辨認，也比較容易理解。但也有一些不在中軸線上的建築，採用了重檐廡殿頂。如太廟，是陳放皇帝列祖列宗牌位的地方，所以要用最高的等級。皇極殿在紫禁城內

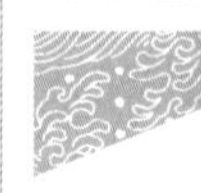

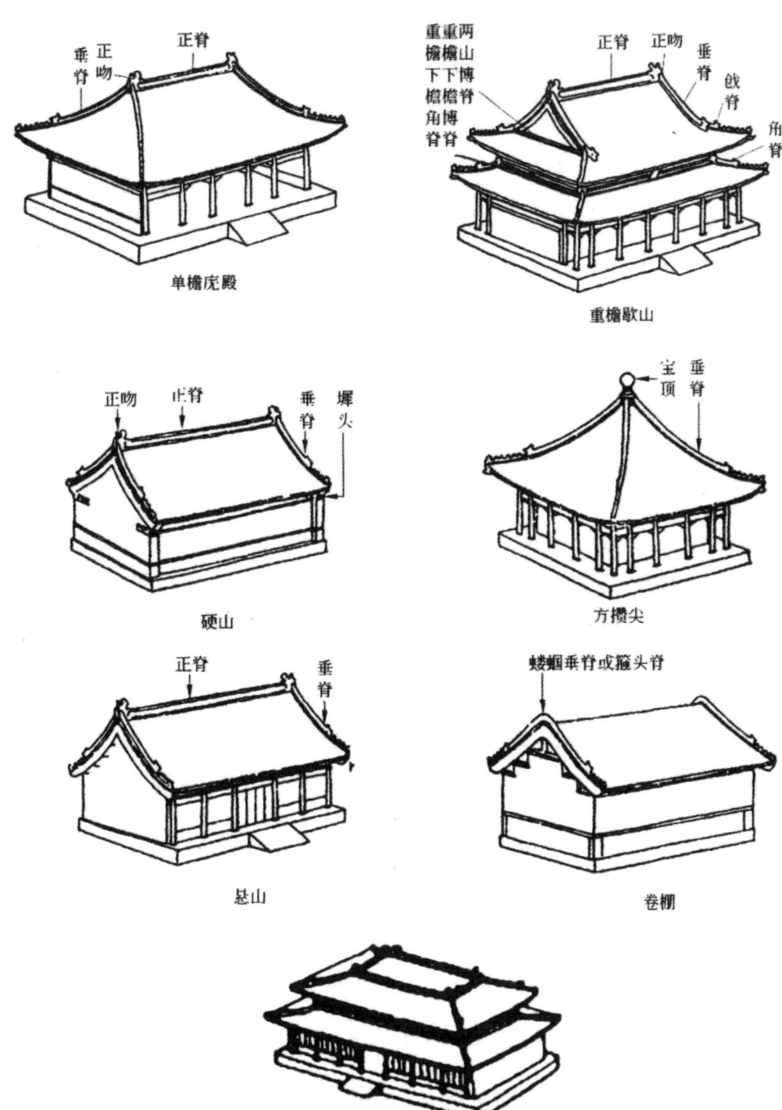

· 各種屋頂
採自梁思成著《中國建築藝術圖集》(下冊)

東北隅，原本是明代宮妃的養老之所的仁壽宮，康熙時改稱寧壽宮，為東朝太后的住處。乾隆時再行改建，作為乾隆執政六十年歸政後當太上皇時的居處，屋頂就改為重檐廡殿頂。東路的奉先殿是皇帝的家廟，所以也是重檐廡殿頂。

在紫禁城之外，也有一些重檐廡殿頂的建築，如明十三陵的長陵祾恩殿，是明永樂皇帝陵墓上的享殿，自然要用最高等級，其他帝王的享殿也是如此。需要說明的是，北海西側文津街上的北京圖書館也是重檐廡殿頂，而它的地位肯定不夠這一規格，這是甚麼原因呢？原來這座建築是 1931 年才修建的，此時清朝早已推翻，故宮九種屋頂的制度已經沒有約束力，設計者又是一位德國人，所以才出現了這一特例。

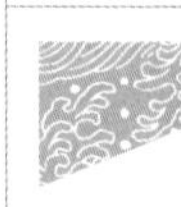

重檐歇山　歇山式建築的山牆先垂直向下，然後向外傾斜，中間有所停歇，故名。其主要特點是，除正脊和四條垂脊外，另有四條戧脊，俗稱九脊殿。正脊前後坡是整坡，左右兩坡為半坡，腰檐與廡殿頂相同。重檐歇山的等級僅次於重檐廡殿，中軸線上的天安門、端門、太和門、保和殿等均為此種形式。山牆上一般裝飾有金黃色的山花，故而既雄偉壯觀，又富麗堂皇。

單檐廡殿　單檐廡殿頂是標準四面坡頂，其雛形在仰韶文化遺址中已經出現，後來發展成為殿堂的主要形態。在紫禁城的建築體系中，單檐廡殿的等級不太高，只有英華殿、景陽宮、體仁閣、弘義閣、太廟的中殿與後殿等非主要建築採用。

單檐歇山　單檐歇山的樣式與重檐歇山頂的上半部相同，玲瓏美觀又不失壯觀，所以採用的地方相當之多。太和門兩側的昭德門、貞度門，東、西六宮的前殿，以及許多閣、門都是單檐歇山。

四角攢尖　紫禁城中四角攢尖式建築的典型是中和殿。中和殿介於太和殿、保和殿之間，凡遇三大節，皇帝先在此升座，接受內閣、內大臣、禮部、都察院、翰林院、詹事府各堂官及侍衛執事人員行

禮，然後到太和殿。中和殿的樣式如果與太和、保和二殿雷同，則勢必造成單調沉悶的感覺；若隨意改變，則必然降低其等級；因而成為故宮設計中的著名難題。設計者乃徵引《周禮》等文獻中關於「明堂」的記載，巧妙地設計了這座四角攢尖式的建築。相傳，明堂是上古帝王宣明政教的地方，凡朝會、祭祀、選士、養老、施教等儀式都在此舉行。明堂之制，歷代記載不一，不可詳考，設計者根據依稀的描述，定為平面呈正方形、屋頂為四角攢尖的形制。殿身四面各三間，不砌牆，滿設門窗，使光線充盈，寓有明堂「向明而治」的意思。交泰殿在後三殿中的位置與中和殿相同，所以也是四角攢尖頂。

懸山　懸山頂是兩坡出水的殿頂，其特點是兩端的檁條伸出山牆，上面覆蓋瓦，再在檁頭上釘以搏風板。懸山原本流行於雨水很多的南方，此種結構可以保護脊檁和牆體免受風雨侵蝕。明代以後，北方也漸漸流行懸山式建築。紫禁城中的重要配房，文華殿、武英殿的配殿，神武門的東西值房，都是懸山頂。

硬山　硬山是更低一級的屋頂。它與懸山的不同之處是，兩側山牆將頂部的檁頭全部封住，這類房子一般是磚石結構，防雨水的需要不突出。宮中等級較低的廊廡、耳房大多用此式。內閣大堂、神武門東西長連房也是如此。

盝頂　「盝」是帝王裝璽印的匣子，因盝頂的樣子與之相像，故名。盝頂有四角和六角等形式，屋面垂脊上端有橫脊，彼此首尾相連，故又稱圈脊。御花園中的欽安殿是四角盝頂，太廟中的井亭是六角盝頂。

卷棚　卷棚是紫禁城中等級最低的屋頂，其主要特徵是沒有外露的主脊，屋脊處用弧形瓦覆蓋，故俗名「羅鍋頂」。山牆有懸山式，也有硬山式，一般是下人、差役的住所。園林建築也每每以此為裝飾，如御花園內的延輝閣就是一例。

此外，還有一些亭、樓將多種屋頂巧妙地加以組合，形成新的屋頂形式，這類屋頂富於變化，有很強的裝飾效果，角樓、千秋亭、萬春亭等是其中的典範。

屋頂有兩種基本的飾物，一是大吻，二是脊獸，原本是建築工藝的需要，匠師巧妙地將它們設計成能體現禮制等級的裝飾物，可謂獨具匠心。

早在漢代，宮廷屋頂正脊的兩端就有「鴟尾」的構件。古人認為鴟尾能擊水滅火，將它置於屋脊，既可以起裝飾作用，又可以表達祈求平安的願望。元代開始有用龍代替鴟尾的。明代以後，宮廷建築正式以大吻代替鴟尾，寓意並沒有改變，但建築的觀感卻更為大氣。大吻是指殿宇正脊兩端的龍頭形吻獸，左右相對，張口吞銜脊端。設大吻的地方，是前、後、側三個屋面的連接處，是結構上最為薄弱的地方，雨天容易漏水。為了加固和防水，需要用脊樁封住收口處。但這樣做勢必使脊樁的尾部暴露在外，而大失審美情趣。於是，匠師用龍首形琉璃構件將尾部包住，藉以藏拙，並增加裝飾效果。太和殿的設計者用 13 塊琉璃構件包裹脊樁，外飾為劍與龍吻，並賦予以龍鎮守屋脊可免火災的寓意，具有濃厚的人文氣息。1976 年唐山大地震，北京震感很強，不少現代建築受到破壞，但這對龍吻安然無恙。

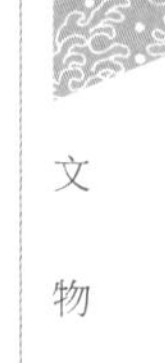

其他屋頂的飛檐處，也是兩個或幾個屋面的會合點，為封住交接點的上口，需加蓋脊瓦，既可防漏，又可增加美感。於是，設計者將外面裝飾了若干走獸。古代貴族房屋的大小有嚴格的制度，身份越高，飛檐（或者戧脊）上垂獸的數量也就越多。因此，垂獸不僅有鮮明的裝飾作用，還可以表示屋主人的等級身份。太和殿的垂獸的數目最多，有 11 個，最前面的叫「仙人騎鳳」，其作用是固定飛檐（或者戧脊）下端的第一塊瓦件。其他垂獸從「仙人騎鳳」向後上方排列，排列的順序依次是龍、鳳、獅、天馬、海馬、狻猊、押魚、獬豸、鬥牛和行什。

殿宇的等級不同，垂獸的數量也不同，如乾清宮 9 個，坤寧宮 7

· 飛檐神獸

個，東西六宮的殿頂一般是5個。垂獸的遞減，從最後面的「行什」開始。

每個垂獸都有專門的名稱和含義：龍、鳳象徵高貴和吉祥；獅是百獸之王，象徵威武；天馬和海馬象徵天子的威德可通天入海；狻猊是傳說中的猛獸，能食虎豹，象徵百獸率從；押魚是傳說中能興雲作雨的海中異獸；獬豸是傳說中能辨別忠奸的獨角獸，象徵清平公正；鬥牛是古代傳說中虬、螭之類的龍；行什是一種有翅膀的猴面人像，是屋脊的壓尾獸。第二，在建築高度上營造跌宕起伏的氣勢，與宮廷禮制相呼應。為了突出宮廷的重心，設計師往往將主體建築安排在大型夯土台基上。典型的例子是午門，為了突出城樓的雄偉，設計師將古代的門闕制度加以變化，做成左右兩側前伸的形狀，五座門樓建在高台上，彼此以廊房相連，聲勢奪人。

太和殿坐落在宮中最大的台基上，巍峨、舒展，不同凡響。為了避免太和殿過於突兀，而將兩廂體仁閣、弘義閣的台基相應抬高，取得整體的和諧。太和殿與午門之間的太和門，高度也恰到好處，進入午門者仰首北望，太和殿的全景正好透過寬廣的門面進入視野。太和門兩邊側門的基座也作了相應處理，形成了和緩起伏的梯度。如此，看似散落的建築物，在默默之中彼此呼應，互為襯託。

紫禁城建築物的高度，充分運用了傳統建築的美學原則，例如，根據「百尺為體」的原則，建築物的高度原則上不能超過「百尺」（33米），否則會形同鶴立雞群，失去整體的和諧。為此，宮內的主要建築物的高度都以此為限，唯一的例外是午門，為了形成威勢而略有超過。另有「千尺為勢」的原則，建築物之間的距離必須適當，太近則覺緊逼，不舒展；太遠又覺散落，不緊湊；需要根據具體環境而定，最遠的間隔不得超過一千尺。故宮最大的空間是太和殿前的廣場，各建築物之間的距離，均不超過一千尺，所以顯得氣度恢弘，疏密得當。

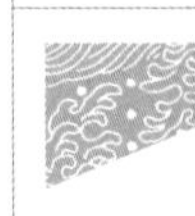

乾清門是內廷的正門，為了與前三殿的陽剛佈局相區別，總高度僅 13.9 米，與正面相對的保和殿相比，相差幾近 1/2，很容易產生不協調的感覺。設計者借用《左傳．昭公十八年》「子太叔之廟在道南，其寢在道北」的記載，在兩者之間安排了一條橫道，利用空間調度，巧妙地分隔了前朝與後寢。由於兩處建築在材料、色彩、風格上的統一，依然保持了整體的和諧，使前三殿之陽剛建築自然地過渡到了陰柔之境。

第三，在空間處理上求變化。實際上，紫禁城是由許許多多四合院組成的，這種格局很容易顯得沉悶死板。設計師通過建築形式和空間的轉換，使視覺運動不斷發生變化，從而引起情感的起伏，使整個建築群成為凝固的樂章。

紫禁城的入口是大明門[1]，從大明門到天安門之間，是一條狹窄而漫長的走道，兩邊是通脊連檐的長廊，俗稱「千步廊」。被召進宮者從大明門進入千步廊，視線被限制在狹長的範圍內，不得旁騖，想到

1　大明門，清代改稱大清門，辛亥革命後改稱中華門，20 世紀 50 年代為修建天安門廣場而拆除，位置約在今天的毛主席紀念堂附近。

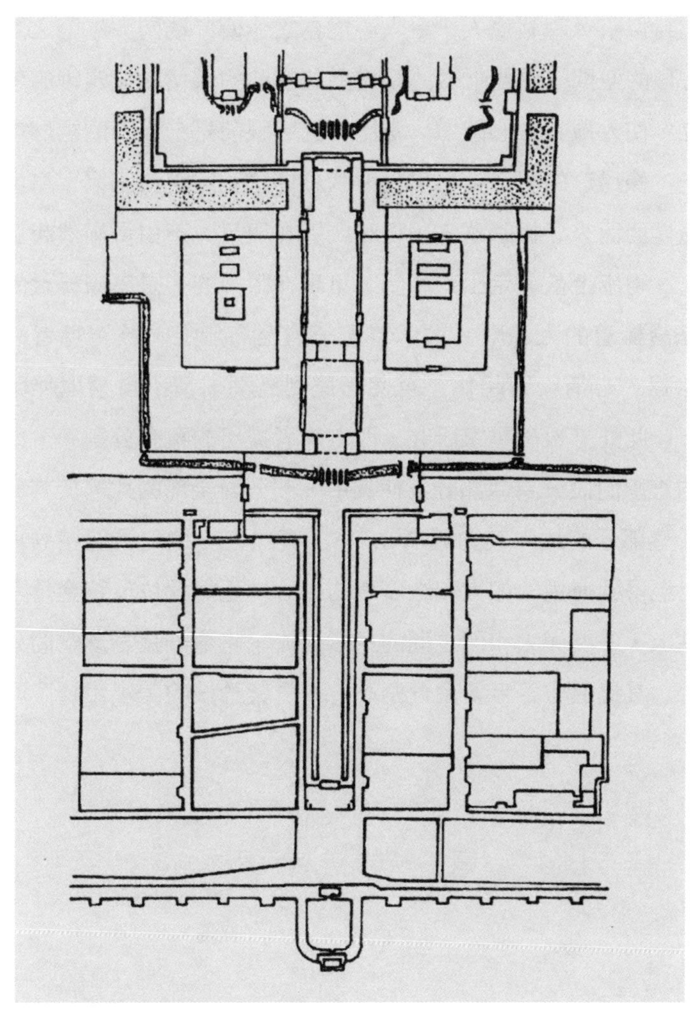

· 明北京城午門至正陽門平面圖
採自單士元、于倬雲主編《中國紫禁城學會論文集》（第一輯）

深居於九重之中的天子，頓生畏懼之心。千步廊的盡頭，是天安門前的丁字形廣場，視野頓覺豁然開朗，漢白玉欄板簇擁着雄偉的、紅色牆體的天安門，宛如白雲紅霞，使人下意識地意識到，已經來到天子腳下。走進天安門，迎面而來的是端門，四合院式的空間，宮牆高大，如封似蔽，森嚴逼人，令人心境為之一變。端門與午門之間變化為長方形的空間，兩側低矮的朝房猶如宮前的儀仗隊，巍峨的午門迎面矗立，使人敬畏之心陡增。走出午門，眼前是一橫陳的矩形空間，中部是一條弓形的河，上面呈放射狀分佈着五座漢白玉橋，皇家氣象的瑰麗撲面而來。抬眼望去，太和門近在咫尺，不由得肅然起敬，整容斂衣，趨步上前。走出太和門，呈現在眼前的，是層層叠叠的漢白玉丹陛護擁着的太和殿，顯示着天子的至高無上。被召見者經過漫長的路程，心情跌宕起伏，至此已達到高潮，情不自禁地拜倒在太和殿下。此外，根據專家研究，西方學者提出的黃金分割率，即把長為 L 的直線的段分為兩部分，使其中一部分對全部的比等於其餘一部分對於這部分的比，其約數為 0.618。實際上，這一原理在故宮的設計中已經得到運用，如太和殿廣場的中心，正好就位於黃金分割率的分割點上。午門與太和門之間的弓形河流，將這一長方形空間分割為兩部分，其比值也符合黃金分割率。可見紫禁城的美，浸透了匠師的心血。

參考論著：

于倬雲：《故宮三大殿形制探源》，《故宮博物院七十年論文選》，249—259 頁，北京：紫禁城出版社，1995 年。

鄭孝燮：《紫禁城佈局規劃淺探》，《中國紫禁城學會論文集》（第一輯），25—39 頁，北京：紫禁城出版社，1997 年。

鄭連章：《紫禁城宮殿總體佈局的繼承與發展》，《中國紫禁城學會論文集》（第一輯），40—47 頁，北京：紫禁城出版社，1997 年。

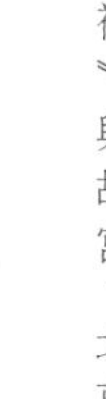

「清華版」後記

本書的撰作，是在清華大學文化素質教育基地副主任、中文系主任徐葆耕教授的熱情鼓勵下開始的。在寫作過程中，得到清華大學文化素質教育基地顧問張豈之教授的關心和指教。在各章初稿完成之後，曾分別呈請有關專家審讀，並得到悉心指教，他們是：北京大學考古系嚴文明教授；北京大學文博學院院長李伯謙教授；中國社會科學院考古研究所殷瑋璋研究員；中國社會科學院考古研究所馮時研究員；中國科學院自然科學史研究所華覺明研究員；清華大學建築學院郭黛姮教授；中央音樂學院音樂學系鄭祖襄教授；中國絲綢博物館趙豐研究員。

本書的出版，得到清華大學出版社的熱情支持，尤其是第六編輯室的全體同志的關心和幫助。責任編輯馬慶州先生審讀了全書，並多所指正。在此，謹向以上先生表示衷心的感謝！

作者謹識

2002 年 3 月 27 日於清華園

「北大版」後記

新年伊始，《文物精品與文化中國十五講》終於脱稿了，揉揉乾澀的雙眼，轉動一下發硬的肩和脖，緊繃了很長時間的神經終於可以鬆快一下了。而此時我最想説的話，則是要感謝對本書的寫作和出版給予了無私支持和幫助的師長和朋友。

本書增寫的 5 個專題，都是我嘗試着涉獵的領域，儘管為之耗費了大量的心力，但畢竟不是我的專業，完稿之後心中總覺得不踏實。為了避免錯誤，同時為了借機會請教，我將文稿分別寄送五位專家審閱、把關。

袁仲一先生是著名考古學家，我平素景仰的前輩。袁先生曾經擔任秦陵考古隊的第一任隊長、秦俑博物館的第一任館長，是海內外公認的秦始皇陵考古最有成就的學者。由他來審讀拙稿，自然是最為理想了。承蒙袁先生不棄，俯允為「秦陵銅車馬與先秦時代的造車技術」把關，他閱讀得非常仔細，連文稿中的錯字、漏字都逐一標了出來。有些數據，比如秦陵陵園外城牆的尺寸，我是根據考古報告寫的，而袁先生指正説：「這是老的數據，現在有新的實測數據。」並在拙稿上做了訂正。他還親筆給我寫了長信，對我做的工作給予了親切的鼓勵，又對文稿中某些表述不準確甚至錯誤的地方提出了修改意見。袁先生虛懷若谷的胸襟和真誠提携後學的風範，是我永遠學習的榜樣。席龍飛先生是著名的造船史專家、武漢理工大學交通學院教授、中國船史研究會名譽會長。我拜讀過他的大著《中國造船史》，非常敬佩，心嚮往之，但一直無緣拜識。當他從電話中得知我的願望之後，慨然允諾審讀拙稿「泉州宋船與中國古代的造船技術」。在電話中，他非常贊同我開的「文物精品與文化中國」的課程，希望我進一步把這門課建設好。時隔不久，他先是寄來了幾張供我使用的照片，接着又寄來了寫得滿滿的三張信紙，詳細談了他的修改意見，並且提供了一些資料的查找線索，他的親切令我倍感溫暖。

王仁湘先生是著名考古學家，現任中國社會科學院考古研究所邊疆考古中心主任、研究員，多年在新疆與甘青等邊疆地區從事考古發掘與研究，成就很高，尤其是對於該地區的彩陶，研究尤深，著述頗豐。王先生的工作之繁忙，在考古所可以說是盡人皆知。但他擠出寶貴時間審讀我的「上孫家寨舞蹈紋盆與甘青地區的彩陶文化」一章，指出了不少表述不準確甚至是說錯的地方，並逐一為我做了解釋，不愧是大方之家，使我獲益良多。

李朝遠先生是著名歷史學家，在青銅器研究領域造詣尤深，現任上海博物館副館長、研究員，也是我相交多年的好朋友。多年以前，我在寫作本課程的教材時，就多次得到他的幫助和指教。2006 年，我們同在南京開會，他得知我正在寫「婦好墓象牙杯與先秦時期的生態環境」的專題，當即表示可以把手頭有關青銅象尊的新資料供我使用。不久，他從上海寄來法國吉美象尊的圖冊以及資料光盤，令我喜出望外。拙稿完成後，他又作了審讀，並提出修改意見，高情厚誼，於此可見一斑。

吳中朝研究員是中國中醫科學研究院針灸研究所主任醫師、北京國際針灸培訓中心教授、中央保健會診專家，理論與實踐兼長。我在撰寫本教材中「正統針灸銅人與中國古代的經絡學說」一章時，曾兩度前往請教，承他多方指點。文稿完成後，又蒙他悉心審讀和修改，避免了不少由於我的外行和淺陋而導致的錯誤，真是幸運之至。

此外，還要提及的是湖南常德地區考古學家曹傳松、曹毅父子。本課程的第一講中談到湖南澧縣的彭頭山、八十壋、城頭山等幾個遺址，但我從來沒有到實地考察過。今年初，我應邀到常德講學，《常德日報》社領導安排我去澧縣，實現了我的夙願。著名的城頭山遺址是曹傳松先生最初發現的，其功甚偉。我到澧縣時，恰好他出差在外，未能拜見。下午參觀澧縣文物展覽時，為我們做講解的居然就是曹先生的兒子曹毅，真是令人興奮！這位武漢大學歷史系畢業的青年才俊繼承父業，長年奮鬥在澧縣的考古工地。我相信，憑他的才幹與事業心，將來必有大成。臨別，曹毅將一些相關資料送給我，以方便我的寫作。此後，曹傳松先生審讀了原稿中的「河姆渡骨耜與中國古代農業文明」一章，尤其是其中關於澧縣的一節，多所訂正。曹氏父子還向我提供了一些珍貴的文物照片，令我感激莫名。

本書寫作過程中，還得到清華大學電子系研究生徐研和即將畢業的本科生陳陽同學的幫助。清華電子系在我校素有「狀元系」之稱，二位是非常優秀的同學，他們都選修過我在清華開的所有課程，是我最忠實的聽眾。陳陽同學是清華大學攝影協會的會長，他拍了不少文物圖片供我採用，書中婦好墓象牙杯的照片就是他的作品，由此可見他的身手不凡。徐研同學將電視台播出的一些文物節目拷貝給我，供我參考。另外，青海柳灣彩陶博物館李永紅小姐也熱心提供了圖片。在此，謹向以上各位熱忱賜教的先生和同學三申敬謝之意。

本書的責任編輯艾英小姐業務素質非凡，盡心盡職，為本書的出版做了大量工作。我的研究生張濤，多年擔任本課程的助教，本書的不少圖片是他協助選配的。在此一併致謝。

彭林

2007 年 3 月 5 日於清華園寓所

責任編輯 許　穎

裝幀設計 吳丹娜

排　　版 陳先英

印　　務 劉漢舉

文物精品與文化中國

彭林　著

出版
中華書局（香港）有限公司
香港北角英皇道 499 號北角工業大廈 1 樓 B
電話：（852）2137 2338
傳真：（852）2713 8202
電子郵件：info@chunghwabook.com.hk
網址：http://www.chunghwabook.com.hk

發行
香港聯合書刊物流有限公司
香港新界荃灣德士古道 220-248 號
荃灣工業中心 16 樓
電話：（852）2150 2100
傳真：（852）2407 3062
電子郵件：info@suplogistics.com.hk

印刷
美雅印刷製本有限公司
香港觀塘榮業街 6 號海濱工業大廈 4 樓 A 室

版次
2021 年 7 月初版

規格
16 開（230mm × 170mm）

ISBN
978-988-8759-05-7

本書繁體字版由商務印書館有限公司授權出版。